中国社会学
经典文库

# 美好社会与美美与共

## 费孝通对现时代的思考

费孝通 著　麻国庆 编

生活·讀書·新知 三联书店　生活書店出版有限公司

图书在版编目（CIP）数据

美好社会与美美与共：费孝通对现时代的思考 / 费孝通著；麻国庆编 .—北京：生活书店出版有限公司，2019.1（2024.7 重印）
ISBN 978-7-80768-252-3

Ⅰ . ①美… Ⅱ . ①费… ②麻… Ⅲ . ①社会学 Ⅳ .
① C91

中国版本图书馆 CIP 数据核字 (2018) 第 141703 号

丛书策划　杨震林
责任编辑　李方晴
装帧设计　罗　洪
责任印制　孙　明
出版发行　生活书店出版有限公司
　　　　　（北京市东城区美术馆东街 22 号）
邮　　编　100010
经　　销　新华书店
印　　刷　天津睿和印艺科技有限公司
版　　次　2019 年 1 月北京第 1 版
　　　　　2024 年 7 月北京第 7 次印刷
开　　本　635 毫米 ×965 毫米 1/16　印张 31.625
字　　数　435 千字
印　　数　26,001-29,000 册
定　　价　59.00 元
（印装查询：010-64052612；邮购查询：010-84010542）

# 目　录

## 一　城乡协调发展



## 二　民族与社会发展

## 三 全球化与文化自觉



## 四 学术反思与展望

# 一　城乡协调发展

# 三访江村

——英国皇家人类学会
1981 年赫胥黎纪念演讲

从青年时代踏进这门学科，我就已经向往的荣誉，经过了半个世纪坎坷的道路，到了垂暮之年，突然落到自己身上的时候，“欣慰愧赧”可能是形容此时内心感受最恰当的语词。去年英国皇家人类学会通知我，要我在今年冬季到伦敦来接受赫胥黎纪念奖章是完全出乎我意料的。古人云，“人贵有自知之明”。以我学术上的成就来说，我决不敢妄想和从这个世纪开始时起接受这奖章的任何一位著名学者相提并论。但是我一想到这个光荣榜上开始列入中国人的姓名时，我感到衷心喜悦。这个开始表明了英国皇家人类学会的学者们是怎样重视这门学科，今后的发展将有赖于全世界各国、各民族的学者们的共同努力。我在这个体会的驱策下，欣然就道，来到我的母校伦敦经济学院，经过了 35 年，再一次站到这个讲台上来，虽然使我不胜遗憾的是已经不能再见到主持我那次大学演讲的汤乃教授（R. H. Tawney）了。

提到汤姆斯·赫胥黎（Thomas H. Huxley），这是我们中国知识界熟悉的名字。早在1895年，我出生前的15年，他的名著《进化与伦理》（*Evolution and Ethics*）已经由英国朴茨茅斯海军学校毕业的中国清代学者严复用当时优美的古文翻译出版，书名《天演论》。1976年，又由人改译成当前通行的白话文的版本行世。到今天来说，在中国至少已经有四代人受到这位英国学者的影响了。为纪念他而设的讲座名单上列入中国人的姓名，可以认为是对这位人类学的先驱者在全世界人民思想上所起的促进作用的历史肯定。荣誉属于这位先哲本人。

坦率地说，使我发愁的倒是我自己能在这个庄严的讲台上讲些什么来报答同人们对我这样殷切的期待？在这里我不能不感谢今天在座的我的老师雷蒙德·费思爵士（Sir Raymond Firth），他在今年6月里，遥感到我的困难，伸出了援引的双手。他来信说："我看到你还没有决定在你的赫胥黎演讲里将对我们说些什么……在我心中涌现的各种意见中，有一种也许更突出一些的是讲讲你对开弦弓村1938年以来所发生的变化的看法。"开弦弓村是我在1936年调查过的一个靠近我出生地江苏吴江县的村子，想用它来代表这一类型的农村，我给它一个"学名"叫"江村"。后来我到这个学校来上学，就在马林诺斯基教授（B. Malinowski）的指导下，根据这个农村的调查材料写成论文，1938年出版，书名 *Peasant Life in China*，中文称《江村经济》。

在我收到这位老师的来信之前，我早已有意想在我的余生中写一本书，叙述这个农村的新面貌。今年10月我有机会偕同我在上述书中提到的那位姊姊，现在已经78岁，一起去开弦弓村走了一趟，当然说不上什么实地调查，事实上只可以说是回乡探亲。乡亲们的热情是难于形容的。我完全沉浸在友谊的海洋里。这种感情的余波，也使我忘记了今天我是在一个学术的讲座上。我恳求你们的宽容，让我讲一些只适合于朋友间茶余酒后的谈话，为大家摆一摆这个已经为西方学者熟悉的开弦弓村半个世纪来的变化、当前的问题和今后的前景。

莫里斯·弗里德曼（Maurice Freedman）教授在生前曾告诫进行微型调查的人类学者，不要以局部概论全体，或是满足于历史的切片，不求来龙去脉。所以我必须首先指出，开弦弓村只是中国几十万个村庄中的一个。它是中国的村庄，所以它具有和其他几十万个村庄的共同性，它是几十万个中国村庄中的一个，所以它同时具有和其他村庄不同的特殊性。我认为只要把它在中国农村中所具的共性和个性实事求是地讲清楚，也就可以避免弗里德曼所指出的错误了。

开弦弓村处于苏杭之间，太湖之滨。古语有言“上有天堂，下有苏杭”，指出了在经济上这是中国的一个富饶地区。不仅因土地肥沃，水源充足，农产较高，而且以农产品为原料的副业和手工业也较为发达。这个特点已有很长的历史，一直维持至今，按 1979 年全国抽样调查了 70 万个生产大队，该年个人平均年收入不到 100 元，而开弦弓村所在的苏州地区 1980 年个人平均年收入已超过 250 元。这个地区在经济上占先的地位是明显的。开弦弓村在苏州地区却处于中级，个人平均年收入是 300 元。略高于这个地区的平均数。我们抓这个在全国居上游，上游中又居中级的农村进行解剖，就可以和比它好的和比它坏的农村相比较，从而看到当前中国农村经济正在怎样变化，要致富上升应采取什么道路。

用开弦弓村作为一个观察中国农村变化的小窗口有一个好处，就是我们有近 50 年的比较资料。我本人在 1936 年夏季搜集过一些基本资料已如上述。1955 年 5 月，现在澳大利亚悉尼大学任教的威廉·格迪斯（W. R. Geddes）教授访问过这个农村，1963 年出版了 *Peasant Life in Communist China*（《共产党领导下的中国农民生活》）一本专刊。我本人在 1957 年夏季又去重访江村。这次调查的资料在过去动乱时期中已经散失，正在访求中。今年 9 月，美国马里兰州立大学的南希·冈萨勒斯（Nancie Gonzarez）教授访问了这个农村。

我本来打算同她一起去的，因病延期到10月才去成。我们的访问时间虽短，但还是搜集了一些基本资料。

开弦弓村在这近半个世纪中所经历的道路基本上是和中国的其他农村一致的，但是也有它的特点。我离开这村子两年后，1938年日本侵略军占领了这个地区。我在1936年说当时中国的农民问题是个饥饿的问题，在经济方面如果确是如此的话，从1936年到1949年农民的生活不但没有改善，而且更为贫困了。当时全村的土地已有56.5%被地主所占有，75%的人家靠租田和借高利贷过日子。水利无人关心，太湖洪水一发，这些滨湖地区立即受灾。农田的粮食产量逐年下降，亩产稻谷大约只有300斤，蚕丝副业几乎停顿。加上苛捐杂税，盗贼横行，真是民不聊生。造成这悲惨局面的根本缘由，我在上述书中归结于土地制度和维持这种制度的政治权力。正如格迪斯教授书中所叙述的，1949年的解放，改变了政治权力的性质，1951年的土地改革改变了土地私有制，农民真正成了自己土地的主人，从此中国进入一个新的历史时期。我必须在这里指出，中国人民能取得政治权力和改变土地制度，没有中国共产党的领导是不可能的。

土地改革后，农民在自己的土地上耕种，积极性空前高涨。若以土改完成后的1952年和1949年相比，全国平均粮食生产增长了42.8%，农民购买力提高了一倍。以开弦弓村来说，1936年的粮食亩产量是300斤，1952年据格迪斯教授的数字是500斤，增加了67%。如格迪斯教授所记下的，这个村子完成了合作化后，粮食产量继续上升，到1955年已达亩产560斤。1956年就是合作化后一年，当时农民给格迪斯教授的预算是该年亩产量将达715.6斤，那就是比合作化前的1955年增加28%，比1952年增加43%。这年全国粮食产量比1952年只增加20%，像现在一样，开弦弓村当时在全国范围内是属于上游的。

1958年，开弦弓村像中国的其他许多农村一样建立了人民公社。现在看来这是过早的措施，加上当时在生产上提出了过高的指标，经济上搞平调，挫伤了社员的积极性，使生产受到挫折，粮食反而减产，社员收入减少。到1960年加上了若干其他原因，全国陷入困难时期。在最严重的时刻，像开弦弓村这样的农村也发生了人口外流的情况。但是在开弦弓村这种情况扭转得比较快，1962年已经纠正了一些过左的措施，规定了以生产队为核算单位，实行了计件工分制。同时还开展了农田基本建设：平整土地，开通沟渠，又推广机电排灌，基本上消灭了我在上述书中所描写的那种用人力踏水车的传统方法。从1962年到1966年，全国大动乱开始前的4年中，开弦弓村粮食产量平均递增率是8.25%，又因恢复和发展了蚕桑生产的传统副业，个人年平均收入在1966年达到119元。社员们至今把1962年作为生活进入富裕的转折点，他们用最简单的话来表达说："从那年起我们每天吃三顿干饭。""三顿干饭"是说一个壮劳动力一天要吃两斤粮食。

1966年到1976年，这个全国大动乱时期，农村经济受到的破坏看来并没有城市里所受的那样严重。但是由于强调以粮为纲，集体副业和家庭副业都受到了限制，加上管理上强调统一指挥而不考虑各地区的差别，即所谓"一刀切"，和分配上的平均主义，所谓"吃大锅饭"，农村经济进入了停滞状态。以开弦弓村来说，1966年到1978年的12年中，粮食总产平均递增率是3.95%，不到大动乱前的一半。由于单打一抓粮食，忽视了工、副业生产，且粮食生产上忽视了节约成本开支的重要性，加上人口增长，个人平均年收入一直徘徊在114元上下，也就是停在1966年的水平上。

这次全国大动乱在农村中的消极影响到1978年年底才得到全面纠正，中国的农村经济又进入了一个新的发展时期。在我继续讲到这几年在开弦弓村见到新气象和新问题之前，我想插进一段讲一讲影响着农村经济的另一个重要因素，它就是人口问题。

从1949年解放以来，中国的经济得到了空前的发展，人民生活得到了显著的改善，而同时人口也有较快的增长。1917年，中国人口有4.4亿人，32年后（1949年）人口增加了1亿，达5.4亿。又经过了32年，1980年年末估计中国人口已近10亿，约占世界人口的22%，在这段时期里，中国人口增加了81%，每年平均增长19%。这样巨大的人口，分布又极不均匀，90%以上分布在中国的东南，东南一半的人口密度10倍于西北半部，其中长江三角洲和珠江三角洲每平方公里平均有400—500人，是世界人口最密集地区之一。

开弦弓村就在这人口最密集地区。我在1936年得到当时这个村子的人口数字是1 458人，格迪斯教授得到1956年的数字是1 440人。虽则由于该村行政地区划分略有改变，在比较人口数字时还需要加以校正，但已有的数字可以说明在这一段时间里，开弦弓村在抗战时期可能由于战争的影响人口有所下降，而且解放后在全国人口开始暴涨的最初8年（1954年到1957年全国出现第一次人口高潮，每年平均增长21%），开弦弓村人口却比较稳定。我至今还没有找到1957年到1965年这段时期的人口资料，而这正是它的人口开始上升的时节。1966年开弦弓村人口已达到1 899人，比1956年增加459人，即31.9%，增加率甚至超过了全国的平均数，出现了人口暴涨。

对于开弦弓村这个特殊现象的解释还有待于今后的研究。但是现在可以提到的是，我在上述书中已经讲过的，这个村子的农民长期以来存在着人口控制的习惯。我在这次访问中曾追问他们为什么后来抛弃了这个习惯而让人口暴涨呢？他们给我的解释首先是政府禁止溺婴，所以儿童多了，后来群众有了节制生育的医学方法之后，儿童还是比较少。这种解释是否可靠还待调查。但是这表明这个村的农民并没有改变对人口需要控制的传统观念。

当前开弦弓村的人口是2 308人，和1936年或1956年相比，只增加约60%，和全国在相同时间里的增加率相比应当说是比较低的。在这个增加率中除了出生数增加外，还有死亡数降低的一方面。这方面在我这次访问中印象很深，不仅是我还能找到许多30年代相识的老乡，而且从人口资料中看到在70岁以上的人数，1936年是17人，而现在却有114人。人民生活水平的提高和医疗卫生事业的改善，改变了过去多生多死的控制人口的公式。在早就意识到人口压力的开弦弓村，用科学方法进行的计划生育正符合人民的需要，这使得这村的干部在答复我问到最近落实计划生育政策的情形时，很有把握地说：“这在我们这里是没有多大困难的。”人口统计也证实了这一点，自从 1977 年以后不仅增长率已经降低，而且已出现过负号的年头。

我不敢说在开弦弓村所见到的人口现象在全中国有多大的代表性。从已有的资料看来，开弦弓村历年人口的变化和中国全部的人口变化两者之间的差距是相当大的。但是即使以开弦弓村的情况来看，中国的人口压力已经够严重的了。在一个发展中国家，从个体经济进入集体经济的过程中，由于社会安定，生活有了保障，人口激增如果不及早预防是不容易避免的。

人口增长过快，影响了个人平均占有农产品的数量。尽管解放以来，我国农业生产有相当大的增长，它的增长速度也超过人口增长的速度，但是由于人口毕竟增长得过多，个人平均粮食配额就不容易提高。例如 1978 年全国粮食总产量达 6 000 多亿斤，比 1949 年增长了 169.2%，但按人口平均，仅增长 52%。经过解放以来的 30 多年，到 1980 年，中国谷类的个人平均配额仅约有 580 斤，即 290 公斤。一部分农业落后地区还不能自己解决粮食问题。然而，开弦弓村由于土地相对肥沃，人口相对增加得慢一些，情况就显然不同。1962 年已实现了“三餐干饭”，1980 年个人平均实际得到的粮食（包括口粮及副业的粮食津贴）已接近 1 000 斤，即 500 公斤，除了自己充饥之外，已有余粮喂养猪、鸡等家畜，提高了家庭收入。从这个小窗户里去看全国形势，且不论人口压力对教育和就业的影响，单是为了解决粮食问题，控制人口的必要性也是很显然的。

然而，无论我们现在采取任何有效办法来控制人口，以全国来说，10 亿人口这个数目绝不容易在短时期内有所减少。据最乐观的估计，到 20 世纪末，中国人口将达到 12 亿。此后，如果政策对头，也许可以开始稳定和下降。现在这 10 亿人口中有 80% 住在农村里。因此，我们必须从这个基本事实出发来考虑今后中国社会经济的发展。

回想起我自己对中国农村问题的认识,《江村经济》确是一个重要的起点。在这本书里我注意到中国农村里农业、家庭副业、乡村工业的关系。我的姊姊用了她一生的岁月想通过改进农村里的副业和工业，来帮助农民提高他们的生活。1938 年我从伦敦回国，在抗日战争时期，在中国云南省的内地农村进行社会调查，使我进一步看到在一个人口众多、土地有限的国家里，要进一步提高农民的生活水平，重点应当放在发展乡村工业上。我在《乡土中国》(*Earthbound China*)一书里明确地提出了这个见解。1957 年我重访江村，看到当时农业上有了发展，我感到高兴，但是为那种忽视副业和没有恢复乡村工业的情况而忧心忡忡。现在，历史的事实已经证明我当时的忧虑并不是没有根据的。

这次短短几天的访问，激动人心的巨大进步以及令人陶醉的家乡情谊，使我担心我的观察是否会超越了科学的界限。中国有句谚语，“旁观者清”，我高兴地知道在我回乡前大约 10 天，亲自到开弦弓村观察的冈萨勒斯教授将有机会用她所观察的事实来讲述她的见解。但是我也不愿意错过这个机会，把我在这次访问中得到的一些看法，在这里传达给关心中国农民生活的朋友们。

我在这个讲演开始说明开弦弓村在全国的地位时，已经说过 1980 年这个农村个人全年平均收入已接近 300 元，位于全国的前列，大约是全国平均水平的 3 倍，所以它在中国可以称作属于富裕的一类。但是开弦弓村达到这个水平还只有 3 年。3 年前，1978 年个人平均收入还只有 114 元。为什么在这几年里这个村子的农民会这样富裕了起来呢?

开弦弓村农民收入的增加主要是由于 1979 年以来贯彻了党的三中全会决定的政策，改变了农村经济的结构。那就是纠正了片面地发展粮食生产，而落实了多种经济的方针，大力发展多种多样的副业，不仅包括已纳入集体经济的养蚕业，而且扩大了各种家庭副业。我在 30 年代见到的养羊和 50 年代见到的养兔，现在已成了家家户户经营的副业，并且已是家庭收入的重要部分。以养兔为例，养一只长毛兔，每年可以出售兔毛收入 10 元以上。而很多人家养 5 ~ 6 只甚至 10 只以上。全社一共养兔 10 万只，一年总收入超过 100 万元。各种家庭副业合在一起，个人平均收入 1980 年为 120 ~ 150 元，占个人平均总收入的一半。

开弦弓村有一家，共 3 人，1980 年出售肉猪 9 头，养羊 2 只，养兔 8 只，加上卖给集体的肥料和自留地所种的能出售的油菜籽等，一年得到 1 087 元，他们从集体劳动工分（包括农业和集体副业）收入 660 元，每人平均收入是 582.3 元。这一家在开弦弓村还并不是突出富裕的人家。另一家，共 5 人，其中 4 个劳动力，1980 年收入 2 429 元，人均 485.8 元。这家全年日常生活费用是 960 元，储蓄 1 469 元，预备添盖房屋。

开弦弓村的老乡一致同意，吃和穿，也即温饱，已经不成问题。现在主要的问题是住，也即房屋和家具。冈萨勒斯教授能用她在农民家亲自吃过的伙食来说出他们的水平。她会告诉你们所尝到的使她称赏不已的饭菜并不是特地为她的访问而准备的。她常常在人家家里谈话到了吃饭的时候，主人按当地的习惯一定要留客共餐，那就可以吃到日常的饭菜了。

至于穿着，已经超过了保温的要求，对于年轻人来说，时兴的式样成了主要的考虑。手表对他们计时的用处可能还不及装饰的功能；上一代的手镯已经让位给上海牌的手表了。在这一方面还是让冈萨勒斯教授所摄的相片来替我说话更为生动。

冈萨勒斯教授的相片也会告诉我们，我上述书中所附相片上的一些房屋至今还在，只是更陈旧了一些。人口增加 60% 而房屋的增建却远远落后。该村干部提供给我们关于住房的数字，从 1948 年到 1980 年每人平均只增加 0.04 间，每间约 20 平方米，所以每人平均增加不到 1 平方米，全村增建一共不到 100 间。我参观了一个生产队，10 多家，挤在 3 个大门内，在 30 年代这里只住 3 家人。建筑房屋的困难，比如土地少，建筑材料不容易买得到等，我不在这里多说。要说的是这个村子的老乡手边有钱能想到建筑房屋，还是近几年来的事。造一间房要 1 000 元，一家至少要三间。在 1978 年前有多少农民的积蓄能达到 3 000 多元呢？而这几年来，情况变了，农民现金收入多了，一年上千元的储蓄已经不稀奇。这些钱怎样花呢？绝大多数农民的答案是居住更新。

这次访问中特别引起我兴趣的是农村中居住更新的过程一般是通过青年一代结婚的机会进行的。新婚夫妇需要单独的卧室。在房屋紧张的情况下，不是延期结婚，就是得把老房间分隔。在开弦弓村老一代中确有一生娶不起老婆的人。这几年农民具备了盖新房屋的经济条件时，凡是有儿子要结婚的就急于要扩建住所。过去一年中，靠河边大约有 250 户人家的几个生产队一共建造了 50 间新房子，几乎全是扩建旧宅的性质。因之，这个村子房屋的布局更见凌乱。新建房屋内床柜箱桌等用具也是大多在结婚过程中添置的。从订婚到结婚这段时间里，男女双方的家长忙于张罗。由于开弦弓村是父系父居社会，所以提供房屋是男方的责任。那些无力提供房屋的男方，也有采取入赘方式，住到女方提供的房屋里去的。新房内的用具事实上是男女双方合凑的，比例以女方经济水平决定。名义上，男方要给女方一笔礼金，而这一笔礼金实际上是给女方准备嫁妆的津贴。这几年经济好转后，女方提供的嫁妆，一般说来都超过礼金所能购买的东西。我们曾参观过一家新房，凡是女方提供的嫁妆上都挂着一条红色丝线，所以很容易看出男女双方贡献的比例。在这间新房里，双方的贡献几乎相等。我们得到的解释是这个地区女儿少，特别受疼爱，所以出嫁时总是要尽力准备一份丰盛的嫁妆。我们当场估计了一下全部用具和衣服的总值达 2 000 多元。这个数字曾经引起结婚费用太高的批评。过于讲究排场固然不好，但是也应当看到事实上这正是农村里生活资料更新的重要过程。至于为了取得对男女间新的夫妇关系的社会承认而采取宴请亲友的方式，由于传统的好客风尚，有时未免花费得过分一些，那也可以说这是当前流入农村的货币缺乏其他轻工业品去吸收回笼的一种结果。

如果容许我过早地做一个估计，这3年来开弦弓村农民增加的收入，其中相当大的一部分是通过结婚的过程而消费在家庭生活的物质更新上的。而这个更新过程又是从进入结婚年龄这一代开始的。就在我们参观的新房隔间是老一代的卧室。在这间卧室里我看到的是我幼时所熟悉的我祖母房里的陈设，我祖母是太平天国时嫁到我家的。我直觉地感到过去农村里生活物质基础更新率是这样缓慢，使两代卧室的对比如此之鲜明。

上面所叙述的这段话，当然还要在今后进一步核实，并用正确的数字来表达，现在还不能说是科学的观察，但是当我向老乡们指出了他们正在进行生活基础的物质更新时，却接触到了一个当前的实际问题。这几年农村经济从复苏到繁荣提出了许多新的问题，其中之一就是用普通的话来说，农民手上的钱怎样花法？从全国来看，每年流入农村的货币达到几百亿元，用什么商品去满足农民的需要呢？因此我们有必要去调查研究农民需要什么，怎样可以去指导他们的正当消费，这里社会主义制度可以发挥它的优越性。

就在我们参观新房的下一天，在一个和本村干部的座谈会上，大家提出了许多问题：怎样有计划地进行农民生活资料更新？怎样通过民主讨论的方式制定各种房屋的结构和布局？怎样根据本村农民的财力，分期分批地按大家同意的规划来有步骤地更新全村的面貌？人民自己的政府才能根据人民的需要来发动集体的智慧和力量来为人民群众办事。在这件事上，大家要我们人类学者帮助他们进行系统的社会学调查。我本人是心甘情愿做这种能直接满足人民需要的人类学工作的。

最后我想讲一讲中国农村中集体经济的发展前景。自从1936年中国农村建立集体经济以来，它一直是农村经济的主要部分，至今还是这样。1955年正当格迪斯教授去开弦弓村调查时，合作化运动已进入高级社阶段，提高了集体经济的地位。1958年成立人民公社，农村中的个体经济已微不足道。直到1978年开弦弓村和中国的其他农村一样，农民的收入几乎全部依赖集体分配所得，按个人在集体经济中所贡献的劳动折合成工分计算。但是一度在平均主义的“左”倾思想支配下，农民所得的工分并不能正确反映他所付出的劳动，所以引起了违背社会主义按劳取酬的分配原则的所谓“吃大锅饭”的偏向。在这个时期，作为个体经济的家庭副业受到极大的限制，甚至遭到禁止。1978 年才改变了这种抑制农民积极性的错误政策，恢复和发展了农民的家庭副业，因而使农民的收入有了显著的增加。

但是这种承认农民个体经济的作用并不是否定了或削弱了农村的集体经济，相反，农民生活的改善，生产积极性的提高，同时也促进了集体经济的发展。中国的农业和乡村工业主要是属于集体经济的部分，它们的性质一直没有改变。1981 年起所实行的责任制也只是在集体经济的基础上根据各地生产技术和群众的觉悟水平，改善经营方式和贯彻按劳分配的原则罢了，并不是经济制度性质的改变。

在这里应当说明的是，上面所提到的农民收入中副业部分的增加并不反映这个农村结构的全部情况。列入农民收入中的副业部分只是指从个体经济中得到的副业收入，农民从例如开弦弓村的养蚕业等集体副业中所得到的收入是包括在集体分配部分之内的。集体经济的总收入中只有一部分按劳分配给个人，还有相当大的一部分作为集体事业的经费、社区公益费用和用于更新、扩展生产的投资以及公共积累等。因此我们不能直接从农民个人收入中家庭副业和集体分配所得的比例得出在农村里个体经济和集体经济的比重。当然，总的看来，这 3 年农民家庭副业收入的增加是可以说明农村经济结构变化的一个方面，那就是个体经济的增长。至于集体经济和个体经济的相对比重，还需要进一步计算。

农村经济结构另一方面的变化是农村集体经济部分本身的结构变化，主要表现在农业比重下降，副业有所增加和工业激增。

开弦弓村自从抗日战争时期起，合作丝厂被毁、桑田被破坏之后，蚕丝业就一蹶不振。一直到 1966 年才恢复了集体养蚕的副业，使该村每人年平均收入突破百元大关。但是农业和副业的比例还是悬殊，1966 年是 87.8∶11.9。

1968 年开弦弓村开始重建缫丝厂，但是设备和技术由于条件太差，还赶不上抗战前的合作丝厂。1975 年乡村工业受到重视后才扩充设备和技术。1978 年以后逐步发展，现在已成为一个有 200 多工人的小型现代工厂，而且在出丝率上正在赶上日本的先进水平。1979 年开弦弓村开办了两个豆腐坊和一个丝织厂。乡村工业的发展使这个农村的集体经济结构发生了重大变化。以这个村南部的那个大队来说，1979 年农业收入占 50%，副业收入占 23%，工业收入占 27%；1980 年农业占 41%，副业占 19%，工业占 40%。这个结构变化是农、副、工三方面都在增产中发生的。由于发展了乡村工业，这个农村的农民 1980 年每人平均集体分配达到 150 元，比 1978 年前增加约 1/3。苏州地区农村中集体经济结构 1980 年是农业占 19.6%，副业占 13.2%，工业占 67.2%，所以开弦弓村在这地区乡村工业发展上还是比较落后的。

在开弦弓村所见到的农村经济结构的变化在中国并不是个别的特殊现象。即使不能说中国几十万个村庄都已发生这样的变化，但是可以说这是中国农村的共同趋势。据了解，到 1979 年年底为止，全国已有 98% 的人民公社办起了集体企业，包括粮食生产之外的种植业、养殖业和工业。单以社队工业计算，估计产值已占全国工业总产值的 9.3%。

现在中国农村经济的发展仍然是不平衡的，穷队和富队之间相差的距离相当大。按人口平均，最好的富队年收入已超过千元，而大约还有 1/4 的队不到 50 元。分析富队之所以能富，最普遍的原因是发展了副业和工业，凡是单打一种粮食的大多属于穷队。粮食价格过低固然是一个重要原因，而农业产量的提高在像开弦弓村这样的地区已经感到成本太高，以致出现增产不增收的现象。中国粮食产量在过去 30 年中的不断增长，以占世界 7% 的耕地，养活世界人口的 1/4，可以认为是人类历史的奇迹之一，但是还要继续增长，如果不改变经营方法至少是相当困难的了。开弦弓村在人均只有 1.1 亩水田的面积上，1980 年生产 1 510 斤粮食，只留下 660 斤做自己的口粮，一半以上的产品提供给城市居民消费。这样的负担确实不轻。耕地面积不能增加，单靠提高单位面积产量的办法来解决供应粮食的任务，就开弦弓村来说可供挖掘的潜力，在近期内似乎已经不大了。要使该村经济继续繁荣起来就只有向副业和工业方向发展了。

开弦弓村副业的前途固然还很开阔，但是凡是要利用农业原料的副业，如猪与家禽的喂养需要粮食，养蚕需要桑叶，都已受到限制，而且这限制也将越来越大。开弦弓村蚕业的复兴和增长主要是利用电力排水，把原来被水淹的和易涝的土地开辟成肥沃的桑田。比如从丝织厂楼房上一眼就看得到的那片桑田，1936 年我初访该村时是一块废地，总面积在百亩以上，现在这块桑田所增加的茧每年收到 3 万斤。但是今天还要增加桑田面积至少将和粮食产量一样困难。

开弦弓村发展副业的前途看来是在尚没有大量利用的湖泊和河流，1936 年我见到的渔家现在已集中到太湖边上，和这公社的其他渔民一起组成了专业的渔业生产队。本村作为副业的渔业并没有发展。近年试殖产珠的蛤蚌，已告成功，但尚未推广。因此到目前为止，开弦弓村副业增产的幅度并不大。

从农村经济新结构中农、副、工三个方面来看，发展前途最大的显然是工业。乡村工业还可以分为两种，一种是用本地区所产的原料加工制造，例如从养蚕、制丝、织绸、刺绣，到制成消费品，直接在市场上销售。这在中国称为“农工商一条龙”。另一种农村工业是为都市里的大工厂制造零件。例如上海有一些缝纫机厂、自行车厂把零件包给社队工厂。现在这种方式的乡村工业还只发生在大城市的附近，而且还只是个开始，但是发展的前途是很大的。由于乡村工业的发展，苏州地区有些突出的农村已经出现农村居民职业结构的重大变化，就是主要从事工业的人口在比例上超过了主要从事农业的人口，或是说在农村里用在工业上的劳动力已超过了用在农业上的劳动力，最高的纪录已达到4∶1的比例。当然这种例子的社区还称它为农村显然不太合适了。

我觉得特别兴奋的是在这里看到了我几十年前所想象的目标已在现实中出现，而且为今后中国经济的特点显露了苗头。在人口这样众多的国家，多种多样的企业不应当都集中在少数都市里，而应当尽可能地分散到广大的农村里去，我称之为“工业下乡”。工业下乡同样可以在经济结构中增加工业的比重，但是在人口分布上却不致过分集中，甚至可以不产生大量完全脱离农业生产的劳动者。在这个意义上，为具体实现工农结合，或消除工农差距的社会开辟了道路。

雷蒙德爵士为我这次讲演出了这个题目，要我在短短的一个多小时里讲述开弦弓村近半个世纪的变化，我在时间的控制上和内容的选择上显然都没有能遵守我老师的指示。如果还能给我补救的机会，那将在我开始在开弦弓村调查之后的50年。到那时候（1986年）即使我不能再在这个讲台上做一次补充演讲，希望一本《江村经济》的续篇可以在那个时候送到在座的朋友们的手上。我这个希望的根据是，我们中国社会科学院的社会学研究所在我出发来伦敦之前已经做出决定，将在开弦弓村建立一个社会调查基地，一个可以进行继续不断地观察的社会科学实验室。如果这个社会调查基地能顺利地建成，通过年轻的研究工作者的集体努力，我相信刚才许下的愿是可以实现的。

我感谢皇家人类学会同人们对中国农民的关切，并给我机会就我自己所看到的事实，叙述他们怎样在30年里建成安定、繁荣的社会主义农村。开弦弓村的父老们知道我要来伦敦作这次演讲，特地叮嘱我，把他们向你们的问候亲自带给你们。谨祝我们两国人民的友谊不断增长。

# 江村50年

已是50年的事了。1936年的暑季，我从广西大瑶山调查回到家乡，在江苏省吴江县境内的一个村子里做了一次短期的社会调查。调查后我写了一本书，书名《江村经济》。江村是我替这个村子取的学名。1957年我又到江村调查了一次。自1981年以来的这几年里，我多次去江村访问，同时指导我的学生蹲在村里做观察与研究。我亲自看到了这个村子在这半个世纪里的巨大变化。江村的变化总的说来反映了全国农村所走过的道路，而且在一定程度上还可以说它代表了中国农村现代化的先进模式。

江村坐落在太湖东岸，地处长江三角洲。这一地区自古是为人赞道的“人间天堂”。肥沃的土地，温湿的气候，适宜于培植高产水稻。因而在以农立国的时代，经济上比较发达；加上沟渠纵横，水上运输便利，市集兴旺，使其成为国内少有的富庶之区。然而在20

世纪30年代我初访江村时，“天堂”之誉早已名不副实。和当时全国的农村一样，江村的大多数农民正在饥饿线上挣扎，以致我在那本《江村经济》的结语里不得不惊呼“饥饿是中国问题的症结”。今天回过头来看，这句话正说明了，即便如江村那样天赋独厚的地区，在封建土地制度下，经济也是发展不起来的。何况近百年帝国主义的压迫，农民的日子那时还正在一步步陷入贫困的深渊。

这个地区的太平盛世的繁荣景象，现在除了一些怀古性的传说外，已无从查考。但分析50年前抗日战争前夕的江村经济结构，我们可以看到这地区的一个特点就是人多地少。农民并不能靠种植业来取得所需的全部生活资料。他们懂得除了种植水稻来取得日常所需的粮食外，还必须从事多种多样的副业，特别是家庭手工业——在这个地区主要是蚕丝业，来换取其他的日用必需品。这样形成了男耕女织、农工相辅的家庭经济结构，从而使得这个鱼米丝绸之乡有能力维持比其他地区高出几倍的人口，而保持其相当一段时期的繁荣和稳定。

中国农村近百年的历史是一部自然经济衰败的历史。从这个地区来说，经济衰败的起点就在于家庭手工业的没落。原先在国际市场上占着重要地位的中国生丝，自20年代开始由于技术的相形落后而日趋劣势。一跌再跌的丝价和外来纺织品的大量输入，沉重地打击了传统的蚕丝业，瓦解了农工相辅的家庭经济结构。

作为农民收入重要来源之一的家庭手工业的破产，使原来生活上还能过得去的农民陷入穷困。饥饿迫使他们出卖唯一赖以生存的土地，完全跌入封建剥削的陷阱。土地权大量集中到地主手里，进一步加强了农村经济的崩溃。

据土改工作组在1951年对江村50户的调查，在1948年，住城和本村的地主占有土地297.7亩，而农民自有土地仅173亩，只占37%。其中的46户贫苦农民中，有30户耕种地主的租田，有17户“吃生米”，即借利息高达100%的高利贷，有23户靠典当度日，有9户的男子和妇女外出做长工和帮佣，曾被逼租挨打受体罚的有10

人。从该村所在的吴江县来看，人口占 90% 以上的贫苦农民只占有 40% 的土地，而剥削阶级占有的土地为 60%。缺田少地的农民只得租种地主的土地，每年把收成的 37%—66% 作为租米交纳给地主。

封建地租和高利贷常常把农民逼得走投无路，倾家荡产。据不完全统计，自抗战到解放的 10 余年间，该县震泽区的总人口不过 3 万，而竟有 1 857 名农民因无力交租被投入监狱，其中 45 名被逼致死。农民卖田 3 223 亩，卖房 229 间，卖羊 10 500 只，卖船 40 条，卖衣物 1 002 件，卖家具 38 件。被地主恶霸霸占的妇女有 47 名。这种悲惨状况在日本侵占时期和其后的国民党反动派统治时期一直在恶性发展，最后经过了 40 年代末的人民解放战争才告结束。

1949 年江村在中国共产党领导下得到解放。江村农民和全国农民一样，经济上的翻身是从解放后的土地改革开始的。在 1951 年元旦前后进行的土地改革中，江村有 94% 的农户分得了土地。吴江全县原来被地主占有的 392 000 亩耕田全部回到了贫苦农民的手中。

这次土地改革不仅废除了几千年来的封建剥削制度，使土地回归劳动者所有，而且在政治上剥夺了剥削者的权利，真正实现了农民当家做主。在短短数月内，江村农民摧毁了官僚、土匪、恶霸、地主四位一体的基层反动势力。农民则在斗争中巩固和壮大了自己的组织，全县农民协会（农会）拥有 98 012 名会员，占全县 43 万农村人口的 23%，其中 4 071 名贫苦农民在普选中当选为各级基层政权的干部，还有农民武装、民兵 18 278 人。

以土地还家、政治民主为中心的这项社会的巨大改革，大大激发了广大农民的生产积极性，促进了生产力的第一次飞跃。在当时的一份土改总结报告中有这么一段话：土改后，贫苦农民的生产情绪非常高涨，非常积极，除分得一部分生产资料外，还大量修整、购买工具。据不完全统计，土改后第一年内，全县买进耕牛 8 605 头，船 625 条，水车、牛车、风车共 1 933 部，犁锴、铁锴等主要农具 19 422 件。为争取丰收而积极积肥，全县罱河泥普遍比往年多。农民购买豆饼 187 076 斤，肥田粉 50 192 斤，增植桑苗 1 037 297 株，购鱼秧 4 597 斤。为保证丰收而积极开渠疏河修圩，全县修补险圩 900 余个，疏通与新开河渠 580 余条。参加治螟人数在 20 余万以上，使 50 万至 60 万亩稻田少受虫害。农村到处洋溢着翻身的新气象。

在这前所未有的新气象中，最明显的是粮食产量的上升和农民购买力的提高。在粮食产量方面，以江村的平均数统计，土改前的 1949 年，三麦单产 55 斤，水稻单产 330 斤，年亩产粮食为 385 斤。土改后的 1952 年，三麦单产 72.4 斤，水稻单产 488 斤，常年亩产达 560.4 斤。到 1953 年，常年亩产又增加到 630.8 斤。全县的粮食总产量从 1949 年的 3.4 亿斤上升到 1953 年的 5.7 亿斤。这些粮食除销售外，农民口粮也逐年增加。1949 年人均毛粮 489 斤，1953 年为 700 斤。在购买力方面，除上述生产资料的剧增外，生活资料也大幅度增长。据 1951 年和 1953 年年末对 709 户的调查统计资料，仅棉布一项，土改前农民人均购买 16 尺，土改后为 26 尺。到 1953 年，每户农民除自给部分外，每年平均要花 60 元购买各种生活资料。一股饱食有余的气氛取代了解放前农民缺吃少穿的忧虑。

土地问题的解决解放了生产力，可是生产力的继续发展却受到了以家庭为经营单位的小农经济的制约。在江村，这一制约作用具体表现为三个方面。第一是土地分散。江村人多地少，在 50 年代初每人平均只有 2 亩耕地，以家庭平均人口 4.5 人计算，每户的田地只有 10 亩，耕地规模太小。第二是对自然灾害的抗衡力弱。太湖流域是水网沼泽地带，每年汛期，屡遭水灾，而单家独户的力量有限，无法与洪水抗争。在土改后的几年中，全县每年仍有几万亩的低洼田遭淹而颗粒无收。第三是家庭间劳力和农具不平衡。有些家庭劳力、农具过剩，利用率低，有些家庭则既缺劳力又缺农具，降低了土地的利用率。在这样的情况下，为了农业的进一步发展，由家庭单干变为合作经营势在必行。所以在土改之后即开始了合作化的过程。

在江村，1951 年出现了家庭间相互换工的互助组，1954 年农民自发组织起初级农业生产合作社。1955 年，初级社在数量上大增，全县达 1 958 个，入社农户占总数的一半以上。合作化的这一初级阶段完全遵循自愿互利的原则，把农户各自所有的土地合并起来合作经营。它依靠集体的力量兴建水利，几年内共完成修圩护坡 556 万土方，开疏港渠 1 925 条，建造公路涵闸 9 座，增添大型戽水机 20 架。御洪能力的增强提高了土地的产量。1955 年，江村的合作社亩产小麦 100 斤，稻谷 608 斤；而同年单干户的平均亩产小麦只有 58 斤，稻谷 500 斤。增产自然增收，这一年合作社实行按劳分配，每个劳动日分得了 1.317 元，有 86% 的入社农户比上一年增收 50 %。以后的两年，合作社的粮食产量和经济收入继续上升。这是农村经济发展的可喜的一面。

但是另一方面，我在 1957 年重访江村时就看到在粮食增产的同时，由于忽视农村副业和家庭手工业在农村经济中的地位，这种商品生产活动又被误认为有碍于农民走社会主义道路而受到限制和打击，以致农民除了生产粮食和国家收购的农产品外，只能从事一些自给性的生产活动。例如江村所在的震泽区是传统的蚕桑基地，可是由于农业社对桑树培育不重视，桑叶减少，养蚕锐减，1957 年比 1956 年少养了 2 996 张蚕种，还因缺叶倒掉了 1 620 张蚕种。按当地一般水平，每张蚕种可产茧 70—80 斤；而每 100 斤茧价值在 200 元左右。这就是说，1957 年群众的养蚕收入比 1950 年减少了约 70 万元。许多农业社还停止了如贩运海蜇、树木、竹子和种植蔬菜等习惯性的副业项目，而以往这些副业生产的收入一般均占农户全年收入的 20%—30%。在这种情况下，农民的饥饿问题固然解决了，但是生活的其他需要却无法得到满足和提高。

与此同时，初级社被认为是半社会主义性质的生产组织，而只有将农民私有的土地收归集体所有，变合作经济为集体经济才是全社会主义。于是，在 1956 年开展的农业合作化运动高潮中，江村的初级社都合并升格为高级社，扩张了经营规模，实行按劳计算工分的分配制度。1958 年秋，又在高级社的基础上搞“一大二公”，成立了人民公社。那就是，同一公社的几千户农民在集体公有的土地上，在统一指挥下劳动。公社社员的生产资料甚至包括房屋、家具等一部分生活资料在全社范围内服从统一调度，社员的报酬则按劳动工分统一分配，社员的生产与生活采取军事化和食堂制。这些措施都源于从集体所有制迅速过渡到全民所有制，以求早日实现共产主义的指导思想。今天回顾这段历史，不能不承认操之过急，欲速不达，违背了社会发展的客观规律。这种尝试的结果造成了60年代初的困难时期。在这个时期里，江村由于人多地少，所受的影响也较大。当时江村的人均耕地只有1.3亩，而平调土地、农具、资金的共产风以及不顾条件盲目扩种双季稻，改变耕作制度的生产瞎指挥，又严重挫伤了农民的生产积极性，使粮食产量逐年下降。1959年水稻亩产为652斤，1960年为600斤，1961年降至494斤。可是实际产量的连年下降却被浮夸风、高指标掩盖起来而得不到如实反映，因而国家征购粮食的任务不断加码。该村所在的庙港公社，自1957年到1960年，逐年征购数为：495万斤、798万斤、802万斤、969万斤。产量降低、征购过重的结果是社员口粮的紧缩。1961年江村的人均口粮只有262斤毛粮，也就是说，每人每天只吃六两大米。在这样的情况下，出现了人口的流亡现象。据统计，庙港公社的总人口1958年为22 571人，1961年为21 315人，净减了6%，而当时外流觅食的人数则远远超过这一净减数。接受了冒进的教训，1962年人民公社进行了调整和整顿，实行公社、生产大队、生产队三级所有，生产队为基础的经济核算制度，就是把集体所有的基本单位，也就是集体经营的单位，缩小到生产队。经过调整之后的生产队一般都保持在20—40户的小规模。除此之外，在其后的几年中，还实行减低征购任务、一平二调的算账退赔、恰当处理积累和分配比例，以及合理使用劳动力等一系列调整措施，农村里的经济秩序重新趋于稳定，并在水利建设、农业机械化和电气化等方面都由于集体经营而做出了成绩，加上积累了栽种双季稻的经验，江村的粮食产量以年均10%以上的速度迅速回升和增长，到1966年，平均亩产水稻已达988斤。社员的人均收入也从 1961 年的 80 元上升到 118 元，吃粮水平则稳定在 600 斤上下。

1966 年开始的“文化大革命”造成了长达 10 年的全国动乱。动乱初期农村也受到波及。在 70 年代的初、中期，由于农村里继续实行队为基础的公社制，在集体管理下产生吃大锅饭的弊端，在一定程度上掩盖了农村人口增长与经济发展之间的矛盾，但还是不可避免地在农村的剩余劳动力上显现出来。以江村为例，下表显示出这几年的粮食生产、劳动力和人均分配水平的情况：

| | 三麦单产（斤） | 水稻亩产（斤） | 每亩农业成本（斤） | 劳动力数 | 劳动日数 | 劳动日单价（元） | 人均年分配（元） |
|---|---|---|---|---|---|---|---|
| 1967 | 316 | 913 | 41 | 1 149 | 321 063 | 0.71 | 119 |
| 1970 | 290 | 940 | 42 | 1 297 | 422 056 | 0.57 | 113 |
| 1971 | 331 | 930 | 48 | 1 302 | 472 601 | 0.53 | 116 |
| 1972 | 375 | 1 103 | 69 | 1 316 | 482 113 | 0.58 | 124 |
| 1973 | 270 | 1 038 | 65 | 1 324 | 493 247 | 0.54 | 117 |
| 1974 | 376 | 1 168 | 68 | 1 289 | 535 664 | 0.53 | 127 |
| 1975 | 232 | 1 080 | 67 | 1 339 | 555 600 | 0.48 | 116 |

由此可见，8 年间粮食产量已开始出现达到极限时的临界性波动，而农业成本、劳力、劳动日都有增长趋势。其中劳动日的增长最快，以 1967 年为基数，1975 年提高了 173%，这就是农民俗话所说的“抢工分”。由于农村副业和家庭手工业在这一时期更受歧视、限制和打击，农村的经济收入几乎完全靠粮食生产，因而抢得的工分就开始贬值。以上述头尾两个年份做比较，每个劳动日的分配额减少了将近一半。

每个人从大锅里分得的饭量越来越少的现实使农民认识到人口的巨大压力。他们从生活实际出发，需要在耕作农业之外另谋活路。就在这时候，城市里的许多工厂还在停产闹革命。生产停顿，但市场需求依然存在，于是部分城里的工业就向需要找活路的农村转移。城市经济的瘫痪也使得原在城市工厂里的技术人员流入农村。类似于此的众多因素凑合起来，在长江三角洲首先出现了大批“社队企业”，那就是，由公社或生产大队集体开办的小型工厂。社队企业从产生到80年代初取得合法地位并改称乡镇企业，走过了充满艰辛和考验的十几个年头。

1982年我在江苏省江阴县的一个工业产值超过1 000万元的大队访问时，曾听说这个大队以往的经济发展几经曲折，可在1968年与城市挂上了钩，把工业引入农村以后，他们就紧紧抓住这条活路不放。尽管农村办工业与当时“以粮为纲”的政策不合，甚至有“走资本主义道路”而受到制裁的危险，但他们很巧妙地在厂门口挂上农具厂的招牌，偷偷摸摸地生产着与农具不沾边的塑料制品，从而为以后的发展打下了根基。农民办工业的热情如此巨大，以至于种种束缚和障碍都阻挡不住他们前进的脚步，原因就在于热情来自为剩余劳力找活路的迫切需要。这股内在动力促使农村干部和群众纷纷起来仿效，社队工业也就不胫而走，迅速蔓延。

1976年全国拨乱反正，1978年中共中央十一届三中全会对农村经济体制做出了改革的决定，开始推行联产承包责任制，在坚持土地公有制的基础上分别由家庭承包，独立经营。农民在承包土地上的收入除了规定上交国家和集体的部分外，全部归个人所得。这就克服了公社制所引起的种种遏制生产力的弊病，使农业经济进入了一个新的发展阶段。1982年江村落实责任制后，农民的生产积极性很高，几年来的粮食亩产一直稳定在1 600斤左右，这一水平与责任制以前相比虽不能说有大幅度增长，但每亩农田所花费的成本降了下来，农民从土地上得到的实际收入提高了。

生产责任制的实行使得长久被大锅饭所隐蔽的剩余劳动力问题暴露得更清楚了。每个家庭都明白自己承包的土地需要多少劳动量，劳力有多余的就要自觉地去找生产之道。这给已经走过初创阶段并受到国家支持的乡镇工业以更大的推动力。农业和工业并肩发展，农村经济出现了史无前例的繁荣景象。江村的年人均收入从 1980 年的 130 元增加到 1981 年的 237 元，1982 年为 334 元，1983 年为 450 元，1984 年为 570 元，1985 年达到 712 元。连续 5 年以每年 100 多元的速度向上涨，其中最主要的因素是乡镇工业的发展。乡镇工业大量吸收了农村里的劳动力，使他们在工厂工作取得工资，减轻了农田上的人口压力，收入提高了。1985 年，江村 1 433 个劳动力中有 639 名在乡镇企业做工，约占 45%，这些农村工人全年的工资加奖金的总收入为 48.24 万元，相当于全村每人收入 202 元。从整个苏南看，一些先进地区发展得更快，如沙洲、无锡、常熟的几个亿元乡，在 1982 年时人均收入已超 700 元，1984 年都超过 1 000 元，其中一半以上的收入来自工业。江村的收入水平还只是处于中等水平。

80 年代初期，农村经济的这个第二次飞跃比起 30 年前的第一次飞跃，其意义更为深刻。因为在这个过程中农村经济结构发生了前所未有的变化：农业与工业在产值上的比例翻了一个身。70 年代末还是农大于工，大致是 7∶3，到了 80 年代中期，比例倒了过来，成了 3∶7，农小于工。江村的工业起步较晚，变化也就特别显著。1979 年的工业产值为 19 万元，只占农、副、工三业总产值的 31%；1985 年全村三业总产值比 1979 年增长 7.7 倍，一跃为 537.68 万元。其中工业产值为 325 万元，占 60.4%；农业产值 72.57 万元，占 13.5%；副业（包括个体手工业和服务业）140.11 万元，占 26.1%。在经济结构变化中值得注意的一个特点是工、副、农三业的协调发展。工业的异军突起并不是出于农业的萎缩。从江村的统计数字看，1979 年以来农业产值也在上升，平均每年增长的速度为 4%，只是与工业产值年均增长 60% 相比，农业则相形见绌了。

或许有人会问，农村经济的这一巨大飞跃是怎么来的？让我们先看江村的两个具体例子：1967 年江村联合了它周围的五六个村子，筹集了多年的集体积累资金 27 000 元，办起了一个缫丝厂。此后，工厂采用低工资、高积累的办法逐年扩大再生产，工厂的规模越来越大。到 1984 年该厂已有固定资产 55 万元，流动资金 28 万元，年产值也由最初的 2 万元提高到了 152 万元。随着利润的增加，工人的平均月工资也由 21 元上升到 63 元。可是这个工厂在办厂数年之后由大队联办厂升格为公社厂，就不再属于江村的工厂了，于是江村在 1978 年年底又用集体积累的 3 万元，买了 14 台老织机筹办村办丝织厂。最初只招收 43 个工人，1979 年一年内就盈利 4 万元。当年工人的工资月均只有 24 元，还留出一部分在厂里作为来年的流动资金。就这样年复一年地发展壮大，到 1985 年该厂已成为拥有 351 名工人和 70 台织机的中型丝织厂，年产值达 278.2 万元，成了江村 6 个村办企业的骨干。

这两个厂的创业史告诉人们，乡镇工业是从无到有、由小到大地生长起来的。农村经济的飞速发展，固然有诸如城市工业支持、国家贷款扶持等因素在内，但最主要最活跃的因素是省吃俭用、含辛茹苦的农民。正是农民，他们用自己的劳动，一点一滴地积累了资金，在这 10 年里创办了约占江苏全省工业 1/3 的乡镇工业；也是农民，他们用自己的双手开拓了崭新的生活。现在的江村农民，温饱之后正在改善他们的居住条件。1957 年全村只有 1 幢二层楼，如今它已被翻修成三层楼，二层楼房也已盖了 30 多幢，还有 60 户人家的门前垒起砖瓦准备造楼。农民的富裕离不开乡镇企业，用农民自己的话说就是“无工不富”。

乡镇企业的发展引起如此巨大的变化其实是不难理解的。过去相当长时期里实行的那种限制商品生产的政策使农村的劳动力只能完全投入土地从事粮食生产，而土地的产量受到递减率的制约。据江村农民反映，在这一地区水稻的亩产量高过 1 500 斤以后，再要提高产量就不容易了，除非投入比产出更高的资金，那就得不偿失。在这 50 年里江村的土地并无增加而略有减少，但人口却增加了 80% 以上，人均耕地从 2 亩降到 1.2 亩。尽管由于精耕细作、兴修水利，这块土地生产的粮食除了养活全村人畜，每年还能出售给国家 68 万斤，但是增加的劳动力却大量剩余下来不能变成生产力。据 1968 年的统计，全村有 1 144 个劳动力，人均耕地不足 2.5 亩。按当时的耕作条件，每个劳力可承担 5 亩土地而保证不减产。这意味着有一半的劳动力白白地浪费掉了。实行责任制以后，有闲的人手显而易见，乡镇工业就将这部分有闲的人手与先进的生产手段结合起来，造就了一股强大的生产力，从而繁荣了农村经济，完全改变了农村原来的面貌。

将来的历史学者很可能会指出这条工业化道路确实具有中国社会主义的特点。因为它既不是如同“大跃进”时期那样搞“以钢为纲”，劳民伤财；更不像早年西方的工业化那样形成工农矛盾和城乡对立。乡镇工业始终是以繁荣农村经济为目标，充分利用最基层的集体经济力量和丰富的劳力资源，从农村的“草根”上兴办起来的。这种“草根工业”，不仅没有损害农业和剥夺农民，相反地倒促成了工农相辅和城乡协作。就江苏全省而言，自从实行生产责任制以后，用乡镇企业的盈余担负水利等农用基本建设的经费远远超过同期国家投资的总额，这是直接的以工补农。在苏南乡镇企业发达的乡村，其他如开办学校、修桥铺路、烈军属和五保户补贴等的公共事业和社会福利的开支都不必摊到农户而由村办企业支出，甚至一些基层组织的部分财政经费也由村办企业支付。如果没有村办企业，这些费用还得在农业收入中扣除，这是间接的以工支农。对此，我们可以用过去家庭经济中农副业的关系来理解现在乡镇企业和农业的关系。乡镇企业的作用，实际是集体经济里的副业。它和农业一起形成在新的历史条件下的农工相辅。它们共同维持集体的生活，并使农村的集体经济得以巩固和继续发展。

乡镇企业正在造就乡村里的一批新人。工厂一般都设在村镇上，离农民的住所不远。做工的农民每天可以步行或骑自行车上工，做工结束后还能回家耕种承包的责任田。这些人是兼营工业的农民，也是没有脱离农业的工人。这种亦工亦农的形式是当前中国工业化初期的一大特点。这是由农民向工人过渡的中间阶段。这一特点还避免了以往的工业化那种因人口过度集中而引起的社会问题，在村镇和农村就地发展工业，用工业扩散的办法防止了人口向大、中城市的大量汇集。1984 年，苏州市的乡镇企业职工人数达 70 余万人，超过了苏州市区的人口总数。由此推算，如果不是兴办乡镇企业，要达到当前的经济发展水平，原有的那些大、中城市受到的人口压力将会是无法想象的。以全国来说，1985 年乡镇企业的职工数已逾 6 000 万。如果加上小城镇里原有的居民，小城镇及靠近小城镇的农村企业已经吸收了约 1 亿劳动人口。如果将这 1 亿劳动人口的家属算在内，就等于吸住了 2 亿以上的人口，从而避免了大、中城市的过度拥挤。总之，乡镇企业确实可以称得上中国农民的创举，它在历史上曾出现在对立的工业与农业之间，对立的城市与乡村两端，起着协调的作用。

作为农村集体经济主干的乡镇企业，它的发展为农业的现代化提供了实现的条件。近年来江村的实践证明，发展工业和稳定农业是互为条件的。没有发达的工业，农业是稳不住的。反之，没有农业的稳定，乡村里的“草根工业”就会失去根基而枯萎。当前引人注目的问题是农业的不稳定。看来，农业不稳定的主要原因是农业的经济效益远远落后于工业的经济效益。但在发展农业时不应仅仅考虑经济效益，而要综合考虑社会效益和生态效益；“无农不稳”还应当包括在当前和长远的考虑里。但是怎样提高农业生产的经济效益毕竟是一个值得研究的大问题。实行生产责任制以后，农民的生产积极性普遍调动起来，这是基本的方面。不过也必须看到，以家庭为经营单位必然导致小农经营。在江村每户家庭一般只有 5 亩田，而且往往分割为十几块。几厘田就作为一个耕作单位的比比皆是。因此小农经济对以提高经济效益为目标的农业现代化的制约作用也不能忽视。为了使农业现代化与工业化并驾齐驱，在苏南一些条件较成熟的乡村里已提出了适当扩大农田经营规模的新问题。少数村子甚至建立了集中经营的农场，由工业的利润担负起农业现代化所需的资金。农田一旦集中起来，实行机械化耕作和现代化管理，又进一步把现在束缚在农业生产上的劳动力转移出来，去从事乡镇企业和包括为农业服务的行业在内的其他生产门道。这一过程在江苏的发达地区刚刚开始，在江村则还只是才感觉到的新问题。怎样从实践中得到解决还有待于今后的发展。然而有一点是确定无疑的，那就是要稳定农业，就得将当前小而全的农业经营方式改造成有专业化服务体系的现代农业。而农业现代化的条件则有赖于乡镇工业和国营工业共同提供和创造。

历史的巨轮是不会停止的。上述的江村在过去 50 年中的变化，很可能是更大更富有意义的变化的前奏。整个中国正向繁荣富强的目标前进，江村不过是其中一个小小的农村。它并不能代表其他的许多农村。但是，它们都是在同一的大趋势中推进，江村所取得的经验，无疑会影响其他的村子；它所面临的问题也将从其他村子的实践里取得启发而获得解决。我们正在以无比的热情，追踪观察这一极其生动的过程，并力求如实地记录下来，为历史留下脚印。

# 重访云南三村

1938—1942 年，抗战初、中期，我和张之毅同志在云南滇池周围调查了 3 个农村。这 3 个农村当时分别属于 3 个县：禄丰、易门、玉溪，因此我们分别称它们为禄村、易村、玉村。在商务印书馆出版的土纸本，有我的《禄村农田》(1942）和张之毅的《易村手工业》(1943)。张之毅的《玉村农业和商业》只有油印本。1943 年我初访美国，在访问期间把这几篇论文编译成 *Earthbound China*（美国芝加哥大学出版社 1945 年版）一书。1987 年张之毅同志去世后，由我汇编成《云南三村》一书，因出版困难，至今还没有问世。

《云南三村》编成后，我常想去云南追踪调查。估计所需时间较长，不易安排。直到今年 5 月底 6 月初，硬抽出了 20 天去云南和三村打了个照面。这样匆促地走马观花，谈不上调查研究。到了昆明才知道禄丰县现隶楚雄彝族自治州，易村已划归禄丰，而且楚雄彝族自治州的研究机关从1983年起已有钱成润、史岳灵、杜晋宏3位同志在禄村和易村进行了追踪调查，调查结果部分已在1984年《彝族文化》发表。他们听说我要重访三村，特地赶来做我的向导。本文中所引用有关40年代后的资料除这次访问所取得的之外都是由他们提供的。不敢掠美，深表感激。有了他们的帮助，我对禄村和易村半个世纪里的变化有了一些概括的认识，对当前的发展情况易于体会。

至于玉村，由于张之毅同志业已去世，我又记不起该村原来的名称，只能在玉溪郊区按我记得的方向找了一个乡进行访问。玉溪农村变化太大，旧的面貌几乎全都改观了。在当地问了一些老乡，都已不记得我们50年前来调查的这回事了。

下面把我这次重访三村做一简单的报道。

## 一

50年前我们去云南三村调查的目的，是想了解当时受现代工商业城市经济影响较浅的内地农村的社会经济结构，进而研究怎样提高内地农民的生活质量。

云南三村代表抗战前云南东部滇池周围坝子里三种不同模式的农村，给了我们比较研究的根据。

禄村给我们提供了一个农业之外，副业很少，根本没有手工业的自给自足的农村模式。它的特色是众多人口挤在狭小的坝子里，用着简单的技术，靠农业的生产维持生计。

内地这样的农村和沿海较发达地区的农村一样是人多地少。当时禄村有122户611人，人均占有耕地1.8亩。因为处在坝子中心，全部是保水田，可种水稻和蚕豆两熟，人均粮1 538斤。如果分配均匀，全村人口可以解决温饱问题。但是禄村各户占有土地差别很大，无田和少田（6亩以下）户占66%，他们所有农田只占全部农田的1/4。这部分贫困户只有靠租田或卖工活命。依靠卖工维持生活的有

250 人，约占全村劳动力的 60%。占有较多土地的男人自己不劳动，住在村子里指挥雇佣劳动，经营农事。我们称这种人为雇工自营的小土地所有者。

禄村这种情形和我 1936 年在江苏太湖附近调查的江村是不同的。江村靠近上海和苏州这样的大中城市，又有发达的传统手工业，在早年原是比较富裕的。但当时由于所产蚕丝丢失了国际市场，传统手工业一蹶不振，农民收入陡降，先是受高利贷的盘剥，而后最终出卖土地，成为佃户。这里放债和买田的人大多住在城镇上，所以对农村来说发生了土地权外流的现象。这里的土地所有者既不劳动，又不经营农事，根本不住在村里，所以我们称他们为“不在田地主”或“离地地主”。禄村和江村当时虽同属封建体制，但形式是不同的。

当我们把禄村和江村对比时，发生了一个问题：内地有没有手工业比较发达的农村，它们的情况又是怎样的？带着这个问题，我们从禄丰城骑马走了 6 天，在易门县境内的绿叶江畔找到了一个传统手工业比较发达的村子，我们叫它易村，张之毅同志住下进行了调查。这个村子就在江边上，绿叶江两岸长满了茂密的竹林。用竹子做原料，这个村子发展了两种手工业，一是编织篾器，一是制造土纸。

易村同样是人口密集的村子。全村有 57 户 236 人，212 亩耕地，人均 9 分。一眼看去，易村比禄村更穷。几乎有 2/3 的人家耕种小块土地不足养家，需靠编篾器补贴。另外 1/3 的人家靠了土纸制造生活较好，其中少数积累了资金，在附近彝族地区买地收租。

在易村我们看到了两种不同的手工业。一种是贫穷户利用多余劳动力编织篾器，借以贴补生活的副业。这种副业并不需要投资，江边可以自植竹林作为原料，工具也较简单，一把劈削竹子的扁刀就足够了。门前空场就是工作场所。技术是祖上传下的，一般人通过实习，不难熟练。产品是农家的日用品，箩箩筐筐类别也不多。因之这种副业性质的手工业比较普遍。

另一种手工业是制造土纸，实质是作坊工业。产品要经过一定的制作过程，先把竹子劈细，经过几番泡、晒之后碾成纸浆，然后用竹帘舀成湿纸，在灶壁上烘干。这套制造过程，除了舀纸和烘纸需要专门技术外，一般都无须特殊训练。但是需要一套泡井、烘灶等作坊设备。还要一笔资金：原料要购买，设备要建造，还要出工资请有技术的工人来劳动。据估计在当时建造一个纸坊的设备要1 000多元，维持一个作坊全年开工的流动资金需5 000多元，利润是8.8分。坊主一般按自己有多少资本造多少纸，闲下的作坊出租给别人去利用。易村一共有9个纸坊，没有一个是全年开工的。租坊造纸的户数每年不同，1939年有10户。这项手工业虽则规模不大，但已经属资本主义性质，只是在经营上还带着封建关系的尾巴，如亲戚关系、师徒关系等。

引起我们注意的是，易村的作坊工业所集中的资本并不像江村一样引起土地权的集中，原因是全村一姓，户户都是宗亲，土地流动受到封建关系的约束。坊主挣得了钱自己消费不完，不能向村内买地，只有向附近彝族村子买地出租。对本村来说土地权没有向外流动，而是外村土地向内集中。结果却在村里出现了地主兼资本家的人物。

张之毅同志接着去跟踪农村发展的轨迹，更上一个层次，从易门来到玉溪。玉溪在当时已经是云南的一个工商业中心。它是滇缅交通大道上马帮运输的大站，而且在抗战时期发展了木机纺织的工业。他在玉溪市镇的附近找到一个受这类市镇影响较深的农村，用来与禄村、易村相比较。

玉村基本上还是以农业为主，家家户户种水稻。但已产生一部分菜农，种植蔬菜供应市镇。同时家家户户的妇女几乎都参与纺织，成为重要的家庭副业。木制织机是自备的，向玉溪的布商赊棉纱在家织布，然后用布换纱，差值就是她们的工资。在工农相辅这一点上和江村类似，但是经营方式各异。

在玉村还看到一种独特情况，就是有一些通过运输而起家致富的人家。当时内地的马帮中混杂着不少贩运鸦片的走私贩子。玉村处在马帮运输大站的附近，产生了一些从这种非法活动中暴发的人家。他们中大多发了财就从玉村搬到市镇上去住，把土地租给本村的人经营。本人脱离了土地也脱离了农村，是一种“离地地主”，但为数不多。

以上简单地回顾了一下云南三村 50 年前的基本情况，为我们观察它们在这半个世纪里的变化准备一些背景资料。

## 二

上面所述有关云南三村抗战初、中期的一些情况是根据我们自己的调查摘录的。1942 年调查结束后，我们并没有机会去追踪观察。下面要继续叙述的是根据上述钱、史、杜三位同志提供的他们在 1983 年调查的资料。由于他们的调查只限于现属楚雄彝族自治州境内的禄村和易村，没有到过玉村，所以我们对于玉村在这段期间的情形并没有可据的资料，只能留待以后补写。

从我们调查时到解放后实行土改这段时期，即 1942—1952 年这 10 年里，禄村和易村已发生了很大的变化。先说禄村。由于抗战和内战期间的通货膨胀、苛捐杂税和政治上的腐败，农民的生活日益贫困。贫穷的农民开始把土地卖给城镇里的富户。到 1950 年全村耕地已有 20% 属于“外籍地主”（即不住在本村的地主）所有。禄村过去这种“雇工自营”的特点逐渐丧失，而走上了和江村一般土地外流的道路。据土改时县委工作组调查，地主（不包括外籍地主）占人口的 11.5%，占土地的 51%。贫农占人口的 38%，只占土地的 1.8%。村内贫富分化已十分严重。土改时清算的一家恶霸地主每年吸食鸦片折合 64 800 斤大米。

跟着农民贫困到来的是农业萎缩。粮食产量在这 10 年里下降了 30%。在这期间，耕地面积只增加了 18%，而人口却增加了 44.5%。吸鸦片的人也成倍增长，据估计解放时全村已有 2/5 的人吸毒。禄村衰败的景象是很显然的。

禄村是 1951 年解放的，经过清匪反霸，减租退押，1952 年作为全县试点，进行土改，结束了封建土地所有制。土改中农民都分到了土地，人均 1.8 亩。农民的生产积极性空前提高，1953 年粮食总产量比 1949 年增产 83%。1954 年实行合作化，1958 年成立人民公社。由于人民公社制不够完善，吃大锅饭，搞大呼隆，大大挫伤了农民的积极性，生产大幅度下降。1958 年粮食总产比 1953 年下降 35%。其后经过多次反复，到 1978 年才恢复到 1939 年我们调查时的水平，但仍低于 1953 年的纪录，等到 1980 年实行了家庭承包生产责任制，农业徘徊不前的状况才扭转过来。1982 年粮食产量才比 1978 年增长 14%，人均占有粮食超过千斤。

禄村地处坝子中心，农业得天独厚。但是耕地有限，人口不断增长，70 年代末全村已超过 1 000 人，80 年代后期达到了 1 200 人。单靠农业，禄村是富不起来的。抗战期间全村农业之外的收入不及农业收入的 1/10。解放后由于公路建设，运盐的路线有了改变，处在原来运输线上的禄村，依靠运输的服务业，如马店等，已无法继续。“文革”时期原来赶小街做小买卖的人也被视作资本主义尾巴而停业。副业只剩下一些自给性的饲养，如养猪和鸡。

人多地少的农村怎样利用农业里的剩余劳动力来从事生产，一直是个严重的问题。禄村在 70 年代“文革”后期已经不得不以集体名义在劳动输出和兴建如小砖瓦窑等建材企业上谋出路。据 1978 年估计，非农的集体收入占总收入的 23.4%，家庭副业占 15.4%，比 40 年前略有增长。

80 年代初公社制改革后，禄村的经济结构发生了较大的变化。1982 年全村工副业收入占总收入的 48.5%，比 1978 年增加了 10%。1983 年全村有 130 人参加了 5 个自愿组合的基建队。这对禄村来说是一件大事。当时全村一共有 477 个劳动力，而全村耕地只需要 270 个劳动力就足够经营了。多余的 200 多个劳动力中竟有 130 人进入劳动输出的队伍。原因是清楚的：80 年代初正是小城镇高速发展的开始，大搞基本建设扩大了对建筑材料和基建劳动的需求。这两项都不需大量投资和复杂的技术，因此缺乏资金积累的农村也有条件提供砖瓦和建筑工人。禄村靠近禄丰县城的金山镇，近水楼台，抓住了这个机会。

30 年代我们已看到像禄村一样的封闭经济中劳动力过剩的基本情况。公社制度并没有解决这个问题，它不过以吃大锅饭的方式把这种现象掩盖了起来。土地承包到了家庭，各家各户都自觉地要为剩余的劳动力找出路了。这是 80 年代农村经济发展的一个内在的动力。禄村大量劳动力被吸收到建筑队去充分表明这个动力所起的作用。

农村经济结构也开始解冻。除了劳动输出外，留在村里的人也在农业之外寻找各式各样的活路。村子里工副业很快发展起来。1982 年，除了原来的马匹运输、修理打铁、编织等之外，开始有加工豆腐、米线、卷粉、冰棍等家庭作坊和饭店、小百货店、冷饮店等服务业。总计一共有 51 人参加 16 种行业，加上其他从事家庭副业的共有 171 人，占劳动力的 35.8%。这样成长起来的专业户和重点户，逐步改变了禄村几乎全部生活取自农业的传统特点。

禄村居民的生活相应地有了改善。1978 年全村还有 49 个入不敷出的"超支户"，约占全村 20%。4 年后除了一个懒散的人之外，再没有人家叫不够吃的了。这 4 年总收入增长 26%，人均从 204 元增加到 333 元。温饱问题基本解决。家家户户有了自来水。全村 246 户中有 99 台缝纫机，150 辆自行车，138 部收音机，8 台电视机。

我们这次重访禄村特别想了解 1982 年以后的情况。由于时间短，只能听村里负责人的汇报。从产业结构上说，农业和工副业的比例，1978 年是 7∶3，1985 年是 5.5∶4.5，1989 年是 4∶6。这些数字都没有经过考核，但也能帮助我们看到最近 10 年里禄村有较大发展的轮廓。

禄村经济的发展现场也是容易看到的。50 年前我们从禄丰县城到禄村去要走近一里的石板道，道的两边全是稻田。路上行人少，人们还常劝我们晚上不要单独进城。现在禄丰县城已改称金山镇，镇上几乎全是新建的房屋，而且扩大了很多，和禄村村口连上了。

这一大批建筑也具体告诉我们禄村为什么有100多人在这几年里变成了建筑工人。

但是走进禄村，除了石板路变成了水泥路，沿路有自来水管外，基本面貌却改变不大。大部分弄巷门面还是旧时相识。我可以找到调查时寄居的房屋。主人是早去世了，第5代的孩子都已经出生。但我到堂屋里一看，还是当年本色，甚至还认得我当年的铺位。不同的是当时的院子在我印象中还要宽敞得多。在这半个世纪里，已增建了几间小屋，空地就见得狭小了。出门来在街头转角上，一位老人还高兴地向我说，当时他还是个孩子，就在这里带我去找那位吹洞经的人。所以我的印象，禄村的外貌改变得不大。村子里新造的房子还不多。但当我闯进当年的中药铺里，才看见室内已经刷新。主人招待我坐沙发，房角里还有电视机。

由于老乡听说我提倡乡镇企业，所以兴冲冲地邀我去参观他们引以为骄傲的塑料厂。厂在村西的边缘上，新造了厂房，厂中场地上堆满了各处购来的破烂塑料，一看就知道这是个塑料再生厂，把废品加工制成各种用具，也能翻造农用薄膜。我看了有点儿面熟，想起了1984年在江苏淮阴市的耿车乡曾经看到过这种厂，而耿车的厂后来听说已发展得相当大，成了苏北的一个废品利用业中心，相当有名。我因而想到这两个地方确有相同之处，它们都是从农业单一经济开始走上工业化最初的一步。它们都是从成本便宜的废品入手。从塑料鞋底做起，翻造出多种农民需要的日用品。既有原料又有市场，初生的企业容易站住脚。计算一下时间，苏北先于云南有五六年。这也给我找到了一个比较两地农村发展时差的指标。

第二天我把兴办这个塑料厂的农村企业家请了来面谈。他是我初次调查禄村时寄寓主人的侄孙，名字叫王兴国，现在有30多岁，初中毕业后在禄村种田。全家12口人，6个劳动力。1979年一次即向国家出售大米6 000斤，一连3年，成为有名的大户，同时也积累了1万多元。他有了这点本钱，在村子里把多余的劳动力组织成基建队，到金山镇上去承包建筑工程，营业相当顺利。基建队后来发展到100多人。他说他原来不懂建筑，通过在实际工作中学习，后来已能设计、施工盖4层的楼房。他是个自学成才的人物。

基建队按劳动时间和强度发放工资。结余多了，他想如果分给大家，不是一下花完了么，不如用这笔钱组织一次外出参观，开开眼界。后来，他自己买回了一套制造冰棒的设备，在村口另建新屋，办起了一个冷饮店。他和妻子一起在晚上制造冰棒，第二天一早分发给小贩，到附近几个学校门口出售。这个厂由他的妻子经营，每年收入在万元以上。随后他自己找到了昆明塑料厂里的熟人，挂上了钩，购备机器，又开办了这个塑料厂，营业额一年有几十万元。

经过近10年的锻炼，他已经由一个农民变成了一个脱离农业的企业家。由于他新造的住宅里有烤箱、洗衣机等10多部“机器”，在禄村被称作“十机部长”，在农民里成了个惹眼的人物。因之他的心情不得安宁，既有扩大企业之心，又怕政策不稳。他出名之后就和父亲分了家，怕有一天“倒算”，拖累家人，又把基建队让给弟弟去经营，自己搞塑料厂。去年他看到金山镇处在川滇铁路和滇缅公路交叉点上，商业相当繁荣，所以又在镇上租房子办了个旅馆。他确有眼光，有魄力，既精于计算，又懂得拉拢关系，是个企业家人才。但是心头的矛盾至今未消。在和我谈话时，还是一再表示愿意把塑料厂归村里集体经营，他可以做个经理，不要当老板。他又说，他一家的生活有一个冰棒厂就够维持，其余的都愿意归公。这可能是农民企业家在发展初期多少带点普遍性的思想状态。实际上是表明他们对私人企业还是新手，社会四周的气氛还对走这条路子有怀疑。何况禄村基层干部又缺乏这类人才，集体企业没有发展起来。他这样的人是太突出了。

像王兴国这样的尖子在禄村是仅有的，但这10年家庭工、副业在禄村普遍有了发展，全村的总收入据报1982年是18万元，1985年是37万元，1989年是123万元，如果化成可比价值，5年里翻了一番以上是可信的。至于集体企业还有待创办，与苏南的江村相比时差总在10年以上。

## 三

我到了禄丰就提出要到已划归禄丰境内的易村去，而且钱、史、杜3位同志1983年已找到我们调查过的村子，进行了调查，1985年发表了调查报告。但问题是易村还没有通公路，离村最近的公路有3公里的山路，我这年纪已经不容易步行这点路程了，可是我还是在想办法，想亲自去看一看。到了我们打算起程的前几天，下了大雨。这3公里山路对我成了难于克服的障碍了。于是经过商量，我只能坐车到附近的一个名叫川街的小镇。同时到易村去请了几位认识我的老人在川街面谈，算是了却一番心意，连登门拜望也做不到了。

幸亏有钱、史、杜3位同志陪同前去，通过他们，易村在40年代初期到80年代初期的40年间的变化大体上可以了解到一些。下面主要是根据他们提供的资料写的。

在这40年里，易村在经济上的变化是一部有反复的历史，钱、史、杜三位同志归结为“三起三落”。我在上面所叙述的40年代初的情况在易村可以说是第一个兴盛时期。当时易村的土纸运销到姚安、楚雄、禄丰一带的街子上，在村子里出现了不少赖以发财的作坊主人，土改时划出的地主和富农即有14户，约占全村户数的30%，他们都是和纸坊工业有联系的。

第一次衰落是出于自然灾害。1942年发生了霍乱，几个月间死伤相藉，人口减少了。1939年有54户236人，经过10年，到1950年解放初，还只有48户241人。在这段时期里土地和竹林维持原状，土纸作坊还有所增加。所谓衰落，主要是指人口减少和劳动力不足。土改时土地重新分配。易村地主在村内的土地原来就不多，但他们占有大量村外土地，约占所有土地的2/3。所以土改时由于地少人多，把8户地主54人迁到外村，余下的人平均分得1.3亩。在农民生产积极性提高的情况下，人均收粮600多斤，口粮可以自给。土纸和织篾器等工、副业没有受到影响。农业加上工、副业使易村发展成了当时的富裕村。易村老人说，就数这两年好过。

1958 年成立人民公社，村外抽调了四五十人到易村来“发展”编织业，吃住在易村，实际上增加了人口，而这些新手根本不懂得手艺，所编成的篾器质量下降，影响了销路。到了“大跃进”中，为了“放卫星”乱编乱织，又滥砍竹子，糟蹋原料。半年多时间砍掉易村五六年所需的竹料，而所编的篾器根本销不出去，废品堆积成山。易村篾器中最著名也最值钱的海簸，因为要推行打谷机，上边命令禁止使用，因而停止生产。这样易村经济进入了第二个衰落期。

1962 年，中央政策改变后，易村分为两个生产队，生产得到了恢复。由于农村解散了集体食堂，家家户户都要补充厨房用品，篾器畅销。海簸的禁令也取消了，在市集上大受欢迎，价格从 30 元涨到 70 元。易村为此组织了三四十人专业从事篾器生产，质量有所提高，评比中名列第一。在调整生产过程中，许多乡村的土纸作坊停了业。1960—1964 年土纸供不应求，价格也高涨。易村留下的两个土纸坊没有停，得到了好处。这是易村经济第三个兴盛期。1964 年有 63 户 246 人，人均产粮 500 斤，收入 132 元，全村工、副业收入占全部收入的 61.9%，超过了农业。这是自从公社化以来经济收入最好的一年。

好景不长，70 年代初开始“以粮为纲”，退回到单一经济的路上，像易村这样靠工、副业支持的经济受到的影响特别严重，因而又进入衰落期。1980 年易村落实联产承包责任制，只把田地包到了户，没有把竹林同时包到户。群众贪图当前的利益，趁着竹林还姓“公”不姓“包”的时候，一窝蜂地去砍竹子。会编篾器的砍了编篾器卖，不会编的抬了竹子到川街市上去卖，卖不掉用来编篱笆拦鸡和猪，甚至堆在门前当柴烧。男女老少齐动手，在一个多月里，祖上多年留下的竹林，连根都挖了起来。等到干部腾出手来干预时，易村原来在绿叶江两岸密密的竹林，所剩无几。竹林事实上是易村几度衰落后得以恢复的命根子，这是他们手工业的原料基地。这一下子摧毁掉，影响就深远了。土纸作坊从此倒闭，直到现在没有恢复。有编织技艺的老手只能到街子上去买原料编篾器，成本高了，挣不了多少钱。有些只能到有竹林的村子里去帮别人编篾器。这时后悔已来不及，要重新长出茂密的竹林来不是短时间办得到的。

我这次由于年迈天雨，到了川街再前进不了，没有能亲自去看一看易村当前的面貌。几位老人赶来川街和我会面，旧话讲得多，新话讲得少。据他们告诉我，易村人口现在是69户333人。人口比1984年的331人只多2人，原因不清。

我问他们，现在易村比我们当年去调查时有什么变化。他们想了一会儿，回答说河边的“天车”已经没有了。天车是他们用来向河里提水灌溉的用竹木做成的大飞轮水车。红色的河水，碧绿的竹林，加上几十个圆形的天车，确是当年我们觉得十分动人的易村风情。大约在10年前，易村通了电，已可以用抽水机提水，天车被淘汰了。

我问他们的生活，他们起先都说靠党的政策好，现在已经好多了。接着说还有不到十几家人，温饱问题还没有解决。十几家就占了全村的1/7。从这几个老人的衣着上看，我感到这些人生活变化不大。我回到北京后，这几位老人中有一位还来信要我帮助他申请政府补助，大概就属于这十几家贫困户。

因为我记得我们去调查时，他们村子里住得很挤，所以问他们现在怎么样了。他们说，最近10年来有30户人家盖了新房，大小有70多间。即是说，这村子里有超过一半人家居住的条件已有所改善。

谈起他们有什么要求时，他们说他们村里的小学房子已列入危房，所以现在只能在私人房屋里临时上课，希望能早些修盖新校舍。

听来，易村的农业有了发展，特别是这几年培植了烟草，卖得起价钱。但是绿叶江水质污染，本地的秧苗栽不活，要到外地去背秧苗回来栽种，有时要栽2—3次才活，玉米也很难出芽，因而要求修一个水库。更严重的是竹林似乎还没有恢复，土纸作坊至今没有重办，编织业还停留在当年的水平。经常编织的只有20多人，而所编织的还是老产品，技术没有变化。加上交通条件改进不大，公路至今没有通到村里。这是发展的主要障碍。

短短的半天相聚，对易村只有一些间接的印象。像易村这样的偏僻山村，在发挥它有竹林特产的优势时，农民曾经有过比较好的日子。后来由于种种历史原因，他们的原料基地被摧毁了，赖以提高生活质量的工、副业恢复不易。单靠土地显然是不容易使这样的村子富起来的。

易村父老的热情是感动人的。这几位老人在当年还是青少年，他们至今还记得我们当时在村子里的活动。有一位说，我曾给他一些“洋糖”，到家里还挨了父亲一顿骂，说“洋糖”是吃不得的。这样偏僻的一个小山村，半世纪后已经能利用水泵进行灌溉，有电灯照明，从这样的起点看，不能不说是有了极大的进步了。但和外界相比，未免差距拉大了。

## 四

云南三村由于所处的条件不同，显出了发展上的差距。易村最偏僻，至今未通公路，在曲折的发展过程中，斫伤了自己的命根子，丧失了原料基地，不仅没有在原来工、副业的基础上向前迈进，在和其他农村对比下是落后了。禄村在这几十年里，虽则同样也丧失了一些原来的优势，如由于公路运输的发展，失去了成为运盐驿站的地位，但是它适应得较快，依托金山镇的发展，大量劳动力通过组成基建队而得到了利用，积累了资金和培养了人才，开始向个体办的小型加工业迈进，虽则还属于创办阶段，但毕竟已经起步。

变化最大的是玉村。我这次去访问没有能找到原来调查的村子，固然主要是因为我自己当时没有亲自去实地调查过，现在又忘记了这个村子的名称，而当时深入调查的张之毅同志不幸已经去世；但是从当地附近的许多村子里已经没有人再记得我们那次调查这一点上看，也能发现这地区农村的变化。它和禄村、易村显然不同，在禄村和易村我们都见到熟人，村子里的群众也大多记得我们的名字。玉溪却没有遇到这种人的机会了。玉溪这个地区变化太大，它四周的农村连古老的房屋留下来的也已经极少。外貌变了，人也不同了。用我的话来说，“乡土气息”已经大大地冲淡了。50 年前的旧事，在滚滚的时流里已留不下多大印象了。

玉溪现在是全国卷烟业的中心之一。玉溪卷烟厂出产的红塔山牌香烟在国内名牌中居于前列。全市工农业总产值 49.1 亿元，其中工业产值 37.2 亿元（卷烟 23.9 亿元），工农业比例是 8∶2。这在云南是突出的，在全国内地也是少有的。

玉溪市工业迅速成长必然影响到四周的农村。以农业说，烤烟成了重要的经济作物，1989 年市郊农村产量已达 5 636 万公斤，比 1980 年增加了 5 倍。大工业的兴起还带动了乡镇企业的兴起。我们参观了一个制造水松纸的工厂。水松纸用来包在纸烟的过滤嘴上，是直接为卷烟厂配套的产品。1989 年玉溪全市乡镇企业产值 6.97 亿元，如果把卷烟厂除外，占全市工业产值的一半。这些乡镇企业分布在玉溪市四周的农村里，正在改变农村的面貌。农村里从事工业的人有 153 000 人。农民人均收入 937 元，比 1980 年增加了 3.5 倍。

从我们所举的这些数字足以看到这 10 年里玉溪农村变化之大。可惜我们访问的时间太短，又没有找到原来调查过的村子。我对玉村的变化不能多说了，只希望今后还有机会在玉溪市和它周围的农村里做一次调查，比较深入地了解内地工业的发展对农村的影响。现在我只能提出这个课题，即使我此生得不到这个调查的机会，相信会后继有人的。

1990 年 8 月 16 日

# 论中国家庭结构的变动

——1982年3月在日本国际文化会馆的学术讲演

我今天想讲的是我最近几年来在我国观察到的一些家庭结构方面的变动。对于这些变动还不能充分地用数据来表达，也还不能进行较广范围的概括。中国社会固然有它的共同特点，但是我的观察是很局部的，因此我所讲的内容在中国有多大的代表性尚属未知。这一点，应当在一开始就加以说明。

在我启程前曾收到这里朋友们的建议，让我讲一讲我从现代史的背景里所看到的中国社会变动的趋势。这个题目出得很好，因为这正是我们研究中国社会的学者们所关心的中心课题。但抱歉的是我确实还没有能力对这个问题做出概括的答案。请允许我就我的观察所及，在比较窄小的范围内，具体地讲一讲中国农村和城市家庭结构方面的变动。我将根据我在1936年所调查的，后来又和一些同事们在1981年调查的江苏省太湖附近一个农村（学名“江村”）的资料，和最近同事们在北京街道调查的一些资料，来讨论这个问题，所以局限性是很大的。

中国农村和城市家庭结构的变动是中国社会变动的一部分。家庭是中国社会的细胞。它是中国人最基本的生活单位。大社会的变动必然会引起家庭各方面的变动。由于它是每个人最亲密的团体，它的变动也会影响大社会的变动。所以要了解中国社会的变动，不能不注意家庭的变动。

应当说明，我这里所说的“家庭”是指人们最基本的生活单位。更确切些，应当说，中国人最基本的生活单位是“家”，它并不完全等同于西方社会学中所说的family。在中国，我们常用“家庭”作为family的译文。但是严格地说，family作为社会学概念，只指夫妻及其未婚子女所形成的集团。在欧美现代社会里它是一个基本的生活单位，这种单位也被称为“核心家庭”。我们中国的基本生活单位不少也是只有父母子女的核心家庭，但也有不少比核心家庭要大些；有些包括两代重叠的核心家庭，有些可以包括几个同胞的核心家庭，有些还可以包括其他社会关系的成员。所以我在《江村经济》一书中用chia（中国“家”字的罗马拼音）来指这个基本生活单位。为了使西方读者容易了解它和family的差别，我把它解释为“扩大了的家庭”（extended family），意思是中国的“家”是在核心家庭基础上扩大的团体，它是中国人经营共同生活的最基本的社会团体。

从这个角度看去，我们可以把中国的家庭从结构上分出四个类型：Ⅰ.是不完整的核心家庭，指核心家庭中原有配偶中有一位死亡或离去，或是父母双亡的未婚儿女。这一类并不稳定，也不能说是正常的。Ⅱ.是指一对夫妻和其未婚的子女所构成的生活单位，即相当于西方的核心家庭，在中国一般称“小家庭”。Ⅲ.是核心家庭之外还包括其他成员，这些成员都是不能独自生活的人，大多是配偶死亡后和其已婚子女共同生活的鳏夫或寡母，也有些是其他较远的亲属，甚至没有亲属关系的人。Ⅳ.是联合家庭，就是儿女成婚后继续和父母在一个单位里生活，即上面所说的两代重叠的核心家庭。如果兄弟成婚后都不独立成家，那就成了同胞的核心家庭联合的单位。这些过去统称为“大家庭”。

根据这种分类，我们所调查过的那个农村的情况按各类家庭的百分比列表如下：

| | 1936年 | 1981年 |
|---|---|---|
| Ⅰ | 27.6% | 18.1% |
| Ⅱ | 23.7% | 39.0% |
| Ⅲ | 38.4% | 21.6% |
| Ⅳ | 10.3% | 21.3% |

从这张表上可以看到，在1936年为数最多的是第三类，即核心家庭之外加上一些附属的成员。但是它并不占绝对多数，略高于1/3。其次是不完整、不稳定的第一类，为数相当高，超过第二类的核心家庭。为数最少的是第四类即所谓大家庭。

值得注意的是，过去有一种比较普遍的印象，似乎中国通行的是大家庭。这种印象可能出于许多新旧小说和剧本的影响。比如说曹雪芹的《红楼梦》和巴金的《家》，讲的都是大家庭里的事；曹禺的剧本《雷雨》写的也是大家庭的悲剧。从旧中国的意识形态来看，封建伦理的确宣扬“孝、悌”，要顺从父母和兄弟友爱，不主张分离、独立，“五世同堂”成了社会理想。但是事实上在中国大家庭并不通行。以那个农村来说为数甚少，这又怎样解释呢？

我在1938年出版的《江村经济》中曾指出，在这个农村里所观察到的情况并不能视作例外，因为据当时所了解的全国平均的家庭人数只有4—6人。这就说明大家庭不可能是普遍的模式。我又指出在当时实行的小农经济中，农田经营的劳动和大家庭制并不适应，农民受传统伦理观念的影响并不足以抵住经济上及家庭内部结构上趋向于分家的力量。我曾着重分析过儿女成婚，在父系社会的家庭里引进了一个新的成员，即新媳妇，婆媳关系的紧张状态常是引起父子分家的现实因素。

这种解释也牵连到为什么在城镇中存在较多的联合家庭。我认为这是以家产及地位取得收入、财权集中在家长手上的那种寄生性的父权封建地主阶级的产物。城镇中的以工资收入为生的劳动人民和农村中的农民一般都是以小家庭为主的。我这种说法还需要事实材料加以证实，现在只是一种假设。

我并不低估传统伦理在广大社会上的作用。强调亲子关系的联系确是中国社会的一个特点，和西方现代社会相比较更为显然。这个特点使得在这个农村里还有1/10的家庭，其中已婚儿女可以不和父母分家。这是上表中第三类占优势的一个原因。那就是说，凡是不能独立生活的鳏夫寡母一般由已婚的儿女赡养，结合在共同的生活单位中。我虽没有美国社会的有关数字做比较，但凭一般的印象说，在美国第三类家庭可能是很少的。这也就发生了西方社会上日益严重的老人问题。

值得注意的另一点是第一类竟占总数的1/4以上。这些是不完整的和不稳定的家庭。这数字后面隐藏着解放前贫困的农民悲惨的境遇。在被称作“人间天堂”的苏杭地区，农民中妻离子散、鳏寡孤独的人数尚且这样多，他们一旦丧失了配偶或父母，破裂了的核心家庭就不容易再填补。这种情况在当前年老的农民心中还是活生生的记忆。

现在我们可以进一步用去年我们在这个农村里所观察到的情形来和45年前的情形做一比较。

在上面这张表中，最清楚的变化是第二和第三类换了个位置。一对夫妻和他们未婚子女构成的生活单位即核心家庭或小家庭已成了现在这个农村里为数最多的模式了。第四类的联合家庭或大家庭在比例上也增加为原来的一倍。第一类已有所下降。对这些变动的全面研究我们还在进行，在这里只能提出一些初步的看法。

这45年中这个农村经历了极深刻的变化，就是中国从半殖民地半封建社会变成社会主义社会。这个变动深入到社会的每一个部分，今天我不能多加说明。联系到家庭结构上来说，首先应当提到的是废除了土地私有制，建立了集体生产按劳分配的社会主义制度。家庭作为一个基本生活单位的职能起了变化，它已不再是个主要的生产单位。家庭成员分别按照各人参加集体生产的劳动量得到报酬，共同供给家庭成员的消费需要。过去家庭作为一个生产单位时，家长是这个单位的生产事业的经营者，全家的收入是由他经手的，所以家长掌握了财务的支配权，这是父权家长制的经济基础。现在按劳动计工分，加上男女同工同酬，有劳动力的家庭成员成了这个生活单位的“面包获得者”，而且各人对这个单位的贡献是有工分可以计算的。目前农村里家庭财务权的实际掌握方式是多种多样的，而且还在变动之中。大体上说家长在一定程度上还保持着财务的支配权。这是由于生产队年终分配时还以家庭为单位发放，就是一家的成员所得工分合在一起付给这家的家长。但是即使这样，各成员心中都明白自己为家里挣回来多少实物和钱，家长不能不承认他们有一定的自主权，至于承认多少和用什么方式落实自主权，现在各家是不一致的。

关于经济上的自主权让我再说几句。这几年这个农村办了工厂，在厂里做工的女青年可以直接从工厂领取工资。尽管她们一般还是把所得工资交给家长，但是个人工资收入对这些女青年的生活已经发生了显著的影响。我可以举一个具体的例子来说明。这几年多数妇女开始时兴烫发，烫一次发在小镇上要花两块钱，农村姑娘要向家长取得这两块钱去烫发是不容易的。家长对妇女烫发并不觉得美观，甚至会感到很不顺眼，两块钱在农村里又不是一个小的数目。所以没有财务上的自主权，姑娘们的头发是卷不起来的。女青年自己有了工资，取得工资后，扣下两块钱到镇上去烫发那就很方便了，即使家长因此脸色不那么好看，也不妨碍她们自己取得的美容。现在中国农村里固然还谈不上妇女经济独立，但是她们已开始一点一点地取得经济上的自主权了。

就在年青一代争取经济自主的过程中，两代之间的关系有时是很紧张的，特别是儿子结婚后家里来了个也挣工分的媳妇。我在45年前已经把婆媳关系看成是闹分家的一个重要因素，在目前的情形下，情况就难免更为严重些。上表中小家庭比例的增加，成为当前为数最多的形式，正反映了这种情况。

婆媳关系的紧张可以导致两代分家，但要实现分家还要有其他的条件，其他条件不具备要分家也分不成。当前农村中房屋比较紧张，不和的双方由于没有地方可以搬家，所以发生了一种过渡形式：即两代还住在一所房屋里，而生活上却各顾各的。农村中称这种形式为“分灶”，婆媳各自烧自己的饭。我们抽样调查了两个生产队，42 户，分灶的有 19%，没有分灶而婆媳经常吵闹的有 7%。这个情况可以帮助我们明白为什么上表中一方面小家庭的比例上升，同时另一方面大家庭的比例也上升了。大家庭的数目中实际上包括着不少要分而分不了的过渡形式的“分灶”的家庭在内。应当补充说明的是“分灶”并不限于父母俱在的联合家庭，也发生于父亲已死只余寡母的家庭。换句话说，在第三、第四两类中都有这种分灶的家庭。

在上表中可以看到比例下降的是第一类和第三类。第一类从 27.6% 下降到 18.1%。这是说，这种破裂了的核心家庭在 45 年中减少了近 1/3。这首先反映了解放后农民生活的改善。但是也应当看到，农民生活改善的程度大大超过这一类家庭下降的比例。这又为什么呢？我们认为主要是由于这个农村中独身的男子人数较多：1981 年在这个村子里，30 岁到 55 岁的年龄组中未婚男子有 29 人，离婚未娶的男子有 35 人，丧偶未娶的男子有 14 人，共 78 人（全村男子 950 人）。有这么多独身男子的原因是他们不容易找到结婚对象和结婚费用太高。这个村的人口为 1 764 人，性别比例是男多女少（54 : 46）。青年男子一般在本村和附近村子里找对象，女子少，找到对象的机会就少。同时当前结婚所需要的费用较高，在过去农民收入较少的年头，订了婚还需四五年才能积累到足以举行婚礼的费用。房屋拥挤也是不能及时结婚的一个重要原因。第一类家庭中有不少就是这些未成家的独身汉。

第三类从 38.4% 降到 21.6%，这里的原因比较多。其中之一是这45年中，农民的寿命有显著的延长。这个农村里，60岁以上的人数1 935年是94人，1981年是195人。我在上面说过，第三类家庭的形成很多是因父母中有一方死亡，另一方不能独立生活而由儿女赡养，附属在以儿女为核心的家庭里。父母寿命的延长减少了这一类家庭，而增加了第四类的家庭。另外一个原因是现在农村里落实了法律上的规定：子女对失去劳动力的父母有赡养责任，生产队有权指定儿女负担老年父母的赡养费。所以那些婆媳不和的第三类家庭容易转变成第一类和第二类，就是婆婆可以由儿子每月给他一定赡养费而单独生活了。这也是第一类家庭增多的一个原因。

上面所讲的是我在太湖附近的一个农村里观察到的情形。由于1936年我在这个村子里调查过，去年又去调查了一次，比较两次调查的资料，可以看到一些具体的变动。但是我们的调查还不够深入，有许多论点还有待今后核实。下面我想简单讲一讲我国城市里的家庭情况。这些情况是我的同事们在北京的一个街道上调查得来的。我们还没找到历史资料，所以不能像上面那样进行不同时代的比较。而且要用这些城市情况来与上述的农村情况相比较，还得考虑到中国南北两地情况的不同。所以这里所得出的论点更需要今后进一步核实。我在这里提出这些资料来的用意是在于指出存在于城乡双方的一些共同趋势。这对于今后继续研究中国家庭问题可以有点帮助。

我们在北京街道的一个住宅区里调查了有关上述四类的家庭结构，结果如下：

Ⅰ. 15.20%

Ⅱ. 56.14%

Ⅲ. 10.54%

Ⅳ. 18.12%

值得我们注意的是，在城市中这四类家庭的比例基本上是和上述农村同时期的模式相似的。它的特点是核心家庭占主要地位。在上述农村里核心家庭虽占相对多数，但是还没有占绝对多数，而在北京的这个街道上已超过半数。我们知道正在调查中的另一大城市的情况，核心家庭的比例高达 80% 以上。如果这些局部的调查能够在一定程度上反映中国一般情况的话，核心家庭的增加可能是一种现实的共同趋势。

我的看法是，这是和个人独立收入的经济基础和妇女地位的提高相联系的。这些可以看成是促使两代分居的因素。但是同时还存在着相反的因素使得两代结合在一起，形成第四类的家庭。

在阻碍形成核心家庭的因素中，以当前城市的具体情况来说，住宅问题可能是很重要的。住宅是家庭生活的物质条件。缺乏一个独立的住宅，以现在通行的话来说，没有一个“单元”的住所，就难以实现一个完整的核心家庭。在城市中也存在着各式各样的和农村里“分灶”类似的过渡形式。这些过渡形式的家庭也就降低了核心家庭在总数中的比例。我上面提到另一大城市核心家庭比例较高的例子，很可能是由于那个地方的住宅情况没有北京这个街道这样紧张。

另一个因素是当前城市里还存在着的儿童抚育问题。解放以来，年轻的已婚妇女一般都已有职业，在生育年龄中的夫妇绝大多数是双职工。城市里各工厂、机关虽然设立了很多托儿所和幼儿园，但是事实上并不能满足社会需要，而且费用较高也使一些收入较低的家庭不易负担。在这种情况下，年老的婆婆就成了年轻媳妇所欢迎的助手了。两代不分家的联合家庭也就比较巩固了。

父系和从夫居是旧中国家庭的正规形式。我说它是正规形式是指这是社会公认为应当遵守的方式，不遵守便会受到社会的非议。事实上，不仅在农村里，在城市中也有入赘的方式，但是赘婿的社会地位总是较低的。解放后，这种情况已有改变。在知识分子中，我所接触到的范围内，已出现偏离严格父系和从夫居的正规的现象，如留女儿和女婿在家组成共同的生活单位，而让儿子住到媳妇家去。又如女儿所生的儿女从母姓而不从父姓等。值得注意的是这些偏离传统正规的办法在社会上并不受任何非议而已得到认可了。这种情况在数量上还没有调查清楚，可能还是极少数；但是这种苗头是符合社会其他方面的变化的。首先是在生产资料公有制下，家产的继承只限于生活资料，在一般人中已微不足道，所以家系的认宗已失去其经济意义。家庭这个基本生活团体的凝聚和团结日益依靠成员间的感情联系。父系和母系，从夫居和从妻居两种形式已有同时并存的条件。这种变动现在还在发展中，也正是社会学学者感兴趣的一个方面。

# 家庭结构变动中的老年赡养问题*

——再论中国家庭结构的变动

今天能参加香港中文大学主办的“现代化与中国文化研究讨论会”，与长久以来分散在世界各地同行的同胞们欢聚一堂，切磋论学，实在感到欣慰。相信这只是个开端，今后相聚的机会必然会与日俱增。

## 一

我想在这次会上提出来研究讨论的题目是：在现代化过程中，我国的家庭结构正在发生什么变动？这个问题牵涉较广，所以得分若干次来讲，而且想通过这样的讨论，促进我们正在对这个问题进

* 1983 年 3 月 7 日在香港中文大学主办的研究会上的发言。

行的调查研究。采取这种边讨论边调查的方法，可以使我们在会上发表各种尚在研究中的设想，得到相互启发和促进，推进我们对中国社会的研究工作。

去年这个时候，3 月中旬，我应日本国际文化会馆之约，在东京讲了一次，题目就是《中国家庭结构的变动》(以下简称《东京讲话》)[①]。今天所讲的可以说是上次讲话的继续，所以称之为“再论中国家庭结构的变动”，因此在上讲中已经提到过的论点在这讲中可以不再重复。和上讲一样，我的立论主要根据我和其他同志在江苏省吴江县开弦弓村（以下简称“江村”）的调查。[②] 所提出的事实和论点都具有局限性，可作为今后更广泛的调查研究的先行，并提供一些待证的设想，但不能视为中国情况的概括。

今天所要讨论的范围只是家庭结构中的一部分，亲子关系中子女对父母赡养这一方面的问题。这个问题看来似乎是一个小问题，它不过是作为社会细胞的家庭这个群体中亲子关系的一个方面，但是也应当看到亲子关系在整个社会结构中是极为基本的。人本身的再生产就是通过这种关系进行的，它是人类种群绵续的保证。以当前的人类来说，不论任何社会，总是以这种社会关系为基础构成它最基本的群体，是每个人最亲密的社会生活的核心。而这种关系的具体内容却总是在历史过程中不断变动和发展的。它的变动也必然会影响每一个人的生活，同时与社会的各方面都有莫大的关系。

亲子关系特别是子女对父母赡养这一方面常受到研究中国现代化的学者的注意。这是因为有人认为在这方面中国文化确有它不同于西方文化的特点，而且有许多人想知道现代化的过程会不会改变中国文化在这方面原有的特点，而接近趋同于现代的西方

---

① 中文稿发表在《天津社会科学》双月刊，1982 年第 3 期，英文摘要发表在《中国建设》1982 年 7 月号。

② 1982 年 10 月我五访江村时，由林友苏、杨善华及徐亚丽 3 位同志住江村，核对我在东京讲话所引用的材料，并按我的要求进一步按户访问了开弦弓大队 2 个生产队，补充了一些材料，帮助我准备这次讲话。

文化。我虽则由于缺乏对西方现代社会中家庭结构的研究，不能进行科学的对比，但也愿意为研究这个问题提出一些有关的资料和不成熟的设想。

在中国流行着一种对西方家庭里亲子关系的看法，并用“空巢”两个字形容它的模式。他们认为，在西方现代社会里父母对子女有抚育的义务，而子女对父母却没有赡养的义务。为父母者辛辛苦苦把儿女抚育成人，一旦儿女羽毛丰满却劳燕分飞，给父母留一个“空巢”。且不问西方的家庭事实上是否如此，这种比喻在中国人中确能引起对这种凄凉晚景的反感。中国人对“空巢”的反感也正说明了中国人所倦恋的晚年绝不是这个下场。这种感情本身反映出了中西文化的差别。

中西文化在亲子关系上的差别何在？父母对子女有抚育的义务，这是双方相同的。所不同的就在子女对父母有没有赡养的义务。如果上面流行的看法是符合事实的话，赡养老人在西方并不成为子女必须负担的义务，而在中国却是子女义不容辞的责任。中国现行的《婚姻法》第十五条和最近通过的新《宪法》第四十九条对子女有赡养父母的义务都有明文的规定。

如果我们承认中西文化中确是存在着这种差别，我们是否可以用下列公式来予以表示：西方的公式是 $F_1 \rightarrow F_2 \rightarrow F_3 \rightarrow F_n$，而中国的公式是 $F_1 \leftrightarrows F_2 \leftrightarrows F_3 \leftrightarrows F_n$（F 代表世代，→代表抚育，←代表赡养）。在西方是甲代抚育乙代，乙代抚育丙代，那是一代一代接力的模式，简称“接力模式”。在中国是甲代抚育乙代，乙代赡养甲代，乙代抚育丙代，丙代又赡养乙代，下一代对上一代都要反馈的模式，简称“反馈模式”。这两种模式的差别在于前者不存在子女对父母赡养这一种义务。

如果进一步分析西方的接力模式，在一个人的一生中可以分出三个连续的时期，第一期是被抚育期，他和父母构成一个生活单位，第二期是抚育子女期，他和子女构成一个生活单位，第三期就留着一段抚育空白期，由老夫妇构成一个生活单位，那就是上面所说的“空巢”。中国的反馈模式如果相应地分为三个时期来看，第一期是被抚育期，第二期是抚育子女期，第三期是赡养父母期。当然，第二第三两期有参差复叠的情况，因而也使生活单位的结构复杂而多样。

上面这样的分析未免过于简单化，因为亲子关系的内容是丰富和生动的，既有物质的一面，还有精神的一面。上面所说的只是就法律上的规定而言，而且又偏重于亲子的居住和经济供养的范围。把西方社会里当子女的人比作分飞的燕子，当事人也许是难于接受的，因为尽管不存在法律上的赡养义务，西方子女对父母在感情上和在经济的资助上还是存在着千丝万缕的联系。旧巢里天伦余热，温而不熄还是常态。这方面今天我们不去多说了。但是总的看来，我们是否可以承认由于这种接力模式，西方的家庭结构上确是比中国更为单纯些，主要的形式是以夫妇和未成年的子女构成的核心家庭，也就是中国人所说的小家庭。

这样说来，亲子关系的反馈模式可以说是中国文化的一项特点。这个模式不仅有相当悠久的历史，且很早就有许多维持它的伦理观念。儒家所提倡的孝道可以认为是这种在社会上通行的模式的反映，转而起着从意识形态上巩固这种模式的作用。民间广泛流行的“二十四孝”是通过事例进行普及这种模式的教材。这些是我们这一代的人所熟悉的，无须我在这里详述。我在 30 年代所写的《江村经济》中曾把深入民间的“香火”观念作为中国看重传宗接代的象征性的信念。上一代以“不孝有三，无后为大”为训，而下一代则以“荣宗耀祖”为奋斗目标。所以我常说，中国人是心中有祖宗、有子孙而把自己作为上下联结的环节来看的。这种说法是否有点夸大，还可以推敲，但是我想多少是可以用来和一切以自我为中心的西方文化的基本精神相区别的。这种传统精神文化表现在社会细胞的构成上的就是亲子关系的反馈模式。

这种反馈模式的基础何在呢？朴实的农民用了“养儿防老”四个字来答复。他们这样解释传宗接代即嗣续的问题，这对我很有启发。人的一生如果分老壮幼三个时期，其中只有中间这一段时期能靠自己的劳动养活自己，幼年和老年这两个时期在不同程度上都是要别人来养活的。抚育幼儿、赡养老人是一切社会必须解决的问题。中国传统社会就是采取反馈模式来解决这个问题的。

一个社会经济共同体要能长期维持下去，成员间来往取予之间从总体和长线来看，必须均衡互惠。这是所谓社会的隐忧在于不均的原因。在解决幼年和老年不能自养的问题上，还是要贯彻均衡互惠的原则。接力和反馈两种模式虽则形式不同，但都是能贯彻这一原则的。接力模式是乙代取之甲代，而还给丙代，取予之间是均衡的。反馈模式是乙代先取之甲代，然后及身还给甲代，取予之间也是均衡的。所以这两种模式都能维持，不发生“不均”的隐忧。

“养儿防老”是均衡社会成员世代间取予的中国传统模式。这种模式有其历史上的经济基础，经济基础改变了，这种模式当然是也要改变的。我们要研究的就是这种模式在中国现代化过程中是不是在改变，怎样改变，和向什么模式改变。

## 二

要研究上述这些问题，我们必须看到中国当前现代化的实质：在社会的生产关系上起了什么变化？这些变化是否已经引起了传统的反馈模式的改变？有些什么变动？这些变动指出什么趋势？这次讲话限于时间，在现代化方面只能简述一些解放以来的重大变革，而且将限于农村这个范围。

在解放后的30年里，中国农村里最根本的变化是废除了封建剥削制度，原来的生产资料私有制改变成了公有制。过去在农村中土地属于家庭所私有，现在已经成为集体所有。这是生产关系上根本性的变化。1958年实行公社化后，生产队是农业集体经营和核算单位。随后由于“左”的偏向，执行了以粮为纲的方针，造成了农村工、副业的萎缩，家庭这个社会基本单位的生产职能日益缩小。它只成了一家人共同消费的单位。在1958年“大跃进”过程中，有些地方推行过吃大锅饭的农村食堂制，意向是连消费也要实行社会化。这种不从实际出发的“共产风”，事实上是行不通的，所以不久就停止了。1978年十一届三中全会拨乱反正，进一步改正了过去许多在政策上“左”的错误，实行联产责任制，在社会主义的根本原则下，兼顾国家、集体和个人的利益，发挥了家庭这个社会细胞在生产上的积极性，成为经营管理的基本单位，而且发展了多种经营，家庭副业的收入大大增加，在短短的几年中促使农村日益繁荣。

在这个变动过程中子女对父母赡养的反馈模式基本上并没有变动。简单地说，这是由于家庭作为生活单位并没有变，一家人还是吃一锅饭，算一笔统账。公社化带来的变化是，过去一个家庭所需要的消费品是直接由家庭成员共同劳动所生产或交换得来的；而且1978年前家庭生产自给部分大为削弱，商品部分除了统购物资外几乎全部消失，一个家庭的生活资料主要是来自生产队，按家庭成员参加集体生产的劳动分配给他们实物（包括口粮和柴火等）及现金。集体分配固然按个人为集体生产所付出的劳动以工分计算，但实际分配时均以家庭为基础的户[①]为单位交付的。那就是说，一家的成员各人所得工分合算在一起交给这家的家长，并不直接交给劳动者个人。即使在企业里劳动的工人，他们的工资也合算成工分交给生产队，在分配时统一交给一家的家长。[②]

由于实行了工分制，家庭成员间经济上来往取予之间的互惠情况，也就比较明显了。过去家庭经济是一笔统账，谁贡献多少，谁消费多少，不易明算，何况世代间的取予比重是逐渐变化的，谁养谁只能有个笼统的印象，实行了工分制，就比较容易计算了。家庭

---

① 户口册上以户为单位，包括住在一起的家庭成员及附属成员，在农村里家庭和户这两个概念在实际上差别不大。在城市里不住在一起的家庭成员不包括在一个户里。

② 在这里我要补充说明在东京讲话中我提到女工直接从工厂取得工资，因而增加了她们经济自主权的情形。在这次调查中明确了这部分直接交给女工本人的只是工资中称作伙食补贴和奖金的那一部分，约占全部工资的1/3到1/4。

结构中世代继替的经济过程可以用成员的年龄来划出不同阶段。

这次调查了江村两个生产队，共 55 户 224 人。该队有个规定，在学龄期（15 岁以前）的儿童不得参加集体生产劳动，不给工分。儿童在家庭副业中是参加劳动的。但实际上有一些 13 ~ 15 岁的青年已经参加集体劳动，占该年龄组的 1/4。一般成员是在 16 岁参加劳动。参加劳动的第一年只合全劳动力的 1/5，第二年 1/2，第三年才能成为全劳动力。父母对子女的抚育到 16—17 岁时可以认为告一段落，因为在成为半劳动力时本人的生活资料已经可以自给了。到了成为全劳动力时就有余力可以供养别人。但是这个村的结婚年龄过去一般是 18 岁。那就是说男的一到成为全劳动力时，一般就结婚成家，再隔一年就要抚育自己的儿女了。结婚成家需要一笔经费，包括儿女成家的物质设备（男的要造新房和添置室内用具，女的要嫁妆）和取得社会承认的仪式费用（结婚时宴请亲朋），估计男方要 1 000 ~ 3 000 元，女方要几百元到 1 000 元。如果一个全劳动力到法定年龄结婚（男 22 岁，女 20 岁），即使积蓄 4 年，还不够自己负担这笔费用。早婚的更不用说。所以父母不得不负担这笔费用中的大部分，这部分也应当算入抚育费内。

按江村的习惯，儿子成婚生了孙子，母亲这时大概是 40 岁，一般不再下田挣工分了。她在家照顾小孙子和从事家务操作。在家庭副业不发达的年头，她是没有可计算的经济收入的，成为家庭中其他成员的供养对象。在发展了家庭副业后，这种情况已有所改变，比如养兔子，就可以有现金收入足够支付一家的副食品，但是口粮及柴火等还得靠别人供给。男子全劳动期可到 60 岁，60 岁到 65 岁是半劳动力，他至多能养活自己，他的老伴就得由儿子赡养了，65 岁后连自己也得儿子赡养了。这时他的儿子已进入 40 多岁，可以说刚完成抚育儿女的任务，紧接着就要负担赡养父母的任务。两者几乎互相衔接，而且加起来几乎相当于一生中全劳动力的时期，这是反馈模式中世代交替的简化公式。

## 三

上述简化公式是一种大致的概括——在一个继续生存下去的社会细胞内部的世代交替。按这个简式引申推论，家庭结构中就可以包括两对或两对以上的配偶，即一般所谓大家庭（《东京讲话》中的第四类）。如果第二代只有一对配偶，老一代的配偶中有一方死亡，就成为以一对配偶为核心的扩大了的家庭（《东京讲话》中的第三类）。只有在老一代全死亡，而第二代的子女还没有结婚，才成为只有一对配偶和未成年儿女构成的核心家庭，也称小家庭（《东京讲话》中的第二类）。如果两代的配偶都不全时，就成了不完整的家庭（《东京讲话》中的第一类）。上面是从反馈模式引申推论出来的可能出现的各种类的家庭结构和各种类型在发生上的关系。

上述这种引申推论是以一代一个儿子为假定的。事实上，普通的人家不仅有儿子，而且还有女儿，不少人家的儿子还不止一个。在江村有两个以上儿子的人家是极少的，第三个儿子一般不留或给人。具体情况比上述简化公式要复杂得多。

有儿子又有女儿怎么办呢？江村是实行父系亲属制度的，那就是说，儿子继承父亲的姓和财产，在一般情形下结了婚的儿子连同媳妇一起和父母共同居住在一座房屋里，在一个经济单位中生活，即从父居制。媳妇是从别人家娶来的。自己的女儿则要嫁到别人家去，和她的丈夫和丈夫的父母形成一个家庭单位，即从夫居制。所以说女儿是“泼出去的水”，没有继承父母财产的权利。这还是现行的习惯。我在《江村经济》里已经指出，1929 年的旧《民法》已采取了男女平等的原则，规定了女儿和儿子一样有继承父母财产的权利和赡养父母的义务。现行 1980 年的《婚姻法》第十八条也作同样的规定。这种法律的规定在中国城市里有些部分已发生作用，但在农村里半世纪来并没有改变传统的单系嗣续的习惯。这次我在江村问过当地农民，为什么女儿没有继承权，他们的答复是出嫁了的女儿没有负担赡养父母的义务。事实上，出嫁了女儿确是不负赡养自己父母的义务的。这也反映了嗣续的实质还是在保证老年的赡养，“养儿防老”而不是“养女防老”。

如果一家有女无儿怎么办？按传统的宗法制度，女儿还是出嫁，另外从自己的兄弟的儿子中，按长幼亲疏差序的规定择一立嗣。但是在江村并不如此。他们公认为正当的习惯是为女儿招一个丈夫上门，称赘婿，住到自己家里来。在江村，这样上门的赘婿在 1936 年有 12 人，目前有 36 人。过去赘婿在社会上地位较低，现在由于实行了工分制的集体经济，他在家庭里的经济地位提高了，社会地位也相应提高了。凡是招赘的女婿都是既有赡养父母的义务，也有继承父母财产的权利。但是赘婿制还只能说是父系制的补充，因为只发生在有女无儿的情况。有儿子又有女儿的人家，除了特殊情形，总是男娶女嫁的。

上面已经说过，江村一般认为儿子赡养父母是义不容辞的责任，所以一般总是说，如果只有一个儿子，儿子结了婚不应当跟父母闹分家。但是如果有两个儿子，是不是继续在原有家庭这个细胞里长住下去呢？这种情形，在江村是少见的。1935 年的调查，已婚兄弟依旧和父母（父或母）住在一起，没有分家的共有 12 户。1981 年调查只有 2 户，而 1982 年秋季我们再去调查时，这 2 户也已经分了家了。江村群众普遍认为两个儿子分家是应该的合理的，所以称为“正当的分家”，以别于一个儿子要和父母闹分家。在江村，“分家”主要是指兄弟各自成家独立生活的意思。

按过去的习惯，有两个儿子的人家，要等第二个儿子结婚后才分家。但是现在很多人家在大儿子结婚后即分家了。儿子分家后老夫妇有不同的安排。我们这次调查了有两个儿子的 37 户分家的情况，结果如下：老夫妇跟一个儿子分居而和另一个儿子同住的共有 16 户，其中 13 户是大儿子结婚后就分出去，留着未婚的小儿子在老家和父母同住，另外是小儿子结了婚仍与父母同住。有 14 户是两个儿子结婚后都分了出去，只留老夫妇在老家，分成了 3 户。这就相当于西方的“空巢”模式了。有 7 户在儿子分家时，老夫妇分别住在两个已婚儿子家里，结果成了老夫妇的分居。

自从土地私有制废止后，分家并不包括生产资料的继承问题。所谓分家实际上是在生产队的分配账上另立一个户头。如上所述，没有和父母分家的儿子所得的工分是和这家其他成员所得的工分分配时算在一笔账上，所得的实物和现金一起由该户的户主，即该家的家长领取。兄弟分了家，就划开计算，分别交给立了门户的户主。

过去分家是件大事，分家后的儿子就掌握了所分得的土地的所有权了，在江村过去实行永佃权，也由儿子继承。两个儿子间怎样能分得平均是一个常会引起争执的问题。所以分家时要约请父系、母系双方的亲戚，当着他们的面规定各个儿子应得的部分，还要规定儿子的赡养义务，哪个儿子养父亲，哪个儿子养母亲。协商定当后，请个识字的人写成文书，姑舅双方亲戚也要在文书上画押作证，将来如果发生纠纷，由他们出面作断。画完押，举行宴会。现在这一套仪式还是要照办的，但是分家的内容却简单了，只分生活资料，其中比较重要的是房屋。

按江村的习惯，分家时，上一代就得把财产的所有权移交给下一代。老一代把财产交出后，当然还可以使用，但这是算作下一代赡养他们的义务了。由儿子们指定所分得的房屋的一部分给老一代住，还要给他们提供必需的口粮和柴火。这些在分家时都要加以规定的。口粮和柴火都由生产队分配，从工分中扣除。生产队在发放口粮和柴火时，就按各户分家时约定办理。有些人家，从分家那天开始，父母的口粮和柴火就算在应负赡养义务的那个儿子的账上。但是通常是赡养母亲的那个儿子，履行义务较早，因为老母亲在一有孙子时就不再参与集体劳动，所以她的口粮和柴火就得由赡养她的儿子负担，老母亲则有责任照顾赡养者所生的孩子。老父亲在儿子结婚分家时一般还是个全劳动力或半劳动力，要到本人所挣得的工分不足支付口粮和柴火时，不足部分才由生产队划在赡养他的儿子账上。

至于既没有能力养活自己，又没有儿女的老人怎么办呢？按《婚姻法》第二十二条规定，赡养的义务将落到直系亲属肩上，不仅孙儿女有赡养祖父母的义务，还有赡养外祖父母的义务。但是事实上，这些人是通过“五保”制度，由生产队集体负责供养的。

江村现有的经济水平，生产队还没有能力负担老年人的赡养。但据我们知道邻近经济比江村发展得快的社队，已在实行退休制度，即老人没有劳动力不能参加集体劳动时也可以分得一定的集体收入。这等于是农村的老年社会保险。从这个方向发展下去，老年赡养将起根本的变化，对家庭结构的影响值得我们密切注意。

## 四

上面我所讲的赡养关系只是从经济方面着眼的，这是不全面的，还应当看到精神方面的赡养，旧话所说的“天伦之乐”。中国人对西方“空巢”模式的反感，主要是从老年人精神上缺少家人的慰藉这一点上发生的。在反馈模式里家庭成员间的感情生活上是不是能保证和洽和欢乐呢？这是一个值得具体分析的复杂问题。

我在上述简化的公式里，把赡养说成是子女对父母的义务。法律条文上是这样提的，但事实上对江村来说并不确切，因为这种提法不仅把实际上不负赡养义务的女儿包括在内，而且有一个重要的角色没有提到。那个角色就是儿子的妻子，从她丈夫的父母来说是这家的“媳妇”。她一结婚就成了丈夫这个家的成员。她是这个经济单位里重要的劳动力。实行集体经济后，她是为这一家挣工分的重要成员。讲到精神方面的赡养时，她的地位更是重要了。

如上所述，江村的习惯，独生儿子结了婚不应该闹分家，所以至今全村有 42.8% 的人家有翁婆和媳妇的关系。分析这类家庭成员间的感情关系，可以看到父母子和翁婆媳之间不常是一致的。儿子是父母抚育成人的，亲密的共同生活建立了亲子的感情。媳妇是在别家长大了才进门的，她和翁婆原来并没有亲密的关系，但进入了这个家庭后，就得和其他成员亲密地生活在一起。在过去作为一个新媳妇要和婆婆建立起和洽的关系并不是件容易的事。她必须“如履薄冰”地遵照社会规范行事，而这些规范是在父权家长和男尊女卑的“礼教”下规定的。过去被认为是好媳妇的，是一个对婆婆百依百顺、忍气吞声、委曲求全的媳妇。过去的大家庭大多是以这些好媳妇的屈辱取得表面上的稳定的。封建礼教在中国已经被冲击了半个多世纪，随着新中国的建立，支持这些礼教的生产关系已经彻底被摧毁，虽则在精神文明中还有或隐或现的遗留，还起着现实的作用，而根本的变化却已在深入，也必然会在各方面影响到家庭的结构。

如果说，社会经济中生产关系的变革确已引起了家庭结构的变动，这种变动看来在很大程度上是通过妇女地位的提高而发生的。过去在土地私有制下，农村家庭里实际上掌握土地所有权的是家长这个实权人物，婆婆从而成为家务的指挥者。没有经济自主权的媳妇则处于被支配的地位。现在土地私有制被取消了。在集体经济男女同工同酬的原则下，妇女以独立劳动者的身份参加集体劳动，取得报酬。当然，目前在集体分配时，还是以户为单位，由各户的户主收管，而且各家的经济权主要还握在家长手上，妇女的地位却已与前不同了。在江村已经有媳妇当家的例子，虽则为数还很少，但已经被社会所认可，不再作为新鲜奇闻了。

媳妇地位实质的改变使得维持婆媳关系的力量从“礼教”，即传统媳妇得顺从婆婆的规范，改变到了“合作互惠”的需要，和从这种需要所培养出来的友爱感情。总的看来，江村的各个家庭，不论它的结构属于哪个类型，各成员基本上是和平合作的。媳妇生了孩子由婆婆抚育已成了通行的办法，这样劳动力较强的媳妇就可以继续成为一家挣工分的主要成员。两代合作在农村中还是个经济效力较高的方式。婆媳和洽对一个家庭的兴旺富裕是有利的。当然，婆媳不和的人家也是有的。江村房屋很紧张，各家住所大多紧密相连，一家吵闹，左邻右舍不会不知道。凡是婆媳不和，公开吵闹的，逃不过社会的耳目，我们在调查时一问就知，甚至媳妇怎样骂婆婆都可以用原话转述我们听。我们的一位调查员，还亲自见到一家的媳妇拿了农具在门外打婆婆。引起我惊讶的倒是在旁的人并不对这个“叛逆”的媳妇采取严厉的制止和惩罚。这种事对我这样年纪的人，说实在的，是看不惯的。后来我们了解到这个媳妇的气这么大，原因是在公婆给小姑的嫁妆太多，社会的舆论并不都在公婆一边。当然，婆媳矛盾发展到这样程度是个别的，尤其是因为现在分家已成为比较容易的事了。而且自从发展家庭副业以来，甚至年老的婆婆都能挣得一定的收入，今后，联产责任制实行后，家庭这个单位恢复了它在农业经营中的作用，家庭成员间经济上的合作互惠，看来更容易加强他们感情上的团结。这些农村经济的变化怎样引起家庭结构的变化将是今后这方面调查的重点。

## 五

说到这里，我想不妨提出一些数据来看看江村家庭结构过去的情况。我在《东京讲话》中曾提到过家庭结构上不同的四个类型，并分别提出了这四类家庭在 1936 年和 1981 年的比重。1936 年的数据是从《江村经济》的资料算出来的。1981 年的资料是我四访江村时调查所得的。我从东京回国后，五访江村，对过去的资料进行了一次复查，所以数字上有校正（误差在 1% 上下）。1981 年四访时我们又发现了江村 1964 年的户口册，经复旦大学分校社会学系同人们整理和计算，现在已有了有关家庭结构的统计数据。把这 3 年的资料合在一起做比较，可以作为我《东京讲话》的补充。

| | 1936 年 | 1964 年 | 1981 年 |
|---|---|---|---|
| Ⅰ不完整的家庭（没有成对的配偶） | 27.6% | 32.1% | 19.6% |
| Ⅱ小家庭（核心家庭） | 23.7% | 45.9% | 38.7% |
| Ⅲ扩大的家庭（一对配偶加父或母） | 38.4% | 15.9% | 21.1% |
| Ⅳ大家庭（两对及两对以上的配偶） | 10.3% | 6.1% | 20.6% |

从上表可以看到，1964 年和 1936 年相比，前两类（不完整的家庭和小家庭）有相当显著的增加，后两类（扩大的家庭和大家庭）有相当显著的减少。后两类的减少表明这些家庭中有不少已通过分家化成前两类了。这种从这表上看到的趋势看来是和我在上面所提到的变化相符合的。今后应当继续用这一段时期的历史材料来加以核实或修正。

从上表还可以看到，1964—1981 年这 17 年中，江村在家庭结构上发生了和前 28 年相反的趋势：前两类有显著的下降，而后两类有显著的回升。这又怎样去理解呢？

我在《江村经济》中曾经指出，过去有人把大家庭作为中国传统社会中家庭的主要形式，这种观点至少在农村里是不符合实际的。在江村 30 年代各类家庭中最普通的是扩大的家庭，至少小家庭在当时还是少数，只占总数的 1/4。据上面表上的数字看来，解放后到 60 年代后期小家庭有了迅速的增加，甚至不完整的家庭也有所增加，另一方面扩大的家庭比例大为下降，很可能表明，已婚的儿子原来会跟父母或其中的一方同住的，在那一段时期里倾向于独立门户，和上一代分家了。

但是为什么在 60 年代后期和 70 年代小家庭比例下降和扩大的家庭比例上升呢？我们拿这问题请教老乡，他们很多强调房屋紧张这个原因。房子不够，要分也分不了。从人口资料来看，江村从 1954 年到 1961 年，人口自然增长率是步步下降的，甚至出现死多于生的负数；然后转为上升，1963 年至 1974 年增长率维持在 10‰ 以上，其后一直在 10‰以下（解放后增长率平均是 11‰，低于全国平均数）。1962 年是该村人口最低的水平，据推算约有 1 333 人，比 1935 年和 1956 年都低。在这几年中不完整的家庭有所增加，据说部分是由于青壮年妇女在困难时期的外流。1962 年纠正了“左”的倾向，农村经济恢复，1963 年人口出生率是江村的最高纪录，达 32.8‰，从那时起人口就迅速增加。从 1964 年的 1 412 人增加到 1981 年的 1 761 人，净增 349 人，占 1964 年人口的 19.8%，而同时期户数却从377户增加到432户，共增55户，占1964年的14.5%，落后于人口的增加。这表明江村农民给我们的解释是有理由的。那就是说，这段人口上升正值“文化大革命”时期，农村经济停滞不前，人均收入徘徊在100元上下。按我们的估计，人均收入到300元，才有一部分人家有力量为儿子结婚添造新房，在这段时间人口增多，房屋不增建，出现了居住上的紧张状态。

房屋紧张对儿女的婚姻固然会起拖延的作用，但是男大女大，总是需要结婚的。不建造新屋而要使新夫妻有间新房可住，那只有把老夫妻挤出来。到这几年，我们去调查，还可以看到，老人们在灶屋、厢间、过道中搭床过夜的情况。儿子结了婚，房屋还是这些，所以谈不上分家了。房屋紧张确实限制了分家。小家庭在比例上有所减少，扩大的家庭和大家庭有所增加正说明这种情形。

由于房屋紧张而不能分家，并不表示婆媳关系随着容易和洽。事实可能恰恰相反，生活条件越差，婆媳矛盾越易激化，那么怎么办呢？这里出现了我在《东京讲话》中已提到的那种过渡形式或临时办法，即两代还住在一所房屋里，而生活上却各顾各的。江村称这种形式为“分灶”，即两处开伙。分灶的人家在江村占全村有婆媳关系的人家中的18.4%。我们这次调查中还在两个生产队进行按户访问，发现有一队住房特别挤，有18户住在3个门堂里。这3个门堂1936年我初访江村时只住3家人。人挤分家少。两队共42户，而其中只有3家的兄弟分了家，其中一户是同父异母的兄弟，另一户是兄弟吵架之后分的。分家虽少，分灶却多。这两队分灶的却有9户，占全村分灶人家的26.4%。这说明房屋紧张和分家及分灶的密切关系。

自从十一届三中全会拨乱反正后，农村经济正在复兴中，特别是最近的3年里，江村人均收入达到了300元，村里已开始添建新屋和改造旧房。我每次去访问都去新房里访问新婚夫妇。

最近生产队正在研究新村建设规划，建房的土地问题解决后即将兴建新村。如果房屋紧张确系限制分家的一个重要因素，增建房屋后是否会改变不同类型的家庭的比例，又返回到1964年前的趋势呢？这是个要等到将来才能答复的问题。现在我们如果想作预测，除了看到房屋限制正在逐步放宽之外，还应当考虑到其他的因素，其中婆媳关系是否也会变动是值得注意的，因为如上所说，经济的发展中也存在着促使婆媳团结的因素存在。无论怎样，这些考虑带着我们从精神方面来研究赡养问题，为我们开辟了一个丰富的新领域。对这个领域来说，我今天的讲话还只能说是一种眺望罢了。

## 六

从上面所讲的情况来看，我想概括起来可以这样说：

由于强调子女对父母的赡养义务，反馈模式可以说是中国亲子关系的特点。作为一个伦理的规范，至今还受到社会舆论的支持。它是当前的立法原则，而且写入了根本大法。如果以这个反馈模式为基础，加上父系的亲属体系，可以推论出父母和已婚的儿子共同组成的大家庭是中国家庭结构的基本形式。但是事实上在农村里，以江村的具体例子来说，不仅当前，而且过去，大家庭并不是占多数的形式。农村里过去不仅是以扩大了的家庭为多数，而且已有大量的小家庭。小家庭在解放后已成为多数，虽则从 60 年代后期起比重有所下降。这说明反馈模式的亲子关系是可以在不同类型的家庭结构中体现的。家庭结构在不改变这模式的条件下，还可以有不同的类型。

在家庭结构的变动中，反馈模式基本上是保持的，因为尽管已婚的儿子和父母分家，他对父母经济上的赡养义务并不改变，而且在实行工分制的集体经济中还得到集体组织的保证。但是在精神方面，老年的父母是否能从已婚的儿子方面得到感情生活上的反馈是个比较复杂但又十分重要的问题。中国人对西方接力模式的反感就在于人到晚年不能享受天伦之乐。但是应当看到过去中国家庭里所谓天伦之乐对老年的精神生活固然有所照顾，但在一定程度上是以男尊女卑，媳听婆命的封建礼教为支持的，至少要承认在这方面这种社会细胞中是存在着矛盾的。封建礼教的废除，使得这种家庭内部的婆媳矛盾如果激化，就可以成为细胞分裂的导火线而导致分家。所以如果还要保证老年人不独守空巢，看来两代间，特别是婆媳间需要建立新的和睦的基础。家庭结构还得有新的调整。这方面的情况，我们还正在调查中。

我在《东京讲话》中，曾提到城市中正在发生偏离父系和从父居的传统体系，而出现女儿结婚后与父母同居，形成实质上属于女系性质的扩大的家庭。我认为这是值得注意的苗头，因为这种方式一方面维持了传之已久的反馈模式，而另一方面以女婿代替了媳妇这个角色，家庭内部的矛盾看来是可以比较少些。这是一种新的形式，是否会发展，现在还言之过早。而且在我们所调查的农村里，虽则招赘的人数比 30 年代多了 3 倍，但凡是同时有儿子又有女儿的人家，没有为女儿招赘上门，而把儿子选出去做别家的赘婿的，所以还不能看作是亲系的改变。

这次讲话并没有直接答复在前面提出的问题，就是中国家庭结构的变动是否会靠近甚至趋同于西方的接力模式？从形式上看小家庭在农村中数量的增加是向西方模式接近，但是在伦理及法律确认子女对父母的赡养义务方面也增加了反馈模式的持续力。具体的经济和人口等因素又从不同方向影响着家庭结构的具体变动，也正在改变赡养的方式和内容。因之，我们目前所掌握的材料，还不足以答复上述的问题。我们将继续跟随着中国社会的发展来扩大和加深我们对中国社会的科学认识。

我已说过，我们想采取边调查边讨论的方法来推进我们社会学的研究工作。我不愿放过这次在香港中文大学和许多老朋友见面时质疑求教的机会，所以顾不得我们工作上还存在着许多缺点，认识上还不够成熟，就急于把我们研究的情况向大家汇报，目的是希望能得到大家的批评指正，使我们正在进行中的实地调查工作能更好地进行下去。

# 三论中国家庭结构的变动

1982 年 3 月，我在日本东京国际文化馆，根据我该年在江村的调查资料和过去的调查资料之比较，讲了一篇《论中国家庭结构的变动》(以下简称《一论》)。返国后于该年 10 月五访江村，1983 年 3 月在香港中文大学主办的“现代化与中国文化研究讨论会”第一次会议上，根据新的资料，讲了一篇《家庭结构变动中的老年赡养问题》，副题是《再论中国家庭结构的变动》(以下简称《再论》)。1983 年 5 月到 7 月，南开大学社会学系有 4 位研究生，在我的指导下，到江村进行社会调查，其中王勋同志在 1984 年 4 月写了一篇论文《农民家庭职能和结构的新变化》。1985 年 7 月，我九访江村，得到沈关宝、李友梅、刘豪兴、王勋等同志的帮助，进行了追踪观察，写成这篇《三论中国家庭结构的变动》，并在香港中文大学主办的“现代化与中国文化研究讨论会”第二次会议上提出讨论。

在《一论》里我只就江村1936年和1981年的资料做了比较：1936年的资料发表在1938年出版的英文本《江村经济》一书里。1936年是在抗日战争之前，1981年是解放后经过十年动乱，开始在全国进行农村经济体制改革的时期，但江村在这时还没有实行联产承包责任制。1982年我五访江村时，江村刚开始改革，对家庭结构的影响还不显著，我只核对了《一论》里所引用的资料，并查到了该村1962年户口册，所以在《再论》里增加了这一年的比较资料。1983年和1985年，江村的经济体制已实行改革，所以这两年的资料可以反映改革初期家庭结构的变动。1985年3月刘豪兴同志又提供他在江村查到1950年户口资料，可以对解放初期的情况做出补充。

这几年中国农村里实行经济体制改革，在十年动乱之后，取得了拨乱反正的重大成就。通过这次改革，联产承包责任制代替了过去的公社集体经营制，就是把农业经营的责任落实到千家万户，纠正了公社制中“吃大锅”和“瞎指挥”等弊病，因而提高了农业劳动生产率，增加了农民的收入。具体地说是在不改变土地公有制的前提下，由农民个体户承包一定面积的土地，自行经营农业，所得收入，除了上缴一定的农业税并承担一定的国家征购任务和集体生产管理费用外，都归农户所有，这样实现了社会主义按劳分配的原则，也发挥了农民的生产积极性。这是中国现代化道路上的一项取得重大成就的改革。这项改革是很基本的，必然影响到农民生活的各个方面，农民家庭结构也绝非例外。我们正在追踪观察这些变动。

我在这几篇文章里所说的家庭结构是指一个家庭里包括哪些成员和他们之间的关系，我在《一论》里把中国的家庭从结构上分为四个类型：Ⅰ. 残缺家庭或不完整的家庭，一般是指核心家庭原有配偶中有一方死亡或离去，或是父母双亡的未婚子女；Ⅱ. 核心家庭，即包括一对夫妇及其未婚子女，在中国通常称作“小家庭”；Ⅲ. 扩大家庭，即核心家庭之外还包括一些其他的成员，大多是核心家庭中男方的鳏父或寡母，或其他较远的亲属，甚至没有亲属关系的人；

Ⅳ. 联合家庭，指有一个以上多核心的家庭，一般是子女成婚后继续和父母在一个家庭里生活，成了两代重叠多核心家庭，或成婚后的兄弟不分家构成同胞多核心家庭，在中国通常称作“大家庭”。

这种分类法是以有无夫妇所形成的核心和有多少个核心为标准的。Ⅰ是没有核心，Ⅱ和Ⅲ都只有一个核心，但后者则带有一些核心以外的成员，Ⅳ是多核心。这是从夫妇核心是家庭基础的概念出发的分类，在逻辑上比较清楚明白。但有不少同志认为这种分类不能充分反映中国家庭的特点，因为中国传统家庭的特点是以亲子关系为主轴。我在《再论》里也曾强调过这一点，因此，我重新考虑了这个分类问题。

按我原来的分类法，第四类家庭固然都是多核心家庭，但是包含了两种多核心：一是有一个儿子成婚后继续和父母在一起生活的两代重叠双核心家庭，二是有几个儿子成婚后不独立成家而和父母同住，父母中即便有一方死亡或都死亡之后，依旧不分家的同胞多核心家庭。前一种和上述第Ⅲ类的区别是在父母是否双全，从亲子轴心关系来看，这种区别并不重要。而且第Ⅳ类里前一种和后一种的区别是在成婚儿子是否分家，这两种家庭如果合在Ⅳ类里就不易突出这个区别。事实上，在江村农民都公认同胞兄弟成婚后应当分家，同胞多核心家庭是很少见的，所以不如把同胞多核心家庭和两代重叠双核心家庭划分清楚。因之，我同意在分析中国家庭结构时，不妨把两代重叠多核心家庭合并在Ⅲ类里，而称之为主干家庭。联合家庭或大家庭则保留给原来Ⅳ类里的同胞多核心家庭。修正分类法的目的在于突出中国家庭以亲子为主轴的特点。

分类法修正后，《一论》《再论》中所列各类家庭的比例应做相应的修正，其中1964年的数字在1985年复查中纠正了一些误差。1981年的原始资料不在手边，只能假定1981年第Ⅳ类的数目和1982年相同，然后修改第Ⅲ类的数目。下表是各类家庭在全村家庭总数中修正后的百分比：

从上表所提示的变动来看，残缺家庭到80年代有显著的减少，

| 类别＼百分比（%）＼年代 | 1936 | 1950 | 1964 | 1981 | 1982 | 1984 |
|---|---|---|---|---|---|---|
| 1. 残缺家庭 | 27.6 | 27.4 | 34.4 | 19.6 | 16.9 | 17.3 |
| 2. 核心家庭 | 23.7 | 32.3 | 44.7 | 38.7 | 37.8 | 39.0 |
| 3. 主干家庭 | 45.4 | 35.5 | 20.5 | [38.5] | 42.0 | 43.2 |
| 4. 联合家庭 | 3.3 | 4.9 | 2.4 | [3.2] | 3.2 | 0.4 |

联合家庭到1984年开始下降，核心家庭上升到1964年逐步下降，主干家庭则表现出1984年前后变动幅度较大，先落后起。这种情况基本上在《一论》《再论》均已有所说明，现在把近半个世纪的分段比例汇总在一起来看，有些情况表现得比较突出了，特别值得在本篇里做补充说明的是有关核心家庭的稳定和主干家庭的起落。

我在《再论》里已说过，江村农民认为父母身边总得有个成年的儿子赡养他们。如果父母身边只有一个儿子，而这个儿子婚后要闹分家的话，他会遭到社会的谴责，被认为不是"孝子"。儿女应当孝敬父母，负赡养的责任是中国传统的伦理观念，至今还有现实的社会影响。但是如果一家有几个儿子，在江村一般只留一个已婚的在家和父母同居，其余的婚后可以不受谴责地分家出去，独立门户。在意识上，江村农民把主干家庭而不是把联合家庭或核心家庭作为他们主要的家庭结构。

但事实上，核心家庭却不可避免地会增加，首先是由于人口的自然增长。凡是有一个以上儿子的家庭，长大成婚后就会分裂出一个或几个核心家庭。江村固然存在着传统的按制生育的习俗，但在实行一胎化的计划生育以前，一家有两个儿子的为数不少。在分析上表中核心家庭的稳定性时必须考虑到这一个事实。人口增殖引起核心家庭的增多。60年代核心家庭比例显著增加和40年代末期人口增加是有关的。

另一个使核心家庭增多和主干家庭减少的原因是原有主干家庭

的分裂，就是父子闹分家。这种现象固然会受到社会伦理观念的谴责，但如我在30年代所叙述的，在江村并不乏这种例子。那是出于家庭里两代之间的矛盾，特别是婆媳之间的矛盾。主干家庭分裂的结果加重了残缺家庭及核心家庭的比例。在1964年前后主干家庭在比例上显著下降，这和当时农村经济陷入困境是有关的，因为在家庭经济紧张的情况中，家庭成员间，特别是两代之间的矛盾比较容易发生。

一直到80年代主干家庭才又得到回升，我在《再论》里曾重复了农民的解释，他们认为主要是由于人口增殖和相应的房屋紧张，“要分也分不了”。我还提出了“分灶不分家”的现象作为旁证。我接着说：“如果房屋紧张确是限制分家的一个重要因素，增建房屋后是否会改变不同类型的家庭的比例，又返回到1964年前的趋势？这是个要等待将来才能答复的问题。现在我们如果想做预测，除了看到房屋限制正在逐步放宽之外，还应当考虑到其他的因素。”1983年的调查确实见到了应当考虑的其他因素，即江村落实了联产承包责任制。在1982年的资料里可以看到江村农民并不因房屋的增建而向小家庭的方向发展，相反却有10户小家庭和2户残缺家庭合并成6户主干家庭。

可以举1983年观察到的一个实例来说明：“第11生产队有一户社员，土地承包到户前，夫妻二人都在社队办的企业里工作。家中的老人虽然还能干活，却不参加集体生产，完全靠儿子赡养，全家经济收入少，生活琐事上常有争吵，造成家庭关系紧张，最后导致分家。实行‘包干到户’后，如果不合户，在儿子、媳妇独立生活的家庭中，夫妻俩既要在外面工作，又要回家耕种口粮田，实在忙不过来。如果将口粮田出让给其他农民，则要花钱买粮吃，经济上划不来。合户以后，田地划在一起，农活在一起做，太忙时全家出工，平常的田间管理等农活均由老人负责。这样，既解决了口粮问题，老人还可以帮助养蚕、搞家庭副业和做家务劳动，大家都实惠。经济互惠的另一个方面是两家灶头合在一起，节省了近一半的柴草。农民是最讲求实际的，如果

没有这种经济上的合作互惠，即便有了合户的可能性，也未必出现家庭的合并。”（王勋论文打印本 75 页）

1983 年有 6 户合并家庭，为数固然不多，但这是一个苗头。生产责任制、农村专业户和乡镇工业继续发展下去，农村家庭的结构势必继续调整，而原来分家的两代家庭核心会有可能像上述例子一样趋于合并，而且还可以想象到原来有可能分家的主干家庭在新情况下不闹分家而得到巩固。更值得提到的是这新合并的 6 户中有 2 户是因为这年把老房拆除建造了新房，居住较前宽裕的情况下合并的。另外，原来两代分灶的家庭中已有 2 户则居住情况并无改善却也合灶了。这些都是《再论》里所没有预见到的，说明了农村经济体制改革对家庭结构的影响是深刻的。

1985 年 7 月我们在江村核对本文的论点时，看到主干家庭在各户要自己经营口粮田的制度下确具有它的优势。具体说来：第一，主干家庭可以保证家庭内部的劳动分工，提高生产效益；第二，它可以保证在农闲季节能腾出劳动力出外从事非农田的生产活动，诸如打零工、运输、贩运，增加家庭收入；第三，它可以保证家庭里的日常劳务的运转：在江村主要负责农田耕作的是男子，妇女则在工厂里做工，养蚕的家庭副业又有了发展，如果没有个老年妇女在家里照料孩子和其他家务，夫妇两人确实忙不过来。

还应该指出，促使原来分了家的单位重又合并，并加强主干家庭稳定性的因素，除了两代共同经营他们承包的土地效率较高外，赡养方式的变动也在起作用。在集体经营的公社制时期，生产队在儿子所得工分中扣除他对父母的赡养部分，主要是粮食和稻禾，直接交给父母收用。现在的责任制规定父母和儿女都有口粮田。父母没有劳动力或劳动力不足时，得靠儿女代耕或助耕。这样的安排使父子合并经营比较合算和方便了。而且父母虽老，一般在农田耕作和家务劳动上还是可以出力的。经济上的合作和互相依赖也可以加强两代之间感情的融洽，减少分家的要求。

主干家庭稳定性增加的趋势和当前鼓励离土不离乡的政策是相

适应的。这几年里在村子附近乡镇企业的发展，使得农民可以依旧在农村里居住而进工厂做工。乡村人口并没发生大量外流的趋势，这就使得成年男女安定在农村里。这样的工业化并不冲击已有的家庭结构。

主干家庭在数量上的回升并不能认为农民家庭生活方式在走回头路，传统的家长制度又抬头了。这几年农村经济的搞活和繁荣是农村现代化的起点。它不仅在农业上实现了联产承包责任制，而且它释放出来的大量原来吃大锅饭的剩余劳动力，促进了乡镇工业的大发展，出现了农村工业化的新形势，江村兴办了不少集体工业，村子里有大批农民进厂成了工资收入者。这些工厂里又是女工占多数，农村里妇女地位起了显著变化。这些趋势抗住了封建家长制的复活。

据 1982 年调查江村 120 户家庭经济权力的情况，其中完全按传统方式，由家长支配经济收入，决定成员消费的仅占 15%。消费大多数是由家长主管，但妻子和儿女都有权对自己的消费做出决定，这种方式约占 80% 以上。尽管实行责任制后，家庭已成为一个相对独立的经济单位，家长权力有所增加，但并没恢复 30 年代的家长制。

1985 年复查时，我们也注意到主干家庭有所上升，同时也存在趋向核心家庭的力量。在所调查的 195 户主干家庭中有 29 户是父母和子女分灶吃饭的。他们在生产上是一个共同单位，但消费上却分开独立经营。如果在主干家庭中扣除这 29 户，核心家庭的比例就上升为 36.9%，高于主干家庭的 34%。这表示核心家庭在江村的重要性并不应当低估。

家庭结构核心化的原因也很多，其中一个重要的原因是由于家庭成员开始有了个人的收入。在《一论》中我已提到由于实行工分制，家庭成员就能明确家庭收入有多少是属于自己的劳动收入，对传统的家长权威已有所冲击。近年来，乡镇企业的发展提高了家庭中务工成员在收入中所占的比例，在村办丝厂里的女工一人的收入一般占四口之家每年收入的 1/3。有一家有 3 个务工的成员，他们在家庭总收入中占 2/3。一般工资还是发到家长手上，但奖金及加工费则由女工自己领取，而这一部分已占工资的 1/4 强。就是说家庭成员中直接由个人支配的收入比过去已大有增加。丝织厂里有一个工人自己花钱买了一架照相机，家长虽然觉得这笔钱花得“没名堂”，但也无可奈何。这是经济上促使主干家庭分裂的一种因素。

更重要的是两代之间关于怎样花钱的观念上出现了值得注意的分歧。老的一代还保持勤俭治家的传统，而新的一代则已是“吃讲营养，穿讲漂亮，住讲宽敞”。这一点即使在表面的观察上也可以看得清楚，新老两代在衣着和头发式样上已有明显和突出的差别。1984 年村里有一户要造房子，父亲主张造平房，而儿子则宁愿举债也要造楼房。父亲反对借债，但是儿子说：“现在就是要会借钱过日子，苦干一年，不就还清了吗？”两代之间意见的分歧在许多方面表现出来，这也使一些已经和儿子分了家的父母，不愿再合并了。

我们还注意到有一些政策也鼓励核心家庭。例如村办工业里还实行一户一工的办法。为多得入厂的机会，倾向于分家。又如按户规定建筑用的土地面积，每户可多得 20 平方米的面积建筑猪舍或羊棚。这是不利于两代合并在一户里的规定。

最近家庭副业的发展，特别是那些不需要强壮劳动力的副业如养兔子，使得年老的人可以依靠自己的劳动力取得较优的收入，开始感到和已婚儿女同住，要为他们做家务、带孩子是一种包袱。这是说传统“养儿防老”，依靠儿子的赡养以度晚年的观念开始改变。现在已经有人说“生儿子不如养兔子”了。如果老年人能取得这种经济上独立的机会，再加上两代间对人对事看法上的差距，就会导致一些已与儿子分了家的父母不再考虑合并了。

江村目前的情况可说是，主干家庭的凝固力和分化力正在相持状态中，凝固力略高于分化力。究竟事态的发展会导致哪一方面的偏重而影响家庭结构的变化，现在还不易预测。但经过这一段时间的调查和分析，我们对于中国农村里主干家庭的重要性，在认识上可以说有所增进，同时也看到了农村体制改革对家庭结构已造成深刻的影响。我们将追踪观察，希望有机会再向各位汇报。

1985 年 8 月 27 日

# 小城镇，大问题*

## 一

今年的春末夏初，我在江苏省吴江县住了一个月，对该县十来个小城镇的历史与现状作了初步探索。此后打算写一篇关于小城镇的类别、层次、兴衰、布局和发展的文章来参加这次小城镇讨论会。然而一回到北京，时间由不得自己支配，这个打算便落了空。因此，这里只能依我的腹稿，谈谈我在吴江调查的感受以及由此联想到的一些问题，只是一个提供讨论的发言。

在说到正题以前，首先说说我对这次讨论会的四点希望，即希望通过讨论取得四个具体结果：一是出版一本研究论文集；二是订

* 本文是作者在南京“江苏省城镇研究讨论会”上发言的基础上改写而成的。

出一个今后切实可行的研究规划；三是为今冬全国政协小城镇问题调查组做些准备工作，就是提出一些请他们来调查的问题；四是成立一个推动、协调、交流这个课题研究工作的学术性组织。

这次学术讨论会是今年年初确定的，经过大家的共同努力，现在不仅会议如期举行，而且还汇集了几十篇论文。万事开头难，时间只有半年，这样的结果确是来之不易的。我们应当珍惜已经获得的成果，以论文集的形式将迈出的这第一步脚印留下来。

这些论文之所以宝贵，是因为它们都联系小城镇建设的实践，从各个不同的角度去探索小城镇发展中的实际问题。我认为这个研究方向是对头的。我国的社会科学应当在马克思列宁主义、毛泽东思想的指导下，密切结合中国社会的实际进行科学研究，为社会主义现代化建设服务。要贯彻这里所提出的指导思想和达到最终目标并不那么容易。在过去的一段时间里，对于马列主义理论，我们多少学了一些，许多同志也诚心诚意地想把事情办好，但是学习的理论常常不能和实际工作相结合。这就使得我们的认识往往落后于实际，对于具体问题的处理也就提不出实事求是的建议来，难免把以往的经验或是别国的东西硬套照搬，以致花了过多的学费，亏了本，走了不少弯路。

失误使人清醒。现在我们多少懂得了一点邓小平同志在他的著作里所阐明的理论联系实际、实事求是的科学精神。只有联系实际才能出真知，实事求是才能懂得什么是中国的特点。我们的小城镇研究一开始就摆脱了在概念中兜圈子、从书本到书本的模式，而注重实地调查，力求在对小城镇的实际考察中提高认识。可以说这一课题的研究，在理论联系实际方面有了一个良好的尝试。

以实践为根基的认识自然要具体、充实得多。尽管现有的文章还显得粗糙，分析不够全面，可是写在论文里的事实是客观存在的反映，不是我们从概念里推论出来的，更不是凭主观臆想出来的东西。只要我们能自觉地、不留情面地把其中一切不符合实际的成分筛选掉，那么这些文章就会成为现实小城镇面貌的素描。它是历史的真实记录，过了几十年甚至几百年人们还是要翻看，仍然具有价值。价值就在于它是未来的起步，而今后的变化则是它的延续。我们的一生，人类的一代又一代，对事物的认识总是一步一个脚印地跟着向前走的。我们今天对于小城镇的认识，过些时候回头一看，如能发现它的肤浅和幼稚，那就证明我们的认识有了进步。这不是很好吗？不怕起点低，只怕发展慢。

小城镇研究是一个长期的研究课题。它不仅是社会科学范围内国家“六五”规划中的一个重点课题，而且它在“七五”规划中还将继续研究下去。现在我们在苏南所进行的研究只是这个课题的开始。为了使这项研究不断深入和扩大，我们必须考虑下一步究竟应该怎样走，同时对下一年做出具体的计划，并对“七五”规划的远景做一些设想。这是我对这次会议的希望。

进行科学研究最忌讳的毛病是一叶障目，坐井观天。我们应当清醒地看到，我们这一年所进行的小城镇研究无论从深度或广度上看都还很不够。到目前为止，课题组既没有对某一个小城镇做出全面深入的解剖，也没有越出吴江县的范围。这就好比是在显微镜下找到了一个细胞，但尚未看得清楚，更未遑顾及其他类似的细胞。胡耀邦同志视察西北回来，提出要种草种树开发大西北，打开了人们的眼界。在此之前确实很少有人想过还有一个大西北可以开发的问题。可见中国之大，是不容许我们做井底之蛙的。即使以后研究范围扩大到江苏全省，对全国而言，它仍然只是一个点而已。我们要提出江苏在全国、苏州在江苏、吴江在苏州所处的地位的问题，以此来告诫自己不能满足于一孔之见，更不应以点概面。相反，应当指出认识的限度和吴江县小城镇的特殊性和局限性。

然而，管中窥豹之所见的毕竟是豹的一个部分。吴江县小城镇有它的特殊性，但也有中国小城镇的共性。只要我们真正科学地解剖这只麻雀，并摆正点与面的位置，恰当处理两者的关系，那么，在一定程度上点上的调查也能反映全局的基本面貌。吴江县地处全国经济最发达地区之一的苏南，我们以吴江小城镇为调查点进行深入分析，或许是触到了小城镇问题的塔尖。所谓塔尖是指吴江县小城镇建设的今天有可能是其他地区发展的明天；现在在这里出现的问题有可能将来在别的地方也会碰到。假如我们对这些问题的发生、发展有一个科学的认识，那么对不同地区今后的小城镇建设无疑有其指导和参考的意义。当然，我们在开始时必须十分警惕，决不要忘记我们只是在解剖一只麻雀，而一只麻雀是不能代表所有麻雀的。

从事科学研究要有目的性和计划性。要使小城镇研究深入下去，必须订出一个具体计划。我们要把研究重点继续放在原先的调查点上，一方面对已经触及的问题作进一步探讨，要像调节照相机的焦距那样，使其有更清晰的映像；另一方面应检查前期研究中还有哪些缺门，即有哪些问题还没有做调查，要在一个镇上开拓更多的调查项目。与此同时，可以选择几个不同类型的地区开辟新的调查点，以便于作比较分析，并制订必要的研究指标，为从调查点上的定性分析推向面上的定量分析作准备。

事实上，制订研究计划的过程就是明确研究目的和要求的过程，只有研究目的和要求明确了，计划才能订得具体可行。为此，我们这次会议作了新的尝试。与会者有社会学的研究人员，有其他社会科学与自然科学的科研工作者和大专院校的教育工作者，还特别邀请了在小城镇做实际工作的同志和中央有关部门，江苏的省、市、县三级政策研究机构的同志一起来参加讨论。针对同一个研究课题，进行如此广泛的多学科、多系统、多层次的交流和协作，对我来说还是一个新的尝试。但愿我们能创立一条成功的经验，有助于我国学术的发展。

这种广泛的结合至少有两点好处。一是能听到更多的不同见解，启迪自己的思想。所谓学术讨论，除发表自己的见解外，就是要认真听取别人的意见。我曾在《读书》杂志上写过一篇文章——《我看人看我》，主张我们要认真地看人家怎样看我们所看到的东西。二是使科学研究与实际要求挂起钩来。以往的理论脱离实际，除了个人认识上的原因外，还有社会组织上的原因。由于科研部门与实际工作部门长期缺乏交流，造成知识分子与实际工作者背对着背。前者愿将知识应用于实践，但不知用武之地在哪里；后者希望以科学知识来指导工作，然而不了解所需知识在何方。现在两者都转过背来，面对着面。实际工作者向科研人员质疑、问难、提要求，使科研目的更明确，计划更合理，成果也更富有实际意义。科研人员向实际工作者介绍成果，提供建议，使实践按客观规律进行，工作具有科学基础。

社会主义现代化需要知识，也就是要依据从科学研究取得正确反映实际的知识，去解决社会主义现代化过程中发生的各种问题。要做到这一点，科学研究和建设工作之间必须建立起畅通的渠道，使得社会主义建设中出现的问题能提到科研的项目里，经过科学研究反映出实际情况，再根据政策方针形成解决这些问题的具体建议，由决策机关审核各种建议，联系有关情况，并考虑可行的时机做出实施的决定。这些决定通过行政机构的执行和群众的实践，达到解决问题的目的。但是一项决定是否能达到预期的效果还有待实践的验证，而且旧矛盾的解决又会引起新的矛盾，效果的估计和新问题的产生又将构成新的科研项目。所以科研、咨询、决策和实践四个环节是现代化建设过程中的一个周而复始的循环系统。

我国的决策者是党的领导机构，通过决策体现党的领导。领导的群众路线实际上就是上述建设工作循环系统的根本模式。由于现代化的日益深入，建设规模日益扩大，决策过程更显得需要对情况的了解和对问题的分析，所以提出干部要知识化，也就是要把决策过程放在科学的基础上。所以我在这里把科研和咨询作为这个循环系统中的必要环节，实质上就是体现党的群众路线。

把科研和咨询作为上述系统中的必要环节包含着它们具有和其他有联系的环节相对的独立性。我们党的领导一向遵守实事求是的原则，所以一切政策的制定都要求经过调查研究。毛泽东同志指出："没有调查就没有发言权。"因此各级领导都有专门从事政策研究的机构，这是党的优良传统。但在这方面我们也有反面的教训，那就是在“左”的影响下，特别是在十年动乱期间，这些担负反映实际情况责任的研究机构被视作已定政策的辩护者，甚至看作是主管人员个人意志的吹鼓手，走向了科学的反面。“四人帮”的“内查外调”暴露了它的极端危害性。科学知识必须为政治服务。这里所说的服务绝对有别于“四人帮”时的“梁效”对其主子的“效忠”。科学研究要对客观事实负责，即实事求是。

但是实事求是的科学研究不等于消除了可能的片面性，每一门学科的研究，其片面性都是不可避免的。越是专家，其片面性或许会越大。为了不使决策陷入片面性，在决策和科研之间应当有一个中间环节。这个环节就是综合各个学科对某一事物的认识，进行“会诊”，然后才向决策机构提出若干建议及论证。至于怎样组织这类咨询工作，我们现在还没有经验。我建议不妨做一个试验，由人大代表、政协委员以及其他有关专家对一定的事关重大的建设问题组成咨询小组。这个咨询小组应当联系群众，联系各个学科，发挥其综合性的特点，向党的领导机构提出建议，反映群众的要求和意见，以备党作决策时参考。

在党的领导依据建议、资料制定决策以后，由行政机构付诸实践。政策在实践中起到了什么作用，客观事物发生了哪些变化，这又给研究部门提出了新的课题，于是上述过程又重复进行。实践、科研、咨询和决策四个环节的循环往复体现了“从群众中来，到群众中去”的领导方法。

我们的小城镇研究是一个综合的、长期的科研项目。现在它已经吸引了多学科和多层次的人员。随着时间的推移和研究范围的扩展，将会有来自更多方面的同志参与进来，这就需要有一个相应的机构来加强各方的联系，进行组织和协调。所以我希望在这次会议结束时成立一个关于小城镇研究的学术性团体，把现有有志于此的同志组合起来。

由于我们研究的出发点是在江苏，所以我建议请江苏的同志偏劳，出面来组织这一个团体。至于团体的名称、机构和任务等具体内容，请大家一起来讨论决定。

## 二

小城镇问题，不是从天上掉下来的，也不是哪一个人想出来的，它是在客观实践的发展中提出来的，问题在于我们是否能认识它。记得 1981 年年初我到天津开会，遇见当时在天津市委工作的李定同志，他告诉我，1980 年胡耀邦同志到云南视察，看到保山县板桥公社的小集镇破烂不堪，凄凄凉凉。于是就在同年年底的一次会议上讲到要发展商品经济，小城镇不恢复是不行的。要使农村里的知识分子不到大城市来，不解决小城镇问题就难以做到。如果我们的国家只有大城市、中等城市，没有小城镇，农村里的政治中心、经济中心、文化中心就没有腿。可见中央领导早就看到了小城镇问题的意义，要把小城镇建设成为农村的政治、经济和文化的中心，小城镇建设是发展农村经济、解决人口出路的一个大问题。

可是，据说在传达了胡耀邦同志上述讲话以后的几个月中，并没有得到该市郊县的积极反应。可见在当时小城镇问题并没有能引起人们足够的重视。许多同志还未认识到小城镇与农村经济之间的关系，还不理解小城镇作为农村政治、经济、文化的中心是怎样的一个概念。这件事表明，在客观事物发展中提出的新问题，要想得到人们的普遍认识并不那么轻而易举。认识过程也有它自身的规律。人们往往要经过自己的直接感受，才能比较深入地认识新事物和新问题。

我十分赞同胡耀邦同志的上述提法。那是因为我早年在农村调查时就感觉到了有一种比农村社区高一层次的社会实体的存在，这种社会实体是以一批并不从事农业生产劳动的人口为主体组成的社区。从地域、人口、经济、环境等因素看，它们都既具有与农村社区相异的特点，又都与周围的农村保持着不可缺少的联系。我们把这样的社会实体用一个普通的名字加以概括，称之为“小城镇”。

任何事物一旦产生了理论概括，便容易使人忽视事物内部之间的性质差异，只从总体概念上去接受这一事物。小城镇也是这样，如果我们从笼统的概念出发，就会把所有的小城镇看成是千篇一律的东西，而忽视各个小城镇的个性和特点。因此，小城镇研究的第一步，应当从调查具体的小城镇入手，对这一总体概念作定性的分析，即对不同的小城镇进行分类。下面我谈一谈在吴江县所看到的五种不同类型的小城镇。

第一种类型的一个镇叫震泽镇。1936 年我从清华研究院毕业取得了公费留学的机会。当时我的导师史禄国教授建议我先在国内做些实地调查后再出国。我听从他的意见，去广西大瑶山进行调查，由于自己的失误，负伤出山，回家乡休养。我的姊姊费达生送我到她正在帮助农民开办生丝精制运销合作社的吴江开弦弓村小住。我就在这一个多月里调查了这个农村。记得有一天我去村里一家很小的店铺买香烟，谁知这小店不卖整包的烟，只能一支支地零卖。店主说若要买整包的烟可去找航船带。这件事引起了我的注意。当时这个村子有三四百户人家，1 000 多口人，是江南少见的大村子。可是村内只有三四个小商店，商品品种极少，规模小到连香烟也要分拆开来零卖。那时，这个村子里的农民生活并不是完全自给自足的，农民的日常用品从什么地方获得呢？我就带着这个问题去观察店主所说的航船。

其实航船就是普通手摇的有舱的小木船，只因为主要用于人的交通和货物的流通而得名。那时村子里有两条航船。每天早上，在航船摇出村子前，两岸农民们便招呼船老板代为办事。这家提个瓶子托买酱油，那家递上竹篮托他捎回点其他日用物品。船老板一一应接，把空瓶、竹篮放在船上，航船便离村出发了。航船的目的地是离村子有 6 公里的震泽镇。当航船抵震泽时，守候在岸边的商店学徒们一拥而上，抢着来做各种生意。船老板自己便到茶馆落座喝茶。到下午商店学徒们把装着物品的瓶、篮又送回船上，航船便离镇返村。航船就这样每天在震泽与村子之间往返，村子里要去镇上的人都可以搭乘这条船。奇怪的是托捎物品的和搭乘的人都不用付钱。追问船老板的生活来源才知道，原来在春秋两季，村内农户出售蚕丝和粮食都要通过航船卖到震泽镇上去。震泽镇上的丝行和米行在年终时就得给船老板一定的佣金。那些酱园和杂货店逢年逢节也要给船老板一定的报酬。所以船老板的收入是不少的。他是这村农民货物流通的经纪人，是农村经济活动中的重要角色。后来我也“免费”搭乘航船往来震泽，发现震泽镇的市河里停靠的航船有二三百条，据说都是来自镇周围各村。震泽显然是附近这些农村的商品流通中心。

我在这里追述当年的观察，是想说明震泽镇是以农副产品和工业品集散为主要特点的农村经济中心，是一个商品流通的中转站。农民将生产的农副业品出售到震泽，又从震泽买回所需的工业消费品。对于镇周围的农民生活来说，震泽是一个不可缺少的经济中心。而航船主、学徒以及米行、丝行、酱园、杂货店等商店的老板则共同构成一个庞大的商品流通组织。震泽通过航船与其周围一定区域的农村连成了一片。到震泽来的几百条航船有或长或短的航线。这几百条航线的一头都落在震泽镇这一点上，另一头则牵着周围一片农村。当地人把这一片滋养着震泽镇同时又受到震泽镇反哺的农村称之为“乡脚”。没有乡脚，镇的经济就会因营养无源而枯竭；没有镇，乡脚经济也会因流通阻塞而僵死。两者之间的关系好比是细胞核与细胞质，相辅相成，结合成为同一个细胞体。

由此可见，小城镇作为农村经济中心并不是一个空洞的概念，而是有其具体的实际内容。在半个世纪前，震泽镇作为商品集散类型的小城镇对我是有吸引力的。但那时我是单枪匹马搞调查研究工作，不能不以村为界，没有能力进入镇的这一层次中去。我只是在村子里遥望到了小城镇，感觉到了小城镇这种社区的存在对于农村所发生的影响。此后，我总希望有一天能进入小城镇做些调查。欲穷千里目，更上一层楼。出乎我的预料，在 1981 年真的有机会实现了这个愿望。

第二种类型的一个镇是盛泽镇。盛泽镇现在是吴江县人口最多、产值最高的一个小城镇。从这个镇出口的丝绸占全国总出口量的1/10，可见它是一个丝织工业的中心，是具有专门化工业的小城镇。

盛泽镇的历史发展较早，据说它早在明朝就有上万的人口。那么这个镇发展较早的基础是什么？镇上聚居的人口又是以什么为业的呢？我记得小时候去盛泽时，看到有人站在织机上提花，觉得很新奇，留下了深刻的印象。1982年，再去盛泽时就询问解放前丝织作坊的情况，有人告诉我那时在镇上的作坊为数不多，且都是小规模的，最大的一家也只有20部老式织机。但是绸庄、丝行和米行却不少，其中又以绸庄为最。既然镇本身织出的绸并不多，绸庄的绸又从何而来呢？这就使我看到了盛泽与震泽不同的特点。绸庄利用金融力量或信贷关系，首先将农民在家里生产的丝买来，然后又投放给农户在家里织绸。对于专门织绸的农户来说，除了织机和劳力外不再需要其他的投资，每次把织出的绸交给绸庄，按事先的约定取得工钱，同时又领回原料。这样，一个绸庄就可以拥有几十几百甚至成千的织户。如果绸庄把如此众多的织机集中到镇上来办作坊，那简直是不可想象了。但是绸庄把织机分散在农村的家家户户，本身只掌握着原料和成品的经营，它与织户的关系并不等同于作坊老板和雇工的关系。对像盛泽镇那样早先是以手工业产品的集散为主的经济中心，是很值得进一步研究的。

这里应该注意到农民把丝卖给丝行和将绸交给绸庄之间的区别。前者是农民出售商品，后者是农民完成契约产品领取工价。所以盛泽与震泽之不同在于它主要不是商品流通，而是作为家庭手工业的中心。千家万户的织机是盛泽的乡脚。家庭丝织手工业不仅是盛泽发展的基础，也是所谓天堂的苏杭地区发展的基础。这个传统基础对于我们今天的小城镇建设仍然具有它的意义，因为这个传统在民间已存在近千年。如此悠久的历史使它深入到每一个人，甚至进入遗传基因，成为生物基础。一位外国朋友听我说到苏州姑娘纤巧灵活的手，便提出妇女的这种技能是否可以转向搞电子工业的问题。

因为电子工业需要的正是精细准确的动作。外国人都注意到了我们的历史传统，我们自己要是不研究、不利用，那就愧对祖先，是说不过去的。

第三种类型的一个镇是我的出生地松陵镇。松陵在解放前后都是吴江县的政治中心，现在吴江县政府就设在松陵镇上。解放以来吴江县其他原有的小镇都处于停滞和萧条状态，唯独松陵是例外，它的人口不但没有减少，而且还比解放初有较大增长。

松陵设县由来已久。封建时代地主统治阶级为防卫农民造反起义，筑起城墙和城门将城内外隔开，在城里连集市买卖也不准做，人们只得在大东门外的盛家库做交易。城里主要是专政中心的衙门和城隍庙这阴阳两大权力机构：人活着时由县衙门管，衙门旁边是监狱和刑场；人死后据说要受城隍庙管，有牛头马面、阴曹地府。城内的住户主要是地主大户和服务于他们的各种小人物。这里的建筑也与其他地方不一样，弄堂狭小，两边是数丈高的风火墙，地主们住在里面，带有统治和防卫的特征，颇有点儿欧洲中世纪城堡的风格。

第四种类型的一个镇是同里镇。同里是我姊姊的出生地，我家在搬到松陵以前就住在那里。同里距运河边上的松陵只有 6 公里，离东南自苏州到上海的水路要冲屯村镇 5 公里半。同里镇本身四面环水，似乎是一片藏于水泽中的岛屿。它的周围地区河塘交叉，漾湖衔接，是典型的湖沼水乡。解放前的同里不通公路，只靠摇小船进出。对于一个不熟悉水道的陌生人来说，往往在水面上转悠半天也还会找不到进出之河道。正由于同里处于交通闭塞的地理位置，具有不同于一般的水乡地貌，它就被地主阶级、封建官僚选中作为他们的避难所和安乐窝。解放前这个小镇上集居着大量的地主和退休官僚。据土改时统计，全镇 2 000 户人家中有 500 多户地主，占 1/4。地主阶级找到同里这个安全岛，修起了与苏州名园可以媲美的园林，现今正在修复的退思园只是其中之一。有名的评弹《珍珠塔》的故事据说就发生在这个镇上。同里过去可以说是一个消费、享乐型的小城镇，现在正在改造成为一个水乡景色的游览区，已经成为文化重点保护区之一。

第五种类型的一个镇是平望镇。平望镇地处江浙之间，形成北通苏州、南通杭州的门户，历来是兵家必争之地，因此它屡遭兵燹。自古代的吴越之战，到近代军阀之间的江浙战争，战场都是在平望一带。日本侵华时，它又几乎被夷为平地。近年来平望已成为水陆交通干线的交叉点。历史上有名的大运河经过平望，沟通苏州和杭州。有公路东达上海，南通浙江，西联南京和安徽，成为吴江县内最大的交通枢纽。

平望的地理位置和交通条件使它具有两面性：一方面是易遭战争攻击和破坏，因此在解放前曾经几度由兴而衰，一直未能稳固地发展起来；另一方面由于交通发达，物资流畅，具有发展经济的优越条件，使它常能衰而复兴。解放后，战争的威胁消除了，党的十一届三中全会后，“左”的干扰被排除，便利的交通条件使它争得了成为大城市工业扩散点的地位。据说上海的一些工厂在扩散过程中，开始也找过铜罗等几个小镇，但是最后还是在平望落脚。平望就这样一下子冒了出来，成为近来吴江各镇中发展得最快的小城镇。

必须指出，上面列举的五种不同类型的小城镇，只是小城镇定性分析中分类工作的尝试。分类的对象只限于在吴江县初步走访过的镇，待调查深入后，很可能还有应当提出的另一些类型，比如以渔业为主的社区，尽管人口较少，也可以因它的特点而成为一个类型。至于在吴江县之外，全国各地的小城镇无疑还有许多各有特点的类型，比如以矿区为主的城镇等。而且有些地方的商品流通还处于形成固定城镇的过程中，只有一些具有日中为市性质的集、墟、场、街等场所。这些都需要进一步调查研究，所以这里所提出的类型是既不完全也不齐备的。

还应说明，提出类型的目的，是为了突出这些城镇的特点，使我们对小城镇的概念不至于停在一般化的笼统概念上，而要注意到各个小城镇的个性和特点，但在突出特点的同时，不应当忽视小城镇所具有的共同性质。小城镇的共同性质，就是上引胡耀邦同志所指出的它是农村的政治、经济和文化的中心。小城镇的分类是以此共同性质为基础而就其不同的侧重点进行的。比如松陵镇固然具有全县政治中心的特点，但同时也是附近农村的经济、文化的中心。震泽镇固然是吴江县西南一片包括若干乡的商品集散中心，但同时也是乡一级的政治、文化中心。而且近年来已成为小型社队工业的中心。盛泽镇固然是当前地方丝绸工业的中心，但同时也是附近农村的政治、经济、文化中心。所以上述某镇具有某种特点，只是指它在小城镇所共有的许多职能中所表现的突出方面。

通过这样的分类，我们注意到各个城镇有它的特点，而且这些特点是各镇的具体历史形成的，因此在建设这些城镇时不应当一般对待。比如前面说的同里镇，它原来是地主阶级和退休官僚聚居的地方。土改后，它原来的经济基础已被摧毁，要建设这个镇，显然不能走平望的道路，因为它不在交通要道上，也不可能走盛泽的道路，因为它没有传统的工业。但是它却有幽美的园林，有水乡特色的建筑和河道。这是一个前人从经验中选择出来的退休养老的好地方，为什么我们不能把它建设成为一个休养和游览的园林化城镇呢？加拿大有维多利亚城，我们也可以有一个足以同它媲美的同里镇。这就是说，以小城镇的特点来分类，对于我们确定小城镇的发展方向是有用处的。

## 三

吴江县的小城镇在解放后发生的变化，大体上可以分为前后两个时期，分界线是在70年代初期。70年代以前是小城镇的衰落和萧条时期，在此期间，小城镇逐步失去它赖以生存的基础；到了70年代初期，小城镇有了转机，到了后期，党的十一届三中全会以后才呈现出发展、繁荣的景象。

自50年代到70年代初，吴江小城镇的人口一直处于停滞甚至下降的状态，这与吴江全县人口的迅速增长相比是令人难以置信的。以盛泽镇为例，它还不是人口下降最多的镇，50 年代初就有 2.2 万人。其后 20 年中人口总数持续下降，近年才有转机，到 1981 年才达到 2.6 万人。2.2 万的人口基数，如以全国平均的自然增长率来计算，至今应该有 4 万余人口。所以我一听到这些数字，就说其中“大有文章”。什么文章现在还没有完全搞清楚，正在继续调查研究。这里让我们先看看吴江最南端的铜罗镇的人口变化概况。铜罗在解放前叫严墓，镇的类型与震泽相似，以烧酒和肥猪出名。全镇 1952 年有 2 475 人，1962 年有 2 488 人，1972 年是 1 900 人，①1982 年人口普查时城镇户口人数为 2 007 人，30 年来城镇人口下降 19%。据初步调查，1951 年土改时为了分得土地，有 60 户老家在乡下的小店铺关了门，约 150 人回乡务农。同年还有一二十名青年参军赴朝，其中只有个别人后来回镇。从 1952 年到 1957 年，特别是在 1956 年的“对私改造”期间，又有约 200 人离镇外出。这批人大多是做生意的业主和学徒，其中有文化的进入附近大、中城市的国营部门，有技术的则流入上海郊区和浙江的一些县城。据反映，当时他们觉得私人经营生意是一种剥削行为，连在私人店里当工人也不光彩，所以大家要另谋出路。1958 年的大办农业和支援农业，以及 1963—1964 两年的职工下放，镇上又减少了近 50 户居民。除了上述的人口外流，还有青年学生考入大、中专学校，外省市招工，知识青年上山下乡等也使镇上人口有所减少（其中上山下乡的知识青年绝大部分后来已回镇）。

像铜罗这样的情况，在其他小城镇也程度不同地发生过。人口下降是小城镇衰落的表现之一。那么小城镇衰落的原因何在？其后果又如何呢？

1957 年合作化高潮时，我去江村做过一次调查，即所谓“重访江村”。那时农民的生活比解放前有了很大改善，但是传统家庭副业

① 1972 年人口未统计，这个数字是由前后三年的人口数推算得来的。

已经衰落。农民对我说，肚子可以吃饱了，就是手头没有现钱。由于执行以粮为纲的方针，其后的近20年只重视粮食生产的发展，农村的商品经济长期没有恢复。直到70年代初期，由于社队工业的兴起才使情况有所改变。党的十一届三中全会后，贯彻了多种经营的方针，农村才开始走上繁荣。1981年我三访江村，老熟人不再发牢骚了。农民同我谈的都是卖兔毛得多少收入，以及要求我帮助社队工厂推售产品一类的话。当时农民不仅能吃上三顿干饭，而且手上也开始有钱买东西了。原因是他们集体的和家庭的副业发展了，而且开办了社队工业。农村里有东西能卖出去，换到钞票，就可以到市场上去买他们生活上需要的用品了。吃饱、穿暖、有钱花是农民生活改善和农村经济繁荣的具体内容。

把这两次在江村看到的情况与铜罗镇的人口变化联系起来，可以看到小城镇衰落的原因和后果。从农村方面看，由于以粮为纲，搞单一经济，取消商品生产，农民不再有商品到镇上来出售，小城镇自然也就失去了作为农副产品集散中心的经济基础。从小城镇方面看，由于提出变消费城为生产城，搞商业国营化，集体和个人的经商受到限制和打击，居民无以为业，不得不到处找活路，小城镇留不住居民，人口下降。总之，由传统的重农轻商思想出发的“左”倾政策，是造成小城镇衰落的根本原因。小城镇越衰落，作为它的乡脚的附近农村发展农副业商品生产的阻力就越大；反过来，农村商品经济水平越低，作为其中心的小城镇的衰落就越发加剧。所以农村与小城镇间经济上的恶性循环是小城镇衰落的必然结果。当然，上述因果关系还有待于用客观事实有系统地全面加以检验。

下面我再谈一点儿有关商业渠道的问题。解放前，农村和城镇的物资流通除食盐外全由私营的商人经营。解放后实行了统购统销，农村里所生产的粮食、油料、生猪、蚕茧等主要农副产品以及若干种生产资料都纳入了国营的流通渠道。各级行政部门都设立了粮食、副食品、进出口贸易等机构，县级成立公司，县以下设所或设站。这样的商业改革使那些没有设置行政机构的小城镇失去了与周围农村的主要联系。但1958年以前，小城镇的商业除了国营这一渠道，还有集体性质的供销社，联营合作商店以及个体户等多种渠道。自从公社化以后一直到“文化大革命”期间，个体商业不断受到打击，连农民提个篮子在镇上卖几只鸡蛋也要作为“资本主义尾巴”割掉。联营的合作商业被“利用、限制、改造”，不能不向国营商业和供销社靠拢，以致有的镇最后只剩下几家供给开水的茶馆和点心店。原先由农民集资起家，属于集体性质的供销社则逐步国营化，变成全民所有制。最后几乎一切商品都按行政区划上拨下调，只在国营商业这一条渠道内流通。

商业渠道的统一国营化，引起了小城镇的巨大变化。凡是设置行政机构的小城镇，都有国营的流通渠道，在收购农副产品和调拨分配农民所需物资上占绝对优势，这就使得作为全县行政领导和物资批转中心的县城松陵镇成了吴江小城镇普遍衰落的一个例外，它的城镇人口因机构增多、干部调入而一度相持不动，后来还略有上升。一些设置公社机构的小城镇在总的衰落趋势中借着国营商业和供销社之力得到挣扎余地，而那些没有设置行政机构的小城镇受到被淘汰的压力就相当严重。在庙港公社的区域里原先还有陆港、更楼港和罗港等几个小镇，解放前它们和庙港一样都是太湖东南岸边商业性的渔港。据说陆港商业全盛时有50户人家做生意，集镇规模虽不及庙港，但它的乡脚范围与庙港相当，也有五六华里地。更楼港更小一些，只有近20个“连家店”[①]。解放后，庙港镇先后设置区政府和公社机构，陆港、更楼港变成庙港下属的乡和大队，只有基层政权组织而无相应的一套行政机构。从1956年开始，这两个小镇的商业逐步被庙港吞并，商业人员大都进入公社的商业机构。到“文化大革命”后期，更楼港集镇完全被吃掉，人去集空，只留下冷落的石板街和残破的店铺门面，退化为农村的居民点。陆港商业虽然也被蚕食去大部分，但它地处庙港与七都两个公社交界处，原属

① 解放前农村小集镇的店铺中有一种前门开店，后屋住家属的叫作连家店。

于陆港乡脚的村子离公社较远，主要是凭借了这一优越的地理位置，镇上留下了两个商业门市部和一家茶馆，三十几名商业人员在那里顽强地撑住着小集镇的地位。

从全县范围来看，没有设置行政机构的小城镇大多数被吞掉了，像陆港那样已吞未咽下的是极少数。这个吞并过程值得进一步记录下来加以分析。

用行政渠道来控制商品的流通，势必造成农民买难卖难的困境，而商业本身在经营上也容易滋长官商作风。据农民反映，收购农产品的机关要货时急如星火，不要时弃如敝帚。比如兔毛，去年由于某种原因价格大跌，养兔的农民叫苦连天，也不明白为什么同样的兔毛一下子就不值钱了。小城镇和农村里原有众多的流通渠道已变成了单轨，适应不了这几年来农村发展商品经济的新形势，实际上已成了农村经济继续发展的障碍。

商业国营化的过程是在“化消费城为生产城”的政策下进行的。这一政策对于我国的城市建设固然有其积极作用，但由于当时对消费和生产这两个概念的含义没有搞清楚，以致我们对小城镇性质的认识发生了偏差。在我国旧的传统思想中，消费不是一件好事情，它是指不事生产，靠着人家吃吃花花，实际就是指剥削享受。而在小农经济的眼光里，生产是指有实物收获的劳动，不包括商品的流通。这样我们一方面把小城镇的商品流通职能排斥在生产范围之外，归入消费中去。另一方面把地主官僚对农民和雇工的剥削和挥霍看成所有小城镇唯一的基本性质。以后又进而把做生意、消费、剥削这些概念都画上等号。表现出来的是逐步限制、打击小城镇的个体和集体商业，这就大大削弱了小城镇作为农村地区商品集散中心的地位。然而城乡的工农业产品不能不流通，而流通总得有渠道。在集体、个体等贸易渠道全都被堵死的情况下，供销社非走向国营化不可，国营商业就不能不包揽一切。但是，国营商业固然可以用行政手段把物品流通包下来，却包不下小城镇上原有的经商劳动者，于是小城镇居民中很多人无以为业，纷纷找出路。其中最有办法的人挤入了上海、苏州等大、中城市；稍次的进入当地的国营企事业；没有办法的也不让在镇上吃“闲饭”，一批批地被动员下放到农村。最后那些病残体弱、无法下乡的人留了下来，依靠社会福利型的小手工业生产维持生活。这一过程在铜罗镇的人口变化中看得很清楚。它表明在经济基础动摇以后，小城镇作为人口的蓄水池也就干涸了。无以为业的人口是留蓄不住的，不能不向大城市和农村两面泄放，小城镇本身日见萧条冷落。

这里需要补充说明三点情况。第一点是在这一时期小城镇衰落的总趋势中，吴江县也有新兴的例子。苑坪和金家坝这两个公社集镇就是由村上升形成的，它们都是设立新的公社行政机构产生的结果。第二点是从 50 年代后期起，吴江的县办工业有较大的发展，例如盛泽镇上的丝绸工业从作坊手工业、机器工业，一直到专业化的若干道工序配合的现代丝绸工业。但是这些县属工业在经济、管理等方面都隶属于县的工业部门，它与小城镇可以说没有多少实际联系。第三点是有少数小城镇的衰落是由于自然灾害、地理发生显著变化等多种因素引起的。如松陵西南五公里处的南厍，以前是吴江西北部地区出入太湖的主要港口镇，每天有三四百条渔船和捞水草的农家船停靠南厍，商业兴旺。1949 年太湖发大水，南厍的店铺被洪水席卷。公社化以后围湖造田，南厍失去濒临太湖的港口地位，再加上行政设置的变化，南厍集镇也就退化消失了。

## 四

由于看到小城镇周围农村生产的单一化和镇本身商品流通职能的丧失导致小城镇的衰落，在 1981 年又看到农民家庭副业的兴旺和听说那几年吴江小城镇建设也在繁荣起来的情况，我曾产生过一种错觉，以为是农副业商品生产的发展促使了小城镇的复苏。后来经过实地调查才发现，吴江小城镇兴盛的主要和直接的原因是社队工业的迅速发展，而不能说是多种经营、商品流通的结果。

以与上海郊区接壤的莘塔公社集镇为例，在1975年以前，莘塔公社的农业经济路子越走越窄，农业只是种粮食，副业只是养猪，农民收入长年在150元上下徘徊。从公社镇来看，不用说新的基建，就连原有民用建筑的维修也缺乏资金来源。居民住宅日渐破败，危险房屋越来越多。镇区内两条宽只有3米的过街楼式的沿河小街狭小敝陋。自1975年以来，该镇面貌大变。现在已盖起许多新的厂房、居民职工住宅和一座能容纳1 000多人的电影院，马路宽达18米的新街区颇有现代气派。这些基建的总投资共达356.8万元，其中有258.1万元来自莘塔13家社办工厂上缴给公社的利润，占总投资的72%以上。

莘塔的社办工厂只有原公社农具厂（现为油泵厂）一家是在"大跃进"年代办起来的，其他的工厂都是在1975年前后创办的。据1982年资料，这些社办厂中，年总产值超过百万元的有油泵厂、灯泡厂和客车厂三家。若把全社的队办企业也统计在内，社队工业共有57个企业，务工社员2 098人，占全公社劳动力的17%。全年总产值1 026万元，利润66万元，其中上缴给国家的所得税12万元。以务工社员工资和参加年终分配利润这两项计算，全公社2万余人人均工业收入为49元，占年人均总收入的15%。

从农副工三业产值结构和分配结构来看，莘塔公社总产值中农业占33%，副业占13%，工业为54%。在社员人均分配水平327元中，农业收入为190元，工业收入为49元，社员家庭副业收入是88元。[①]

这一例子告诉我们，莘塔在70年代中期开办社队工业以后，改变了农村一段时期以粮为纲，单一经济的局面。社队工业的发展为镇的基本建设提供了主要的资金来源，增加了农民的年终收入，而且吸收了接近1/5的农村劳动力。

从莘塔看到的基本情况在吴江县乃至整个苏南地区是普遍存在的。各个公社在介绍社队工业的好处时，都集中在吸收劳动力、增

① 社员家庭副业是根据供销社收购系统的数据所做的测算。

加收入和发展公社集镇建设三个方面。为什么苏南地区的社队工业在70年代得以发展，遍地开花呢？对此不能不从该地区的历史传统和特定的社会条件去考察。

苏南地区的历史传统可以概括为人多地少、农工相辅。苏南、江浙一带，人口稠密，经济发达已有悠久的历史，人称“上有天堂，下有苏杭”。人口密度越大，人均耕地必然减少，所以在农业社会里，在一定的范围内，人口密度与经济发展水平是相矛盾的。然而我们的祖先却闯出了一条路子，使人口稠密与经济发达巧妙地结合在一起，那就是男耕女织，相辅相成。这种农业与手工业的结合一直持续了几千年。我30年代在江村调查时还曾看到农户的收入是工农相辅，一半对一半。人多地少，要富起来，不能完全靠种庄稼，在粮食作物之外要种植其他经济作物，并从事农产品加工性的家庭手工业。这就是农工相辅这一历史传统的本质。这个道理在现代人眼里看来很简单，可古人开出这条路子时的艰辛是今世无法想象的，而这条路子作为一个根基开出新的花来也是古人始所未料的。因此，依我看来，现在所谓离土不离乡的遍地开花的社队小工业，就植根于农工相辅的历史传统。地少人多，农工相辅是社队工业发展的内因。

在这几年的农村调查中，凡是所接触到的基层干部，只要一谈到人口，都说有一股压力压得他们喘不过气来。当解放初期出生的那批人在60年代中期进入劳动年龄时，农村就开始出现窝工现象。此后劳动力增长的速度逐年上升，年工分量猛涨起来，而同期粮食产量的增长却越来越少，到1970年前后平均亩产显示出已达到极限时的起伏波动。这时农村已不是一般的窝工，而是由于劳力的剩余，农民开始在那里抢工分了。我曾请一位县委书记算了一笔账，假定现有的劳动生产率不提高，现有的粮食产量不降低，全县可以有多少剩余劳动力？他的计算结果是在1/3到一半之间。如此大量的剩余劳动力是一股无法长期压抑下去的力量，一旦有了某种条件，它就会冲出来解放自己。正如当地同志所说的那样，办社队工业是“逼上梁山”，是将压力化为动力。

人多地少只是一股内在的动力，农工相辅的实现还需有外在因素的触发。社队工业兴起的外在因素就是“文化大革命”这一特定的社会条件。十年动乱，全国遭劫难。然而在吴江、在苏南的农村在一定意义上却可以说因祸得福。社队工业正在这时狭处逢生，发展了起来，所以有人说社队工业这是“乱世出英雄”。对此我起初颇觉意外，后来听了一些社队工厂的开办发展史，才了解到大城市里动刀动枪地打派仗，干部、知识青年下放插队这两件使城里人或许到现在还要做噩梦的事情。从另一面来看，却成了农村小型工业兴起的必不可少的条件。

办工业需要原料、劳力、资金、设备、技术和产品市场。农村有足够的剩余劳动力，这是没有问题的。那么其他几个条件社队工业是怎样解决的呢？

铜罗镇有一家生产化工产品的工厂可以说真正是白手起家的。1968 年，一个城市青年插队到吴江的一个公社。这个青年的父亲在化工企业工作，他打听到某一化工产品因为派性纠葛而濒于停产，而这一产品又是另一个企业的必需品。于是他就帮助这个公社与需要这一产品的企业挂上钩，这一企业把原料、技术、设备，甚至一部分资金全都包了下来。就这样，农民便在几亩地上办起了化工厂。类似这家工厂的例子比比皆是。因此社队工厂的同志说，那时的办厂条件多数是大中城市主动送下来的。

大中城市为什么要主动送下条件让社队办厂呢？道理很简单，“文化大革命”中城市里的大、中企业有不少在打派仗，搞停工闹革命，没有稳定的局面自然不可能进行正常的生产。但社会生活不能没有商品。尤其是一些外贸产品的生产还得完成计划。而相比之下，农村的局面要比城市稳定。于是城市里不能生产，就转移到乡下去，那么由谁来牵线转移？从吴江的实际情况来看，主要是那些家在农村的退休工人以及下乡的知识青年和干部。尽管目的各不相同，但他们实际上却成了城乡经济的中介人，做了一件自己不一定意识到其意义的事。社队工业就是在社会需要大于社会生产，农村局势相对稳定，而且在城市与农村之间有了中介人联系的条件下产生出来的。等到十年内乱结束，苏南的社队工业已度过了最关键的初创时期，进入了它的发展阶段。

工业发展不同于农业，它必须要有一个集中的地方。这个地点一是交通便利，二是对来自各个村庄的务工社员来说地理位置适中。这两个要求使社队工业找到了正在衰落的原有小城镇。在吴江县可以看到，凡是公社集镇都是社队工厂最集中的地方。在县属镇，由于镇、社体制分设，社队工业不能侵犯镇区，于是就傍着老镇，在外围形成一个社队工业区。

在这里我们应当注意到在吴江县的七个县属镇内，还存在着另外两种工业，一种是县属工业（包括全民或集体），另一种是镇办工业。县属工业的发展较早，一般是在五六十年代开办的。它对保住小城镇一部分人口和为附近农民提供就业机会是起了作用的，而且近年来这部分工业也出现了新飞跃。然而县属工业与它所在的镇之间没有发生经济上的联系，它只对国家和县交纳税收和上缴利润。所谓镇办工业在1966年以前大都属于社会福利型的集体小手工业组织，实际上是残留在镇上的剩余劳力进行的生产自救。由于在“文化大革命”期间各级行政需要自找财源，搞“分灶吃饭”，灶灶要自己生火，所以镇这一级也得找各种门路办工厂。于是镇办工业就在集体手工业基础上与社队工业同时发展起来，现在也达到相当的规模。

到“文化大革命”后期，从县、镇到公社、大队，各级都在那里积极办工业，甚至连学校也要办工业。震泽中学是江苏有名的重点中学，出了人才这份功劳部分要归到六神丸的瓶塞子，这不是虚言。不搞生产瓶塞的校办工厂，这个中学的校长就难以当家。学校的设备，教师的宿舍，学生的伙食补贴，都要向校长伸手，校长又到哪儿去要呢？培养我们子弟的教育经费如此不足，要由学校自己办工业来弥补。我听了以后总觉得心中有一股压抑。由此我也明白了为什么从社主任、镇长到县长对办工业这样积极。1973年以前吴江县解放30年只铺了3公里的县级公路，10年铺1公里。没有其他渠道找经费搞建设，它怎能不办工业！尽管当时条条框框还很多，但各级自有办法，各显神通争财源。社队工业如同鸭子凫水，下面已经动了起来。等到十一届三中全会解开了捆住的手脚，社队工业和其他各级小工业就如雨后春笋一下子生长了起来，蓬蓬勃勃地向前发展。

由此看来，苏南这些年来小城镇的复苏和繁荣，是小型工业，特别是社队工业带动的结果。而集体商业的经济活动却还没有真正活起来。我们从事科学研究，不能笼统地说什么小城镇繁荣发展了，而要看小城镇里繁荣发展的是什么东西；它的这种发展又给小城镇与农村之间的联系带来哪些新情况、新问题。所以我想从上述的变化出发回到点与面的关系上，提出一些值得研究的问题，谈一谈对小城镇现有工业、商业、服务业的认识，来共同探讨怎样才能使小城镇真正成为农村的政治、经济、文化的中心这个基本问题。

## 五

党的十一届三中全会以来，通过调整改革，大中城市的工业生产逐步走上了正轨。在这种形势下，人们对社队工业有两种估计：一种看法是社队工业发展是钻了城市工业停滞的空子，所以城市工业的发展严重威胁着社队工业的生存，前途并不乐观；另一种看法认为城市工业与社队工业不但不相克，而且相辅相成，因此对社队工业的前途不必悲观。这两种估计提出了一个共同的问题，怎样认识、处理城市工业与社队工业之间的关系。这是一个在发展中提出来的课题，我们应当用发展的眼光去深入全面地做研究。

目前社队工业的确存在不少问题，而对这些问题起制约作用的关键是社队工业生产不稳定。我所见的不少工厂很多是两三年换一块厂牌，一两年转一个产品。这样做固然有作为新厂可以免税的奥秘在内，但根本上还是缺乏稳定性。

我们不能满足于市场调节稳定性差这种回答，而应当从社队工业的实践中，去解决在社会主义条件下的市场调节怎样能够使企业稳步发展的问题。首先不能一般化地对待社队工业，而应当从具体事实出发去分析社队工业里不同的类型。下面先列举一些我们见到的不同类型的社队办的工厂。

吴江县社队工业里有不少是丝织厂。办丝织厂抓住了当地农村具有丝绸手工业传统的特点，而且它作为劳动密集型工业，利润较高。按理说这种工厂是应该稳定的。然而绝大多数社队丝织厂的原料不是蚕丝，而是化学纤维。在70年代，化纤产品是热门货，只要能生产不愁无销路。但随着大城市化纤工业的发展和人们对衣着需求的改变，这两年来吴江县社队丝织厂的产品市场离本地越来越远，采购员采取了你占城市我下乡，你在平原我上山的办法，一直把产品销往福建山区、安徽、青海等地。尽管如此，产品的库存积压还是有相当数量，去年化纤织品降价，损失不小。

庙港有一家蔬菜加工厂是在1980年创办起来的，共有30余名固定工人，生产各种酱菜，主要是小黄瓜和大头菜。这个厂的原料都是本公社农民自己种的，1982年它向全社收购蔬菜总值达110万元，增加了农民的收入。工厂本身利润最高达15万元。它的产品有半成品和成品两类，半成品销往山西，成品除当地自销外还销往上海、苏州和由外贸出口远销南洋各地。

平望现在有上海缝纫机三厂的一个分厂，它是1981年6月由上海缝纫机三厂和吴江县农机厂联合投资、共同筹建的。总厂与分厂两家联合生产蜜蜂牌家用缝纫机。分厂虽不是社队工厂，但它一方面为总厂提供一部分机头零件并组装一些整机；另一方面则与梅堰、震泽、金家坝的几家社办厂协作为上海总厂及其本身生产机架铸件和台板。这几家社办厂的原材料由上海供应，产品归上海接收，按照总厂的计划组织生产。分厂的原料也来自上海，技术由上海派人指导。分厂所获利润和超产的部分，与总厂对半分成。

上面三种社队工厂有可能是吴江现有社队工业的三种基本类型。第一类是原料和市场都不在当地农村，只是利用当地劳力的工业。在目前社队工业技术水平还较低、品种式样受到资金匮乏制约、商情信息基本上还靠当面碰头交流的条件下，这类社队工业忽起忽落不能稳定是必然的。第二类是原料来自当地农村，市场也比较可靠的工业。这类工业实际上是当地农副产品的延伸工业，农副产品与工业原料衔接起来，是社队工业中最稳定的一类。第三类工业的原料来源和第一类相同，并不是本地自产，但由大工厂供应，市场也是大工厂承包，性质上它是城市大工业的扩散，相当于大工厂的一个附属车间，所以它只要能维持住与大工厂的关系也是相当稳定的。

从吴江全县来看，第一类工厂占绝大多数，第二类工厂是少数，第三类工厂只有几家。因而从总体来看，全县社队工厂还是处于不稳定阶段。

对社队工业做出上述分类，是为了说明在基本上属于市场调节的情况下发展社队工业，必须根据农村地区的特点去确定能够发挥自己优势的工业方向，才能保持稳定性。因此我认为应当把工业的重心转移到第二类上去，要大力发展食品工业和具有地方特色的轻纺工业或手工业。这是基于我对社队工业应当握有原料和市场的主动权才能稳步发展的认识。当然哪些原料适宜由社队工业去加工，它掌握主动权的比例应多大等问题，尚需进一步具体化。但农村工业的原料与农副产品衔接起来，进行劳动密集型的工业生产，以地方特色拓宽国内与国际市场，这些无疑是社队工业选择发展方向时应该遵循的普遍原则。第一类工业在特定的历史条件下是送上门来的，而现在却要到处磕头找原料和市场。这说明它作为农村工业的先导任务已经完成。这类工业将来是否会有新的出路，那要看整个国家工业怎样打破大而全、小而全的工业体系以后才能预测。第三类工业看来是有前途的。从世界范围看，大城市工业扩散是一个趋势。大城市人口密集、土地贵、工资高、污染严重等，已使它的工厂不能再继续发展下去。资本主义国家的工业已向郊区和附近农村扩散，现在甚至扩散到第三世界的国家中去了。这种工业扩散曾引起严重的污染扩散的后果。但是我们社会主义国家对这种恶果是可以避免的。我曾说过，我们应当提倡“大鱼帮小鱼，小鱼帮虾米”，要求大、中城市的工业帮助、促进农村社队工业的发展，社队工业也可以帮助更小集体工业的发展。最近我看到江都宜陵的一份调查报告，里面说是那地方有个社队办的蜂乳加工厂，把装蜂乳的玻璃管、包装盒等分到各个生产队去制造，使得这个公社的许多生产队都得到好处。这不是“小鱼帮了虾米”吗？所以工业要打破大而全、小而全，要一层一层地扩散下去。但是大、中企业不应当把污染也扩散给还不怎么懂得污染为害的农民，而是把就业机会和工业利润扩散出去，这样它自己可以集中精力提高产品质量和经营方式以增加本身利润。这正是我国社会主义制度优越性的体现。

工业要打破大而全，不仅是形式问题。工业规模越大，越能趋向合理化，这是别国的经验。我们不该不假思索地把它硬搬过来。我们首先要考虑到怎样在发展工业中解决广大农村中居民的生活问题，而不应重复西方资本主义国家工业发展、农村破产的老路。其次，要考虑到我们的企业经营管理方式必须符合我国当前的国情。毋庸讳言，我们对大企业的经营管理还缺乏经验，以致一些大的国营企业不能赚钱甚至长期亏损。现在有的社队工业想稍稍扩大点规模，结果他们自己说是“骑上了马背下不来”。因此，我认为应当注意研究社队工业的规模和适应当前农民水平的经营管理方式，在这个基础上，通过实践培养出一批能管理工业生产的基层干部，为我国工业进一步大发展创造人的条件。

社队工业具有顽强的生命力。有个队办工业赔了钱，我问他们怎么办？回答是赔钱还得搞，这是因为工厂看来是赔了钱，但是生产队每一家都有人在厂里做工，挣得工资，所以不允许关厂，而宁可少拿一点儿工资。我因而想到这些社队工业很有点儿像是传统家庭手工业的扩大和集体化。家庭手工业是不计工资、只算收入的。所以从社队工业来说是赔了些钱，但如果把工人们的工资算进去，对全生产队的农民来说，还是增加了收入。赔钱还要办下去，体现了社队工业的坚韧性和顽强的生命力。这种坚韧性来自传统，来自人多地少的现实。

这种顽强的生命力使它在不稳定中要坚持生存下去。

赔钱还要办，一家出一个工人，机会均等。凡此种种，看起来都与现代工业的讲求效率、利润，择优挑选人员等经营原则相背离。要实现工业现代化，这些是应当改进的。但是这些是具体存在的现象，自有它发生的社会原因。人多地少和工农相辅的基本情况不改变，这种现象也不易改变。我们应当因势利导，转变它的落后性为开创新工业服务。日本企业家引为自豪的所谓Z式管理，无非是利用传统的“我照顾你一辈子，你得终生为我服务”的从属关系作为经营管理中发挥劳动积极性的有效方式。而我们农村中人际关系的传统要广泛深刻得多。当然其间良莠不齐，应该对它们加以分析和考察，做出区别，弄清哪些东西可以利用和利用到什么程度。我们不应以虚无主义的态度看过去。要真正懂得中国的特点，并根据这些特点搞社会主义现代化，就要研究可以生长出新东西来的旧事物，甚至要用旧形式来发展新事物，最终使旧的转化为新的。

社队工业的发展使一部分农民转化为工人，县办和镇办工业的发展也招收了相当数量的农民工。这就是说现在已经有不少农民到小城镇里来了。据调查，这五六年来，小城镇的实际聚居人口与户口在册的人口相比，普遍增加了1/3。因此，人口普查所得的小城镇人口与实际情形差得很远。这些农民工到了镇上与镇上工人一样干活，甚至那些条件最差、最累、最重的活往往是由他们来承担，他们实际上是工人阶级队伍中的新成员。然而镇上的户籍里没有他们的名，不能吃商品粮，不能调整工资，不能参加工会，其中的党员还不能在工厂里过组织生活。这批人数目相当大，据不完全统计，1982年江苏全省的务工社员人数达到527万人。而全省城镇户口的劳动力总数只有606万人。换句话说，在大中城市及小城镇从事各种非农业工作的人数中，农民工与城镇户口的工人在数量上已相当相近。农民工挑着小城镇工业1/3的担子，但现在还没有能列入工人阶级的队伍，享受工人的权利。我们必须正视这一现实，有责任把这一事实反映出来。应当深入考察这批人走出村子到小城镇上做工的全过程，研究他们的社会地位和生活、工作、思想感情。这是中国工业史上未曾出现过的新情况。他们在我国现阶段的工业发展中将起什么作用？这是一个大问题。

我国的商品粮不足，或许还有别的原因，在50年代不得不划分城镇户口和农村户口。可是后来当城镇户口和铁饭碗结成一体，这两种户口的差异就大大超出了划分时的原意，出现了许多新问题。譬如明明是工人，却偏要给戴上一个帽子叫作农民工。农民的孩子拿到大学的入学通知书，家长要请客、放鞭炮庆祝。大城市里的青年不愿考重点院校，高考分数逐年下降。这些现象，大家熟视无睹，习以为常。也就不会去考虑农民工的称呼，农村青年上大学要请客、放鞭炮等的意义究竟是什么呢？据我看来，这些现象的发生不能不归根到户籍制度里存在着的已经和当前新局面不相适应的成分。

在当前的情况下，不仅吃商品粮的城镇居民在群众眼中比农民工高一等，就是在农民工和务农社员之间也有高下之别。据说一些村里的姑娘当上了农民工，她们的婚姻就发生困难。她们不可能嫁给被称为“街上人”的有城镇户口的男青年，因为她们的户口还在农村，她们在别人看来还是乡下姑娘。据说娶乡下姑娘最怕的是生了孩子也成了乡下人。可是这些姑娘们觉得自己已经不完全是乡下人了，她们也不大愿意再嫁给她们认为的乡下人。务农的男青年自己也觉得配不上这些姑娘，不敢高攀。这就产生了一个新的社会问题，有不少悲欢离合的故事。

在实地调查中，时时可以觉察到有一股不可遏止的力量在驱使那些基层干部不能不开动脑筋朝前赶。我也受到一些感染，提出上述几个问题做深入研究的引子。我似乎感到自己盼了数十年之久的东西就在眼前，农村真正的工业化、现代化正在社会主义条件下出现，然而自己对其中许多有着深刻历史的现象还未能透彻地理解，还需继续观察。

江苏其他地区的条件有什么不同，他们是不是也走苏南社队工业的路子？全国农村社会经济发展的步子怎么走法？它从苏南的经验中能得到些什么？这些问题一个接一个地在我心里盘算，希望今后的研究能向这些方面开展。

吴江的社队工业走过了十几个年头，十一届三中全会后的迅速发展也有五年了，其间有成功的经验，也有失败的教训。现在应是加以回顾总结的时候了。我们应当对社队工业的多样性和复杂性进行客观全面的分析，对社队工业中发生的问题做出科学的说明。

## 六

小城镇作为商品的集散中心，它的商品流通与农村的经济发展之间具有互为前提、相互作用的关系。现在主要的问题是要搞清楚商品的流通环节和开通商品的流通渠道。

商品的流通环节，是指商品从生产者那里出来到达消费者手上，中间所经历的步骤。比如某一工业产品由上海的工厂生产后运往苏州，苏州的物资部门将它分配给吴江县，吴江的商业机构再把它分拨到各公社，公社供销社又把它批发给集体商业，最后由门市部出售到农民手中。商品就是这样经历了五个非直接消费的部门一步步地转运给消费者农民。这每一次转手都是商品流通的环节。同样，农副业生产的商品也要经过若干环节做相反方向的流通。这里我们首先要了解的是目前商品流通要经过哪几个环节，以及各个具体环节对于商品流通究竟起什么作用。

让我们撇开大、中城市，先取出从小城镇到农村这一段来作考察。从这一段商品流通环节的具体分析，就可以看到小城镇之间还有大小不同、层次高低之别。

前述的类型分析表明小城镇对农村的主要作用可以因类型不同而有所侧重。然而即使是同类型的小城镇，对周围农村所发生的作用也不是等量齐观的。例如同是作为农副产品集散中心的小城镇，震泽的乡脚大，庙港的乡脚就小得多。因此，小城镇作用影响范围的大小，反映出一个有系统的高低不同的层次来。

城镇层次的划分，过去大多以人口数量的多少为标准。然而小城镇商业作用的层次分析，单以人口为指标是不够的。因为人口大体上相同的城镇，在商品流通环节中所处的地位却可以不同。在目前我国商品流通的过程中，行政的因素特别重要。许多不同等级的行政性的商业机构决定了商品流通的环节。所以我们不妨首先从城镇的行政地位入手来观察商品流通的过程。

吴江县的小城镇依据行政地位，可以分为三层五级：第一层是县属镇，在吴江人称七大镇。这一层小城镇的共同特点是具有镇和公社双重商业机构。县属镇又分两个级别，第一级是县城松陵，它有县、镇、社三重商业机构。第二级是震泽、盛泽、平望、同里、芦墟和黎里 6 个非县城的县属镇。第二层是有公社商业机构的公社镇（或称为乡镇），吴江的 16 个公社镇也分为两个级别。第三级是商业人口接近于县属镇的八坼、铜罗和横扇，当地叫做三小镇。这三小镇除公社商业机构外，还有若干县属商业机构的派出部门，其管理范围越出本公社。第四级是设置有公社商业机构的庙港、七都、莘塔、金家坝等 13 个镇。第三层是大队镇（或称村镇），这一层镇在区域上都属某一大队范围，在行政上并不附设商业管理机构。它不同于有下伸店和双代店[①]的大队中心村，区别在于有商店、服务业和集市贸易的聚合和有经常性的商业管理人员。第三层不再分级。在吴江县共有如前面所说的陆港等 12 个村镇[②]。

由此可见，商业流通的环节实际是以一层层的行政级别为依据的。那么商品是怎样在这些环节上运行的呢？实际情况要比工业品通过高层次到低层次再到农村，农副产品又反向运行的理论分析要复杂得多。

例如开弦弓村有一家下伸商店，这个店销售量最大的是火柴、糖果、香烟、酒、酱油、盐一类的商品。店里还有 3 只铝锅，据商店工

---

① 业务属供销社系统的大队代购代销店叫作双代店。

② 据乡村建设局调查统计。

作人员说它们在货架上放了整整一年。难道是开弦弓村人不用铝锅？不是。农民说买 1 只锅子要用几年，总得挑个好的，但这里只有 3 只，没法挑选。所以买铝锅之类的物品他们就要上震泽或庙港。村里的青年男女结婚时新房里所需要的一些用品还要到上海、苏州去买。开弦弓是一个村落，不是村镇。但从这里可以看出普通农村里农民生活各种必需品是分别由不同层次的城镇供应的。这里就体现了小城镇作为商业中心的层次来。一般情况下，农民生活中食用的如油、盐、酱、醋等一次性消费品，基本上可以在村镇得到满足。村镇商业的门市部一般不到 10 个，销售范围大都是在 1 公里以内。农民的生活日用的如热水瓶、脸盆等低档耐用的消费品，基本上是从乡镇或县属镇得到满足的。乡镇内同类商品一般都是独家经营的，花色品种与数量均较少，它们的商业门市部在 10 ~ 50 个之间，销售范围在 3 公里左右。县属镇内同类商品则有两个或两个以上的门市部销售，花色品种与数量比乡镇多，选择的余地增加。它们的商业门市部在 50 ~ 100 个之间，销售范围在 5 公里上下。①

小城镇的层次是层层包含的。这就是说，高层次的小城镇的销售范围不仅包含低层次的小城镇及其销售范围，而且高层次的小城镇自身也具有属于低层次小城镇的销售范围。例如假定庙港、七都、八都等乡镇和这些公社的农村都到震泽来买铝锅，那么对铝锅这一商品来说，震泽镇铝锅的销售范围就包含了以震泽为中心的所有乡镇及乡镇的销售范围。但震泽不只是卖铝锅，它同时也卖油、盐、酱、醋。就这些商品的销售来说，震泽镇的范围与陆港这些村镇的范围相差无几，都限于附近约 1 公里范围内的居民。商品的销售范围实际上就是吴江民间所说的“乡脚”。乡脚并不是以镇为中心的一个清晰的圆周，每一种商品都有各自的乡脚，所以一个小城镇的乡脚由许多半径不等的同心圆组成。小城镇层次的划分实际上决定于它们乡脚的大小。

---

① 商业门市部数与销售范围都是吴江县各层小城镇的平均数。

小城镇层次分析应当深入到满足农民各种生活需要的功利评估。所谓功利评估，是指农民对购买何种商品、花多少时间、付多少成本的计算和均衡。功利评估的原则是以最少时间、最低成本去取得最满意的商品。小城镇的商业层次应当根据这样的研究结果来布局。我不知道现在的商业部门有没有一本在哪个环节该储备什么样的商品和每种商品要储备多少的账。如果没有这本账，就会产生有些环节上应该具备的商品无货供应，而在另一些环节上不该储备的商品又被囤积的不合理现象。例如我在广西大瑶山的新华书店买到一本《陆游年谱》，对我来说当然是求之不得，但在大瑶山的书店里摆上这类书籍，恐怕是很少有机会被人赏识，难以遇上知音。

流通环节的合理化是商品流通的必要条件，道理是显见的，但做到合理化却需要做细致的研究。

疏通商品流通渠道是一件更大的事。党的三中全会以来，小城镇上行政化的单轨渠道发生的问题我们还不怎么清楚。我只是了解到集市贸易在吴江已经恢复起来，农民挑担上街，商贩摆了摊子，到处很热闹。松陵镇还为这样的集市搭了个玻璃瓦棚，使买卖人群不致淋雨，做了一件好事。虽然在集市贸易中有价格管理等许多问题存在，但我看主要的问题是为什么吴江县小城镇的集市贸易还只是停留在农民提上一篮鸡蛋在集市上等上半天的原始状态，而不是像北京北大附近中关村一带那样只用短短的一年多时间，便从日中为市的个体经商变成一排排集体合作的商店？

听说供销社也正在进行改革。对此我得首先说明自己是外行，又没有进行实地调查，目前还只能作为一个旁观者说几句。从客观形势上看，现在要供销社重新回到合作性质上去恐怕不那么容易，要国营商业把已经经营的那些项目让出来恐怕也有难处。据说前两年小镇上供销社和集体商业从体制上划清了。然而所谓的集体商业，其实还是供销社批发给它商品让它出售的国营附属机构。不客气一点说，那是换一把勺子去舀大锅里的汤。

那么小城镇集体合作形式的流通渠道怎样才能真正建立、发展起来呢？前些时松陵镇的同志写信给我，要我帮助他们买一部卡车，用它把凤尾菇运销到苏州市场上去。买汽车我当然是毫无办法，但这封信使我受到了启发。1981 年我把澳大利亚一位朋友送给我的平菇的菌种带回了家乡。1982 年吴江县农技所和松陵镇的同志试种成功并作小规模推广，有的同志还给它起了一个优雅的名字叫凤尾菇。经化验这种蘑菇不仅食用价值高，而且体积大，产量高，每斤以七分钱的成本能卖得六七角钱，它还能立体柱形栽培，适宜作为农村家庭副业。可是在农村里初步推广后，县城内的市场太小，苏州和上海却很欢迎这种食品，于是运销的问题就发生了。所以他们要我设法买卡车。这封信给我的第一个启发是新商品要走新的商业渠道。既然原有的商品走集体形式的流通渠道困难重重，新的商品或许就比较容易创出新的方式来。我们应当支持奖励生产者自己组织起来作集体流通的新尝试，一切好的形式都是从尝试中出现的。我们要积极发展小城镇，就要从一切方面用各种方法去尝试新的发展。

由此我想到应该进一步研究农村产品商品化的问题。凤尾菇产量大了就想到自己要买汽车运销。那是商品产量的提高促使他们想到的，如果农村除社队工业外的商品生产还不足以满足附近几个小城镇居民的需要，那么手拎肩挑的集市贸易渠道就完全可以承担流通任务，自然不必也不会有更上一层楼的要求。然而 1982 年江村杀兔吃肉的事实又说明，农村经济商品化的水平必须有新的立足于国内市场的流通渠道才能巩固和提高，如果一味把身子靠在洋人的背上过日子，人家动一动小拇指，我们就要跌筋斗。所以我希望有同志能从对农村经济商品化的现状出发，深入探讨小城镇商业流通渠道与农村商品化程度之间的相互关系。

我从这些事实又引出一个看法，小城镇商业的发展之所以没有社队工业的发展快，原因是受到原有商业渠道压抑的农村商品经济对小城镇的冲击力还不够强。一旦这种冲击力强大起来，包揽式的流通渠道就非得改革不可。现在农村经济尚处于生产责任制的低级阶段，商品生产的程度还不够高。要突破当前的局面，还有待于多种经营专业责任制的发展。看来从以家庭生产为单位的责任制到集体专业化生产的责任制，是当前农村生产力继续提高的必由之路。从整个苏南地区来说，集体专业化生产的责任制形式已经在某些方面出现。所以小城镇建设应当清楚地认识到客观的发展会带来的结果，以新的流通渠道的尝试和开辟，去自觉地适应、促进这一具有光明前途的新事物的发展。

## 七

小城镇怎样成为农村的服务中心、文化中心和教育中心，对此我只能谈谈自己的一些想法。

我四访江村时，听说在影片《少林寺》上映期间，浙江的南浔镇先贴出这部新片预告。震泽镇的电影院获悉这一消息后，赶紧抢先租到这部片子赶在南浔之前放映。这部片子在当时吸引了周围四面八方的农民。他们摇着船、带着孩子来镇上看电影。《少林寺》放映一周，卖座率始终不衰，使影院收入了1万元。农民上街看电影总得吃点面条、点心，还要往家捎回些东西。结果这7天内全镇商业的营业额增加了6万元。这件事在我看来是镇作为农村中心的生动例证。假如这种现象是经常性的，震泽岂不就是一个农村的娱乐中心和商业中心了么！

这件事说明小城镇的服务业是蕴有巨大潜力的。不是农民没有对现代社会生活的需求，而是我们不懂得农民的需求，致使小城镇上的服务项目、服务水平和服务质量远跟不上客观的形势。

为农村妇女烫发是现在小城镇的一个服务项目。1981年我三访江村时，很少见到有姑娘烫发。到四访、五访时，烫发的女青年逐渐多了起来。今年六访时看到，不论是社队厂的青年女工或是在田里干活的姑娘，头发几乎都弯曲起来，甚至连十二三岁还在上学的小女孩子也烫了发。据说她们大多数是到庙港和震泽的理发店里去烫发的，每次2元。每逢过年过节理发店日夜开业。在这件事情上庙港和震泽已成为农村姑娘的服务中心，而且为我们提供了测量这两个中心服务区域，即城镇乡脚的一个指标。但是农村姑娘烫发的风气完全是自发的。我们对电视机的下乡引起了什么后果可以说很不清楚。这些看来都是小事情，意义却十分深远的问题，需要我们严肃地进行科学的研究。

再说小城镇上的茶馆，过去这是附近农村的社会信息交流中心，城里的、镇上的、村里的信息都在茶馆里汇集，并散播到附近农村里去。它是民间相互咨询的服务场所，里面有社会新闻、有生产技术问题、有做媒等丰富的内容。现在民间的信息交流、咨询服务是否还在茶馆进行，还是另有场所和其他途径？在农业生产责任制和农副工综合发展的新情况下，农民到底有什么新的服务要求，怎样去满足他们的要求？这些都是迫切需要加以研究的课题。

在文化方面，除了电影院对农民开放外，镇本身现在很少有什么文化设施。青年们一般不上茶馆，又几乎没有文娱、体育等活动，连找对象在镇上也没有谈话的场所。去年松陵镇修了一座小公园，除了供人憩息，还有一些石条凳可坐，使农村青年男女进城来可以有个谈恋爱的地方。听说还有人反对，说是有伤风化。其实这并不是一个小问题。我看现在存在着严重的地缘、业缘内通婚现象。青年男女没有正常的社交活动，不熟悉居住和工作范围以外的人，不得不在同村、同厂、同机关内部找对象，以致选择的圈子越兜越小。据说在一些交通闭塞的山村里，低能儿越来越多，原因很可能就是长期的近缘婚姻。所以扩大青年的社交范围对于反对父母之命、媒妁之言的封建包办婚姻，对于改变近缘婚姻是有积极意义的。男女青年有正常的社交活动，可以自己见面谈恋爱，这是一种文化中心的表现。文化中心不是一句空话，建设社会主义精神文明也不是空洞的口号。真正的中心作用是要使农民到小城镇来接头，在这里解决实际问题，满足农民的需要。也就是人与人要在这里碰头，物与物要在这里运转，信息要在这里交流。苏南、吴江这一发达地区的小城镇到底为农民做了多少事情？很值得我们去看一看、想一想。

在教育方面，使我最痛心的事是江苏的文盲率要比全国的平均数高，吴江更是高中之高。按理说，一个地区经济水平是与文化程度成正比的，实际上现在反过来了。其中的规律性值得深入研究。可我想提一个倒过来的问题：为什么要识字？不识字又怎样？如果不识字照样生活，收入还比识字的高，那就发生了为什么要识字的问题了。

这次我在太湖边上的庙港渔村里散步，我问了几个年龄不同的居民识字不识字，他们都对我摇摇头。年纪大的都是有经验的渔民，年轻的孩子们正跟着父兄们学打鱼。据说他们近年来的收入比农民高得多。我和他们的谈话使我悟出他们不识字的道理来。这些都是多年甚至世代在太湖上捕捞的渔民。捕捞是搜集自然产物的生产方式，由来已久，说是原始经济也未始不可。这种生产方式需要有这一地区自然地理的丰富知识。在太湖里打鱼，就得充分掌握太湖的气候、风浪和鱼源。这是他们生活所依赖的知识。这些知识都并不靠文字来传递，而是口口相传并在实践里体验来的。要做成一个能靠捕鱼为业的太湖里的渔民，就必须从小就跟着父兄在船上生活。试问他们为什么要在学校里花费多少年学会几千个方块字呢？年轻时进学校而不去跟父兄一起经风浪，到头来恐怕会在打鱼时被风浪淹死在水里。但是如果要提高渔业的生产力，改捕捞为饲养，就是用人工去经营渔塘以得高产，情况也就完全改变了。饲养员需要知道温度、湿度、水里含氧的成分等所谓“科学知识”，这种知识不懂文字是得不到的。从太湖上的“浪里白条”变成渔塘的饲育员，是从原始采集阶段的生产方式发展成饲育阶段的生产方式，也就是从不需要文字到离不开文字的发展过程。如果现在庙港的渔民安于在太湖里乘风破浪地以捕捞为业，那么我看文盲是扫不完的。我从太湖边上散步回来，对扫盲问题的认识似乎又深了一步。我们读社会发展史应当要用它来理解当前的实际问题：生产力不发展，教育普及不了。从这个角度去研究当前农村的教育问题，也会看到目前农村生产力的迅速发展不仅提出了普及教育的要求，也提供了普及教育的可能性。怎样才能满足农民对教育的需要呢？那就有赖于我们提供怎样的教育内容了。因此怎样把小城镇建成农村的文化教育中心，对我们来说应当是一个重要的新课题。

## 八

我的发言应当结束了，在末尾我想附带提出一个名词问题。我素来不主张在名词上浪费笔墨的，但是也不能不注意到名副其实的必要。“小城镇”这个名词最近大家已经习惯了，但是否还可以多考虑一下，用这个名词来指作为农村中心的社区是否妥当？我们的字典里对城、镇、集、墟、街、场、村等名词都有一定的释义，我在这里不再重复。但必须指出，当前各种社区需要划分出一条城和乡的界线，各层的社区用哪些名词来表达最为妥当还是个值得考虑的问题。

如果把“城镇”这个名词用来指作为农村中心的社区，从字义上看，它似乎应当属于城的一方，而实际却是乡的中心。为了避免这种因望文生义而可能产生的误解，不如称这种社区为“集镇”。我们知道有不少经济不太发达的地区，还没有形成固定的商业和文化中心，而停留在“日中为市”的定期赶集形式。津浦铁路进入安徽境内就有很多车站至今保留着某某集的地名。这些集所起的作用，程度上虽有区别，性质上是和吴江所见到的许多“小城镇”相同的。把这些集称作“小城镇”总不免有点牵强。所以我想不如把在吴江所见到的“小城镇”和这些集归在一起而称它们作“集镇”。

当然“小城镇”应当划归在城、乡的哪一边，还是一个可以研究讨论的问题。把它说成城乡的纽带，只说明了它的作用，而没有表明它是一个具体的社区。我主张把农村的中心归到乡的一边。但也可以考虑在城乡之间另立一格，称之为镇。麻烦的是汉字不习惯用单音节名词。镇字旁还得加个字，要加就不能再用城或乡，所以还是可以考虑称为“集镇”。

还要提到的是群众语言中有传统的分层模式，那就是“城里人”“街上人”“乡下人”。这种分层至今还有现实的社会意义，含有高低之别。上面提到过在婚姻上乡下人不敢高攀城里人的事就是一个例子。而我们所提到的吴江县的“小城镇”中在群众语言中却包含了三个层次。作为吴江县行政中心的松陵镇的居民过去被称作“城里人”。松陵镇过去也确有城墙，解放后才拆除。其他的镇上的居民在群众语言里都不称“城里人”，而称“街上人”。但是像庙港一样的公社镇，过去并不是基层行政中心，只是沿太湖的港口之一，像是一个较大的村子，所以它的居民够不上称“街上人”，还是“乡下人”。有人看到在现在所谓“小城镇”里还存在着和群众语言相适应的层次，所以主张用“城镇”“乡镇”“村镇”来区别。“城镇”指松陵一样的大镇，即县属镇；“乡镇”指公社一级，也是体制改变后乡政府所在地的镇；其下则是“村镇”。这种意见值得考虑。我在这里只是提出来供大家讨论。我们的调查研究越深入，对我们用以识别事物的概念也会越来越细密，也会要求我们所用的名词更加确当切实。现在一般应用的名词都有待我们进一步去研究讨论。

今天我的讲话里还是用“小城镇”这个名词，因为我们的讨论会的名称就这样用的，不能因为我个人不成熟的意见就加以改动。这也说明了这些概念和这些名词都有其社会的根源和作用。即使改动也要有个过程。我个人的意见也会改变，一门科学在初创时期总是这样的。

最后，预祝这次讨论会开得成功。

1983 年 9 月 20 日

# 中国城乡发展的道路*

——我一生的研究课题

70年代末80年代初，中国农村改革以农村家庭联产承包责任制为突破口迅速推向全国，促使部分地区乡镇企业异军突起。现在，乡镇企业已经成为全国农村经济的一大支柱，在我国整个国民经济中也是一支不可忽视的重要力量，被认为是“达到小康水平的必由之路”。中国城乡发展已找到一条有自己特色的道路，全国农民绝大多数已经脱贫，走向较高的生活水平。

10多年来乡镇企业一直是我的一个重要的研究对象，并且有一个很长的背景，可说是我学术生涯中的一个主要部分。

我最早到中国农村进行实地调查研究是在1936年。那是我从广

---

* 本文是作者1992年9月25日在香港中文大学举办的首届“潘光旦纪念讲座”上的演讲。

西大瑶山调查受伤回家乡养病时，在吴江县庙港乡开弦弓村开始的。我选择开弦弓村，是接受家姐费达生的建议，她在这村里帮助农民办了一个生丝精制运销合作社，那是我国农民自己办的最早的乡镇企业之一。它引起了我的研究兴趣。那时我住在合作社的工厂里，看到农民在机器上缫丝，就想到这不是现代工业进入农村吗？我心里十分激动。我在该村调查了一个多月，便起程赴英国留学，在去伦敦的船上，把开弦弓村调查的资料整理成篇，并为该村提了个学名叫"江村"。

我在伦敦经济学院人类学系攻读博士学位时，根据这项调查材料撰写了论文《江村经济》。在这期间，我的导师马林诺斯基教授正在研究文化的变迁问题，他十分重视农业社会转向工业社会的过程。我在他的指导下以"江村"为具体实例，描述了现代文化进入传统农村文化的过程。他在这篇论文出版时写的序言中说，对社会的改革"如果要组织有效果的行动并达到预期的目的，必须对社会制度的功能进行细致分析，而且要同它们意欲满足的需要结合起来分析，也要同它们的运转所依赖的其他制度联系起来分析，以达到对情况适当的阐述。这就是社会科学学者的工作，所以社会科学应该在指导文化变迁中起重要的作用"。他认为我的论文中有关蚕丝业的那章是最成功的一章，"它介绍了家庭企业如何有计划地变革成为合作工厂，以适应现代形势的需要。它证明，社会学需要研究社会工程的有关实际问题"。他对我在这些方面的鼓励对我后来的研究工作起了重要的指导作用。

人类学的发展到30年代，已碰到了研究文化变迁、文化接触的现象和现代文化的传播问题。在留英之前，我已经和燕京大学社会学系的一些学生，在吴文藻先生的启发下，开始探索用实地观察的研究方法去认识中国社会，如杨庆堃的《山东的集市系统》、徐雍舜的《河北农民的风俗》、林跃华的《福建的一个民族村》、廖太初的《动变中的中国农村教育》、李有义的《山西土地制度》、郑安仑的《福建和海外地区移民的关系问题》等。所以马林诺斯基说："中国社会学界已独立自发地组织起一场对文化变迁的应用人类学的真正问题进行学术上的攻关。这一学术攻关表达了我梦寐以求的愿望。”用现在的语言来说，马氏所支持的就是“理论联系实际的研究为社会改革服务”。这个方针可以说一直贯彻在我一生的学术工作之中而没有动摇过。

当时我们已经注意到中国农民在现代文化传播接触中，已无法维持原有的生活方式，出现了种种问题，主要的是农民的生活日益贫困。我在《江村经济》的结论里说：“中国农村的基本问题，简单地说，就是农民的收入降低到不足以维持最低生活水平所需的程度。中国农村真正的问题是农民的饥饿问题。”而贫穷的根源首先是土地制度的不合理，其出路是改革土地制度。其次是人口的不断增长。要在土地有限的农村里维持这么多人口，一方面必须控制人口的继续增长，另一方面要充分利用农村里的劳动力从事各式各样的生产活动。可是当时的环境，一方面受到传统土地制度的束缚，另一方面又有外来势力和西方新技术的竞争，中国农民陷入极其贫困的境地。这种历史的现实促使我发生了尽力使中国农民脱贫致富的使命感，也为我后来一生“志在富民”扎下根子。

在实地观察江村时，看到了一个以合作为原则来发展小型工厂的实验，引起了我极大的兴趣。我认为这是个在发展农村经济上具有重要意义的实验。这就是当时我对乡镇企业最初的接触和理解。简单地说，我从开弦弓村实地调查中，明确感觉到农村需要现代工业。可是，我并没有注意到这个合作工厂的建立和存在有其特殊的条件，就是它有家姐费达生所在女子蚕业学校技术推广部的支持，引进了科学技术和工厂管理，并帮助培养人才和组织生产。这是当时一般农村不可能都具有的条件。更重要的是我没有注意到当时在国民党统治下，土地制度没有改变，在商品生产上国外有强大的竞争者。这些实验固然取得了成绩，但由于客观条件不具备，这个小小的实验改变不了整个地区的农村面貌。

1938 年，我在伦敦经济学院毕业后，怀着继续研究中国农村的愿望，暑假即急忙回国。但是我的家乡已经被日本军队占领，江村的小型丝厂已经被夷为平地。我只能进入抗战后方的昆明。在昆明云南大学，在吴文藻先生的支持下建立了一个小小的研究中心，继续进行云南省的内地农村调查。内地农村调查使我们进一步看到在一个人口众多、土地有限的国家里，要进一步提高农民的生活水平，重点应当放在发展乡村工业上。我在介绍云南农村调查的 *Earthbound China* 一书中，再一次更明确地提出了这个见解。现在回头来看，我的这项改变农民穷困的见解，尽管是从实际调查中得来的结论，但从整个局面来说，其实还是书生论政，纸上空谈。这也使得我抛弃了不问政治的态度，而投身于当时的民主运动。从此我的学术研究工作也和广义的政治分不开了。我当时提倡的“实用社会学或人类学”，其实也就是中国传统的学以致用。

到全国解放后，在 50 年代初的三年国民经济恢复时期，我国农村成功地实现了土地改革。第一个五年计划时期，又使农业得以顺利发展，并且引导农民走上合作化道路。但是那时没有发展农村小型工业的政策。由于苏联模式的影响，在“以粮为纲”的口号指导下，农村主要是去搞粮食来支持城市发展大工业。

1957 年我重访江村，看到当时农业有了发展，粮食增产了，我感到高兴，但是为那种忽视副业和没有恢复乡村工业的情况忧心忡忡。农民自己有了土地使用权，但手中无钱，市镇上商品交换日益萧条，小城镇也萎缩了。针对这种情况，我认为农村里应当提倡恢复副业和发展小型工业。我在《重访江村》一文中这样说：“农业增产是不是提高了农民的收入呢？为什么农业增产了 60%，而还有人感觉到日子没有以前好过呢？问题出在没有发展副业上。”同时，我重新提出了“乡土工业”问题，讲到村子里办小工厂的好处。但是这种主张与当时的政策相抵触，不但没有被接受，在反右时还受到了批判。

直到 70 年代，这种限制农村单纯搞粮食生产的政策受到了事实的挑战。这项严重的挑战来自人口的不断加速增长。单纯依靠种植粮食的低收入，使广大农民在那不断增长的人口面前无法维持他们已有的生活水平。解放时我国人口5.4亿，经过32年到1980年已接近10亿，增加了81%，每年平均增长19%；1978年全国粮食比1949年固然增长了169.2%，但按人口平均仅增长了52%，经过解放以来30多年，到1980年中国谷类的个人平均配额仅有580斤。以这样一个仅够糊口的粮食来维持农民全部的生活费是远远不够的，何况各地区的产量不平衡，绝大部分地区的农民所得低于平均数，因而贫困重又成了农村的主要问题。这种严重的处境曾在60年代发生了全国性的“困难年”，饿死的农民成千上万，接着是“文革”时期，全国经济到了崩溃的边缘。在这20多年中，由于我的言论和当时的政策相抵触，我被划为“右派”，失去了继续实地研究工作的条件。

80年代初，我的社会和政治地位恢复了，社会学也恢复了，于是又重新开始我的农村调查研究工作。1981年我三访江村。那时江村个人全年平均收入已接近300元，位于全国的前列，大约是全国平均水平的3倍。而3年前，即1978年江村个人全年平均收入还只有114元，为什么在短短的3年里这个村子农民会这样快地富裕起来？我看到家庭副业恢复了，集体小工厂办起来了。从农村经济新结构中农、副、工三方面来看，发展前途最大的显然是工业。

使我特别兴奋的是在这里看到了我几十年前所想象的目标已在现实中出现，而且为今后中国经济的特点显露了苗头。在人口这样众多的国家，多种多样的企业不应当集中在少数都市里，应当尽可能分散到广大的农村里去，我称之为“工业下乡”。工业下乡同样可以在国家经济结构中增加工业的比重，但是在人口分布上却不致过分集中，甚至可以不产生大量脱离农业生产的劳动者。在某种意义上可以说，这为具体实现工农结合，消除工农差距的社会开辟了道路。“三访江村”是我在英国的老师费思为我去伦敦接受赫胥黎奖章作演讲出的题目，他建议我讲讲江村在半个世纪里的变化。这次演讲也决定了我其后10年的研究课题：中国城乡发展的道路。

1982年以后，我的研究领域逐步扩大。首先是从农村到集镇，提高了一个层次。由于我是从农村出发去研究集镇的，因而我的着眼点一开始并没有限于集镇本身，而首先把它看作城乡的接合部，称之为小城镇，并提出了对小城镇“类别、层次、兴衰、分布、发展”的十字研究课目①。我研究的地域也从家乡的一个村，扩大到包括七大镇、十几个小镇的吴江县。我把单枪匹马的个人研究改变为组织队伍的集体研究，打下了以后建设研究中心的基础。

80 年代初期已是中国各地小城镇复兴的时刻，我注意到家乡吴江县各个集镇上的人口无不在迅速增加。追溯过去，它们都曾在 50 年代经历过一个衰落时期，人口下降，70 年代后期陷入谷底，出现冷冷清清的局面。嗣后前前后后出现了生机，当我们 1981 年去调查时，这些集镇的面貌正在发生明显的变化，出现了欣欣向荣的势头。

这些集镇是怎么会兴旺起来的呢？这个问题吸引了我，我注意到当时正在如异军突起地发展着的乡镇企业。因为这些是公社和生产队所办的工业，所以一般都称作“社队工业”。集镇是社办工厂集中的地方。这时集镇上新办的工厂纷纷到农村里去吸引农民出来当工人，集镇的人口也就多起来了。工业带来了繁荣，集镇上新的建筑一座座盖了起来，面貌大变。农村里也由于生产大队或生产队办了工厂，收入增加了，农民生活改善了。

这里特别要提出的是人口问题。70 年代中期中国人口压力越来越大，虽然提出了人口控制的号召，但已出生的人口已相当多。由于严格控制城乡人口迁移，用行政手段划清城乡户口，农村户口不能向城里迁移，于是农村中“隐藏”着大量的剩余劳动力。城乡户口的隔离迫使农民另找出路。

这条出路就是人口不向城市集中而是把工业拉进农村，使农村里的剩余的农业劳动力可以向自办的工业转移。通过农村工业化来改善农村经济状况，以提高农民生活水平，这应当说是中国农民被

① 详见费孝通:《行行重行行》，宁夏人民出版社 1992 年版。下文作者观点和意见也参见此书。

逼上梁山，自己闯出来的一条生路。

正是那时客观上存在着发展农村工业的具体条件，一方面“文革”失败，政策改变了，公社制取消后，农民可以在生产粮食之外，生产其他的产品，副业、工业都产生了。另一方面在“文革”中一批大城市的技工和知识分子下乡，提供了兴办工业必须的知识和技术。在这些条件下，江苏省（主要是苏南）于1984年形成了兴办乡镇工业的高潮。

值得特别注意的是，由于乡镇工业办得好因而富裕起来的这些乡村，农副业收入所占的比例不断降低，绝对数字却相应地增长，增长速度也较工业不发达的乡村为快。这个事实应当大书特书，因为它向人们展示出中国在发展经济道路上的一种崭新的特点：中国社会的工业化是在农业繁荣的基础上发生、发展的，而且又促进了农业的繁荣和发展，使农业走上现代化的道路。

这个特点的重要意义要是和西方早年工业化历史相对照就容易看清楚了。欧洲工业化初期，在集中于都市里的机器工业兴起的同时，农村都濒于破产，农民失去土地，不得不背井离乡涌进城市，充当新兴工业的劳动后备军。西方国家现代工业的成长是以农村的萧条和崩溃为代价的。这是西方工业化的道路。在当前历史条件下，中国是绝没有可能走这条道路的。不能想象上亿的农民拥入城市来发展工业。中国要工业化只能走一条迥然不同的道路。农民在农业繁荣的基础上，以巨大的热情兴办集体所有制的乡镇工业。这种乡镇工业以巩固、促进和辅助农业经济为前提，农副工齐头并进，协调发展，开创了农村繁荣兴盛的新局面。这种工业化的道路，从具体历史发展来看，并不是从理论上推论出来的结果，而是农民群众在实际生活中自己的创造。

从实际出发进行研究来促进实际的发展是我行之有效的工作方针。工业下乡，发展乡镇企业都不是我的创造，而是中国历史上发生的事实。我作为一个研究工作者只是抓住这个历史事实进行分析、表达和传播，使人们能理解其在社会发展中的正面和反面的作用，从而通过对社会舆论的影响，对社会客观进程发生影响。

在80年代农村经济大发展中，由于乡镇企业的兴起，在比较发达的地区，不论过去属于哪一种类型的乡镇都走上了工业化的道路，几乎都成了以乡镇企业为基础的小城镇。但是各地条件不同，所走的具体路子各有特点，这个客观的历史事实使我产生了“模式”这个概念。模式是从发展的路子上说的，因为各地的乡镇所具备的地理、历史、社会、文化等条件不同，在向现代化经济发展的过程中采取了不同的路子。不同的发展路子，也就是不同的历史进程，就是我们所说的不同发展模式。

1984年我走出苏南，进入苏北调查，看到了两地发展上的差距，起初还以为是起步的先后不同。1986年在温州考察时，才进一步明白地区间的区别缘于客观条件不同而所走的路子也不同，因而提出“发展模式”的概念。模式是指“在一定地区，一定历史条件下，具有特色的经济发展的路子”。这个概念使我们的研究工作推进了一步，要求我们从整体出发探索每个地区的背景、条件所形成的和其他地区相区别的发展上的特色，从而引导我们进入不同模式的比较。

这个概念有它的实用价值，它防止了全盘照搬的办法，所以我们提出了“因地制宜，不同模式”的观点。1988年，我在两广调查，当地农村迅速向珠江模式靠拢的事实，使我意识到提出的这个发展模式的概念多少带有一点儿静态的意味，没有照顾到条件本身是个变数，而且路子尽管不同，不能排斥相互交叉和学习。所以我在《四年思路回顾》一文中又提出了“随势应变，不失时机”的观点，在发展模式的概念中注入了动态的观念。

提出发展模式的概念有利于采用比较研究的方法，但也必须防止偏重于各模式之“异”，而忽视其所“同”。各种模式之所以能相互比较，是因为它们是在共同基础上出发，又向同一目的前进的。共同基础是我们传统的小农经济，同一目的是脱贫致富、振兴中华。概括起来看，乡镇企业的发展，必须具备劳动力、资金、原料、市场、技术和管理等条件。它们的来源可以不同，办法可以各异，但缺一不可。怎样把农村中潜在的巨大的剩余劳动力转化成生产力是我国农村经济发展共同的关键问题，但转化的办法有所不同。

对各种模式进行比较分析时，我们注意到内地和边区的农民即使有劳动力和启动资金，工厂还是办不起来。乡镇企业必须有现代工业的制造技术和管理知识以及市场信息，而这些在农业传统里是得不到的，必须向工商业中心的城市中去引进，所以靠近城市的乡村比较容易发展乡镇工业。这说明了农民内发的要求还是要结合外援才能办工业。这个事实使我们注意到城乡之间的关系，逐步走向城乡关系的研究。

80 年代初，我国在广东和福建建立了经济特区，试行具体的对外开放政策，进一步推动了广东珠江三角洲农村经济的发展，出现了新的发展模式，使我们意识到在中国农村发展中出现了外联和内发的不同性质。外联是指资金、经营、运销靠国外投入，不靠国外的是内发。这两种不同性质的模式又互相渗透，互相结合，90 年代初期在沿海各省发展成为外向型企业。

乡镇企业的发育是一个很生动的过程。这是一个农村里商品经济的生长过程。自给自足的小农经济商品流动数量和范围极小，往往采取日中为市的赶集方式。工业下乡后情况基本上起了变化，工业品需要广阔的市场，从低级到高级，从小规模到大规模，从国内到国外，农业经济纳入了商品经济，农村的小细胞已成为世界总体的构成部分。乡镇企业的发展促进中国市场的发展，具有极深刻的历史意义。

我在这十几年里从农村体制改革后遍地开花的家庭企业和局限在乡村小天地里的小型社队工业，一直看到正在发展中的大城市的开发区，上亿农民不同程度地离农投工，广大乡镇已换上了小城市的面貌，农村生产力大大发展，人民生活普遍提高。我们这个小农经济的国家已出现了城乡一体化的宏伟前景。也许这勾画出了我国进入改革开放时期中走出的一条具有中国特色的现代化道路。我不能不有生逢盛世之感，在我的晚年竟能亲眼看到中华民族这样深刻和伟大的变化，说实话是我完全没有预想到的。

1991 年乡镇企业总产值突破了 1.1 万亿元，这 1 万亿元意味着在全国工业总产值中“三分天下有其一”。从发展速度看，乡镇企业从 1984 年的 1 000 多亿元到 1991 年的 1.1 万亿元仅用了 7 年，而我国从 1952 年的 1 000 多亿元社会总产值达到 1983 年的 1 万亿元用了 31 年。在乡镇企业发达的江苏省，它的产值已占全省工业总产值的一半以上了。

这 1 万亿元意味着乡镇企业在工业产值上已与国营企业平分秋色，而成为我国经济的“半壁江山”，乡镇企业已不再是国营工业的补充和调剂，而是我国经济建设中的一支生力军。在近 3 年的治理整顿期间，乡镇企业在十分困难的情况下仍以每年 10% 以上的增长速度发展，远远超过了全国工业年平均增长的速度。江苏省苏州市等乡镇企业发达地区的年增长则在 30% 以上。

这 1 万亿元还意味着打破了我国历史上长期形成的“农村搞农业，城市搞工业”的经济结构，乡镇企业使农村走向城镇化，工农差距在缩小，城乡差别也在逐步消失。农民自觉自愿、兴高采烈，但也是千辛万苦的，在没有花国家一分钱投资的情况下，自我完成了从农民到工人的角色转换。约有 1 亿农业劳动力转移到了乡镇企业，相当于我国前 30 年城市工业吸收劳动力的总和。日本一位教授评价中国农民的这一伟大创举时说：“乡镇企业的迅速发展可以看成是在中国各地出现的一次静悄悄的产业革命，它使中国农村地区的经济社会生活发生迅速变化”，“这是中国正在进行的使农村地区实现工业化一种新尝试。乡镇企业的成功，对其他发展中国家来说，也具有重要的意义”。

现在比较发达的地区，乡镇企业已向现代工业发展，从初期的“船小好调头”到“联舟抗风浪”，已发生了历史性变化，把眼光转向质量、品种、效益和开拓国际市场、发展合资企业上来，开辟高新技术产品，以便在国内外的市场竞争中保持后劲，立于不败之地。如江苏省的乡镇企业出现了联合兼并的势头，形成了 6 000 多家较大的骨干企业，其产值和利税均占全省乡村集体工业的55%以上，其中200家企业达到国家规定的大中型企业标准，近百家涉足高科技领域。

同国营大中企业、高等院校及科研所的横向联合，给乡镇企业注入了新的活力，并发展了外向型经济，使众多乡镇企业有了发展的新天地。江苏省乡镇企业创办的“三资”企业累计上千家，其中以“嫁接型”企业为主。所谓嫁接型即把外资和技术甚至经营管理嫁接到原来的社队集体企业的基础上。这种嫁接形式的转变在广东省很多，被称之谓“造船出海”，不同于“三来一补”的“借船出海”。更可喜的是已出现了跨出国门，到国外办厂的乡镇企业，显示出中国农民面向世界的伟大气魄。

引人注目的是，1991年涌现出一批以乡镇企业为主体的，农业、商业、工业、建筑、运输、服务全面发展的乡（镇），人口在10万以下，产值接近或超过10亿元，其中江苏的盛泽镇突破了15亿元，还有产值达2亿元，而人口在1 000上下的村。江苏省1984年有6个工农业产值超亿元的乡，8年后就发展到了550个，现全国有了2 093个，以巨大的经济实力成为我国农村向现代化迈进的中坚力量。这些亿元乡镇占全国乡镇总数的3.7%，人口总数占全国农村人口总数的6.5%，社会总产值占全国农村社会总产值的26.8%。企业产值占全国乡镇企业总产值的28.86%。全国乡镇企业使2亿农村人口有了固定收入，过上安定的生活。

但就全国来看，农村经济发展是很不平衡的。我国的中、西部人口7.2亿，集中了全国63%的人口，其中农业人口5.77亿，占全国农业人口的64.4%。中西部农业劳动力占全国农业劳动力的76.2%，我国的劳动力大部分集中在中西部，而且基本上是以从事农业为主。

我国经济发展，宏观上形成了东（指经济较发达地区，包括京、津、沪、辽、冀、鲁、苏、浙、闽、粤10个省市）、中（指经济发展中地区，包括黑、吉、晋、陕、豫、川、湘、鄂、皖、赣10个省）、西（指经济欠发展地区，包括蒙、宁、甘、青、藏、新、滇、贵、桂、琼10个省［自治区］）在经济发展上的差距，而且差距相当大，这个差距不是差在资源上，而是差在经济发展水平上。由于乡镇企业在地区上发展不平衡，各地区农民收入差距很大。东部的农民人均收入为812元，而中西部只有527元，东部是中西部的1.54倍。差距是显而易见的。

为了实现我国第二步战略目标，使全国人民生活水平达到小康，中西部地区能否从现有较低的发展水平跃上一个新台阶，有一个大的突破和大的发展，是一个决定的因素。

1984年我开始边区研究，在内蒙古和大西北进行社会调查，始终关注这一有关大局的东西差距问题，提出了“以东支西、以西资东、互惠互利、共同繁荣”的意见。“支”是指资金、技术上的支持，“资”是指原材料和能源的供应。

就边区本身来看，那里的现代工业基本上是靠外边的力量兴起来的，有抗战时期从沿海地区迁入的现代工业，有新中国成立后在苏联帮助下建立的重点企业，还有60年代为国防需要而兴建的许多“三线”企业。这些具有现代机器装备的大中企业，依靠行政力量搬进或兴建在原以农牧为主的经济不发达地区，形成一个个平地起家的大小新兴城市。它们和周围乡村在经济社会各方面很少联系，有点儿像海洋里的孤岛。

80年代大中企业的体制改革使得孤岛上的企业要开门出来找出路了。正在这时，四周的乡村也要求发展乡镇企业，双方走到一块来了，由大中企业提供信息、技术和部分设备，乡村提供土地、劳动力和部分资金，合作办中小型乡镇企业，走“城乡一体”或“一厂两制”的路子。这是城市把工业扩散到农村，农民把工业引进乡村在中西部发展中的重要突破口。

我看到沿海和边区的农村发展的差距时，对全国经济这盘棋的格局有了初步的综合印象，那就是经济水平由西向东阶梯形的上升和现代工业由东向西的逐步延伸。进一步考察，我看到这个经济阶梯正表现在作为工商业中心的城镇的规模和密度上的差别。在沿海分布着一系列工商业较发展的城市，而且都拥有经济水平较发达的腹地，特别是长江和珠江三角洲已出现接近小康水平的地区。而在边区，正如上文中所说的那些孤岛式的新兴城市大多还停留在点上没有扩散成面。这幅画面促使我从着重在比较农村发展路子的“模式”研究，更上一层楼，联系上了经济区域的概念，注意到它们空间分布的格局。

1987年我在甘肃调查时，看到了在青海和甘肃接境的祁连山两麓居住着许多人数较少的民族，如裕固族、土族、撒拉族、保安族、东乡族等少数民族和人数较多的回族。它们正处在青藏高原和黄土高原之间，形成了一条夹在藏族和汉族之间的民族走廊，在经济上正是牧业和农业的接触和过渡地带。当时我从回族聚居的甘肃临夏，越过省界到青海的海东地区，这里正是明代以来茶马贸易业中心河州的故地。我当时就意识到要发展这个地区的经济，大概只有利用它特有的历史传统，恢复它作为农牧贸易的集散地。所以提出了两地建立成一个经济协作区来发展农牧两大区域之间的贸易。这个建议在我的研究工作中标志着进入区域发展研究的开始。在临夏和海东协作区基础上，1988年我又进一步提出建立包括青海、甘肃两省和宁夏、内蒙两个民族自治区的黄河上游多民族经济开发区的建议。这个建议得到了4省（自治区）和中央的支持，已经实行了4年，取得了一定的实效。

区域发展的概念丰富了我对中国城乡研究的内容。这个概念并不取代发展模式的概念，而是城乡协调概念的进一步发展。经济发展区域是城乡协作在空间的具体表现，可以各有其发展的模式。80年代后期，也许可以说我的研究工作又进入了一个新的层次。1988年在南岭山脉的考察中，我把开发这一片瑶族聚居的山区的希望寄托在珠江三角洲的经济扩散上，而提出了以香港为中心的三个环形地带的经济区域格局。可以说在我研究工作的历程中，从“珠江模式”走上了研究珠江三角洲区域发展的方向，直到最近我在《珠江模式再认识》中提出的港珠经济一体的观点。

1991 年我开始了以发展山区经济为重点的研究计划，首先走访了四川、云南两省接界的大小凉山，考察后我提出了采取“点—线—面”的发展方针，即以攀枝花的工业中心为启动力，联合凉山自治州开发成昆路一线的丰富资源，开辟通向东南亚的南方丝绸之路，来推动西南云贵高原的全面发展。这也表明了我的研究着眼点正逐步从微观分析确立模式走上宏观思考区域规划的路子。当然这不是一种观点和方法的转变，而是我城乡研究本身的生长发育，逐步丰富的表现。这个方向也和中国经济和社会发展的历程更进一步地结合了起来，并更直接地发挥了以科学知识来支持社会发展的作用。

1990 年结合我这几年在长江三角洲的调查研究，为这地区进一步发展提出了建立长江三角洲经济开发区的建议。最近为了配合改革开放政策的进一步发展，在前年建立长江三角洲开发区的建议基础上，我更具体地提出了以上海为龙头，浙江为两翼，长江为脊梁，以南丝绸之路和西出阳关的欧亚大陆桥为尾闾的宏观设想。

至此，综合过去一连串有关区域发展的建议，已逐步接近“全国一盘棋”的整体设想。

我在这里提出我们最近的研究方向，是想说明社会科学的研究工作说到底是研究者所接触到的社会变动的反映，我个人这一生的研究过程离开了中国这几十年的历史变化连我自己也是无法理解的。看来科学不可能也不应当脱离现实，也很难超越现实，所能要求于科学工作者的可能只是忠于现实，就是从现实出发，而不以主观愿望来歪曲现实。我也相信只有实事求是得来的知识，才能成为促进人们生活的知识。强调知识的实用性，我不认为是贬低了它的品质，而恰恰相反这正是科学知识可贵之处。

我 30 年代从事社会学和人类学以来，已经半个多世纪，除了由于政治原因停止了有 20 多年外，我并没有放弃过实地观察的研究机会。但是现在回顾一下，我所接触的问题还主要限于中国农民怎样解决他们基本物质需要的问题，通俗地说是解决农民的温饱问题，也可以概括说是人对资源的利用和分配的问题，人和人共同生存的问题。这些问题都属于人文生态的层次。这几年，也可能是因为我已进入了老年，越来越感觉到人的研究不能满足于这个层次了。所以在前年国外的朋友们在东京为庆祝我80岁生日而召开的讨论会上，我说当前人们已迫切需要一个共同认可和理解的价值体系，才能继续共同生存下去，并且预言20世纪由于地球上人和人之间信息传递工具的迅速改进，互相反应的频率越来越高，集体活动的空间越来越小，原有的可以互不相干的秩序，已经过时。必须建立的新秩序不仅需要一个能保证人类继续生存下去的公正的生态格局，而且还需要一个所有人类均能遂生乐业，发扬人生价值的心态秩序。

说起这个心态层次的人的研究，我不能不想到我的潘光旦老师。我紧紧跟随他学习了有30多年，经常听他根据儒家的中庸之道反复阐发的“位育论”。位就是安其所，育就是遂其生。在全球性的大社会中要使人人能安其所、遂其生，这就不仅是个生态秩序，而且是个心态秩序。

当前世界的形势发展已使人们觉悟到生态秩序的日形紧张，但是很多人还没有觉悟到更为迫切的心态秩序的危机。人类历史发展到今天正应当有潘光旦先生这样的学者来广泛地宣讲他的“位育论”，而这样一位学者今天已成了我们共同缅怀的先哲了。我作为他的一个及门弟子，而没有能把他对建设人类心态秩序的课题阐述发挥，真心感到无穷的内疚。现在我只能把这根接力棒递给下一代的学者了。如果天假以年，在我这一生中还有一段生存的时间，还是极愿意在已有生态研究的基础上，更上一层次，把心态研究做一点破题和开路的工作。我想就用这个对自己今后的愿望来结束关于我过去近半个世纪对中国城乡研究经过的总结。

# 农村、小城镇、区域发展

——我的社区研究历程的再回顾

我一生的学术工作是以农村调查开始的，其后进入小城镇研究，近年来又开始区域发展的探索，统称为一生社区研究的历程。流年似水，转眼已经60年了。当我进入85岁的时刻，似乎值得自己回头反省一下。由于我已在1985年发表过《社会调查自白》，1989年发表过《四年思路回顾》，这次反省只能说是再回顾了，但一个人的思想总是多少有一条前后连贯的理路，所以还得从头说起，其中有一点重复在所难免。

## 一

我这一生有个主题，就是“志在富民”。它是从我学术工作中产生的，我的学术工作也是围绕着这个主题展开的。

1935 年我偕妻王同惠进入广西大瑶山调查瑶族农村，合写《花蓝瑶社会组织》。1936 年我在家乡的一个农村里进行调查，后来写成《江村经济》一书。我在农村实地调查里从亲眼所见的事实中产生了一种想法：中国农村的基本问题就是农民吃饭穿衣的问题，内忧外患使他们难以维持最低生活水平，陷入不足温饱的极端贫困境地。当时的历史现实，促使我发生了尽力使中国农民脱贫致富的使命感，也为我后来一生“志在富民”的追求扎下了根子。

40 年代我曾在云南内地进行农村调查，与张之毅同志合写成《云南三村》。其后，我曾应《世纪评论》之约，连续写了十几篇讨论中国农村社会特点的文章。这些文章分期连载后，集为《乡土中国》一书。我还在《大公报》发表了一系列有关农村复兴的文章，后来被观察周刊社汇编成了《乡土重建》单行本。我在这本书里提出了农民温饱的“小康水准”“现代工业技术下乡”“乡土工业”等问题和想法，都是围绕中国农民脱贫致富这个主题做的文章。

全国解放后，50 年代后期，我 1957 年重访江村。看到当时农业有了发展，粮食增产，感到高兴。但是，也看到副业被忽视了，乡村工业没有得到恢复，农民虽有土地可耕种，却只能搞粮食，手里没有钱花。市镇上的商品交换日益萧条，小城镇也萎缩了，这使我忧心忡忡。我在《重访江村》一文中建议恢复发展副业和乡土工业，在村子里办小型工厂，希望促进农民尽快富起来。

意外的政治运动打断了我这种发展农村经济的愿望。“反右”斗争中，我被划成“右派”，失去了继续进行学术研究的机会。从那时起直到“文革”结束，我这篇富民的文章做不下去了。

1966 年到 1976 年的全国大动乱，严重地破坏了社会生产力，国民经济到了崩溃的边缘。直到拨乱反正后的 1980 年，农民的人均谷类配额仅约有 580 斤。以这样只够糊口的粮食来维持农民全部生活费用，显然远远不够。何况各地产量并不平衡，大部分地区的农民所得远低于这个平均数，他们依然没有摆脱贫困状态。这样的情状，加上周边一些国家经济起飞势头的映衬，使中国农民实现温饱、脱贫致富的问题变得更加迫切了。

1980年，我恢复了名誉和正常生活，从1952年就被取消的社会学也得到了恢复，我有条件拾起被迫中断20多年的“为中国农民能富起来做些什么事”的实践课题，重新开始农村调查。我急切地想实地看看我曾经十分熟悉的江村经过这20多年风雨后的样子。1981年，我三访江村，高兴地看到了江村当时全年人均收入已接近300元，位于全国前列。而在1978年，江村的人均年收入还只有114元。为什么这个村子的农民能在短短3年中这么快地富裕起来？事实就在眼前，家庭副业恢复了，集体小工厂办起来了。当地农村经济结构中出现了农、副、工互相结合的现实和进一步发展的趋势。

让我特别兴奋的一点，是在江村看到了我几十年前所想象的目标已经开始在现实生活中出现，而且今后中国经济的特点也显露了苗头。中国人口有10多亿，农村人口又占绝大多数，在这样的国情下，我认为多种多样的工业不宜集中在少数城市，而应当设法尽可能分散到广大农村里边去，我称之为“工业下乡”。工业下乡的意图是使在国家经济结构中增加工业比重时人口不至于过分集中，甚至可以不产生大量脱离农村的劳动者，而在农工相辅、共同繁荣的基础上实现农村工业化，城乡一体化。这可能是中国的工业化进程不同于西方工业国家发展模式的一个基本区别，也是我看到的适合中国国情的可行道路。

江村的变化不是孤立的，家乡吴江县的各个集镇都表现出活跃的迹象，商品交换多了起来，城镇居民普遍增加。其中有名的吴江七大镇正在从先前冷冷清清的衰落景象里抬头挺胸，一股欣欣向荣的生机吸引着我。我看到了一种值得特别注意的变化，这就是由于乡镇工业办得好而富裕起来的乡村，农业收入所占的比例不断降低，绝对数字却在明显增长，增长速度也比工业不发达的乡村要快。这是一个值得大书特书的历史事实，它向世界展示出中国在发展经济道路上的一个崭新特点：中国社会的工业化是在农业的基础上发生和发展的，它又反过来促进了农业的进一步繁荣和发展，推动农业走上了现代化道路。

把这个特点和西方早期工业化的历史做一个简单对照，中国乡镇工业的意义可以看得更清楚。在欧洲工业化初期，新兴的机器工业集中到了都市，农村却濒于破产，农民不得不背井离乡，涌进城市，充当新兴工业的劳动后备军。西方工业化的发展是以农村的萧条和崩溃为代价的，这是西方工业化道路的一大特点。中国当然也要顺应历史潮流，实现工业化，但在当前的历史条件下，绝不可能走西方的工业化道路。我们不能想象上亿乃至数亿的农民涌入城市来发展工业，中国的工业化只能走适合自己特点的路子。农民在农业繁荣的基础上，利用来自土地的积累兴办乡镇工业。这种工业也以巩固、促进和辅助农业经济为前提，农副工齐头并进，协调发展。这条工业化道路已经切切实实地开始出现在我们面前。它不是从理论上推论出来的成果，而是中国农民在改革实践中的新创造。

在这个值得大书特书的变革中，由于乡镇企业的发展，在比较发达的地区，不论过去属于哪一类型的乡镇都先后开始走上了工业化道路，发生了以乡镇企业为基础的小城镇，而且生机勃勃，引人注目，令我感动。在社会发展现实的推动和启发下，我开始了调查研究小城镇的课题。

## 二

1982年以后，我的社区研究领域比三四十年代已经扩大。首先是从农村扩大到小城镇，提高了一个层次，把小城镇看成是城乡接合部，进行深入调查研究。研究的地域也从家乡的一个村扩大到吴江七大镇，又到整个吴江县，再扩大到苏南地区。到1984年，我走出苏南，进入苏北，对苏南苏北进行了比较研究。很明显，我这一时期研究地域的扩大有意无意地是顺着行政区域的层级进行的。有意思的是，对于特定行政区域内的经济和社会现象的观察和研究，使我看到了超越行政区域的一种经济区域发展的事实，这就是说我的经济区域的概念在观察现实经济生活中开始发芽茁长了。

这要从“模式”这个概念的发生说起。

在对苏南苏北的比较研究中，我看到苏北的乡村里工业化程度明显比苏南低，小城镇的兴起也比苏南慢。对于两地在发展上的差别，起初我以为是起步的先后不同。后来我意识到，地区间可以由于客观条件的不同而走上不同经济发展路子。在总结苏北调查的《小城镇·苏北初探》一文中，我把思想上酝酿的一个概念提了出来，这就是发展的“模式”。我具体提出了“苏南模式”这个名词。

模式这个概念是从发展方式上说的。因为各地所具备的地理、历史、社会、文化等条件不同，所以在向现代经济发展过程中采取了不同的路子，这是可以在实际中看到的。不同的发展路子就是我所提出的不同发展模式。“模式”这个新概念，来自于我们身边正在发生的客观历史事实。让这样的概念再回到正在成长的新事物中，用它来认识现实，也就能把问题说得更清楚一点。

比如，在对苏南模式所做的研究里边，我把位于江北的南通划到了苏南经济区，让它和苏州、无锡、常州并称，道理就在于南通有和苏、锡、常大体相同的经济发展背景和现实发展路子。苏、锡、常、通都位于长江下游，都是由于乡镇工业的兴起而进入工业化时期的。这几个地方乡镇工业的来历和发展机遇也类似。它们的前身是人民公社时期的社队工业，即公社和生产大队、生产队办的工业。公社和生产大队、生产队是集体经济的实体，它有权在社员的劳动所得中积累一部分资金，用来兴办集体公有的工业，叫社队工业。到80年代初江苏农村实行家庭联产承包责任制的时候，苏南的农民没有把社队企业分掉。在改制过程中，乡和村的人民政府替代先前的人民公社和生产大队管理这份集体经济，通过工业保存下了集体经济实体，又借助上海经济技术的辐射和扩散，以乡镇企业为名而继续发展。苏、锡、常、通的乡镇企业发展模式是大体相同的，我称之为苏南模式。我从经济发展的模式出发把地处长江北岸的南通划进“苏南”的范围，从概念上说，我心目中的经济区域已摆脱了一般的以江为界的地理区域。

1986年，我到浙江温州考察。温州以它明显有别于苏南的发展方式进一步启发了我，使我对“发展模式”这个概念有了更深入一步的认识，明确了它的意义是指：“在一定地区，一定历史条件下，具有特色的发展路子。”这里所说的“地区”，既可能是在某一行政区域范围内，也可能包括几个不同行政区划的地域范围。但是在这时候，我还没有提出“经济发展区域”的概念。

客观发生的历史事实使我产生了“模式”这个概念。新概念的形成反映着客观实际的变化，是实践的产物，同时又成为认识工具，帮助进一步认识新生事物和促进实践变革。发展模式的概念把我的研究工作推进了一步，要求我从整体出发，探索每个地区发展的背景、条件，和在此基础上形成的与其他地区相区别的发展特色，这就促使我进入不同发展模式的比较研究。

各种模式之所以能相互比较，是因为它们是在一个共同的基础上出发，又向同一目标发展的。共同基础是我们传统的小农经济，同一目标是脱贫致富，振兴民族经济。80年代，各地农村先后进行了农业体制改革，实行了家庭联产承包责任制，农民因此得到了支配自己劳动的自主权。他们在承包的土地上经营农业之外，可以主动从事其他生产活动，以增加收入，这就大大调动了农民发展经济的积极性。他们千方百计、千辛万苦、千山万水地去开辟生财之道。

各地农民居住的地域不同，条件有别，所开辟的生财之道必定多种多样，因而形成了农村经济发展的不同模式。我在观察和研究这些不同的发展模式时，没有忘记它们只是解决增加农民收入这同一个问题的不同答案。对各种模式进行比较研究，也就是要说明它们有什么不同和为什么不同。具备了这种知识，各地农民都可以因地制宜地选择生财之道，争取早日脱贫致富。

如前所说的苏南发展的路子，是通过公社这个集体经济的积累，有足够的资金一步到位地把工业引进了农村，借着农村体制改革的机遇，快速地发展起乡镇企业，带动了经济的整体发展。但具备苏南这样条件的地区并不多。那些在公社的集体经济实体解散后再要办工业的地方，就得从其他渠道取得兴办工业的启动资金了。温州人想出了另外的办法。

温州原来也是个穷地方，人多地少，单靠农业连温饱都难以维持。当地农民就大批到外地去打零工，卖手艺，如木匠、裁缝、修鞋、弹棉花等。一时浙江人满天飞，远到边区的小镇上都有他们的足迹。这些人省吃俭用，把在外地挣得的钱寄回家乡积累起来，成了后来在温州一带发展家庭工厂的启动资金，然后通过广大的运销网络出售家庭作坊的产品，形成了“小商品、大市场”。我把这个发展方式称作“温州模式”。

在河南民权县，我看到当地发展了庭院经济。他们有两条“龙”。一条龙是果农专业户以农户为单位种葡萄，乡镇的集体企业榨汁发酵，县里的国营酒厂最终制成果酒。这条龙带动了两万户农民致富。另一条龙是纺织品抽纱，一根针，一根线，不用油，不用电，老人小孩都能干。初级成品分散在千家万户，县工艺品厂集中收去修整、漂白、包装出口。每个农民可以利用农余时间借助抽纱为自己每月增加收入八九十元。这种利用千家万户的劳动力，让他们不出院不出村就能增加收入、脱贫致富的路子，我叫它“民权模式”。这也就是后来我在河南信阳所看到的所谓“公司＋农户”，这可能是适合中原农业地区经济发展的一条路子。

到苏北调查时，我又了解到了另一种生财之道。徐州的农民组成建筑队，到外地承包工程。大庆油田的厂房建筑，多年来几乎全是由苏北农村的建筑队承包的，依靠这种劳务输出挣回的钱，成了苏北农村工业化启动资金。后来我又在安阳听说林县也有“10万大军出太行”，北京有些大建筑工程就是他们干的。林县的建筑队已经在北京打出了名气。林县人说，他们80年代出太行，90年代富太行。类似徐州和林县这种专业性劳务输出的富民路子，也可以看作是一种模式。

在靠近福州的福清县，我还看到一种由侨胞投资兴办各种企业，甚至成片开发工业小区的发展方式。这些用现代设备和先进技术建立起来的企业，和国际市场密切相连，奠定了更为宽广的发展前途，为农村经济的发展开出了一条新路。我称之为“侨乡模式”。

模式这个概念的产生和发展，直接反映出我走出苏南以后观察范围的逐步扩大，比较方法的逐步深入。起初我是用小城镇的功能，如农贸中心、行政中心、工业中心等来区别不同“类型”。后来我看到乡镇企业的发展使许多过去不同类型的小城镇在主要功能上逐步趋于一致，于是我提出模式的概念作为比较研究的主要依据，但是在对各种模式的比较中，我并没有追问由每一种模式所覆盖的地区有多大，没有划出各种模式所占的区域，这是因为当时我还没有明确“区域发展”这个概念。

## 三

我的研究跨出了江苏省界之后，分成两个方向扩大范围。一路是沿海从江苏到浙江，经福建到广东的珠江三角洲，进而接触到广西的东部地区。另一路是进入边区，从黑龙江到内蒙古、宁夏、甘肃、青海、云南等地。在我行行重行行的实地调查过程里，越来越多的见闻和思索使我注意到经济发展具有地理上的区域基础。各区域不同的地理条件，包括地形、资源、交通和所处方位等自然、人文和历史因素，均具有促进和制约其社会经济发展的作用。因而不同地区在经济发展上可以有不同的特点，具有相同地理条件也有可能形成一个在经济发展上具有一定共同性的经济区域。这些区域又可能由于某种经济联系而形成一个经济圈或地带。

1987 年我在甘肃调查时，注意到在甘肃和青海交界的祁连山两麓居民除汉族外还有一些人数较少的少数民族，如裕固族、土族、撒拉族、保安族、东乡族等，还有人数较多的回族。它们处在青藏高原和黄土高原之间，形成了一道夹在藏族与汉族之间的民族走廊，在经济上，正是牧业和农业的接触和过渡地带。当时，我从回族聚居的甘肃临夏越过省界到青海的海东地区，一查历史知道这一带正是明代以来茶马贸易中心河州的故地。对这一带的情况有了初步了解后我产生了一个想法：要发展这个地区的经济，大概只有利用它特有的历史传统，恢复它作为农牧贸易的基地，把临夏和海东联合起来，共同发展成为向青藏高原发展贸易的中心。我把这个想法同当时两省的领导讲了，得到了他们双方的赞同，我就向中央提出了两地建立一个经济协作区来发展农牧两大区域之间贸易的建议。这个建议在我的研究工作中标志着进入区域发展研究的开始。经济区域发展的概念丰富了我社区研究的内容。这使我意识到，80年代后期，以此为标志，我的研究工作又进入了一个新的层次。

在东南沿海和西北地区进行的实地调查，使我感觉到沿海和内地特别是边区发展不平衡的问题已经十分引人注目。从全国一盘棋和实现共同富裕的观点来看，有必要重视这个事关全局的东西差距。同时，我也想把在50年代被迫中断的民族研究工作在大西北的调查中继续下来。

中国的少数民族大部分聚居在中国西部地区，东部和西部的差距里包含着民族经济水平的差距。西部的发展离不开少数民族的发展，通过西部的经济开发和社会发展，可以使当地的少数民族进入现代文明，与汉族共享繁荣，这是一个具有重大意义的课题。

我在青海、甘肃两省和宁夏、内蒙古两个民族自治区作了实地考察后，看到从青海的龙羊峡到内蒙古的托克托河段的黄河上游沿岸地区，正处在西藏、新疆、宁夏、内蒙古四大民族自治区的中心，是西部的经济文化相对发达些的多民族聚居区。我认为它们可以走共同的发展路子，就是利用黄河水量充沛、落差巨大和沿河资源丰富的优势，可以水电为龙头，发展原材料工业和深加工工业，稳定发展农牧业。加快这里的开发，可以带动附近各民族自治地区的发展，改变少数民族地区经济落后的面貌，巩固民族团结，缩小东西部的差距。为此，我提出了“共同规划，有无相济，互利互惠，共同繁荣”的原则，并在 1988 年向中央提出了关于建立黄河上游多民族经济开发区的建议。建议得到中央和两省两区领导的支持。这个建议是从广大区域出发来设想怎样推进经济发展的路子，可以说是区域经济这一概念落到实处的例子。

回想起来，80 年代中期我曾研究过珠江三角洲的发展。这地区借助邻近香港的地缘优势普遍发展“三来一补”企业，与香港形成前店后厂格局的特点。我称之为“珠江模式”。珠江三角洲的快速发展得益于香港经济的扩散，表现出经济区域的特点，启发我注意到珠江三角洲这个经济区域的发展当中存在着的中心与腹地的关系。在 1988 年考察南岭山脉时，我把开发这一片瑶族聚居区的希望寄托在珠江三角洲的经济扩散上，提出了以香港为中心的三个环形地带的经济区域格局。后来我又在《珠江模式再认识》一文中提出港珠经济一体化的观点，开始考虑以香港为中心的华南经济区的整体发展，这说明我的经济区域概念又深化了一步。

1989 年，我到黄河三角洲做实地考察，并参加了由民盟中央和山东省政府联合召开的“黄河三角洲经济技术和社会发展战略研讨会”。站在黄河三角洲广阔的土地上，我想到了世界各国著名河口的三角洲多数已发展成为现代经济区，我国的珠江三角洲和长江三角洲也都已成为国内的经济发达地区。想着这些，我似乎亲身感受到脚下地层中正涌动着巨大的发展动力，也更清楚地意识到黄河三角洲是我国东部沿海地区一块亟待开发的宝地。同时又想起我提出过黄河上游多民族经济开发区的建设，接着再提出建立黄河三角洲开发区的问题，正好首尾相应。

从经济区域发展的角度去考虑这块宝地的开发，我发现有一个基本的概念需要讨论，就是黄河三角洲的地域范围问题。过去说的黄河三角洲，实际上是黄河口的概念。三角洲应当是包括河口的一个经济区域，河口不等于三角洲这个经济区域。一个经济区域必须有口有腹。因之，在我看来，可以考虑把稍为靠里一点的潍坊、淄博划入黄河三角洲。历史上淄博是齐国的首都，是当时的政治、经济、文化中心，现在也是一座很有实力的城市。潍坊的实力也可以。有了有实力的中心城市，再加上两市的乡镇为腹地，黄河三角洲的开发就能更有力量。从地理上看，好像这两地离河口远了一点。但从区域发展要有中心城市带动来讲，是合乎实际的。看来在考虑黄河三角洲的开发时，把限于河口的眼界扩展到经济区域的眼界是有必要的。

1990 年，我结合此前多次对长江三角洲所做的调查研究，继续思索这块地方的区域发展和上海的地位问题。浦东开放开发以后，我提出了上海走什么路子的问题，是搞深圳式的上海，还是建设香港式的上海？寻找这个答案，要顾及许多因素，我以为应充分注意区域发展的大局和长远利益对上海的要求。

当时在内地建设几个“香港”的设想已经提出来了。这使我想起孙中山先生在 20 世纪初就提出在长江三角洲建设东方大港的方略，进而想起 20 世纪 30 年代，上海已成为东亚地区仅次于东京的第二大城市。包括 58 家外国银行分行在内的 168 家银行使上海成了亚洲的重要金融中心。当时占全国 50% 到 80% 的商品进口量和占全国 60% 的茶叶和猪鬃出口量又使上海成为我国外贸和商业中心。建国以后上海的经济地位虽已大不相同，但到 90 年代初期，我国走社会主义市场经济的总方向业已定论，上海在全国经济格局中的地位势所必然地要起变化。何况上海四周长江三角洲这个腹地的经济技术发展水平也比改革开放之前有了很大的提高。如果上海浦东仍想像深圳那样吸引外资，以建工厂为主，哪怕是兴建一些高技术产业，它的扩散和辐射能力都会受到很大的限制，并可能在市场、产业结构等方面与江浙乃至沿海城市发生矛盾，即使上海能起到窗口作用，也无法起到龙头的作用。当中国已经进入全方位开放时期后，比起窗口来，似乎更需要龙头。

由此看来，上海的发展宜更上一层楼，在更高层次上从区域经济发展的观点出发，考虑成为长江流域的贸易、金融、信息、科技、运输中心。换句话说，使上海在经济上成为长江三角洲和沿江地带工农业商品总调度室或总服务站，成为一个具有广阔腹地的“内地香港”。这也许是更可取的一条路子。以这个思路为底子，我于1990年提出了关于建立长江三角洲经济开发区的建议，后来又更具体地提出了以上海为龙头，江浙为两翼，长江为脊梁，以南丝绸之路和西出阳关的欧亚大陆桥为尾闾的宏观设想。

1991年，我开始了以发展山区经济为重点的研究计划，首先走访了四川、云南两省交界处的大小凉山。根据考察所得，我提出了“点—线—面”的发展方针，即以攀枝花工业中心为启动力，联合凉山州，开发成昆路一线的丰富资源，开辟通向东南亚的南方丝绸之路，推动西南云贵高原的全面发展。

到1994年，我在地矿部的支持帮助下，结合我先后在西北和西南贫困地区实地得来的资料，与中国地质科学院从事黄土研究和岩溶研究的专家们讨论了西北黄土高原和西南岩溶地区的扶贫开发问题，研究怎样配合国家“八七”扶贫攻坚计划的实施，加强对这两个区域的治理，尽快帮助这里的农民脱贫致富。在思路较成熟时，我向中央提出了关于西北黄土高原和西南岩溶地区扶贫开发的具体建议。

在这两套有关开发西南的设想里边，有我在长江三角洲开发设想中有关经济区域内容的延伸。但更重要的是表现出了研究取向上的相通之处，即以较小范围的区域发展联系上了更宏观的区域发展。经济区域这个概念就是这样逐步在接触实际中生长起来的。

## 四

中国大地上方兴未艾的区域间经济协作的现实，持续地推动着我对区域发展这课目的探索。在对东南沿海地区和西北、西南边区的发展情况有了较多了解并相继提出这些区域进一步发展的设想之后，我把重点放在过去了解较少的区域。一路是沿海岸线北移，经环渤海湾进入东北地区，考虑建立参与发展东北亚经济的基地问题，另一路是沿欧亚大陆桥由东向西进入中部地区，研究沿桥建立经济走廊的条件。

东北的情况，我在80年代中期开展边区研究的时候，曾对黑龙江省有局部的了解，并想提出从内地吸收移民开发北大荒，为今后参与发展东北亚的国际大会战时充实实力的设想，但时机未到，并没获得当地领导的共识。几年过去了，国际形势发生了巨大变化。1991年，我有机会访问吉林省延边朝鲜族自治州，着重考察了珲春市和珲春的长岭子口岸、距图们江出海口不远的边界和图们江口岸等地。我了解到，地处延边东部的珲春市具有图们江通海航行的悠久历史，早在1200年前就是我国东北地区海上丝绸之路的枢纽。清末民初时，当地居民一直利用图们江航道出海捕鱼和通商。1907年，清政府在珲春设立商埠，1909年又设海关总管，珲春成为中国进出日本海的一个重要贸易城市。可是在1938年，日军由于日俄冲突而强行封锁了图们江口。从此，中国人民被迫中断沿图们江出海航行达52年。图们江口"金三角"地区的重要政治地位和经济价值，被历史淹没半个世纪之久，东北地区的广大腹地的发展也受到很大影响，实在可惜。

我由此想到了行使图们江出海权、开发利用图们江口地区的重要战略意义。简要地说，这是行使中国主权、维护中国在日本海利益的需要，是进入日本海、确立中国在东北亚的地位、建立参与东北亚经济发展的基地、迎接21世纪的需要。这一点，从宏观经济区域发展的观点可以看得很分明。图们江口位于东北亚区的中心部位，从这里启航到朝鲜的罗津港、俄罗斯的符拉迪沃斯托克（海参崴）港、韩国的釜山港和日本的新潟港，距离最近，也能缩短到加拿大温哥华和美国旧金山港的航程。这对促进中国外贸的发展十分有利。中国东北地区的外运港口，目前全部集中在辽东半岛，并已趋饱和状态。打通图们江出海口，不仅可以缓和东北地区的外运紧张状况，还可使全国外运港口和铁路运输布局得到改善。更为重要的是，在图们江口建设开放城市，并引导大连向"北方深圳"的样式发展，改善沿海地区对外开放的总格局，加上胶东半岛的烟台、威海这些据点，连成一体，形成中国与世界经济的又一个大的接轨站，依托东北广大腹地的建设，将使我们取得面向参与东北亚发展的广大空间。

从注意到参与东北亚的开发，我又看到了发展环渤海地区的重要性。环渤海地区是中国经济由东向西扩散、由南向北推移的纽带。我曾利用访问考察的机会陆续对环渤海湾的沿岸城市及其腹地做过实地调查，了解到环渤海地区具有独特的港群优势和广阔的腹地，有在国内密度最高的交通网络，有丰富的资源和强大的工业生产能力，在占全国 5.1 % 的国土面积上创造着超过全国 1/4 的工业产值。在第二轮改革开放高潮中，加快发展环渤海地区的战略任务已被写进了中共十四大文件。同时，随着改革的深化，华北地区经济运行的市场机制开始启动，原来受到行政区划局限的生产要素正在市场经济力量的推动下突破行政区域界限，走向联合与协作，形成综合力量，促进经济区域的发展，这都为环渤海地区的崛起提供了有利条件。

为了切实加快环渤海地区发展，我在自己所做调查研究的基础上，建议民盟中央与环渤海地区的省市政府有关部门领导、研究人员以及民盟地方组织一起开会，专题研讨环渤海地区加快发展的自身优势、外部条件、制约因素和基本思路，并以此为框架向中央提出了加快发展这个地区经济的具体建议。

从 1992 年起，为了改变中部地区和沿海地区的发展差距，为了充实沿海发达地区的腹地，我把探索中部地区加快发展的路子作为重点研究题目，又接触到了新的情况，受到了新的启发，这使我能比以前更深一层地思索传统农业地区脱贫致富的路子和沿欧亚大陆桥地区的整体发展问题，提出了发展欧亚大陆桥经济走廊的设想。

改革开放以来的 10 多年里，东部沿海地区凭借其地缘优势，发展步子较快。到 90 年代初期，东部沿海地区的农民人均收入，要比中部地区农民人均收入高出大约 1 倍。在这样的差距下，中部地区的农民在想些什么、做些什么，我很想知道，也想在扶贫实践当中和农民一起寻找下一个 10 年里让中部地区尽快赶上来的办法。我到苏北、山东找，到湖南、湖北找，到河南、河北找，找来找去，找到了两个旨在促进区域发展的经济协作区，找到了能使农民切实增加收入的庭院经济，和以此为基础发展起来的当地称之为“公司 + 基地 + 农户”的路子。

我在苏北访问的时候，听说有一个淮海经济协作区，是苏、鲁、豫、皖接壤地区的 17 个地市自愿组成的区域经济协作组织。他们从 1986 年起正式开始联合，打破条块分割的局面，形成横跨四省的协作网络，使这个区域的国民生产总值、工业总产值、财政收入、外贸出口额的增长在成立协作区后的数年里均高于全国平均水平。在作为东部沿海腹地的经济欠发达地区，这样的成绩是令人鼓舞的。

接下来，我在邯郸访问时又知道有一个中原经济协作区。包括晋、冀、鲁、豫四省的 15 个地市，自 1985 年起自动联合起来，进行地市间经济技术协作。这是个农业传统悠久，人口、市镇密集，轻重工业并举，城乡市场广阔的区域，地处大陆桥中段，战略地位重要。这里的 15 个地市根据发展经济的需要自发组织起来，开展跨省界的区域协作，这里的干部有意识地组织群众走出条块分割，联手发展，这是值得关注和倡导的新生事物。

淮海和中原两个区域经济协作组织引起了我浓厚的兴趣。这两个协作区包括的这一大片历史上以农业为主的地区，是否可以在从事农业和副业的个体农户的基础上积累起资金，走上工业化道路？对此，我不能说自己没有一点想法，但他们的现状怎样，他们已经做出了哪些探索，发生了什么样的效果，下一步怎么走更好一些，我所知道的还不多。同时我又看到中部地区能不能加快发展，不光是中部自己的事情，也是决定沿海地区能不能进一步加快发展的一个关键。如果中部作为沿海地区乡镇企业的市场不能快点儿发展起来，沿海地区的下一步发展就会受到很大制约。

我在访问过淮海经济区大部分地市之后，于 1993 年到商丘参加了淮海经济区第八届市长专员联席会议。又在对中原经济区做了一些了解后，于1994年到濮阳参加中原经济技术协作区第九届会议，并借与会机会对信阳、安阳、濮阳、焦作四市进行实地调查。再结合我以前在湖南洞庭湖区、湖北孝感、河南民权、河北沧州、山东无棣等地看到的例子，我脑筋里的思路比较清楚了一些。看来，在农业传统悠久的中部地区，从农业到发展工业之间要有一个过渡。这个过渡可能就是发展庭院经济，为广大农民切实增加收入，早日脱贫致富，积累资金，自力发展乡镇企业。在增加农民收入的基础上，加快中部地区的整体发展，沿欧亚大陆桥建设一条沟通东西、平衡南北的经济走廊，需要尽早提上日程。

庭院经济，就是以个体农户为基础发展成为农林牧副渔任何一业的专业户、专业村。我在孝感看到了“一村一品”形式的庭院经济，以一家一户为基本单位，有的村养甲鱼，有的村养鸟，有的村编鸟笼，千家万户都富了起来。在民权看过的种葡萄，做抽纱，也是分散在千家万户。我到沧州、无棣去看，了解到当地的枣粮间作，也是大有可为。在麦地里间种枣树，发展果业，光是这一条，扩大规模，落到实处，一年就能创造几亿元财富。淄博临淄区有一个西单村，我在村里看到家家户户都有池塘，村里搞立体农业、生态农业。他们在屋顶上种水葫芦，用麦秆、玉米梗养牛，牛粪集中起来生产沼气，沼气渣用来养鱼，养鱼的水可以浇地种田做肥料，这样在庭院经济基础上搞起了多业并举、良性循环的集体经济。加上村办工业，1993年的产值已有十几亿，真是小农村做出了大文章。

庭院经济虽然还是在农业里边，却已不是传统的农业概念，而是跨到大农业的阶段上来了。大农业不是单搞粮棉油，而是农林牧副渔全面发展，这就使农民致富的路子多了起来。农民手里有了钱，要买消费品，生产的东西多了，要卖出去，钱更多一点的时候，需要投资。用钱滚动来得到更多的钱，这样，流通就出来了，工业就办起来了。乡镇企业一开始就是农民自己在计划经济之外干起来的，它的启动资金不是向国家要的，而是农民从土地里边积累起来的，是通过劳动力在土地上变成生产力挣出来的。可以说，庭院经济是促进乡镇企业发展的一支强大力量。淮海、中原两个协作区有 1.5 亿人口，每人增加几百元收入，就是几百亿元的大市场。庭院经济看起来小，力量却很大，看着不如大中企业气派大，却是广大农民增加收入、脱贫致富的好门路，显示出的是另一种气派，富民的大气派。星星之火，可以燎原。燎原的力量不是来自好高骛远，而是来自脚踏实地，尊重实际，尊重群众的首创精神。发展市场经济的伟力存在于千千万万的群众之中。

中部地区的经济协作已经搞了将近 10 年，打下了基础，积累了经验，现在要上一个台阶了。有机遇，也有条件。沿海地区的发展搞了十几年，沿江地区的发展也已经提出了好几年，中国北部沿大陆桥经济走廊的发展还有待提上日程。大陆桥虽然早就有，可是还没有被当作经济走廊去发展。陇海线通车已久，沿线的腹地并没有得到大的发展。现在，情况已经大不一样，南中国的发展迅猛，形势逼人，要求北方有相应的发展。长江三角洲的经济辐射借助长江进入中部，在不长的时间里就可能实现。中部和北部的发展，要求沿大陆桥建设经济走廊，一方面发展潜力强大的沿桥腹地，另一方面作为东部经济技术向西转移和扩散的通道，沟通东西。不仅如此，这个经济走廊正贯穿黄河中游的广大腹地，西接黄河上游多民族开发区，东联黄河三角洲开发区，它可以带动整个黄河流域的经济大发展。而且可使北方经济既能从连云港东出，又能沿桥经河西走廊西进，去开发从中亚细亚到阿拉伯的巨大市场。

淮海和中原两个协作区继续增强实力，连片发展，就是这条经济走廊的基础。加快这两地的经济区域发展，一边建设经济走廊，一边建起欧亚大陆桥的桥头堡，与全国各地形成承东启西、南呼北应的大格局，对于中国从 20 世纪末到 21 世纪初实现全国协调发展，人民共同富裕，应该是有益的。

至此，综合我一系列有关经济区域发展的设想，已接近了“全国一盘棋”的格局。写到这里，我似乎看到中国经济的两条龙——

长江、大陆桥，还有两只虎——华南虎、东北虎，似乎看到了龙腾虎跃的局面，看到我们这个小农经济延续几千年的国家城乡一体现代工业化的前景。这是我一生梦寐以求的理想。

## 五

经济区域的研究是我近几年在实地调查和思考中提出的一个新课题，也可说是我的农村调查、小城镇研究的延伸。这个新课题至今还在探索的阶段，刚刚破题，许多方面尚需深入探索。

我在上面回顾了我自己逐步明确区域经济这个概念的过程。总的说来是我在西北少数民族地区看到地区间经济协作的需要，又在珠江三角洲看到香港这个经济中心所发生的作用，因而进一步产生发展围绕这一中心的环形地带的设想。可以说是在我思想上开始对经济区域有了初步认识。以珠江三角洲的模式结合长江三角洲的现实，才使我觉得这里还缺少一个和香港相当水平的经济中心。因此想到提高上海的经济规格，希望它能成为长江三角洲的龙头，带动整个长江流域这条经济脊梁骨的发展，在长江流域形成一个经济高度发达的区域。这条思路又带着我看到华北和东北，以及横贯全国带动西北的欧亚大陆桥经济走廊，使我在这几年里做出一系列发展区域经济的建议。这是我个人提出这课题的来龙去脉。

经济区域是在人们经济生活中形成的，本身有一个发展过程。我们可以设想在人类社会的原始时代，人们都是在自给自足的小群中生活。这种小群散居在广大的土地上，相互依存的地区性的经济联系很微薄。即使社会发展到了小农经济阶段，若干以亲属为基础形成的农户，聚居在一地形成了村落，进行类似的采集、农耕和副业的生产活动，互通有无的交易还是极有限的。社会分工的发展，才使各村各户有交换不同产品的需要，而发生了日出而集、日入而散、“日中为市”的临时市场，就是在我们内地至今还可以看到的赶场或赶集。又经过了一段历程，才产生作为农副产品集散和销售工业制造品中心的市镇，它们各自拥有为其服务对象的若干农村，在我家乡称作乡脚，即市镇的腹地。经济继续发展，有些市镇上升为城市，有些小城市上升为中、大城市，直到特大城市。各级城市都拥有它的腹地，形成城乡相互依存不同层次的经济区域。

我国改革开放以来，进入经济迅速发展的时期。农村的工业化和城市化，走上了城乡一体的道路。小城镇的兴建正进入高潮，中、大城市都在发展和扩建。同时，社会主义市场经济的蓬勃成长，使过去经济关系在不同程度上处于分割和疏隔的各层次行政区域，已日益感到协作和互补的需要而相互开放和联系了起来，而且已出现了超越行政界限的各种形式的协作和结合。我身处这个大势之中，从研究工作的实践里逐渐意识到区域发展研究的重要性。在这篇回顾中，我试图把这项课题在我思想中形成的过程理出一条具体的线索，也想藉此作为今后研究工作的导向。

由于这个研究课题牵涉的范围较广，问题众多，我自己明白对这课题的认识还不够全面，概念也不够明确，对这篇回顾中已经冒头的许多问题还没有深入系统地追索。例如，经济区域和行政区域怎样既相联系又有区别？经济区域内部的结构，如中心、腹地、口岸、道路怎样组合，又怎样安排？各层次的经济区域怎样形成和发展，它们又怎样受到自然和人文，即地理和历史因素的促进和约束？这些都是还需要研究的问题，像这样的问题还有许多。

今后进一步研究这些新的课题，我还将继续采取我过去的实事求是的研究方法。一切要以已发生的事实为基础，观察和描述“已然”。用可以观察到的事实为资料，进行比较和分析，探索在事物发展中可能发生的情况，做出设想，然后通过思考，引发出“或然”。最后以实践去检验其正确与否，经过历史的对证，得出“果然”或“不然”的结论。

我在经济区域研究这个课题上，还在观察和描述“已然”的阶段，但也在思考“或然”的发展。我已注意到20世纪后期世界经济发展中不断出现跨国家的经济共同体的理论和现象。欧洲共同体使欧洲一些独立的国家在经济领域里进行密切协作和共同规划，初步踏进了全面统一的门槛。接着北美、中美各国也已分别在部分经济领域中实行了联合和协作。近年来有关亚太经济区域的结合也已提到日程上。这许多国际间的大趋势都指向这个世界由于科技的发展，经济上全人类已密切地相互依存，正在走向联合，但还没有形成一个平等、和平、合作、团结的全球性共同体。洲级经济区域概念的提出，也许是走向这个共同体的一个起步。

我在这个世界规模的大趋势的影响下，不能不联系我们自己的国情，思考社会主义市场经济的发展前景，因而注意到已经出现的形成我国国家规模的经济共同体的积极因素。在这种背景下，我提出这个区域发展的研究课题。这个研究课题，需要微观和宏观相结合，需要理论和实际相结合，需要人文和地理相结合，看来和小城镇研究相比是个更大的问题。我从农村的微观研究，进入小城镇的比较研究，经过60年的时间，提出了这个更大的课题。这个课题不仅要把全国的经济发展看成一盘棋，而且应联系着全球性经济发展的大趋势来思考，确是一篇不像是我这一生可以亲自写到底的大文章。这篇文章我算是破了题，但怎样做下去还需要认真探索，更需有志同道合的学人共同努力。我相信总有一天能看到我们国家作为一个具有实力的统一体，矫健地踏进全球一体的大社会。我也愿意为这篇大文章的写作付出我最后的一段生命。

回顾毕，情未已，墨有余，作短歌。歌曰：

老妻久病，终得永息。
颠簸万里，悲喜交集。
老夫忆旧，幽明难接。
少一初衷，今犹如昔。
往事如烟，忧患重积。
残枫经秋，星火不熄。

**作者附记**：本文是由张冠生同志按我口述的录音整理写成初稿，又蒙民盟有关同志帮我修改和定稿，最后在此对他们表示感谢。

1995年1月1日于北京北太平庄

# 二　民族与社会发展

# 关于我国民族的识别问题

我们中国是个多民族的国家，但是究竟有哪些民族，一共有多少民族，却是个不容易答复的问题。解放前，国民党反动派根本否认我国是个多民族国家，连孙中山先生提出的“五族共和”都被抹煞，他们把那些历来公认的许多民族都说成是汉族的宗支。这是赤裸裸的大汉族主义，目的是在压迫和消灭国内的少数民族。

解放后，在中国共产党领导下，中华人民共和国国内实现了民族平等。长期被压迫的许多少数民族纷纷公开他们的民族成分，提出自己的族名。这是党的民族政策的胜利，是少数民族自觉的表现。到 1953 年，汇总登记下来的民族名称据称有 400 多个。这 400 多个自报了民族名称的是否都是单一的民族呢？在这个民族名单上有许多是某些民族居住区的地名，有许多是某些民族内部分支的名称，有许多是同一民族的自称和他称，还有许多是不同的汉语译名。因此，要答复我国有哪些民族和有多少民族的问题，就得对这个民族名单进行一番甄别。我们称这项工作为民族识别，这是一项科学研究工作。

## 二

解放以来，我们的党和政府十分重视民族识别工作。因为要认真落实党的民族政策，有必要搞清楚我国有哪些民族。比如，在各级权力机关里要体现民族平等，就得决定在各级人民代表大会里，哪些民族应出多少代表；在实行民族区域自治建立民族自治地方时，就得搞清楚这些地方是哪些民族的聚居区。从1953年起，为了进一步开展民族工作，民族识别被提到了日程上，由中央及地方的民族事务机关组织了科研队伍，对新提出民族名称的单位，通过调查研究，进行识别。

民族识别的初步调查研究，要求能基本上划清哪些要识别的单位是汉族的一部分，哪些是少数民族；如果是少数民族，它们是单一民族还是某一民族的一部分。

当时需要进行识别的有下列这些情况：

1. 有些汉人迁居到了少数民族地区，保留着汉族的特点，但是并不知道自己是汉人，而以当地其他人称他们的名称作为自己的民族名称报了上来，被列入少数民族行列中。例如云南的蔗园、广东的疍民等。

2. 迁居到少数民族地区去的汉人，前后有若干批。早去的汉人曾经长期和内地隔绝，和后去的汉人，在语言、风俗习惯上有一定的区别，并且受到后去的汉人的歧视，因而自认和当地汉人有区别，解放后，有人要求承认是少数民族。例如贵州的穿青、广西的六甲等。

3. 有些少数民族在民族压迫时代曾经不愿表明和汉人有区别，其中又有一部分民族上层受反动统治阶级的利用，统治过当地的其他少数民族。在被他们统治过的少数民族看来，他们是和汉人一样的，解放后不愿意承认他们是少数民族。例如湖南西部的土家等。

4. 历史上，有些少数民族曾经被分散，各自迁移。在迁移过程中，有些又和汉人接触，受到较深的影响，改变了语言，本民族的特点已不显著，经济上和汉人已分不开，但是受到歧视，居住上不和汉人相混，自认是少数民族。例如福建、浙江等省的畲民等。

5. 原来同是一个民族的各部分，迁移到了不同地区，基本上保持相同的语言、风俗习惯、历史传统，但长期隔离，又被其他民族用了不同的名称相称，报了不同的民族名称。例如广西的布壮，云南的布沙、布侬等。

6. 有些民族分布在不同地区，各部分分别接受了邻近民族的生活和文化特点，但仍保持共同的语言，并被别族用同一名称相称。如四川、云南旧称的“西番”等。

7. 有些民族集团分散在很广的地区，形成许多不相联结的聚居区，在语言、文化等方面都既有相似处又有较大的差别，长期以来被其他民族用同一名称相称，又自认是同一民族。如苗人等。

8. 有些民族内部对于该族是单一民族还是另一民族的一部分的问题有不同意见。如东北的达斡尔等。

上述这种复杂情况表明了我国民族情况的特点：

首先是历史长，渊源久。远的且不说，自从秦代建立了统一的多民族的国家以来，各族在相互接触、交流中经历着兴衰、消长、流动、分合的复杂过程。满族的巨大变化是我们这几代人亲自看到的现实。故宫和颐和园匾额上的满文，现今满族的游客中已很少人能认识了。尽管满族的民族特征发生了这样大的变化，绝大多数依然很坚决地自认是满人。解放初期自报满族的人全国有 240 万，比起满族进关时人口增加了几十倍。翻开历史，许多曾经盛极一时的民族，比如匈奴人、契丹人，很久以来连遗裔的着落都不清楚了。历史长，变化多，源流复杂，没有清理，许多疑难情况也就不易理解。

第二个特点是幅员广大，民族众多。由于交流掺杂，你去我来，加上各区地形的特点，我国各民族分别形成了万花筒式的大大小小的聚居区，相互交叉穿插地分布在千山万水间。内蒙古、新疆那一片大草原，西通中亚细亚，历来是骑马民族奔驰的广场。草原东端兴起过多少震动过世界的民族，其后裔至今还远布东欧。长江、黄河流域这片广阔的平原上，原来众多的民族集团在几千年里逐渐融合成为一个称过华族，后来又称为汉族的民族，像滚雪球那样越滚越大，已成了世界上人数最多的民族，它是长时期内许多民族混血形成的。青藏高原上历史悠久的藏族，高踞世界屋脊，习惯于高原气候，遍布这超过祖国 1/4 的土地上。它也包罗了许多来源不同的民族成分，有些已经同化于藏族，也有些迄今在一定程度上还保持一些原有的特点，而在这个地区边缘居住的藏族也曾不断被融入其他民族之中。民族情况最复杂的是我国西南角的云贵高原，这里高山深谷，纵横地分隔成为一块块、一层层不同民族的聚居区。过去，有些偏僻之区颇像陶渊明所描写的桃花源，那里的居民可以世世代代“不知有汉，无论魏晋”地过着多少与世隔绝的生活。上面提到的解放初期 400 多个登记的名称中，云南一省就占了 260 多个。单位众多，支系复杂，莫过于此。

第三个特点是各民族社会经济发展不平衡，解放初期可以说是一部活着的社会发展史。我国各族人民长期在封建统治下，近百年又在三座大山的高压下，社会发展受到阻碍。我国的少数民族中资本主义因素一般是很不发达的，绝大多数基本上处于前资本主义社会。解放初期还滞留在初期封建的农奴制社会的有 400 万人，还是奴隶社会的有 100 万人，大约还有 60 万人阶级分化尚不明显，不同程度上保留着原始公社所有制。我们的政策是民族不分大小，文化不论高低，一律平等。我们所用“民族”一词历来不仅适用于发展水平不同的民族集团，而且适用于历史上不同时期的民族集团。这是一个涵义广泛的名词。这一点和欧洲各国的传统是不同的。在欧洲各国，“民族”这个概念形成于资本主义上升时期，西欧民族国家的建立是欧洲近代史的特点。在东欧多民族国家里也存在着民族集团间发展不平衡的情况，因而在接受西欧的“民族”这个概念时不得不用另外一些名词来指称前资本主义的民族集团，如称原始社会的民族集团为“氏族”“部落”，称奴隶制及封建制社会的民族集团为“部族”等。由于我国和欧洲各国历史不同，“民族”一词的传统涵义也有区别。我在这里提到这一点是要避免因中西文翻译而引起理论上不必要的混乱。我在这里所说的民族是按照我国自己的传统用法来说的。

面对中国民族情况的这些特点，用马列主义理论结合我国社会的实际，从1953年起到1957年初，对需要识别的各民族单位进行了实地调查。经过本民族代表人物及群众的同意，明确了11个少数民族的民族成分；其后又陆续明确了9个少数民族的民族成分，其中有一个民族是1979年才予以确认的，就是基诺族。到目前为止，加上蒙、回、藏等历来被公认的民族，经中央公布的，包括汉族在内，一共有56个民族。但是民族识别工作并没有结束，因为（一）台湾及西藏东南部珞瑜和察隅等一部分地区的少数民族尚有待将来实地调查后才能识别；（二）一些解放初期已经提出的民族名称，如云南的苦聪人等，至今还没有做出识别的结论；（三）对过去决定的族别还有需要重新审定的，如四川的“平武藏人”等。而且，还应当看到，民族这种人们共同体是历史的产物，虽然有它的稳定性，但也在历史过程中不断发展、变化；有些互相融合了，有些又发生了分化。所以民族这张名单不可能永远固定不变，民族识别工作也将继续下去。

## 二

为了说明怎样进行民族识别，我在下面举两个具体例子：第一个例子是识别为汉族还是少数民族。第二个例子是识别为单一的民族还是其他民族的一部分。

先说第一个例子，贵州穿青人是不是汉族的识别经过。[①]

1950 年中央派遣访问团到贵州，接触到的自报的民族单位有 30 多个，其中有 10 多个在语言和生活方式上和汉人基本相同，但受到当地汉人歧视，不愿和汉族合为一族，要求少数民族待遇。其中人数最多的是居住在贵州西北部的穿青人，有 20 多万，其他大多在二三万人，也有只有几千人的。为了解决他们是不是汉人的问题，1955 年进行了实地调查。

穿青人要求被认为少数民族的理由是，他们过去有一种和当地汉人不同的语言，称“老辈子话”，他们基本上都住在乡间，形成一大片村子，有自己的聚居区；他们有不同于当地汉人的信仰和风俗习惯的特点，他们妇女穿大袖滚花上衣、梳三把头，不裹脚，出嫁不坐轿，这些都和当地汉人不同。当地汉人称他们叫“穿青”，他们称当地汉人叫“穿蓝”，解放前青蓝对立，青受歧视。解放后，穿蓝都登记是汉族，穿青就不愿意也登记汉族，怕吃亏。承认是少数民族，可以得到政府的照顾，不会再受穿蓝的气。但是当地各少数民族并不称他们作“穿青”，而在称汉人的名称前加上形容词，翻译出来是“穷汉人”“当里民的汉人”等。

初听来，穿青人在语言、地域、经济生活、心理素质这几方面似乎都有特点，可能有构成一个单一民族的条件。

我们的识别工作首先从语言入手。当时穿青人都说贵州通行的汉语，只有少数人会说“老辈子话”。分析“老辈子话”的结果，它完全是汉语，并没有其他民族语言的痕迹，但它和贵州通行的汉语确有区别，是一种方言。这种方言又不是从贵州通行的汉语演变来的，而和早期江西、湖北、湖南通行的汉语方言有渊源。看来，穿青人并不是在贵州学会这种方言，而可能是进入贵州时就说这种方言的，到了五六十年前才普遍学会现在贵州通行的汉语方言。

---

① 详见费孝通、王静如等在 1957 年中央民族学院学术讨论会上提出的《贵州省穿青人的民族成份问题调查报告》。

语言分析并不能得出穿青人是汉族一部分的结论，因为使用汉语并不一定是汉族。尽管如此，但语言分析毕竟提供了穿青人来历的线索，他们是早期从贵州以东诸邻省迁入的移民，这是和地方志书、穿青人的家谱、墓地的碑记、文物上的记录、民间的传说相符合的。

要弄清穿青人是否已经形成单一民族，还必须研究他们在这个地区的历史。

明初（1381 年）朱元璋派遣军队南征元朝在云南的残余势力，经过贵州，随后即在贵州的许多据点屯田驻军。从那时起就有许多从内地迁入贵州的移民，其中有一部分是从江西强迫随军服役而来的汉人。他们形成了一个具有地方性特点的移民集团，聚居在今贵州的清镇一带，正是当时彝族聚居的水西地区的边缘，也是汉人势力的前线。随军服役的人在明代称“民家”，有别于有军籍的“军家”。军家配给土地，而民家需向彝族讨地，当佃户，受剥削。他们的社会身份低。但是因为在汉人军队的左近，并没有淹没在彝族的势力之下；又因他们在经济文化上比当地彝族先进，也没有被彝族同化，保持了原有的民族特点。明末，彝族土司势力削弱后，他们向西深入水西腹地现织金、纳雍地方。清初改土归流，政治上汉族取得了这地方的统治权，移入的人更多，形成了汉族移民的聚居区。

在这批移民同时和以后，不断有许多外来的汉人，其中有做官的或经商的，在这地区落籍，大多住在城市和街场。因此，在这地区有来路不同的两部分汉人，各有其不同的地方性特点。早期移民集团的后人被称为穿青，后来的其他汉人被称为穿蓝。后者住在城街，政治经济地位较优，看不起曾是彝族佃客，僻居乡间，从事农作的穿青人。

穿蓝、穿青在早期和彝族土司及改土归流后的残余土司势力做斗争时是联合的，青、蓝矛盾不突出。在随后发展起来的封建经济中，穿蓝占优势。咸、同年代农民运动中有穿青人的农民领袖，而地主阵营中却以穿蓝为主。清末民初，国内民族市场形成，破坏了这地区割据性经济，现代商业势力开始进入，而这新兴经济的领导势力几乎完全被穿蓝所独占，和外界缺乏联系的穿青人受到排斥。在地方经济中，人数较少、力量较弱的穿青地主不甘心在新兴的经济形势中被压倒和淘汰，青、蓝上层之间发生了显著的矛盾。穿青上层利用移民集团内部传统的乡土感情，和穿青农民对日益加深的剥削和压迫的反抗情绪，以反对受歧视为口号，鼓动起青、蓝斗争。从那时起到解放止这一段时间中，穿青聚居区的各街场上曾不断发生过大小规模的局部械斗。青、蓝伤了感情，产生了隔阂。

但是这个地区的经济发展使它和国内民族市场的联系日趋密切，穿青人在生活各方面也密切和其他汉人发生联系。他们传统的地方性特点逐渐消失。近五六十年来，在语言、服饰、风俗上已和其他汉人趋于一致。青、蓝界线在交通发达地区，即聚居区的边缘，已经模糊，甚至消失。但在聚居区的腹地，尤其是偏僻山区，青、蓝在政治、经济上差距显著，穿青人还是受到歧视。这时期的变化表明了包括青、蓝双方在内的汉族在资本主义发展中进一步的同一化，反过来也表明了穿青人原是汉族的一部分。

这次调查所了解的历史事实证明，穿青人原是汉人中的一部分，自从进入贵州之后并没有和汉族隔离，并没有独立发展为一个民族。他们所提出的特点是汉族内部早期地方性的特点。青、蓝矛盾是在汉族内部地方性差别的基础上在特定的历史条件下产生的矛盾。这些差别和矛盾在汉族向现代民族发展过程中已在逐步消失。

所以，我们认为穿青是汉人，是汉族的一部分，并不是少数民族。但是为了加强地方上青、蓝两部分汉人的团结，必须在政治、经济上对穿青人适当照顾，帮助他们更快地发展起来，逐步缩小青、蓝的差距，从根本上消除青、蓝在心理上的隔阂。

第二个例子是东北达斡尔族是不是单一民族的识别经过。①

① 详见傅乐焕：《关于达呼尔的民族成分识别问题》，载《中国民族问题研究集刊》第1辑，1955年，第1—32页。

达斡尔族1953年一共约5万人，主要分布在黑龙江省嫩江及其支流的两岸，少数分布在呼伦贝尔盟，还有1 000多人在新疆塔城。

达斡尔人的族别问题很早就引起注意，而且有争论。争论的主题是，达斡尔人是不是蒙古人？早年一般多采用族源来决定族别，所以族别的争论也集中在族源问题。

我们对有关达斡尔人族源的各家说法都进行了分析，但认为都没有可以做出定论的充分根据。从这场争论所提供的资料中，只能看到达斡尔人在历史上同黑龙江地区先后出现过的属于蒙古语族的和属于通古斯－满语族的许多古代民族都发生过关系。但在有可靠的记载以来的450年中，他们主要接触的民族是些属于通古斯－满语族的索伦人（今称鄂温克人）和满人等。

尽管如此，现在达斡尔人所使用的语言却是蒙古语族的一支。它和现今的蒙古语是有区别的，语言学者认为它是一种独立的语言。从语言来推测，达斡尔人的祖先可能是古蒙古人的一部分，也可能另一种人在某一时期接受了古蒙古语。这个族源问题不妨留着继续研究。和我们当前民族识别有关的是这些曾经说蒙古语的达斡尔人是怎样走上发展独立语言的道路的。

在16世纪初，有一部分达斡尔人聚居在黑龙江东边的支流精奇里江畔。17世纪初年最集中的聚居区还是在精奇里江中游以下，黑龙江自漠河县对岸以东的区域。明末清初，石勒克河向西南以至尼布楚一带还有达斡尔人，俄国对这个地区的历史名称“达呼里亚”反映了这一史实。这时，达斡尔聚居区的东方是说通古斯－满语的各族，西方和布里雅特蒙古人为邻。帝俄势力从西伯利亚向东扩张，1643—1646年探查黑龙江的侦察队在精奇里江流域遇到了达斡尔人。达斡尔人跟帝俄的侵略者进行了40多年的斗争，直到1689年签订了《尼布楚条约》后才告一段落。在反抗帝俄侵略的斗争中，达斡尔人、索伦人一起被迫放弃了在黑龙江以北的原聚居区——一方面也由于清军采取坚壁清野的战略——南迁到嫩江西岸。300年前发生的这次迁移对达斡尔民族的形成是很重要的。嫩江聚居区的西南在明末清初是科尔沁部蒙古人的势力范围。他们同达斡尔人并不友好。达斡尔人南迁嫩江流域以后，清朝政府为了增加本区的兵力和军粮供应，把达斡尔人和索伦人编入八旗，强迫他们“披甲驻防”。他们和蒙古族分属不同的行政系统，关系更形疏远了。

这段历史说明，不论达斡尔人和蒙古人在族源上是否相同，至少在有史料可考的450年中达斡尔人是生活在和蒙古族分开的聚居区里，关系是疏远的。和他们密切相处的是说通古斯－满语的索伦人，在政治上控制他们的主要是说通古斯－满语的满族。这种历史条件使他们一方面分离于蒙古族，在语言上已产生了独立的特点，而另一方面尽管处在讲通古斯－满语的各民族的包围之中，却并没有同化于周围的民族。

达斡尔人的历史分析表明，他们经过这段历史已形成一个单一的民族。但是为什么在东北的达斡尔人中出现达斡尔是蒙古族一部分的论调呢？这也应当从历史过程中去理解。清代，达斡尔人被编入八旗后，部分上层紧密依附于满族统治集团，又由于他们在八旗中文化较高，不少人取得了显赫的地位。辛亥革命后，这些达斡尔人失去了政治支持，在大汉族主义的压迫下自己又找不到出路，于是在民国初年开始有达、蒙结合运动，不少关于达斡尔人是蒙族的论调就是这时出现的。日伪时期，日本帝国主义为进一步入侵蒙古做准备，拉拢这些达斡尔上层，并在群众中散布这种论调，其影响一直到解放后还没有完全消失。这次民族识别工作对达斡尔人的历史比较全面地系统地进行了一番分析研究，在统一达斡尔人对自己民族的正确认识上起了积极作用。达斡尔是一个单一民族的结论得到了达斡尔广大人民的同意，它的族别问题得到了圆满解决。

我举出上面两个具体例子来说明在我国复杂的民族情况里怎样进行民族识别的方法，也就是怎样运用马列主义的历史唯物主义观点对具体情况进行具体分析。

## 三

在开始进行民族识别工作时，我们曾反复学习马克思列宁主义有关民族问题的理论，特别着重学习了斯大林著名的有关民族的定义："民族是人们在历史上形成的一个有共同语言、共同地域、共同经济生活以及表现于共同文化上的共同心理素质的稳定的共同体。"[①]我们认为这是对资本主义时期形成的西方民族的科学总结，应当作为我们进行民族识别的研究工作的指导思想。怎样运用这个理论来研究我国具体的民族情况是我们做好民族识别的关键。

我国曾经长期处在封建社会，直到解放前还是一个半殖民地半封建的国家，各个民族的社会经济发展极不平衡，除少数几个民族已经初步具有资本主义因素之外，有许多民族还处在前资本主义阶段，所以它们不具备近代民族的4个要素。但同时我们必须承认近代民族是历史的产物，它的特征也是从历史中发展出来的，前资本主义时期的民族共同体必然在不同程度上存在着这些要素的萌芽。正如斯大林所说的："当然，民族的要素——语言、地域、文化共同性等——不是从天上掉下来的，而是还在资本主义以前的时期逐渐形成的。但是这些要素当时还处在萌芽状态，至多也不过是将来在一定的有利条件下使民族有可能形成的一种潜在因素。这种潜在因素只有在资本主义上升并有了民族市场、经济中心和文化中心的时期才变成了现实。"[②]因此，在我国民族识别工作中既不能照搬资本主义时期所形成的民族特征来作为识别标准，又不应该不把这些特征作为研究的入门指导。

我们在上述的两个例子里，从语言这个要素入手而取得了重要

---

① 斯大林:《马克思主义和民族问题》,《斯大林全集》第2卷，人民出版社1953年版，第294—295页。

② 斯大林:《民族问题与列宁主义》,《斯大林全集》第11卷，人民出版社1953年版，第289页。

的线索。但是我们并没有把语言作为孤立的识别标准，单独根据语言系属来决定他们的族别。我们并没有因为穿青人说汉语就说他们是汉人，而进一步追问他们尽管在历史上是从邻省进入贵州的移民，在几百年里是否已与其他汉人隔离而形成了单独的民族。说同一语言的人分别形成不同民族的例子在世界上是很多的。我们并没有因达斡尔人曾经说蒙古语而认为他们是蒙古人的一部分，也不是仅仅根据他们所说的蒙古语族的语言是一种独立语言而得出他们是单一民族的结论。因为我们认为语言是变动的。说两种不同语言的人可以融合成一个民族，在融合过程中这一个民族可以存在着正在变动中的两种语言。所以我们既需要依靠语言分析但又不能单独依靠语言分析来识别民族。

我们在上述两个例子中都重视民族地区这个要素——民族聚居区的位置和他们同相邻民族的关系。中国民族情况的一个特点就是流动大、分布广，而且常常以大小聚居区交叉杂处。包括汉族聚居区在内，全国县一级的行政单位有 70%，其居民包括两个及两个以上民族。因此，在民族识别时对于共同地域方面的研究不能单独从某一民族着眼，而应以某一民族所在地区为范围，进行各民族间关系的历史分析，正如我们在上面两个例子里所做的那样。这里也就牵连到共同经济生活这个要素。在这方面中国民族情况更为复杂。人口众多的汉族散布在全国各地，各少数民族聚居区里几乎都有汉族居民，在那些经济较不发达的民族地区，其中的汉族居民又常是这地区经济的主要联系者。这些地区以汉族居民为主的城镇常是这个地区的经济中心，而这些地区又可以包括若干不同的民族聚居区在内。看来紧密联系的共同经济生活正是形成近代民族的一个重要动力；在前资本主义时期所形成的民族共同体，这个因素是相对地不发达的。现在我国各民族正在社会主义道路上前进，在民族平等的条件下相互合作，共同地区的经济联系这个要素在今后民族发展上会起什么样的作用，正是值得我们注意研究的课题。

“表现于共同文化上的共同心理素质”这个民族要素在民族识别

工作上是十分重要的。但是必须承认我们对这个特征的理解还不够深刻和全面，因而在我们的工作中也出现过追求各民族在风俗习惯、社会生活方式、宗教仪式上的所谓“特点”，脱离了该民族人民附着于这些“特点”上的民族意识和它们发展的历史条件，简单地把它们用来作为识别的标准，这种做法是不妥当的。

我们认为首先要认清这个要素的核心是民族的共同心理素质。用一句比较容易理解的话来说，是同一民族的人感觉到大家是属于一个人们共同体的自己人的这种心理。这种心理是客观存在的，而且我们每个人是可以用自己的经验体会到的。这个特征可能比其他的特征在形成和维持民族这个人们共同体上更见得重要。我们在上面已提到过满族的变化。就在我们这几代人中，绝大多数的满人在语言、生活方式上都和汉人相同了，但是依旧认为自己不是汉人而是满人。再比如，我们在贵州和广西访问时见到的仡佬族，有很多迹象表明他们的祖先曾经是这个地方分布很广的一个相当重要的居族，但是以贵州境内来说，现在他们人口稀少，居住分散，大多几家几户地居住在一起，混杂在其他民族的聚居区里。他们一般都已分别接受当地民族的语言和生活方式，一眼很难看出他们的民族特点。尽管这样，他们还是说自己是仡佬人，别人也说他们是仡佬人；不同地方的仡佬人见了面还是感觉是同一民族的自己人。类似的例子，但程度上有所不同的，还有畲族。畲族长期与汉族杂居，通用汉语汉文，文化生活也深受汉族影响，但是共同的心理维系着他们成为不同于汉族的一个共同体。更值得提到的是分布在整个云贵高原，甚至到东南亚各国的苗族。各地苗族说着不同方言，住在不相联结，甚至相距千里的村里，但是自觉是一个民族的心理十分显著。解放前，特别在清末，苗族起义时，鹅毛信所到之处，千里赴义的苗民经常有几万人，甚至十几万人。共同心理素质在构成民族共同体上的重要性是十分清楚的。

一个民族的共同心理，在不同时间、不同场合，可以有深浅强弱的不同。为了加强团结，一个民族总是要设法巩固其共同心理。

它总是要强调一些有别于其他民族的风俗习惯、生活方式上的特点，赋予强烈的感情，把它升华为代表这个民族的标志；还常常把从长期共同生活中创造出来的喜闻乐见的风格，加以渲染宣扬，提高成为民族形式，并且进行艺术加工，使人一望而知这是某某民族的东西，也就是所谓民族风格。这些其实都是民族共同心理的表现，并且起着维持和巩固其成为一体的作用。我们认为，这就是上面所引斯大林的民族定义中关于这个要素上所说“表现于共同文化上”这几个字的意义。

我们的政策一贯强调尊重各民族的风俗习惯，就是因为有许多风俗习惯是被用来表现一个民族的共同心理的。不尊重这些风俗习惯就会被认为是对这些民族的不尊重，影响民族间的团结。风俗习惯和生活方式的改革由本民族自己进行也就不会发生影响民族团结问题了。必须指出，一般的风俗习惯不仅不一定牵涉民族的共同心理，而且是常有变动的，我们汉族的妇女时兴过满族的旗袍，也时兴过俄式的布拉吉，这些显然和民族共同心理素质无关。这些绝不能用来作为民族识别的标准。

总之，民族识别这项科学研究工作必须在马列主义理论指导下，结合具体情况，实事求是，对民族要素的各方面综合起来进行历史的分析，摆事实、讲道理，才能有助于各民族人民解决他们究竟属于哪个民族的问题。

## 四

由于这20多年在党的领导下，通过许多民族科学工作者的努力，我们在民族识别的科研工作上已经做出了一定的成绩，并取得了一定的经验。除了下面要提出的一些遗留的问题外，我国民族大家庭的构成基本上是搞清楚了的，各民族的广大人民对此是接受和满意的。

当前我国民族识别工作上的遗留问题，如上所述，包括三个部分：（一）台湾和西藏东南部尚没有条件进行实地调查的地区的少数民族；（二）一些尚未做出结论的识别问题；（三）一些已经识别过而需要重新审定的问题。除第一部分外，所牵涉的人数并不多，总数不过几万人，占少数民族总人口的百分比是很小的。自从粉碎“四人帮”以来，党的民族政策的光辉又照到了少数民族地区，这些至今民族成分不明的少数民族人民纷纷要求早日解决他们的问题。

现在已经提出要求识别的有：四川“平武藏人”，西藏自治区东南部察隅县的僜人，及南部定结县及定日县的夏尔巴人，云南省红河哈尼族彝族自治州的苦聪人，还有这一带不大为外边人知道的本人、空格、三达、阿克、布夏、布果、岔满、等角、卡志、巴加、结多等人。

此外，在这20多年的民族调查中还发现了一些值得注意的有关民族识别的问题，比如新疆有一些“语言孤岛”，即保持着与周围居民语言不同的民族集团，如和田自称“艾依努”的人，他们操两种语言，他们内部说的语言可能是东伊朗语支中的一种古代语言。还有，阿尔泰地区说图瓦语的“乌梁海人”以及阿克陶县被柯尔克孜人称为“奥依塔克勒克”的人，过去曾被归入维吾尔族，后改属柯尔克孜族，老年人自己称过土尔克曼人，而语言近维吾尔语，又不同于苏联的土库曼人。又比如四川阿坝和甘孜地区的嘉戎“藏族”，他们的语言在结构上和藏语不同而接近于羌语、普米语，有“藏缅语言桥梁”之称；四川木里地区的“藏族”和云南宁浪一带的普米族原本是一族，语言与藏语不同，近于羌语、嘉戎语。跨居四川盐源和云南宁浪两县的卢沽湖两岸自称“纳西”的少数民族，在四川的现被称为蒙古族，在云南的现被称为纳西族，比邻而居，鸡犬相闻，成了两个民族。又比如海南岛自称为“苗族”的人，语言、生活方式不同于其他地区的苗族，而同于广西自称“金门”的瑶族。由于我国幅员广大，民族众多，这类问题在我们对全国民族情况了解逐步深入的过程中必然会陆续发现的，也正是促进我们调查研究工作的有益课题。

下面我们简单地介绍几个遗留问题作为例子。

1. 关于“平武藏人”

在川甘边境，大熊猫的故乡周围，四川平武及甘肃文县境内居住着一个称为“平武藏人”或“白马藏族”的少数民族，他们有几千人。解放前受当地番官、土司、头人的奴役。1935年，红军长征经过该地，尔后，惨遭国民党的屠杀，仅存500余口，隐族埋名，依附于松潘藏族大部落，和附近的其他一些少数民族一起被称为“西番”。解放后，1951年原川北行署派民族工作队访问该地，听该地区的上层说，这部分少数民族也是藏人，因此暂定名为藏族。1964年，国庆15周年该族的尼苏同志受到毛主席接见，毛主席问她是哪个民族，她激动得说不出话来，别人代答：“是四川白马藏族。”大型彩色纪录片《光辉的节日》有她两个特写镜头。喜讯传遍了尼苏的故乡，人们欢欣鼓舞之余，对这个族名却发生了怀疑，因为他们从祖辈传下来的史事和现实情况都说明他们既不同于阿坝的藏族，又有别于茂汶的羌族。据最近调查，他们自称“贝”。他们的语言和藏语之间的差别超过了藏语各方言之间的差别，在语法范畴及表达语法范畴的手段上有类似于羌、普米等语的地方。他们的宗教信仰也较原始，崇拜日月山川，土坡岩石，而无主神，虽部分地区有喇嘛教的渗透，但不成体系。

从这些事实上不难看到，“平武藏人”在历史上并非藏族的可能性是存在的，但是他们原来究竟是什么民族呢？有些历史学者根据关于这个地区的历史记载认为有可能是古代氐族的后裔。但是魏晋之后的史料缺乏有关这个地区氐族的记载，几百年的空白还不易填补。

要解决这个问题可能需要扩大研究面，把北自甘肃，南到西藏西南的察隅、珞瑜这一带地区全面联系起来，分析研究靠近藏族地区这个走廊的历史、地理、语言并和已经陆续暴露出来的民族识别问题结合起来。这个走廊正是汉藏、彝藏接触的边界，在不同历史时期出现过政治上拉锯的局面。而正是这个走廊在历史上是被称为羌、氐、戎等名称的民族活动的地区，并且出现过大小不等、久暂不同的地方政权。现在这个走廊东部已是汉族的聚居区，西部是藏族的聚居区。但是就是在这些藏族聚居区里发现了许多“藏人”所说的语言和现代西藏的藏语不完全相同的现象。四川西北部的嘉戎藏语和现代拉萨藏语存在着显著的区别。嘉戎地区向南，在这条走廊中有迹象表明还存在着被某一通用语言所淹没而并没有完全消亡的基层语言。这类语言在家庭等亲密的群体里还在使用。中央民族学院曾有一位教授，贡嘎活佛，他的家乡在康定木雅乡，今属沙德区，藏语称该地为mmyak。这地方的人对外一般使用藏语，但在家里还讲一种和藏语不同的土话。这种土话至今未经语言学者深入研究。从这个地方的藏语地名上看，值得注意的是它和藏语称西夏的主体民族党项羌的名称相同，也就是《唐书》党项传所说的“弭药”，古音mjeiak，而党项羌的发祥地有人认为就在今甘孜藏族自治州境内的金沙江与大金川之间。《唐书》上有：“地入吐番，其处者皆吐番役属，更号弭药。”那是说，原来住在这地方的党项人一部分北迁后，留下的一部分受到了吐蕃的统治。现在还保持在这个地区的那种“土话”是否和党项羌古语有关系是个值得研究的问题。

从康定向东，在岷江上游是犹如孤岛般存在着的是现在已被承认是单一民族的羌族。再向东在涪江上游和嘉陵江上游就是有人要求重新审定族别的“平武藏人”。从康定向南往西，在雅砻江和金沙江之间还有一个过去和“平武藏人”一样被称作“西番”的少数民族。解放后，他们在四川境内的被称为藏族，而在云南境内的则被称为普米族。事实上，四川境内的这部分藏族所说的语言不同于藏语而同于云南的普米语，而普米语又接近于羌语和嘉戎语。从这里向西，越过澜沧江到怒江，有现在已承认是单一民族的怒族，但是怒族人说着不同的语言，其中一部分和其西的独龙语相通，都接近于其南的景颇语。景颇语和羌语现在是被认为与彝语平行的藏缅语族中的两个语支。它们之间的历史关系是需要进一步研究的。从怒江西岸越过独龙河和其间的山脉就到了下一节我们要提到的需要识别的察隅的僜人。

我们以康定为中心向东和向南大体上画出了一条走廊。把这走廊中一向存在着的语言和历史上的疑难问题，一旦串联起来，有点像下围棋，一子相连，全盘皆活。这条走廊正处在彝藏之间，沉积着许多现在还活着的历史遗留，应当是历史与语言科学一个宝贵的园地。

2. 关于察隅的“僜人”

从怒江往西，越过伯舒拉岭就是西藏自治区东南角的察隅地区。这里住着一两万人的一个少数民族，解放以来被称为“僜人”，他们究竟属于哪个民族，一直是个悬案。

察隅地区正处在非法的麦克马洪线的东端，所以僜人的聚居区只有一部分在1950年获得了解放。在察隅县范围之内，1976年的统计共有僜人97人，组成7个生产队，分属4个人民公社。这些公社除了这7个生产队外，都是藏族生产队。

被称为僜人的人中又分两部分，各有自己的语言和名称，而且据说是从不同地区进入察隅的。一部分自称达让，另一部分自称格曼。印度阿萨姆人称前者为“迪加罗”（digaru），称后者为“米佐”（midźu）。英语统称他们（还包括丹巴江的义都人）为“米什米”（mishmi）。据他们的传说达让是从察隅之西丹巴江的义都人中分出来的，到这地方已有7至11代。格曼进入较迟，来自缅甸，约9代；在今察隅县内的格曼人少于达让人，成1与3之比。他们分别使用两种不同的语言，但都与云南的独龙语、景颇语接近。达让人和格曼人则各有自己的语言，但是由于长期杂居，除大家都会说藏语外，格曼人已学会达让话，而且有些格曼儿童已不说格曼语。这两个集团在语言上正在统一起来。

还值得提到的就是据传说察隅地区原来还有一种称为“冏”的人，他们生产先进，所筑的梯田，遗迹尚在，大约在6代前被藏族打败，部分迁走，部分已藏化。这种人究竟属于什么民族现在还不清楚。另外还有一种人，藏族称他们“扎”，他们的语言据说是格曼语加藏语，尚未经语言学者的鉴定，有可能是格曼语的底子杂有藏语。他们的语言现在被说成是土话，表示与藏语不同。他们不信喇嘛教，不和藏人通婚，有送鬼的习俗，但怕受歧视，自认是藏人，或是“讲土话的藏人”，一共有5个村子，700多人。这种“讲土话的藏人”提示了在更早的时候已有说和独龙语相近的语言的人，可能就是早期的格曼人，居住在这个地区。

这个地区原本和怒江流域只有一山之隔，而且早在唐代，樊绰的《蛮书》里已提到过有条从云南向西的通道。现在正需要我们识别的居住在察隅和珞瑜的许多民族有可能就是早年从这条通道进入这些地区的说着和今独龙语相近语言的人的后裔。珞瑜各民族集团的语言据初步了解不属藏语支而与景颇语支相近。如果联系到上述甘南、川西的一些近于羌语和独龙语的民族集团来看，这一条夹在藏彝之间的走廊，其南端可能一直绕到察隅和珞瑜。上面提出族别问题的“平武藏人”和这里所说的“僜人”，可能就是在这走廊中在历史上存在着某种联系，受到藏族、彝族等不同程度的影响的两个民族集团的余留。它们共同向我们民族研究工作者提出了一个新的课题，我们应当进一步搞清楚这整个走廊的民族演变过程。

3. 关于云南红河的“苦聪人”

云南是全国民族情况最复杂的地区：单位众多、支系复杂，自称、他称尤其混乱。据1972年《云南少数民族族别称谓简介》（1978年3月云南省“革委会”重发）确定的21个少数民族的自称有138个，他称有157个。此外还有几十个名称没有经过族别调查，或暂时不能确定族别，共3万余人，暂称为“人”而不称为“族”。已经在报纸上露面的有“苦聪人”等。

被称为“苦聪人”的少数民族分布在礼社江—元江及把边江—墨江之间的哀牢山区。北从镇源之东、新平之西，南到绿春和靠近中越边境的金平，更向西南到西双版纳的勐腊。金平、绿春、勐腊的苦聪人聚居在深山丛林中，生产较为原始，1971年约3600人。在北部新平、镇源一带的也有两三千人，生产水平与邻近的彝族、哈尼族相似，过去也被称为“苦聪罗罗”，所以大多已归入彝族之中，不再强调是苦聪人。现在提出族别要求的是金平、勐腊一带生活比较原始的苦聪人。

“苦聪”是汉人对这部分少数民族的称呼。他们之中一部分自称

"拉祜"，又分拉祜西（汉称黄拉祜）及拉祜普（汉称白拉祜），另一部分自称"郭抽"（汉称黑拉祜）。

1954年云南民族识别研究总结在墨江哈尼族识别小结的附注中有这样一条："苦聪有两种：（一）自称'郭错'，据说近'哈尼'；（二）自称'拉父'，据说近'拉祜'，因材料不足尚待进一步研究。"1955年云南民族识别研究组第二阶段工作报告中把"苦聪"列入了哈尼族系统，并说新平县的苦聪人"不能成为单一民族，他们都是哈尼族的支系"，主要根据是调查组向新平县需要识别的5个单位各收集了837个词，与当地哈尼语做了比较，在610个词中与"苦聪"话相同、相近的有363个，占59.51%。

这个结论是不够全面的。第一，没有答复1954年调查时提出的两种苦聪人的区别问题；第二，没有说明为什么自称"拉祜"的人不归入拉祜族而并入哈尼族。1961年，云南大学历史研究所调查了金平县的苦聪人，得出了不同的结论。据1977年的修改稿："苦聪人分成黄、白、黑三种。黄、白苦聪人都自称拉祜。经过对其语言初步的调查，似属澜沧拉祜语的一个方言。黑苦聪人自称'哥槎'，其语言亦与拉祜语近似，因此苦聪人似属尚停留在林中的拉祜族的较原始部落。但无论过去和现在都有人主张苦聪人属于哈尼族的一个支系。"

最近云南民族学院语文系寄来的研究报告中说："黑苦聪与黄苦聪两者语言无大差异，彼此可以互相通话。在语音、语法、词汇方面有着明显的彝语支语言的基本特点……"又从苦聪语与澜沧县拉祜语的比较得出结论："在基本词汇方面有50%完全相同，30%相近似，完全不同的只有20%；语法方面基本一致，语音方面略有差异。所以金平县苦聪语可以认为属于汉藏语系、藏缅语组，彝语支拉祜语的一个方言。"

在苦聪人族别问题上意见的分歧，可能是由于苦聪人本身客观存在的复杂性。"苦聪"这个族名原是汉族对他们的称呼，他们的自称就不一致。最早说苦聪人中一部分近于哈尼，另一部分近于拉祜，这是值得注意的。问题是在自称“郭抽”的那一部分和自称“拉祜”的那一部分存在着什么区别和有什么联系，把他们合并为“苦聪”有什么根据。还应当看到拉祜人本来存在着不同分支，各分支之间方言的区别相当大。据西方语言学者在靠近我国边界的泰国北部对拉祜人的调查，这地区的黄拉祜和黑拉祜方言不同，不能互相通话。苦聪人中的“郭抽”汉称是黑拉祜。所以即使“郭抽”和黄拉祜语言有差别，这种差别也可能是方言的区别。于是引出了拉祜语和哈尼语的区别和联系的问题来了。有人反映云南同一语支的各民族之间语言上的差距可以小于各民族内部方言的差距。这本来是不足为奇的。首先是民族识别并不是单纯地以语言为依据，即以语言本身而言，也不能以其表面形态上的差距决定其亲属关系。语言的谱系分类主要还是要根据语言的历史分析。

拉祜语和哈尼语的分支问题，其实只是彝语支各语言的谱系分类中的一个问题。在云南的民族识别工作中最困难的莫过于彝语支各族的区别。从族名来说，据上引1972年的《简介》，彝语支各族的自称有64个，他称有88个，现在归并成彝族、哈尼族、傈僳族、拉祜族、纳西族等。至于它们怎样分离成单一民族的历史过程，以及包括在这些被认定是单一民族里的许多各有名称的集团之间在语言上及历史上存在着什么关系——这些都还是需要进一步研究的问题。

至于苦聪人是不是一个单一民族的问题，我们不能只根据语言这个特征来决定。这一点在上面所列举的两个识别例子中已经说明过。苦聪人中那些曾在不同民族的土司下被统治过，社会经济发展又不平衡的各部分间有可能发生分化，部分同化于其他民族，部分又与其他民族结合而形成新的共同体。这些问题只有对这个地区做深入全面的历史发展过程的分析才能解决。

民族识别是一项为具体民族工作服务的科研工作。它为决定某些民族集团能否认定为单一民族提供客观依据。但是具体的决定还必须尊重本民族的意愿，照顾到该民族发展上的利益和各民族之间的团结。

在族别问题上，民族的意愿就是指一个民族对于自己究竟是不是汉族或少数民族，是不是一个单一民族的主观愿望的表现。我们在对民族识别做出决定时必须尊重本民族的意愿，主要是从政策方面考虑的。根据民族平等政策，族别问题的解决不能由其他人包办代替，更不能有任何强迫或是勉强，必须最后取决于本族人民的意愿。但是，历史上反动统治长期的民族压迫、歧视造成的各民族的孤立和一个民族中各部分之间的隔阂，加上一些民族的广大群众还没有掌握对本民族历史及语言的科学知识，使得有些民族人民还缺乏充分条件正确地表达民族意愿。在这种情况下，我们一方面必须坚持自愿原则，一方面必须耐心地帮助有关各民族人民及其有代表性人物正确认识他们的历史发展过程，以便他们对自己的族别问题做出正确的决定。根据我们的经验，在进行民族识别的科研工作时，应当尽量吸收本民族的代表人物参加，密切联系本民族群众，充分和他们商量和研究，把科研工作和群众性的教育结合起来。

我们已经指出，民族这个人们共同体是在历史过程中形成、变化、消亡的，各民族一直处在分化融合的过程中。当前我们急需处理的一些民族识别上的余留问题，大多是些“分而未化，融而未合”的疑难问题。在研究方法上必须着重于分析这个比较复杂的分化融合过程，在最后做出族别的决定时尤需考虑到这项决定对这些集团的发展前途是否有利，对于周围各民族的团结是否有利。同时还应当照顾到对类似情况的其他集团会引起的反应。所以，有关各族人民的族别问题必须严肃认真、实事求是地对待。

总的说来，自从解放以来，在党的领导下，我国在民族方面的科学研究是有成绩的。它的特点是密切地与民族工作的实际需要相结合，在马列主义理论的指导下，运用历史唯物主义的观点与中国具体实际相结合。民族识别的研究不过是其中的一个项目。我国在这方面的科学工作者一面工作、一面学习，正在处理前人所没有处理过的问题。尽管出现过许多错误和缺点，我们的方向是明确的，我们是在以科学工作为人民的革命事业服务。

**作者附言**：本文是根据1978年9月在政协全国委员会民族组会议上的发言改写的。在准备这次发言时，中央民族学院和中国社会科学院民族研究所许多同志，提供了资料和意见。

# 深入进行民族调查*

今天，在座的好多是少数民族同志，有西藏的藏族，新疆的维吾尔族，东北的朝鲜族，北方的蒙古族和南方的壮族、苗族、土家族等。大家希望我讲一讲。我就谈谈如何深入开展民族调查的问题。

首先，我们回顾一下30多年来所搞的民族调查工作。我是1950年到贵州的，从那年开始就搞民族调查。在这以前，什么叫少数民族，我们也不大清楚。通过中央访问团的几次调查，搜集到不少资料，了解了有些什么民族，但是还不全，不很清楚。后来，中央组织了几次调查。1956年，全国人大常委会组织一次规模较大的少数民族社会历史调查（包括全国少数民族语言调查在内），加上解放

---

* 本文是费孝通先生在武汉华中工学院社会学研究班及中南民族学院部分少数民族学员座谈会上的讲话。

前红军经过少数民族地区也调查了一些基本情况，所以，我们手头有了一大批资料。总之，过去30年的民族调查工作，我们国家是花了钱花了力的，各个民族都出过力。我们搞了不少资料，数量很大。可是，这一大批资料很多都不在了，在“四人帮”横行时损失了。据我所知，贵州烧得很厉害，一卡车一卡车的资料拉去烧掉了，别的地方也损失了不少。这样，现在剩下的材料就很宝贵了。正是因为这个教训，所以在十一届三中全会之后，国家民委就提出来，要抓紧时间把过去的材料整理出来，要编五种丛书，供大家使用。现在已经印出来不少了。你们中南也有任务吧？赶紧把这个工作做完，因为我们还要再走一步。

下一步怎么走？我考虑了这个问题，我们不能停留在以前的水平上。最近，我到了昆明、成都，也同他们谈了这个问题，谈得很好。他们说，过去我们一个省一个省地搞，一个民族一个民族地搞。而中国少数民族有它的特点，就是相互关系深得很，分都分不开。这话说得很好。以壮族来说，壮族同汉族就很难分嘛。我1951年到广西，壮族就说“我们是汉族”。这是为什么？因为，一方面，长期以来，在大汉族主义之下，民族意识受到压制；另一方面，的确壮族同汉族分不大清楚，长期以来接受了相同的文化。至于其他民族也一样，只是程度不同而已。譬如，广西龙胜的侗族与壮族就很相近，互相通婚，有血缘关系。因而民族与民族之间分开来研究，很难把情况真正了解清楚。所以，我主张最好是按历史形成的民族地区来进行研究。

我们在前几年还提出一个民族识别问题，因为现在有好多人对他们的民族成分提出疑问，要求识别。如四川省西北部平武、松潘一带，有一支白马藏族，过去对外都称藏族。据说，这个称呼是这样来的：解放初，他们选派了一位代表上北京，是个老大娘。毛主席接见代表们，问她是什么族？毛主席一问，老大娘很紧张，话也说不上来，旁人就替她说，是藏族。毛主席又问：“是不是藏族？”她说：“是，是。”她自己什么族也不清楚，真的搞不清楚。后来，一部电影上有这个民族，被称作藏族。他们就说，我们不是藏族，我们同他们不一样，语言不同，服饰不同，也不信喇嘛教，怎么说我们是藏族？过了这么30多年了，他们有了自己的知识分子，现在提出民族识别的要求。这些人究竟是藏族的一部分，还是另外一个民族？如果是另外一个民族，又是什么族？这样的情况，有几十个，要求我们来识别。我们就把要求识别的民族排排队，看一下，发现他们大多是夹在几个大民族中间。譬如，上述的白马藏族就是夹在藏族、彝族、汉族这三者中间的一个族。你说它是藏族，又不完全是；你说不是，它又很多地方像藏族。藏族说它是藏族，嘉戎也是藏族，它同嘉戎很近。我们应当从历史上来看这些人的所有经历。民族固然是个稳定的人们共同体，但也是在变化的，不是一成不变的。民族有个形成过程，不断变化的过程。

我现在是汉族，这不成问题，但我的祖宗是谁？人家说我不像汉族，汗毛这么多，胡子这么多，体型也不对。我就去查书。我是吴江人，吴江在江苏太湖的东边，再往东就是大海，吴江就在太湖与大海之间。从前日本海盗——倭寇就是在这一带上岸的，一直打到了吴江。明朝大将戚继光在这里抵抗倭寇。兵不够怎么办？他从广西、湖广调来很多俍兵、土兵参战，在王江径这个地方把倭寇打败了，是历史有名的一个战役。王江径现在还在，就在我家乡附近。仗打完了，这批人呢？书上没有记载。这批人中很多人大概没有回去。以前打完仗就不管了，哪像现在这样，还有复员、转业啦！日本人也回不去了，逃不走了。我小的时候，常摇船到一个叫黄天荡的地方去玩，那是个湖区、水乡。那里很多人的风俗习惯同苏州城里不一样：鞋不同，穿绣花鞋，衣服也不同，男的穿裙子，叫“战裙”，打仗穿的裙子。这里的妇女，夏天可以不穿上衣。我没有去了解他们是不是还保留着自己的语言，也没有去了解他们的传说，所以不知道他们的来历。这些人很可能是当时留下来的人。那么，我同他们有什么关系？这就不清楚了，很可能原来是少数民族，后来变成汉人的。

像上面所谈的情况，到处都有，特别是在各民族交错的地方。以前不是藏族的，现在变成了藏族；现在是藏族的，若干年后也可能不是藏族。所以，我感到白马藏族所在的地区，正是一条民族接触的地带，这个地带是夹在汉族、藏族、彝族三者的中间。你们藏族曾经打到过长安，现在的西安，北面到新疆。我们不能只看到现在，只有历史才能说明问题。说明为什么有个白马藏族，为什么它像藏族，又不像藏族。一会儿又说是羌族，现在在它的南面就有一个茂汶羌族自治县。那么，羌族同藏族是什么关系？同彝族又是什么关系？从这些情况可以看出我们这个民族大家庭的复杂性了。

我们过去30年的调查研究没有讲到这个问题；你们可能也知道这种情况，但是不具体。因为那时就是一个民族一个民族地研究，写它的历史，不是从一个整体，从中华民族这个整体来看，各民族间的往来变动，怎样影响它们的形成、合并和分化。有时两个民族碰在一起，融合在一起了，但有些却合而未融，又好像融合了，又好像没有融合，融合的程序可以不同。这方面我们都没有研究，不是从历史唯物主义的观点，从动的、变化的观点来看问题，什么原因这样变，什么原因那样变，我们过去都没有很好的研究。在我们研究白马藏族的识别问题时，听说在贡嘎活佛的老家，甘孜北面的一个乡，那里的人，出来讲藏话，回家讲另一种话，别人听不懂。我们调查组去调查，说的确是藏语，但他们在家里却不讲藏语。这种情况据说并不少，出来讲一种话，回家讲另一种话。很可能他们以前都是讲现在家里讲的那种话，后来同藏族接触，接受了藏族的语言，但保留了它过去的一部分东西。如果我们能调查清楚他们在家里讲的是哪一个民族的话，就知道他们原来是什么人了。这个研究方法有点像考古学里所用的地层定期法。过去的文化也可以一层一层地沉积在现在的生活中的。

上面所讲的那个地带就是我所说的历史形成的民族地区，我也曾称它为藏彝走廊，包括从甘肃到喜马拉雅山南坡的珞瑜地区。珞瑜地区的民族构成，外国人搞不清楚。这里发现有水田技术很高的阿帕达尼人。他们从哪里来的呢？我从照片上看，他们头上也有一个髻，同彝族的“英雄髻”很相似。语言我们还不清楚，没有材料作比较研究。再下去到缅甸北部、印度东北部的那加地区。这一带都是这一相似类型的民族，看来都是这条走廊里的民族，都在藏族和彝族之间的地区里。

藏族是以拉萨为中心，慢慢扩大的。嘉戎话同拉萨话就不一样。这同汉族一样，汉族也是很多原来不同的成分聚起来的，有几个中心。力量小的时候也会被人家拉过去，来来去去，特别是边上的，这里面就有好多很有意义的历史留下来的东西了。我们就是要把这些现象作为一个整体来看，从历史上看下来，把他们现在的语言、体质、文物、社会结构、风俗习惯、神话、传说等综合起来，进行考察。假如我们能把这条走廊都描绘出来，可以解决很多问题，诸如民族的形成、接触、融合、变化等。我是在 1979 年提出这个问题的。现在，四川、昆明的同志们准备开始研究这些问题了。西藏也参加了。调查的地区被称作六江流域，就是长江上游的金沙江等六条江，从甘肃下来，一直到云南怒江、西藏的珞瑜地区。这就不是一个省，而是几个省几个自治地方联合调查。这个计划，领导很支持，说很好。但是不是那么容易，还要做很多工作，今年开始做起。我这次到成都、昆明，他们第一批工作同志就要出发了，先下去看看，尝试一下。明年有点基础了，大家再来一起讨论。我有个设想，明年不妨办一次学习班，大家把民族调查的基本知识学一下，包括考古、历史、语言、社会等基本知识都要知道一点。学习班里少数民族、汉族都要有，民族调查一定要有本民族同志参加。以上讲的，是西南的那一条走廊。

另外一条是中南的走廊。我们正在广西金秀研究瑶族，这个地方的瑶族很有意思，同在这个大瑶山里的瑶族说不同的话，有些说的是侗话、苗话，但他们都讲他们是瑶族，而且有一个共同的组织——大石牌。他们的语言不同，就说明他们曾经是不同的集团。历史上不知什么时候一批侗族跑到山里来了，不同时候又有一批苗族进来了，都在这个山里，他们联合起来共同守卫这个山区，以求生存，经过长期的合作形成为一个民族，都叫瑶族。那么，瑶族中有没有一个主体瑶族？有没有原来就是瑶族的人呢？我看可能是有的。很久以前有一支瑶族，从什么地方跑到南岭山脉。他们同苗族一定有很深的关系，因为苗族同瑶族的语言基本上是一样的，属于一个语族。但是苗和瑶什么时候分开的呢？现在还搞不清楚。分开后，在地域分布上有一条界线很清楚，贵州没有瑶族，这话不知对不对？广西的苗族都分布在北部和贵州接壤的边上，往南就没有了，只有瑶族了。为什么明明是讲苗语的人却叫瑶族呢？南丹的白裤瑶究竟讲什么语言？同苗族有什么关系？我很想知道。苗族里面也很复杂。你们壮族一样，里边也很复杂。每个民族都是这样。怎么分开来？怎么合起来？分到什么程度，合到什么程度？再者什么叫民族？民族怎样形成的？汉族怎样形成的？过去我们脑筋很死，不够解放，好像民族死得很，就几条。几个条条一套，套不上就没有办法了。这不是一个实事求是的态度，不是历史唯物主义的观点。历史观点，实事求是的态度，就要看变化，从现在正在发生的一个巨大变化里，看出民族将来会变得怎样。这样的研究现在还刚刚有点萌芽。有些人想到需要这样搞了，不能满足过去那一套了。不是过去做错了，而是现在要升级了，一年级升二年级了。二年级的功课怎么样，至少可以看出来，不要局限在一个民族一个民族，不要局限在一个省一个省，不要局限在一个学科，要联合起来。要从实际出发来看我们研究民族问题的地区应当包括哪些地方。要各个学科合作来解决一个问题。要求越来越高了。可是我们一个人不可能什么都懂，要各个学科合作，考古、语言、历史、体质人类学以及我们的社会学，综合起来研究解决这些有关中华民族的形成问题。这样，我们也许可以比过去认识得更清楚一点，可以更清楚我们各民族之间的关系。

我这次到西南地区，同云南和四川的民族研究工作者谈了这个问题。本来我想花点时间在中南也鼓吹一下，广西、湖南、广东这几个省（区）能不能把南岭山脉这一条走廊上的苗、瑶、畲、壮、侗、水、布依等民族，即苗瑶语族和壮傣语族这两大集团的关系都搞出来。这里各种民族有其特点。山区民族就同傣语系各族不一样，今后发展的前景也不同。他们是住在山里边的，所谓“无山没有瑶”，山上边都有瑶族。可是瑶族同瑶族又不一样，情况很复杂，必须深入调查研究。

西北地区还有一条走廊，从甘肃沿“丝绸之路”到新疆。在这条走廊里，分布着土族、撒拉族、东乡族、保安族、裕固族等，他们是夹在汉族、藏族、蒙古族、回族中间。有的信喇嘛教，有的信伊斯兰教，有的讲藏语，有的讲蒙古语，有的讲突厥语，也是很复杂的，不容易处理。有些民族讲两种语言。上述几个复杂地区：一条西北走廊，一条藏、彝走廊，一条南岭走廊，还有一个地区包括东北几省。倘若这样来看，中华民族差不多就有一个全面的概念了。所以，我在一篇文章中提出来，我们需要一个宏观的全面的整体的观念，看中国民族大家庭里的各个成分在历史上是怎样运动的。

今天，我同你们吹一吹风，以四川人的说法，叫摆摆龙门阵，希望你们把自己的眼光扩大一些。上面所讲的这些，也就是民族社会学。民族社会学就是对少数民族社会的调查研究。在调查研究中，以前是一般的，看见什么记什么，像写新闻报道一样，现在应该提高一步，有点计量的，有点比例的，有点数目的，准确一点。你们这次至少学到了这一点，处理资料不能没有数目，要有一个轻重、多少，要有一个比例。以前，我们喜欢把几个突出事例讲一讲，结果搞出了片面性和扩大化。但是，点面怎样结合？点面结合要说明局部在全体中的地位，最好用数量表示出来，这样就比较准确一点，更能反映实际。譬如，我们今天在这里开会的人属于 10 个民族，这样说还不够，还应该说汉族有 8 个，藏族有 3 个，苗族有 1 个……还有 1 个蒙古族同志，她的父亲还是汉族。这就是有数量了，情况反映准确了。

去年，我到广西龙胜各族自治县去了一趟。我发现，壮族、侗族与苗族、瑶族的距离越来越大了，建设四化，怎样缩小少数民族与汉族的差距，这是一个问题。现在，必须赶紧从文化教育上面去抓。以前，在民族压迫时代，少数民族与汉族疏远才能生存，例如瑶族住到山里去了。他们固然生存下来了，但是关在高山上，经济文化就落后了。现在民族平等了，但原有的这种思想一下子还转不过来。民族之间还有隔阂，有距离，加上“四人帮”又捣乱一下，有些地方隔阂更深了。解放初期，50年代，我们的民族关系的确是好的。正因为有50年代的党的民族政策和民族团结，“四人帮”搞得这样，大家还没有离心，还是团结在一起，甘苦与共，我们中国的各民族是离不开的。我刚才讲了很多，说明历史上就是一个离不开的局面。可是，过去的历史很复杂，在民族压迫制度之下，少数民族很困难，又离不开，又不敢同汉族在一起。所以，距离很大，隔阂很深。现在不同了，要转过来，要进步必须同步前进，要现代化就得一起现代化。民族之间一定要加强联系。现在很清楚，离开汉族，离开这个比较先进的民族，少数民族就要落后，就没有出路；搞四化建设汉族也离不开少数民族。所以，我们要做民族团结工作。这次宪法上有一条很重要，提出各民族间要有一个通用语言。当然这一条有个前提，就是首先要保证少数民族有使用和发展本民族语言、文字的自由。在这个前提下，才能有一个通用语言，否则少数民族就不容易接受。有个通用语言对少数民族经济文化的发展大大有利。不妨想一想，每个少数民族都要把所有用汉文写的书都翻译过去，事实上是做不到的。现在我们汉族已感到，翻译是一个大问题，外国很多先进的东西翻译不过来。所以，我们各民族要有一个通用语言，从语言上讲，它是汉族的语言，但在汉族语言中，它又是普通话。搞现代化，要有知识，知识要有一个媒介，要通过文字，以汉语为通用语言有利于缩小差距，共同发展，少数民族和汉族就像十指一样离不开的。离不开并不是同化，各族还得有发展个性的自由，各个民族各有它的特点。这是个辩证关系。我们现在就要想办法，在现代化过程中不能扩大民族间经济文化上的差距，要缩小差距，这个问题很大。上次我到新疆去，新疆的同志大家都同意：汉人不能走，汉人离开了，马上出现问题，中学里教员不够了，数学没有人教了，孩子们怎么办？各民族就是离不开。这是双方面的，少数民族要欢迎汉族，汉族要为少数民族服务。也就是说，不能分开。

今天晚上，我有机会和少数民族同志们见面，十分高兴，但是时间不多，就讲到这里吧。

1982 年 5 月 27 日

# 瑶山调查50年*

我自1935年偕同前妻王同惠初访广西大瑶山以来，已经过去了整整半个世纪。这50年来，我从一个学习人类学的学生到带领几个中年学者三访瑶山，今昔对照，感慰良深。旧地重游，所见变化之大，可以说是换了人间。

瑶族在旧中国是一个被歧视的少数民族，在很早的年代里就被撵入了南岭山脉的高寒地区。据说，他们的祖先在2 000多年前的秦汉时代还定居在长江中游的洞庭湖一带的平原上，但是这个具有强烈反抗压迫传统的民族，拒绝反动统治者强加于他们的徭役，宁愿进入深山老林，靠双手开辟自己的家园，保卫自主的生活。有人以最早见于汉文《梁书》里的“莫徭”（不服徭役的意思），作为这个

* 本文是费孝通先生在香港召开的第一届瑶族研究国际研讨会上的论文。

说法的佐证——尽管史学家对此不尽同意，但是瑶族不断受到历代反动统治者所实行的民族压迫政策的摧残而被撵入高寒山区，确是事实。

广西东部的大瑶山，处于柳江和桂江之间大约有 2 300 多平方公里的高山地区，海拔最高达 1 900 多公尺。四围是平原或丘陵地带，山区边缘皆为几百公尺的陡坡悬崖。1935 年我在清华大学研究院毕业后，接受导师史禄国教授的意见，在出国留学之前，先到国内少数民族地区进行一次实地调查。当年秋季我偕同前妻王同惠一同进入广西大瑶山。我们的分工是，我主要测量瑶山居民的体质，她做社会调查。

当时的大瑶山里，老林密箐，羊肠小径，野草蔓生，道路不辨。我们从 10 月 18 日开始进入大瑶山工作，到 12 月 16 日从花蓝瑶地区转移到坳瑶地区的旅途中迷失了方向。我不慎误踏猎人设下的陷阱，腿背受伤，王同惠下山呼援，天黑路险，溺水丧生。二人同行，一死一伤。后来我虽获救出山，这次调查却并未完成。我在养伤期间把前妻所遗材料略作整理，编成《花蓝瑶的社会组织》，而我的体质测量资料后来全部遗失在昆明。因此，我一直遗憾在心，觉得是一件此生不能还清的欠账。

新中国成立后，世世代代居住在被蔑视为化外之区的大瑶山里受尽民族压迫的瑶族人民，于 1952 年建立了金秀瑶族自治县。这是中国各族人民在中国共产党领导下获得解放后，最早实行民族区域自治的地方之一。瑶族人民再也不受民族压迫之苦，获得了当家做主的民族平等权利。

1979 年 10 月，我趁参加祝贺广西壮族自治区成立 20 周年之便，重访了阔别 43 年的大瑶山。这里是我重新进行民族实地调查的起点，也是日夜令人魂梦神牵之处。当时虽然经过十年动乱，在林粮矛盾中，森林生态遭到破坏，但正在落实“以林为主”的政策，瑶山充满了希望。随着生产责任制的落实，瑶族人民张开了发展科学技术和开展山区林副土特产这双翅膀，向着民族繁荣、山区兴旺飞翔。

此后，我又带了几位中年瑶族研究者二上瑶山，在那里进一步了解了大瑶山瑶族的情况，支持那些比我年轻的学者深入山村，从宏观和微观两方面进行研究，并期望这种研究能对我们整个中国民族大家庭，尤其是对研究全世界人口最多的民族——汉族的形成问题有所启发。

瑶族分布得既广又散，他们内部在语言、社会组织、风俗习惯、宗教信仰，甚至服装上，都存在着显著的区别。根据这些区别，人们用各种不同的名称来称呼他们。其名称在全国多至几十种。如广西都安有自称“布努”的瑶族，汉族人称他们作“背篓瑶”；广西南丹有自称“瑙格劳”的瑶族，汉人称他们作“白裤瑶”。仅广西大瑶山的瑶族就有 5 种不同的自称，汉族人也用了 5 个名称分别称呼他们，即：茶山瑶、花蓝瑶、坳瑶、盘瑶和山子瑶。他们的汉名除了坳瑶外都不是自称的音译，比如茶山瑶自称是“拉加”，花蓝瑶自称是“炯奈”，盘瑶自称是“勉”，山子瑶自称是“金迪门”，坳瑶则自称“坳标”。他们尽管有不同的自称与服饰，语言也各不相同，但是都共同承认是一个民族——瑶族。而在他们的自称中却都不加“瑶”字，不说“拉加瑶”“炯奈瑶”等，却承认“拉加”“炯奈”都是瑶。由此可见，瑶这个族名很可能是汉人对他们的称谓，在大瑶山，也是对这 5 个不同自称的人所形成的共同体的称谓。

30 年代我初到大瑶山时，由于缺乏语言学的训练，没有从语言学的角度来研究这五种不同自称的人们的关系，而简单地把他们看成是大瑶山瑶族的 5 个支系。所谓“支系”的意思是从一个根本上分出来的枝条。80 年代我和学过语言学的同志们一起去调查，他们熟悉过去几年来语言学者对于这 5 种不同自称的瑶人的语言所作的研究。根据这些研究我才知道居住在大瑶山里的瑶族在语言上并不是统一的，而可以分成勉语、布努语、拉加语 3 种。它们虽然都属汉藏语系，但不能说是一个语言的不同方言。勉语属苗瑶语族瑶语支；布努语属苗瑶语族苗语支，接近苗语；拉加语属壮侗语族侗水语支，接近侗语和壮语。换一句话说，茶山谣的话近侗、壮语；盘瑶、山子瑶和坳瑶的话属瑶语；花蓝瑶的话接近苗语。

这些瑶族集团之间的关系在过去也是相当复杂的。在大瑶山的这5种不同自称的瑶民中，茶山谣、坳瑶、花蓝瑶分别占有一部分山岭，包括土地、森林、飞鸟和河水，所以他们又统称为山主瑶，或又因为他们的男子过去都留长发，在头顶上梳一个发髻，所以又有“长毛瑶”之称。这三个集团的瑶民住在沿河较平的坝子里，以耕种水稻为主，因此他们可以世世代代定居在一个地方。用土木结构建筑经久的房屋，聚居成比较密集的村寨。而每个村寨大多有十几户人家。盘瑶和山子瑶则不占有瑶山里的土地，他们在过去只能向早已定居在这里的山主瑶，讨山地经营以刀耕火种为主的原始农业。每年须向山主瑶交租和服劳役。在刀耕火种的农业中，他们每过几年就要抛荒另开新地，不能定居，必须经常迁徙，所以，只能住在简陋的竹棚里。因此这两个集团的瑶族被统称为山子瑶或过山瑶，表示他们既没有土地又是居住不定的瑶民。过山瑶在严重的剥削下，生活贫困。我初访瑶山时，曾在冷冲住过他们的竹棚，晚上寒风透过竹墙缝寒气袭人。而很多家庭难得有一床完整的棉被，成人连衣裤都不全，他们吃的也是苞米和野菜。

从语言上看，这5种不同自称的瑶人可能有不同的来源。或者说，他们很可能原来不是一个民族的人，进入大瑶山之后，在这个封闭的环境里，共同忍受着封建王朝的民族压迫。共同的命运、密切的经济关系，使他们凝聚成为一个民族共同体。根据对全国瑶族的研究，我们知道讲拉加话的茶山瑶，为大瑶山所独有，他们人数不多，在全国瑶族总人口中所占比例很小。讲布努话的花蓝瑶，他们的语言和都安等地的讲布努话的背篓瑶等比较接近，属于苗语支，虽然有一定数量的人口，但在全国瑶族总人口中所占的比例并不是最大。而讲瑶语的盘瑶、山子瑶和坳瑶，他们与其他各地讲瑶语支语言的盘古瑶、顶板瑶、八排瑶等相近，也有共同起源于槃瓠的民族起源传说，他们的话属于瑶语支，其人口总数在全国瑶族总人口中所占比例是最大的。由此可以知道，讲瑶语的盘瑶等集团，很可能是瑶族中的基本成分，如同汇入大河的各条支流一样，他们是瑶族这条大河中的主流，是其中源远流长的一支。说他们是基本成分，是因为他们在游动过程中，不断吸收了其他游散的民族成分，构成其瑶族共同体。

大瑶山瑶族 5 个集团迁入瑶山的时间和路线，也是各不相同的。从盘瑶、山子瑶没有土地的事实来说，可以设想当他们迁入大瑶山时，山里的可耕地已经有人占据，而占有土地的茶山瑶、花蓝瑶和坳瑶应当比没有土地的盘瑶和山子瑶早入山区。但盘瑶的传说却与此相反，他们认为自己是先进入瑶山的集团，只是由于游耕生活才没有牢固地占有山地。由此可见，在入山先后的问题上，各集团是各持己见的。从入山路线看，可以说是来自四面八方。据说茶山谣是从广东经广西梧州，取道藤县、平南进山的，但也有说是从湖南取道浔州、贵县、象州入山的。盘瑶是在湖南被打散后进广西入山的。山子瑶是从广东进广西由平南入山。坳瑶从贵州进广西，经百色、南宁然后入山。

这些在不同时间、由不同路线进入大瑶山的各瑶族集团，他们彼此是不相混同的。但从姓氏来看，其中既有不同于别集团的姓，也有相同于别集团的姓，如都有槃瓠传说并讲瑶语的盘瑶和山子瑶，有盘、黄、赵、冯、李、邓 6 个相同的大姓，但也有许多相互不同的姓。像盘瑶的包、周、胡、唐、雷，在山子瑶中没有；山子瑶的蒋、卢、陈、谭、覃、郑、莫、冼、刘，在盘瑶中没有。同讲瑶语的坳瑶中有盘、赵二姓，没有其他四姓。而说壮、侗语的茶山瑶里却有莫、刘二姓。花蓝瑶中没有冯姓。各个集团又都有别的集团所没有的姓，比如茶山瑶的陶、金、龚、田、龙；盘瑶的唐、雷；山子瑶的卢、陈、谭、覃、郑、冼；坳瑶的罗、苏；花蓝瑶的侯、相等。如果同姓之间有相同来源的话，则各集团之间在历史上就可能有相互渗透的部分。

值得指出的是，大瑶山在明代基本上属于大藤峡的范围，从 15 世纪初到 16 世纪 30 年代，这里曾爆发过延续 100 多年的反抗斗争。

据《明史纪事本末》载："中产瑶人，蓝、胡、侯、盘四姓为渠魁。"明朝统治者曾调动几十万军队，先后三次对瑶民进行屠杀。使四大姓的瑶民，死的死、逃的逃，有的隐姓埋名难于查找。但是这四大姓中的盘姓，在现在的盘瑶、山子瑶、坳瑶中却普遍存在，蓝、胡、侯三姓在花蓝瑶中也还存在。30年代我初入瑶山的第一站花蓝瑶的王桑村，就是一个胡姓村落；后来在六巷住在一个叫蓝济君的花蓝瑶家里。明代大藤峡瑶民的四大姓，在现今大瑶山的一些瑶族集团中还能见到，由此表明，早在明代，这里说瑶语的盘瑶和说苗语的花蓝瑶都已经被统称为瑶族了。在长达四五百年的时间里，说不同语言的集团，陆续进入瑶山，由于共同的利益，团结起来保卫这个山区，汉人就把他们统称为瑶族，终于形成了现代的讲不同语言、有不同服饰、在习俗上也有一定差异的，由几个集团形成的叫作瑶的统一体。为此，我们不能简单地用语言一致的标准来进行民族识别。但我们也不能说大瑶山的瑶族不是一个民族的共同体，尽管它是由5个来源不同的集团所组成，而且还讲着分属三种语支的5种语言。于是这里便产生了诸多值得在理论上进一步探讨的问题，即什么是一个民族的凝聚力？民族共同意识是怎样产生的，它又是怎样起变化的？一个民族的共同体在语言、风俗习惯、经济方式等方面能承担多大的差别？为什么一个原本聚居在一起的民族能长期被分隔在不同地区而仍然保持其共同意识，依然保持其成为一个民族共同体？一个民族又怎样能在不同条件下吸收其他民族成分，不断壮大自己的共同体？又怎样会使原有的民族成分被吸收到其他民族中去？这些问题的提出将为我们今后的民族研究工作开辟出广阔的园地。

从宏观来说，中华民族几千年来，的确呈现着一幅规模宏大、成分复杂、既有融合又有分化的历史长卷。中国各民族所在的地域，大体可以分成北部草原地区、东北角的高山森林区、西南角的青藏高原，曾被拉铁摩尔所称的"内部边疆"，即我所说的藏彝走廊，然后是云贵高原、南岭走廊、沿海地区和岛屿及中原地区。这是全国这个棋盘的格局，我们必须从这个棋盘上的演变来看各民族的过去和现在。从我国有文字记载的历史时期来看，各族人民流动的总趋势是北方民族的南下或西进，中原民族的向南，沿海民族的入海或南北分移，向南移的又向西越出现在的国境。我国人口最多的民族——汉族就是在这种迁移变动中，逐渐融合了许多古代民族而逐渐形成的。从金、元时代逐渐把中原地区的人称为汉人以来，汉作为民族名称使用了至少已有 1 000 年的历史（在此以前，曾被称作“唐人”）。但是这个包括了历史上的许多民族成分的汉族，究竟是在怎样的情况下、由多少集团凝聚而成的具体经过和具体情况，我们却不甚了然。要对这 10 亿人口的来龙去脉做一个详细的调查，是一件很不容易的事情。

对中华民族又分又合的历史过程，我们不可能作具体的观察，许多关键问题只能通过文字记录、遗留的文物，以及现存的风俗、习惯、信仰等去推考。但是如果从微型的具体实况来观察各民族间又分又合的关系，那就可以丰富我们对中华民族形成和变化过程的理解，充实我们对民族问题的理论认识。从大瑶山瑶族的研究中，是不是也可以得到启发，从中找出一些规律性的东西来。从这个角度看，大瑶山是研究这个问题的一个很好园地。我们今后的民族研究，既要有微型的调查，也要有宏观的总结。宏观和微观又是相对而言的。就大瑶山一个地区来说，它在当地是一个宏观的研究，而大瑶山中一个村寨、一个集团的调查则是它的微型研究。而对整个瑶族或汉族或中华民族来说，这是一个更大程度的宏观研究，而大瑶山地区的研究就成为它的局部，是一个更大的宏观研究中的微型调查。

关于微型研究，过去我曾经做过一些。30 年代时初访瑶山的成果《花蓝瑶的社会组织》以及后来的《江村经济》《禄村农田》等都是例子。但是总的来说，在民族研究中这种微型的研究做得还是不够。我曾经在中央民族学院民族研究所的一次报告中说过：“‘微’是指深入到生活的实际，而不是泛泛地、一般化地叙述，要做到有地点、有时间、有人、有行为、有感情、有思想，这样才能说是‘直接的观察’。‘型’是把一个‘麻雀’作为一个类型的代表，解剖得清清楚楚，五脏六腑，如何活动作全面说明，而且要把这个‘麻雀’的特点讲出来，它和别的‘麻雀’有何不同、为何不同等。这样的‘微型’研究是民族研究的基础，通过比较不同的‘型’，就能逐步形成全面宏观的认识。”通过对大瑶山瑶族的调查研究，我想汉族也一定有一个自己的基本成分，也就是原来居住在中原地区，以黄河为自己的摇篮所哺育出来的那些人，也就是所谓“黄帝”的子孙。但是在漫长的历史里，它不仅包容了“炎帝”的子孙在内，而且还在一个长期封闭的封建国度里，又吸收了附近高原、山区、草原、沙漠上的各个集团或其中的一部分，也羼入了不少古代的少数民族，终于形成为一个复杂的民族共同体、一个人口众多的泱泱大族。正如周恩来总理1957年8月4日在青岛民族工作座谈会上所说的一样：我国历史的发展，使我们的民族大家庭形成许多民族杂居的状态。由于我国各民族交叉的时代很多，互相影响就很多，甚至于互相同化也很多。汉族所以人数这样多，就是因为它吸收了别的民族。这是我从事大瑶山瑶族调查研究以来所提供的一个看法。当然还有许多工作需要大家来做。其中包括我在前面提出的，要开展从北部草原地区、东北角高山森林地区……直到沿海地区、中原地区等地区的宏观与微观相结合的深入调查研究，然后在这样的基础上、在更大的宏观角度上予以分析和总结。科学的发展和客观实际的要求，将迟早会使我们走上这一步。目前我国西南地区已开展了六江流域的调查，贵州地区开展了六山六水的调查，都是一些很好的开端。

这50年中，从我们只有两个青年人跋涉于荒山野岭，初访大瑶山以来，到现在已形成一支相当广大的队伍。从国内到国外，从亚洲到欧美，都有不少学者从事着瑶族的调查研究。我们知道，全世界各地的瑶族的祖先，都是从中国迁出去的，直到今天，瑶族人口的大多数也居住在中国境内，因此说，我们对瑶族的调查研究负有更大的任务。我们欢迎各国学者之间的文化交流、共同协作、增进友谊，也希望能从近年来的大瑶山调查开始，发展成为以南岭山脉的民族走廊为主的综合性调查。这里面有作为山居民族的瑶族的各方面问题，有瑶族和跟他接近的苗族与畲族的关系问题，这并不仅仅是历史上的渊源问题，也是对相类似的山居民族的比较问题。包括了苗、瑶、畲族与壮族、侗族、布依族以及土家族等在历史上的关系问题，它们之间的互相影响与有什么差异的问题，以及历史上汉族在这个地区的作用问题，汉族与上述各少数民族之间的关系问题等。南岭山脉的民族走廊研究好了，不仅有助于上述各民族历史的研究，而且也可以大大丰富中国通史的内容，有助于我们对当前各民族情况的深刻了解。

50 年在人类历史上只不过是短暂的一瞬，在瑶山研究方面，我们走过了艰难曲折的坎坷路程。我期望在未来的 50 年里，瑶族研究有一个新的更大的发展，并相信他们的路程也许会比我们坦荡一些，但是永远不要忘记在攀登科学高峰时，仍然需要那种勇敢的不畏艰辛的刻苦精神。

1986 年 5 月

# 中华民族的多元一体格局*

我想以这次香港中文大学邀请我发表 Tanner 讲演的机会，提出我多年来常在探索中的关于中华民族多元一体格局的问题向各位学者请教。请容许我坦率地说，我对这个格局的认识是不够成熟的，这篇讲演只能说是我对这个问题研究的起点，并没有构成一个完整的见解。

为了避免对一些根本概念作冗长的说明，我将把“中华民族”这个词用来指现在中国疆域里具有民族认同的十亿人民。它所包括的 50 多个民族单位是多元的，中华民族是一体。它们虽则都称“民族”，但层次不同。我用国家疆域来做中华民族的范围并不是很恰当

* 本文是费孝通先生在 1988 年召开的国际最著名的学术讲演活动之一——“泰纳讲演”（Tanner Lecture）会上，作为主讲人的演说稿。

的，因为国家和民族是两个不同的又有联系的概念。我这样划定是出于方便和避免牵涉现实的政治争论。同时从宏观上看，这两个范围基本上或大体上可以说是一致的。

中华民族作为一个自觉的民族实体，是近百年来中国和西方列强对抗中出现的，但作为一个自在的民族实体则是在几千年的历史过程中形成的。我这篇论文将回溯中华民族多元一体格局的形成过程。它的主流是由许许多多分散存在的民族单位，经过接触、混杂、联结和融合，同时也有分裂和消亡，形成一个你来我去、我来你去，我中有你、你中有我，而又各具个性的多元统一体。这也许是世界各地民族形成的共同过程。中华民族这个多元一体格局的形成还有它的特色：在相当早的时期，距今 3 000 年前，在黄河中游出现了一个若干民族集团汇集和逐步融合的核心，被称为华夏，它像滚雪球一般地越滚越大，把周围的异族吸收进了这个核心。它在拥有黄河和长江中下游的东亚平原之后，被其他民族称为汉族。汉族继续不断吸收其他民族的成分日益壮大，而且渗入其他民族的聚居区，构成起着凝聚和联系作用的网络，奠定了以这疆域内部多民族联合成的不可分割的统一体的基础，形成为一个自在的民族实体，经过民族自觉而称为中华民族。

这是一幅丰富多彩的历史长卷，有时空两个坐标，用文字来叙述时有时难于兼顾，所以在地域上不免有顾此失彼，方位错乱，时间上不免有前后交差，顺序倒置的缺点。让这篇论文作为我在这个学术领域里的一次大胆的尝试吧。

## 一、中华民族的生存空间

任何民族的生息繁殖都有其具体的生存空间。中华民族的家园坐落在亚洲东部，西起帕米尔高原，东到太平洋西岸诸岛，北有广漠，东南是海，西南是山的这一片广阔的大陆上。这片大陆四周有天然屏障，内部有结构完整的体系，形成一个地理单元。这个地区在古代居民的概念里是人类得以生息的唯一的一块土地，因而称之为天下，又以为四面环海所以称四海之内。这种概念固然已经过时，但是不会过时的却是这一片地理上自成单元的土地一直是中华民族的生存空间。

民族格局似乎总是反映着地理的生态结构。中华民族不是例外。他们所聚居的这片大地是一块从西向东倾侧的斜坡，高度逐级下降。西部是海拔 4 000 米以上的号称世界屋脊的青藏高原，东接横断山脉，地势下降到海拔 1 000 米到 2 000 米的云贵高原、黄土高原和内蒙古高原，其间有塔里木盆地及四川盆地。再往东是海拔千米以下的丘陵地带和海拔 200 米以下的平原。

东西差落如此显著的三级梯阶，南北跨度又达 30 个纬度，温度和湿度的差距自然形成了不同的生态环境，给人文发展或以严峻的桎梏，或以丰润的机会。中华民族就是在这个自然框架里形成的。

## 二、多元的起源

生存在这片土地上的人最早的情况是怎样的？这个问题涉及中华民族的来源。任何民族都有一套关于民族来源的说法，而这套说法又常是用来支持民族认同的感情，因而和历史上存在的客观事实可以出现差错。关于中华民族的起源过去长期存在着多元论和一元论、本土说和外来说的争论。直到 20 世纪 50 年代，特别是 70 年代以来，由于中国考古学的发展，我们才有条件对中华民族的早期历史做出比较科学的认识。

在中华大地上已陆续发现了人类直立人（猿人）、早期智人（古人）、晚期智人（新人）各进化阶段的人体化石，可以建立较完整的序列，说明了中国这片大陆应是人类起源的中心之一。

这些时代的人体化石又分布极广，年代最早的元谋人（距今约 170 万年）是在云南发现的。其他猿人的化石已在陕西蓝田县、北京周口店、湖北郧县及郧西县、安徽和县有所发现。生活在 10 万至 4

万年以前的古人化石，已在陕西大荔县、山西襄汾县丁村、山西阳高县许家窑、辽宁营口金牛山、湖北长阳县、安徽巢县及广东曲江县马坝等处发现。生活在距今 4 万至 1 万年以前的新人化石已在北京周口店山顶洞、山西朔县峙峪、内蒙古乌审旗、辽宁建平县、吉林延边州安图县、黑龙江哈尔滨市、广西柳江县、贵州兴义县、云南丽江县、台湾台南县左镇有所发现。我列举这许多地名目的是要指出在人类进入文化初期，中华大地上北到黑龙江，西南到云南，东到台湾都已有早期人类在活动，他们并留下了石器。很难想象在这种原始时代，分居在四面八方的人是出于同一来源，而且可以肯定的是，这些长期分隔在各地的人群必须各自发展他们的文化以适应如此不同的自然环境。这些实物证据可以否定有关中华民族起源的一元论和外来说，而肯定多元论和本土说。

即使以上的论断还不够有说服力，考古学上有关新石器时代的丰富资料更有力地表明中华大地上当时已出现地方性的多种文化区。如果我们认为同一民族集团的人大体上总得有一定的文化上的一致性，那么我们可以推定早在公元前 6 000 年前，中华大地上已存在了分别聚居在不同地区的许多集团。新石器时期各地不同的文化区可以作为我们认识中华民族多元一体格局的起点。

## 三、新石器文化多元交融和汇集

近年来，我国各省（区）发现新石器文化遗址总共有 7 000 多处，年代从公元前 6000 年起延续到公元前 2000 年。根据考古学界的整理和研究，对各地文化区的内涵、演进、交融和汇聚，已有比较明确的轮廓，尽管有不少专题还有争论。我在这里不可能详细介绍这方面的研究成果，只能就中原地区的有关资料择要一述。

新石器时期黄河中游和下游存在东西相对的两个文化区：

黄河中游新石器文化的序列是前仰韶文化（公元前 6000—前 5400 年）—仰韶文化（公元前 5000—前 3000 年）—河南龙山文化

（公元前 2900—前 2000 年）。继河南龙山文化的可能是夏文化。因仰韶文化曾以彩绘陶器著名，曾被称为彩陶文化。仰韶文化分布以渭、汾、洛诸黄河支流域的中原地区为中心，北达长城沿线，南抵湖北西北部，东至河南东部，西达甘青接壤地区。但在河南龙山文化兴起前它在黄河中游地区已经衰落了。

黄河下游则另有一序列的文化和黄河中游的文化不同。它们是青莲岗文化（公元前 4000—前 4000 年）—大汶口文化（公元前 4300—前 2500 年）—山东龙山文化（公元前 2500—前 2000 年）—岳石文化（公元前 1900—前 1500 年）。继岳石文化的可能是商文化。龙山文化以光亮黑陶著名，曾被称为黑陶文化。

公元前 3 000 年当仰韶文化在黄河中游地区突然衰落时，黄河下游的文化即向西扩张，继仰韶文化出现的是河南龙山文化。虽则考古学者认为河南和山东的龙山文化具有地区性的区别，但中游地区在文化上受到下游文化的汇聚和交融是明显的。

长江中下游在新石器时代同样存在着相对的两个文化区。长江下游的文化区是以太湖平原为中心，南达杭州湾，西至苏皖接壤地区。其文化序列大体是河姆渡文化（公元前 5000—前 4400 年）—马家滨、崧泽文化（公元前 3300—前 1300年）—良渚文化（公元前 3300—前 2200 年）。良渚文化大体和河南龙山文化年代相当，文化特征也与山东龙山文化有密切的联系。

长江中游新石器文化以江汉平原为中心，南包洞庭湖平原，西尽三峡，北抵河南南部，其文化序列分歧意见较多，大体上是大溪文化（公元前 4400—前 3300 年）—屈家岭文化（公元前 3000—前 2000 年）—青龙泉文化（公元前 2400 年），因其受中原龙山文化的影响亦称湖北龙山文化。长江中游和下游相同的是在后期原有文化都各自受黄河下游龙山文化的渗入，而处于劣势地位。

关于新石器时代北方的燕辽文化区，黄河上游文化区及华南文化区留待下面讲到这些地区时再说。

上面所述新石器时代中原两河流域中下游这个在生态条件上基本

一致的地区的考古发现，已可以说明中华民族的先人在文明曙光时期，公元前5000年到公元前2000年之间的3000年中还是分散聚居在各地区，分别创造他们具有特色的文化，这是中华民族格局中多元的起点。

在这多元格局中，同时也在接触中出现了竞争机制，相互吸收比自己优秀的文化而不失其原有的个性。例如，在黄河中游兴起的仰韶文化，曾一度向西渗入黄河上游的文化区，但当其接触到了比它优秀的黄河下游山东龙山文化时，就出现了取代仰韶文化的河南龙山文化。考古学者在龙山文化前加上各个地方的名称表示它们依然是从当地原有文化中生长出来的，实际上说明了当时各族团间文化交流的过程，从多元之上增加了一体的格局。

## 四、凝聚核心汉族的出现

中国最早的文字史料现在可以确认的是商代的甲骨文，相传由孔子编选的《尚书》还记载一些上古的文件和传说。早年的史书中，把上古史编成三皇五帝的历史系统。这些文字史料已有部分可以和考古资料相印证，使我们对新石器时代末期到铜器时代的历史能有较可靠的知识，特别是80年代初期发掘的河南登封王城岗夏代遗址，一般认为即是夏王朝初的“阳城”遗址，夏代历史已从神话传说的迷雾中得以落实。商代历史有甲骨文为据，周代历史有钟鼎文为据，相应的后世的文字记载都可得而考。夏商周三代正是汉族前身华夏这个民族集团从多元形成一体的历史过程。

河南夏代“阳城”遗址所发现的文物显示了它是继承了新石器时代河南龙山文化发展到了铜器时代。从黄河中下游遗留的文物中也可以看到这些地区都早已发展了农业生产，这和夏禹治水的传说（河南龙山文化的中晚期）可以联系起来，表明了这地区早期居民当时生产力的发展水平。我们还记得河南的龙山文化正是在仰韶文化的基础上吸收了山东的龙山文化而兴起的。所以可以说华夏文化就是以黄河中下游不同文化的结合而开始的。

传说的历史中在禹之前还有尧、舜和神话性的始祖黄帝。留下的传说大多是关于他们向四围被称为蛮夷戎狄的族团的征伐。黄帝曾击败过蚩尤和炎帝，地点据说都在今河北省境内。据《史记》所载，舜又把反对他的氏族部落放逐到蛮夷戎狄中去改变后者的风俗，也可以说就是中原居民和文化的扩张。到禹时，如《左传》所载："禹会诸侯于涂山，执玉帛者万国。"《禹贡》将此时的地域总称为"九州"，大体包括了黄河中下游和长江下游的地区，奠定了日益壮大的华夏族的核心。

继夏而兴起的是商。商原是东夷之人，而且是游牧起家的。后来迁泰山，再向西到达河南东部，发展了农业，使用畜力耕种。农牧结合的经济使它强大起来，起初臣属于夏，后来取得了统治九州的权力，建立商朝，分全国为中东南西北五土，《诗经·商颂》有："邦畿千里，维民所止，肇域彼四海。"其疆域包括今河南、山东、河北、辽宁、山西、陕西、安徽以及江苏、浙江的一部分，可能还有江西、湖南及内蒙古的某些地方。

继商的是周，周人来自西方，传说的始祖是姜嫄，有人认为即西戎的一部分羌人，最初活动在渭水上游，受商封称周。它继承了商的天下，又把势力扩大到长江中游。《诗经·北山》称"溥天之下，莫非王土，率土之滨，莫非王臣"。它实行宗法制度，分封宗室，控制所属地方：推行井田，改进农业，提高生产力。西周时松散联盟性质的统一体维持了约300年，后来列国诸侯割据兼并，进入东周的春秋战国时代。这时的统一体之内，各地区的文化还保持着它们的特点。直到战国时期，荀子还说："居楚而楚，居越而越，居夏而夏。"夏是指中原一带的一个核心，不论哪个地方的人，到了越就得从越，到了楚就得从楚，可见楚、越、夏还有明显的差别。

无可否认的是在春秋战国的500多年里，各地人口的流动，各族文化的交流，各国的争雄竞争，出现了中国历史上的一个文化高峰。这500年也是汉族作为一个民族实体的育成时期，到秦灭六国，统一天下，而告一段落。

汉作为一个族名是汉代和其后中原的人和四围外族人接触中产生的。民族名称的一般规律是从“他称”转为“自称”。生活在一个共同社区之内的人，如果不和外界接触不会自觉地认同。民族是一个具有共同生活方式的人们共同体，必须和“非我族类”的外人接触才发生民族的认同，也就是所谓民族意识，所以有一个从自在到自觉的过程。秦人或汉人自认为秦人或汉人都是由于别人称他们为秦人或汉人。必须指出，民族的得名必须先有民族实体的存在，并不是得了名才成为一个民族实体的。

汉族这个名称不能早于汉代，但其形成则必须早于汉代。有人说，汉人成为族称起于南北朝初期，可能是符合事实的，因为魏晋之后正是北方诸族纷纷入主中原的十六国分裂时期，也正是汉人和非汉诸族接触和混杂的时候。汉人这个名称也成了当时流行的指中原原有居民的称呼了。

当时中原原有的居民在外来的人看来是一种“族类”而以同一名称来相呼，说明了这时候汉人已经事实上形成了一个民族实体。上面从华夏人开始所追溯的 2 000 多年的历史正是这个民族诞生前的孕育过程。

汉族的形成是中华民族形成中的一个重要阶段，在多元一体的格局中产生了一个凝聚的核心。

## 五、地区性的多元统一

秦始皇结束战国时代地方割据的局面在中国历史上是一件划时代的大事，因为从此统一的格局成了历史的主流。当然所统一的范围在秦代还只限于中原，就是黄河长江中下游的平原农业地区，而且这个统一的格局也是经过长期逐步形成的。在春秋战国时代各地方的经济都有所发展，他们修筑道路，发展贸易。战国时的列国通过争雄称霸已把中原这片土地四通八达地基本上构成了一个整体。秦始皇在这基础上做了几件重要的事，就是车同轨，书同文，立郡县和确立度量衡的标准，在经济、政治和文化上为统一体立下制度化的规范。

车同轨和度量衡的标准化是经济统一的必要措施。传统的方块字采用视觉符号把语和文分离，书同文就是把各国的通用符号统一于一个标准，也就是把信息系统统一了起来，在多元语言上罩上一种统一的共同文字。这个信息工具至今还具有生命力。废封建、立郡县，建立了中央集权的政体，这个政体延续至今已有 2 000 多年的历史。关于中原地区的统一我不再多说。在这里要指出，这只是形成中华民族多元一体格局的又一步。第一步是华夏族团的形成，第二步是汉族的形成，也可以说是从华夏核心扩大而成汉族核心。

我说秦代的统一还只是中华民族这个民族实体形成的一个步骤，因为当时秦所统一的只是中原地区，在中华民族的生存空间里只占一小部分，在三级地形中只是海拔最低的一级，而且还不是全部。中原的周围还有许多不同的族团也正在逐步分区域地向由分而合地统一之路迈进。让我先讲北方的情况。

到目前为止，我国考古学的工作主要还是集中在中原地区，因此我们对中原周围地区的上古历史相对地说还是知道得很少。陈连开教授提出过一个值得重视的观点，我的另一位同事谷苞教授经过几十年在西北的实地考察，也提出了同一观点，他们都认为在秦汉时代中原地区实现统一的同时，北方游牧区也出现了在匈奴人统治下的大一统局面。他们更指出南北两个统一体的汇合才是中华民族作为一个民族实体进一步的完成。我同意这个观点。

南北两大区域的分别统一是有其生态上的基础。首先统一的中原地区是黄河长江中下游的平原地区，从新石器时代起就产生了农业文化。黄河中下游的新石器遗址中已找到粟的遗存，长江中下游的新石器遗址中已找到稻的遗存。从夏代以降修水利是统治者的主要工作，说明了灌溉在农业上的重要地位。小农经济一直到目前还是汉族的生活基础，至今还没有摆脱汉族传说性的祖先神农氏的阴影。

这一片平原上的宜耕土地在北方却与蒙古高原的草地和戈壁相接，在西方却与黄土高原和青藏高原相连。这些高原除了一部分黄土地带和一些盆地外都不宜耕种，而适于牧业。农业和牧业的区别各自产生了相适应的文化，这是中原和北方分别成为两个统一体的自然条件。

划分农牧两区的地理界线大体上就是从战国时开始建筑直到现在还存在的长城。这条战国秦汉时开始修的长城是农业民族用来抵御牧业民族入侵的防线。农民处于守势而牧民处于攻势。这也是决定于两种经济的不同性质。农业是离不开土地的，特别是发展了灌溉农业，水利的建设更加强了农民不能抛井离乡的黏着性。农民人口增长则开荒辟地，以一点为中心逐步扩大，由家而乡，紧紧牢守故土，难得背离，除非天灾人祸才发生远距移动。

牧业则相反。在游牧经济中，牲口靠在地面上自然生长的草得到食料，牲口在草地上移动，牧民靠牲口得到皮、毛、肉、乳等生活资料，就得跟牲口在草地上移动，所谓“逐水草而居”。当然游牧经济里牲口和人的移动也是有规律的，但一般牧民不能长期在一个地方定居，必须随着季节的变化，在广阔的草原上转移。牧民有马匹作行动的工具，所以他们的行动也比较迅速，集散也比较容易。一旦逢遭灾荒，北方草原上的牧民就会成群结队，南下就食农区。当双方的经济和人口发展到一定程度，农牧矛盾就会尖锐起来，牧民成为当时生活在农区的人的严重威胁。对这种威胁，个体小农是无法抗拒的，于是不能不依附于可以保卫他们的武力，和可以动员和组织集体力量来建筑防御工程的权力。这也是促成中央集权政体的一个历史因素。长城表现了这一个历史过程。

牧区经济的发展同样需要有权力来调处牧场的矛盾，需要能组织武力进行自卫或外出夺取粮食、财物和人口。我们对于北方草原上民族的早期历史知道得很少，当在汉代的史书中看到有关匈奴人比较详细的记载时，他们已经是北方的强大力量，拥有长城之外东起大兴安岭，西到祁连山和天山的广大地区，就是这里所说北方的统一体。到汉初已形成“南有大汉，北有强胡”的局面。

实际的历史过程不可能这样简单。考古学者从30年代起已陆续在长城外的内蒙古赤峰（昭乌达盟）发现了新石器时代的红山文化，这个地区的先民已过着以定居农业为主，兼有畜牧渔猎的经济生活。近年又发现了距今5 000年前的祭坛和“女神庙”，出土的玉器与殷商玉器同出一系。铜器的发现更使我们感到对东北地区早期文化的认识不足，而且正是这个东北平原和大兴安岭及燕山山脉接触地带，在中国历史上孕育了许多后来入主中原的民族。关于这方面的情况，下面再提。

中原和北方两大区域的并峙，实际上并非对立，尽管历史里记载着连续不断的所谓劫掠和战争。这些固然是事实，但不见于记载的经常性相互依存的交流和交易却是更重要的一面。

把游牧民族看成可以单独靠牧业生存的观点是不全面的。牧民并不是单纯以乳肉为食，以毛皮为衣。由于他们在游牧经济中不能定居，他们所需的粮食、纺织品、金属工具和茶及酒等饮料，除了他们在大小绿洲里建立一些农业基地和手工业据点外，主要是取之于农区。一个渠道是由中原政权的馈赠与互市，一个渠道是民间贸易。

贸易是双方面的，互通有无。农区在耕种及运输上需要大量的畜力，军队里需要马匹，这些绝不能由农区自给。同时农民也需牛羊肉食和皮毛原料。在农区对牧区的供应中，丝绢和茶常是重要项目。因而后来把农牧区之间的贸易简称为“马绢互市”与“茶马贸易”。在北方牧区的战国后期及汉代墓葬中发现很多来自中原地区的产品，甚至钱币。

在日益密切的相互依存和往来接触中，靠近农区的那一部分匈奴牧民于公元1世纪已逐步和附近的汉族农民杂居混合，进入半农半牧的经济。公元前1世纪中叶这些匈奴人在汉武帝的强大压力下南北分裂后被称为匈奴。他们后来并没有跟北匈奴远走中亚，而留居原地，即今内蒙古境内，并且逐渐进入关内和汉人杂居混合。

在战国到秦这一段历史时间里农牧两大统一体之争留下了长城

这一道巨大的工程，这是表示了早期牧攻农守的形势。但是当农业地区出现的统一体壮大后，从汉武帝开始就采取了反守为攻的战略。这个战略上的改变导致了汉族向西的大扩张，就是在甘肃西部设置河西四郡：敦煌、酒泉、武威、张掖，移入28万人，主要是汉族。

河西四郡是黄土高原通向天山南北的走廊。这个地区的平原地带降水量是很少的，但是祁连山山区降水量较多，而且有积雪融化下流，供水较足可以灌溉农田。这是汉族能大量移入开荒种田的经济基础。这条走廊原来是乌孙和月氏的牧场，匈奴把他们赶走后占领其地，并和羌人联合起来，在西方包围了汉族。汉武帝于公元前122年迫降该地区的匈奴，置四郡，移汉人实边，把这个包围圈打出了一个缺口，即所谓“隔绝羌胡”，这条走廊也给汉代开辟西域铺下通道。后来又利用这条通道联合了天山以南盆地里的被匈奴欺压掠夺的农业小国和被匈奴放逐到中亚的乌孙，形成了对匈奴的反包围，而击败匈奴。

从蒙古高原经天山北路直到中亚细亚是一片大草原，这对游牧民族来说是可以驰骋无阻的广场。游骑飘忽，有来有去。牧场的争持，你占我走，你走我占，所以这个地区的民族是时聚时散的。哪个部落强大了就统治其他部落，而以其名称这广大草原上的牧民。所以在史书上所见的是一连串在北方草原上兴起的族名，匈奴之后有鲜卑、柔然、突厥、铁勒、葛逻禄、回鹘等。他们有时占领整个大草原，有时只占其中的一部分，最后是蒙古人，其势力直达西亚。

曾在这片草原上崛起的民族，许多还有其后裔留在这个地区，但又多和其他民族结合，其杂其混、其分其合，构成很复杂的历史过程，我们在此毋庸细述。大体上说，新疆现有民族中有5个少数民族所说的语言属于突厥语族。他们是维吾尔、哈萨克、乌孜别克、塔塔尔，柯尔克孜。他们都是早期就在这片大草原上活动过的民族的后裔。

## 六、中原地区民族大混杂、大融合

汉族形成之后就成为一个具有凝聚力的核心，开始向四周围的各族辐射，把他们吸收成汉族的一部分。紧接汉魏在西晋末年黄河流域及巴蜀盆地出现了“十六国”，实际上有 20 多个地方政权，大多是非汉民族建立的。在这大约一个半世纪（304—439）里正是这个地区民族大杂居、大融合的一个比较明显的时期，是汉族从多元形成一体的一幕台前的表演，而这场表演的准备时期早在汉代开始，匈奴人的“归附”即是其中的一幕。

在这些地方政权中，匈奴人建立的有 3 个，氐人建立的有 4 个，羯人建立的有 1 个，鲜卑人建立的有 7 个，羌人建立的有 1 个，汉人建立的有 3 个。它们所占的地区遍及今陕西、山西、河北、河南、甘肃、宁夏、四川、山东、江苏、安徽、辽宁、青海、内蒙古等省（区）的一部分。实际上是中原地区的全部都曾波及。

北方及西方非汉族在上述地区建立地方政权表明有大量的非汉人进入了这个地区，由于混而未合，所以这时“汉人”作为民族标记的名称也就开始流行，而且由于汉人的政治地位较低，“汉人”也成为带有歧视的称呼。但是进入华北地区的非汉人，一旦改牧为农，经济实力最终还是要在社会地位上起作用。在这个时期就开始有关于“胡人改汉姓”的记载，到了统一华北的北魏还发生了改复姓为单姓的诏命，也就是要胡人改从汉姓。有人统计《魏书》“官氏表”中 126 个胡姓中已有 60 个不见于官书。杂居民族间的通婚相当普遍，甚至发生在社会上层。非汉族的政治地位又不易持久，你上我下，我去你来，结果都分别吸收在汉人之中。汉族的壮大并不是单纯靠人口的自然增长，更重要的是靠吸收进入农业地区的非汉人，所以说是像滚雪球那样越滚越大。

经过南北朝的分裂局面，更扩大了的中原地区重又在隋唐两代统一了起来。唐代的统治阶级中就有不少是各族的混血。建国时，汉化鲜卑贵族的支持起了举足轻重的作用，因之他们在统治集团中一直处于重要地位。有人统计，唐朝宰相 369 人中，胡人出身的有 36 人，占 1/10。《唐书》还特辟专章为蕃将立传。沙陀人在唐末颇为跋扈，在继唐而起的五代中后唐、后晋、后汉三朝都是沙陀人建立的，以中兴唐朝出名的庄宗本身就是出自沙陀人。所以有唐一代名义上是汉族统治，实际上是各族参与的政权。从唐到宋之间的500年的时间里，中原地区实际上是一个以汉族为核心的民族熔炉。许多非汉民族被当地汉人所融合而成为汉人。当然融合的过程是复杂的，但结果许多历史有记载的如鲜卑、氐、羯等族名逐渐在现实生活中消失了。

唐代不能不说是中华文化的一个高峰。它的特色也许就是在它的开放性和开拓性。这和民族成分的大混杂和大融合是密切相关的。

## 七、北方民族不断给汉族输入新的血液

如果北宋可以说经过了五代的分裂局面，中原又恢复了统一，它的力量毕竟是微弱的。它的北方，今内蒙古巴林左旗，在公元916年兴起了一个强大的民族——契丹——作为中国的一个王朝称辽。它的疆域从黑龙江出海口到今蒙古人民共和国中部，南面从今天津，经河北霸县到山西雁门关一线与北宋对峙。统治了210年才为另一北方民族女真所灭。发源于白山黑水的女真人，1115年立国称金，1125年灭辽，接着灭北宋，先后在今天的北京和开封建都，疆域包括辽的故土并向西扩张到陕西、甘肃与西夏接界，向南扩张达秦岭和淮河与南宋接界。北宋只有300年的历史，这期间给中原北部这个地区混杂居住的许多民族成分有一个消化和融合的阶段，并为汉族的向南扩张积聚了力量。这是后话。

这里应当讲一讲大兴安岭以东的松辽平原。这个平原和广大草原之间当时存在着一个大兴安岭的屏障，广阔的森林可能挡住了游牧民族的东进。看来有一些游牧民族可以溯源于这个森林里的狩猎民族。

最近我到大兴安岭林区实地观察，在呼盟阿里河镇西北10公里见到林区里的一个山洞，称嘎仙洞，洞里还保留着公元443年北魏太武帝拓跋焘遣使竖立的用以纪念他祖先的石刻祝文。这表明鲜卑

族早期曾居住在大兴安岭的森林里。鲜卑族后来从山区西南迁到呼伦池的草原上，然后继续向西南徙居于阴山河套之间，形成鲜卑拓跋部，其中有一部分进入青海，大部分 4 世纪初活动在今内蒙古和山西大同地区。公元 386 年建立魏国，439 年统一中原北部地区。

建辽国的契丹人原是活动在辽河上游的游牧民族，曾臣服于唐，916 年建立辽国。建国前后都有大批汉人迁入，农业和手工业得到发展，但被金灭后，契丹人多与汉人及女真人相融合。

建立金国的女真人也是在松辽平原上兴起的，它走上与契丹人由弱到强、由强而亡的道路。当他们占有中原北部地区后，曾把所征服的地区的居民用汉人、燕人、南人等名称和女真人相区别，但是后来许多女真人也开始改用汉姓，见于《金史》记载的有 31 个姓，而且他们的改姓并非出于诏令，而是民间的自愿。尽管改用汉姓并不表示他们已完全成了汉人，但表明他们已不再抗拒汉化了。

契丹和女真人尽管在中原北部政治上取得优势，但都没有统一中国。北方民族囊括中国全部版图成为统一的政权是从蒙古人建立的元朝开始。其后还有女真人的后裔满人建立的清朝。元朝统治了 97 年（1271—1368），清朝统治了 267 年（1644—1911）。蒙古人和满人当然是非汉民族，而且至今还是有人口百万以上的少数民族，但是在他们的统治时代，汉族还是在壮大，当他们的王朝灭亡后，大量的蒙古人和满人融合在汉族之中。

元代蒙古人统治下的人分四等：蒙古、色目、汉人和南人。这时的女真人、契丹人、高丽人都被包括在汉人之中，与汉人的待遇是一致的。又据《元史》记载“女直（即女真）、契丹同汉人。若女直契丹生西北不通汉语者，同蒙古人；女直（其下当遗契丹二字）生长汉地，同汉人”（《世祖记十》）。看来女真人和契丹人中已有分化，或融合于汉族，或融合于蒙古族。元代把汉族分为汉人和南人两类，以宋、金疆域为边界。凡是先被蒙古人征服的原属金的区域里的汉人仍称汉人，后来征服了南宋，曾属南宋的人称南人或宋人、新附人或蛮子。看来其中也包括长江以南的各非汉民族。这样也加强了这些非汉民族和汉族的融合。

继蒙古人之后统治中国的是汉族，称明朝，初期曾下令恢复“唐代衣冠”，禁止胡服胡语胡姓。用行政命令来改变民族风俗习惯和语言都是徒劳的。据《明实录》引用1442年的一份奏折中有当时“鞑装”盛过唐服的话。但是民间交流却起作用。明末清初的顾炎武在他的《日知录》里论及当时民族混杂的情况曾说：“华宗上姓与毡裘之种相乱，惜乎当日之君子徒诵‘用夏变夷’之言，而无类族辨物之道。”又说：“今代山东氏族其出于金、元之裔者多矣”。这表明在当时的社会上层各族间的通婚已经通行，而且大量汉化了。

蒙古人融合于汉族的具体例子见于最近出版的梁漱溟先生的《问答录》(第2页)。他说：“我家祖先与元朝皇帝同宗室，姓‘也先帖木耳’，蒙古族。元亡，末代皇帝顺帝携皇室亲属逃回北方，即现在的蒙古，而我们这一家未走，留在河南汝阳，改汉姓梁。……说到种族血统，自元亡以后经过明清两代，历时五百余年，不但旁人早不晓得我们是蒙古族，即自家人如不是有家谱记载也无从知道了。但几百年来与汉族通婚，不断融合两种不同的血统，自然是具有中间的气质的。”在看到这段话之前，我从来不知道梁先生的祖先是蒙古人，他并没有报过蒙古族，而安于自认及被认为汉族，但是有意思的是他这500年前的血统渊源还看成是他的“中间气质”的根源。可见民族意识是很深的。解放之后，原来已报汉族而后来改报蒙古族的人数还是不少的。

这里可以提一下，由于蒙古人先统一了北方地区，后来才西征中亚，然后回师从甘肃，经四川，入云南，沿长江而下，灭亡南宋。这一场战争却在中华民族的格局中增添了一个重要的少数民族：回族，1982年普查人数达722万，在少数民族中仅次于壮族，而且是其中分布最广的民族。主要聚居于宁夏和甘肃，并在上海、河南、山东、云南等省及全国各大城市有大小不等的聚居区。

大约在7世纪中叶，从海路有大批阿拉伯和波斯的穆斯林商人在广州、泉州、杭州、扬州等沿海商埠定居，当时称蕃客。13世纪初叶蒙古人西征，中亚信伊斯兰教各国被征服后，大批商人、工匠签发为远征军做后勤工作，称“探马赤军”，后随军进入中国征伐南宋，汉人称他们为“回回军”。回族就是在蕃客和回回军基础上大量和汉族通婚后，形成包括所有在中原各省信伊斯兰教的人。除了随蒙古军队在大城市落户的中亚商人和工匠，还有大量中亚人分驻各防区，主要在甘肃、云南。他们奉命屯垦，“上马则备战斗，下马则屯聚牧养”，定居了下来。他们在元代列入色目人中享有较汉人为高的政治和社会地位。明代他们在政府和军队中还保持了较高的地位。其时在甘青宁一带人口众多，曾有“回七汉三”的说法。在云南大理一带其人数也很多。但由于后来清代的民族仇杀使西北和云南的回族人口大为减少。

由于这个民族具有商业传统，早在唐代丝绸之路上的来往商人，蕃客就占重要地位。回族形成后，在黄土高原上北和蒙古、西和青藏牧区接壤地区，即甘青宁黄河上游走廊地带，依靠农牧产品贸易，即所谓“茶马贸易”，善于从商的回族得以发展，所以现在最大的回族聚居还是在宁夏回族自治区和甘肃的临夏回族自治州。

回族现在通用汉语。海上和从中亚移入的穆斯林什么时候和怎样失去他们原来的语言已经难说。有人认为商人和军队中妇女较稀少，所以为了繁衍种族，势必和当地妇女通婚，由母传子，改变了民族语言。经商也应当是他们必须掌握当地语言的一个原因，何况回回一般是小聚居、大分散的格局和汉人杂居。在语言和生活各方面和汉族趋同是很自然的社会结果。但是他们坚持伊斯兰信仰，用以在汉族的汪洋大海中保持和加强自己的民族意识。他们一般的习惯是回族可以娶汉族妇女，嫁后须信伊斯兰教。回族妇女不嫁汉人，除非汉人改信伊斯兰教，成为回族成员。

清代满族并没有轶出过去进入中原的北方民族的老路。这是大家记忆犹新的历史，可以不必在此多说。我在解放前的确没有听到过语言学家罗常培、文学家老舍是满族，他们都是在解放之后才公开他们的民族成分的。当然，我们这些汉人和他们相处时并不会感到我们之间有什么差别。在没有公开他们的民族成分之前，他们都知道自己是满族。这又说明了在一体的格局中多元还是顽强地存在。

北方诸非汉民族在历史长河里一次又一次大规模地进入中原农业地区而不断地为汉族输入了新的血液，使汉族壮大起来，同时又为后来的中华民族增加了新的多元因素。这些对中华民族多元一体格局的形成都起了重要的作用。我在本文中只能做出上面简单的叙述，指出它的梗概而已。

## 八、汉族同样充实了其他民族

在我国古代民族中，除了月氏、乌孙、匈奴、突厥等民族的大部或部分迁居他国外，绝大多数的民族都长期在中华大地上居住，他们之间的交流和融合是经常的。上节里我着重讲了在不同时期汉族曾融合进了为数众多的其他民族成分。在这一节里，我要略述汉族融合到其他民族里去的情况。

汉族被融合入其他民族主要有两种情况：一种是被迫的，有如被匈奴、西羌、突厥掳掠去的，有如被中原统治者派遣去边区屯垦的士兵、贫民或罪犯；另一种是由于天灾人祸自愿流亡去的。这两种人为数都很多，有人估计“匈奴有奴隶约 30 万，约占匈奴人口的七分之一或五分之一。”（《匈奴史论文选集》，第 12 页）有人估计“匈奴有奴隶 50 多万，占匈奴人口的三分之一。”（同上书，第 10 页）这些奴隶主要是汉人，也有西胡、丁零等族。永初三年（109 年）南匈奴曾一次“还所钞汉民男女及羌所掠转买入匈奴中者合万余人。”（《后汉书 · 南匈奴传》）

西汉时，侯应曾列举 10 条理由反对罢边塞、毁长城，其中的第七条是：“边人奴婢愁苦，欲亡者多……时有亡出塞者。”可见当时时有汉人自愿逃亡匈奴游牧区。东汉末年，仅逃亡到乌桓地区的汉人就有 10 万多户。西晋亡后，中原板荡，汉族人民逃亡辽西、河西、西域和南方的人很多。据《晋书 · 慕容廆传》：“时二京倾覆，幽冀沦陷，廆刑政修明，虚怀引纳，流亡士庶众多褓负归之。廆乃立郡以统流人，冀州人为冀阳郡，豫州人为周郡，青州人为营丘郡，并州人为唐国郡。”流人之多可以想见。

移入其他民族地区的汉人很多就和当地民族通婚，并且为了适应当地社会生活和自然环境，也会在生活方式、风俗习惯等方面发生改变，过若干代后，就融合于当地民族了。比如，公元399年在吐鲁番盘地及邻近地区建立的魏氏高昌国原是一个以汉人为主体建立的国家。这些汉人是汉魏屯田士兵和晋代逃亡到这地区的人的后裔。正是《魏书·高昌传》所说的“彼之氓庶，是汉魏遗黎，自晋化不纲，因难播越，世积已久”。当时这个高昌国的人胡化已深，如《北史·西域传·高昌传》所说：“服饰，丈夫以胡法，妇人裙襦，头上作髻。其风俗政令与华夏略同。……文字亦同华夏，兼用胡书，有《毛诗》、《论语》、《孝经》，……虽习诵之，而皆为胡语。”鞠氏高昌国存在了141年，曾先后臣属于北方游牧民族柔然、高车及突厥。公元640年为唐朝所征服，设西州。公元866年回鹘占领西州，从此长期受回鹘统治，当地汉人的后裔就融合于维吾尔族了。同时生活在天山以南各个绿州操焉耆-龟兹语（吐火罗语）和于阗语的属于印欧语系的诸民族也先后融合于维吾尔族。

又比如：在战国时楚国的庄蹻曾率数千农民迁居于云南滇池地区，自称滇王。其后，汉晋时期均曾派汉人进入云南，但明朝以前迁入云南的汉人大都融于当地各民族了。迁居于大理洱海地区的汉人成了白族中的一个重要部分。

我们过去对于历史上民族之间互相渗透和融合研究得不够，特别是对汉人融合于其他民族的事实注意不够，因而很容易得到一个片面性的印象，似乎汉族较复杂而其他民族较纯。其实所有的民族都是不断有人被其他民族所吸收，同时也不断吸收其他民族的人。至于有人认为经济文化水平较低的民族必然会融合于经济文化水平较高的民族，也是有片面性的，因为历史上确有经济文化水平较高的汉人融合于四周其他经济文化水平较低的民族。民族间相互渗透和融合的过程还是应当实事求是地进行具体分析。我在这里特地加上这一节，目的就是要指出，在看到汉族在形成和发展过程中大量吸收了其他各民族的成分时，不应忽视汉族也不断给其他民族输出新的血液。从生物基础，或所谓“血统”上讲，可以说中华民族这个一体中经常在发生混合、交杂的作用，没有那一个民族在血统上可以说是“纯种”。

## 九、汉族的南向扩展

早在春秋战国时代，作为汉族前身的华夏族，其势力已经东到海滨，南及长江中下游，西抵黄土高原。这个核心的扩展对周围的其他民族，即当时所谓蛮夷戎狄，采取了两种策略，一是包进来“以夏变夷”，一是逐出去，赶到更远的地方。匈奴分南北两部，北匈奴走了，南匈奴化了，是具体的例子。北匈奴沿着直通中亚和东欧的大草原走出了后来中华民族的范围，其他民族能走出这个范围的不多。很可能早期居住在山东半岛上的“东夷”，有部分渡海出走，或绕道东北进入今朝鲜半岛和日本群岛。但绝大多数的非汉民族不受融合的只有走到汉族所不愿去居住的地方，大多是不宜耕种的草原和山区。有些一直坚持到今天，在中华民族的一体中保留了他们的民族特点，构成多元的格局。

这个过程如果要作历史的回顾，一直可以推到三皇五帝的传说时代。被人认为是汉族祖先的黄帝，就曾在黄河北岸和炎帝、蚩尤作过战。炎帝后来加入了汉族祖先之列，现在通常认为中华民族是“炎黄子孙”。蚩尤在传说中却一直被排斥在“非我族类”之中。但是他所率领的“三苗”却还有人望名构史地和现在的苗族联系了起来。这固然是牵强的推测，但蚩尤之后有一部分被留在汉族之外却可能是事实。

从考古的资料来说，如上所述，长江中下游在新石器时代和黄河中下游一样存在着东西不同的文化区。从山东中南部到徐淮平原的青莲岗—大汶口文化（公元前5300—前2500年）是有近3 000年历史的相当发达的农业文化，这使人联系到史书上所称的东夷。在东夷中无疑还包含着不同的族团。东夷是殷商的先人，当他们被西方来的羌人之后的周人击败后，一部分和周人一起融合进入了华夏族团，也有一部分是被驱逐出走他方。这一部分中可能有上面说到过出海的和绕道东北去朝鲜半岛和日本群岛的人，但大部分却走向南方。

我这个假说的根据是我在30年代对朝鲜族人体类型的分析。在我的硕士论文里，我曾在朝鲜人体质资料中看到有大量和江苏沿海居民相同的B型，即圆头体矮的类型。这种类型又见于广西大瑶山瑶人的体质测量资料中。如果这些资料的分析是可信的话，就容易做出把这三个地方的人在历史上联系起来的推想。由于我自己的体质类型分析的研究工作中断已久，资料又都遗失，只能凭记忆做出上述的提示。

我这种推论受到我的一位老师潘光旦教授的支持。他根据文字史料和在福建畲民地区的实地观察，曾提出过一种见解，凭我的记忆曾经简述如下：

我们可以从徐、舒、畲一系列的地名和族名中推想出一条民族迁移的路线。很可能在春秋战国时代的东夷中靠西南的一支族名就是徐。他们生活在黄河和淮河之间，现在还留下徐州这个地名。据《新中国的考古发现和研究》（第317页），徐国在西周时期曾是一个较强的国家，春秋时仍然不衰，公元前512年被楚灭亡。近年在江西西北部接连出土春秋中期徐国铜器，应该不是偶然，或许与徐人的迁徙有关。从这一时期的文献中可以看到这块地区被居民称作舒。潘先生认为畲字和徐是同音，徐人和舒人可能即是畲人的先人。他又以瑶畲都有槃瓠传说，这个传说联系到了徐偃王的记载，认为过山榜有它的历史根据，只是后来加以神话罢了。这一批人，后来向长江流域移动，进入南岭山脉的那一部分可能就是瑶。从南岭山脉向东，在江西、福建、浙江的山区里和汉族结合的那一部分可能是畲，另外有一部分曾定居在洞庭湖的一带，后来进入湘西和贵州山区的可能就是苗。潘先生把苗和瑶联系了起来，是因为他们在语言上同属一个系，称苗瑶语族，表明他们可能是从一个来源分化出来的。

如果东夷中靠西的那部分经过2 000年的流动，现在还留着一些后裔，保留了他们的民族特点，成为瑶、苗、畲，那么东夷靠东的那一部分又怎样了呢？这一部分可能联系上苏北青莲岗文化直到长江中下游的河姆渡—良渚文化，也就是春秋战国时期吴、越人的活动地区。这个地区在三国时期经常使得统治这个地区的孙氏政权头痛的是山区里到处都有的越人。这些不能不使我联想到这一系列新石器时代的文化就是吴越文化的底子。

浙江南部直到广东沿海考古资料还不够完整。但是广东石硖文化的发现，使考古学者得出一种见解，它和赣江流域，长江中下游甚至远达山东沿海等地诸原始文化，不断发生直接、间接的交往和相互影响，并且越到后来联系越广越远，从而断定沿海地区始终是紧密相连的（上引书，第166页）。这些线索使我产生一种设想，这种相连不仅是民族间的交往，而有相近的种类的底子，就是说从山东到广东的整个沿海地带曾经是古代越人或粤人活动的区域。三国时吴国有山越，其先浙南有瓯越，福建有闽越，广东在汉代建有南越（粤）国，其西到广西还有骆越，都以越或粤名其人，可以认为是一个系统的人。

许多民族学者把古代的越人与现在分布在西南各省壮侗语族民族相联系，直到东南亚，如广西的壮族、贵州的布依、侗族、水族、云南的傣族。如果这个历史联系是可信的话，则可以把他们联上历史上沿海的越人。现在沿海的越人已经都融合成了汉族，而这个越人系统至今还保住了西南一隅，主要是居住在山区的盆地里从事农业，这些地区的山腰和山上却住有苗瑶和其他山地小民族。这样一个分布颇广、人数又众多的越人系统究竟怎样形成的历史，我们还没有具体材料来予以说明。

以上是长江下游、沿海和带到一点西南边境上的情况。现在让我们看一看长江中游的情况。

从新石器时代江汉平原的大溪—屈家岭—青龙泉文化之后，从地区上说，接下去就是楚文化了。春秋战国时代的楚国还保留着相当强烈的地方色彩。著名的屈原《楚辞》还是“书楚语，作楚声，记楚地，名楚物”。楚在中原人眼中还是南蛮，连楚建国后五代孙熊渠自己还说：“我蛮夷也，不与中国之号谥。”在楚国的统治下有许多小邦，有人计算达60个之多，也就是说它曾是一个与中原华夏并峙的多元统一体。它的地域很广。《淮南子》里有言：“昔者楚人地南卷沅湘，北绕颍泗，西包巴蜀，东裹郯淮，颍汝以为洫，江汉以为池……中分天下。”楚还派人西进云南，占有滇池地区。

楚是一个农业经济发达，文化高超的文化。但是秦灭楚后，楚汉相争的事实还是存在，项羽是在四面楚歌之中，无面目见江东父老而自杀的。楚汉合并在统一体中也是经过一个相当长的过程的。

早在秦代，汉人已越南岭进入珠江流域，广西桂林还有秦渠留作见证。但是汉族文化越岭入粤尚在汉代，当时的南越王事实上还是一个强大的地方政权。但是南岭山脉以南地区要成为以汉人为主的聚居区，还需要近千年的时间。从海南岛的民族结构可以看得到这地区的历史层积。最早在该岛居住的是黎人，语言属壮侗语系，自成一语支，表示和同一语族的其他语支早已分开，可以推测在沿海还是越人居住的时代，有一部分已越海居住到了这岛上。继黎人迁入的是另一部分说壮侗语系的人定居在海岛北部，称临高人，语言和今壮人相同，至今自认是汉人。其后大约在明代又有说瑶语的人移入，他们被称为苗人，至今也自称苗人。按我上述的推测，他们是向南走得最远的瑶人了。其后到了宋元才有大量汉人移入，主要是在该岛的沿海地区。

## 十、中国西部的民族流动

让我们回到中华大地的西部，至今是少数民族聚居的地方，即黄土高原、青藏高原和云贵高原，加上天山南北的新疆。这个广大地区考古资料比较中原及沿海地区为少，远古的历史还不太清楚。但是已经知道的是在中国找到最早的猿人遗骨化石是在云贵高原（云南元谋县），加上上面已经说过的旧石器及新石器的遗留，可以断定在这些西部高原上很早已有人类居住。

在史书的文字记载中，早期在中原之西居住的人统称戎。贴近中原，今宁夏甘肃这一条黄河上游的走廊地带，正处在农业和牧业两大地区的中间，这里的早期居民被称作羌人，牧羊人的意思。羌人可能是中原的人对西方牧民的统称，包括上百个部落，还有许多不同的名称，古书上羌氐常常连称。它们是否同一来源也难确定，可能在语言上属于同一系统。《后汉书》说他们是“出自三苗”，就是被黄帝从华北逐去西北的这些部落。商代甲骨文中有“羌”字，当时活动在今甘肃、陕西一带。羌人和周人部落有姻亲关系，所以周人自谓出于姜嫄，在周代统治集团中羌人占重要地位，后来成为华夏族的重要组成部分。

从历史上看，作为一个保持着民族特点的集团来说，羌人和中原一直维持着密切关系，是甘陕一带夷夏之间的强大集团。在1038—1227年间曾建立过西夏国，最盛时包括今宁夏、陕北和甘肃、青海、内蒙古的一部分，与辽、金先后成为与宋代鼎峙的地方政权，从事农牧业，有自己的类似汉文的方块文字，自从西夏政权被蒙古人击溃后，羌人的下落在汉文的史料中就不常出现了。可能大多数已和当地汉人及其他民族融合。至今仍自认是羌人的有约100万人，1964年普查时只有约50万人，聚居在四川北部，有一个羌族自治县。

羌人在中华民族形成过程中起的作用似乎和汉人相反。汉族是以接纳为主而日益壮大的，羌族却以供应为主，壮大了别的民族。很多民族包括汉族在内从羌人中得到血液。

让我从西端的藏族说起。据汉文史籍记载，藏族属于两汉时西羌人的一支。西藏有“发羌”，“发”古音读Bod，即今藏族自称。发羌是当时青藏高原上许多部落之一，而且和甘肃诸羌人部落有来往。藏语族有3个语支，即藏语、嘉戎语、门巴语。有些语言学者把羌语、普米语、珞巴语都归入藏语支，也有把嘉戎语属羌语支。一说西夏语实际是嘉戎语，即羌语。这说明在藏语和羌语间存在着密切关系。嘉戎语主要分布在四川的阿坝藏族自治州，说嘉戎语的人都被认为是藏族。

藏语本身还分 3 种差距较大的方言：卫藏方言主要分布在西藏自治区大部分地方；康方言主要分布在四川的甘孜、云南的迪庆及青海的玉树等藏族自治州；安多方言分布在甘肃的甘南、青海的一些藏族自治州。藏语的复杂性反映了这个民族的多元格局。即使不把羌人作为藏族的主要来源，羌人在藏族形成过程中的重要作用也是无可置疑的。

藏族在历史上是一个强大的民族，它不仅统一过青藏高原，而且北面到达帕米尔高原，占领过新疆南部，东面到达过唐代的首都长安和四川的成都平原，南面在滇北和当时的南诏国对峙。在他们的强大时期，当地各族人民受到他们的控制。这些人也就被称为藏人。现在阿坝地区还有一部分被称为白马藏族，他们既不说藏语也不信喇嘛教。在解放前曾被称为“黑番人”，有些学者认为他们是古代氐人的后裔。在六江流域的走廊里还发现出门说藏语，回家说另一种语言的藏人。这些显而易见的是融而未合的例子。

如果语言的系统能给我们一些民族间历史关系的线索，那么汉语和藏语的近亲关系也支持了我在上面所提到的羌人是汉藏之间的联结环节的假设。从这个线索再推一步，我们又看到了和藏语近亲的彝语。而彝族的来源有许多学者也认为是羌人。胡庆钧教授在《中国大百科全书》彝族条目里是这样说的：“约在四五千年以前，羌人早期南下支系与当地土著部落融合为焚（濮）。焚‘系羌之别种’……公元 4 世纪初，羌人无弋爰剑之后自甘、宁、青一带河湟地区南下，到岷山以东，至金沙江畔，发展为武都、广汉、越嶲诸羌……是羌人南下的较晚支系。”

彝族在 1982 年有 545 万人，如果加上彝语系统的哈尼、纳西、傈僳、拉祜、基诺等族，将有 755 万人，则在少数民族中仅次于壮族，超过了回族。彝族所居住的横断山脉，山谷纵横，构成无数被高山阻隔的小区域，其间交通不便，实际上属于同一族类的许多小集团，分别各自有他们的自称，也被他族看成不同的民族单位。现在说彝语的人已被认为是属于不同名称的5个民族，即是包括在彝族范围之内的人还有诺苏、纳苏、罗武、米撒泼、撒尼、阿西等不同自称。

当蒙古军队进攻南宋，道出四川、云南、贵州时，彝语系统的各集团大多联合起来进行抵抗，出现了一个统一的名称：罗罗。这个名称在民间一直沿用到解放时。但因为被认为是一种歧视和辱称所以被废止了，而采用彝这个名称。

彝族在云贵高原各地长期掌握过地方权力。元明两代均利用彝族本族的统治者作为臣属于中央政权的土司，是一种间接统治的方式。清代通过“改土归流”，进行直接统治，部分交通方便的地区，由于大量的汉人移入，在1746年有人记载在东川、乌蒙等地已经是“汉土民夷，比屋而居……与内地气象无异”。

彝族的社会发展是很不平衡的，即使在解放前夕，在城镇上还自认是彝族的社会上层和汉人往来中表面上已辨不出有什么差别，而且在地方政治和经济上还掌握着实权。但在偏僻的山区如四川的凉山，却还保持着其特有的奴隶制度，并成为独立的“小王国”，不受区外权力的控制。

从客观上看，云贵高原的民族格局中实际上存在着六种民族集团。一是在南部及西南边境上多属壮侗语系的民族，主要是傣族。他们是早就住在这个地方的土著，还是由东方沿海地区移入这片山区的人，现在还难说。二是从北方迁入的彝语系统的民族。三是早在这个地区居住的土著民族。按考古学上的遗留来看，这是一块人类的发源地，不大能想象没有遗留人种。但是现存的知识，还不能明确他们和现在的民族有什么关系。很可能大多已淘汰，或是和外来的移民同化了。有人认为现有的仡佬族和仫佬族，散居于贵州、广西一带，系旧称僚人的后裔，可能是这地区较早的居民。四是早在春秋战国时代已开始从中原来的移民，见之于历史的最早有楚国的庄蹻带兵进入滇池地区。到汉代从四川进入云贵高原的交通已经开辟，《史记》的作者司马迁到过云南，滇池附近还发现了汉代的金印。明代及以后大批汉人移入云贵各省是有史可稽的。五是以上各种人的混血。白族可能是其中之一。六是一些跨境的说南亚语系的民族，如佤、德昂、布朗等族。很可能是从境外移入的。

为了提供西南部分更完整的面貌，还得简单一说处在青藏高原、黄土高原及云贵高原之间的那个四川盆地。这个盆地适于农业，很早就有蜀人和巴人在此生息。根据现有的历史知识说，早在商代的甲骨文中已见到“蜀”字，那是四川盆地的古国。在周人伐商的战争中已有蜀人的参与。蜀人主要活动地区在四川西部。建立过地方政权，后来被秦所灭，而且据说置蜀郡后中原有大量移民入蜀，蜀人也就并入了汉族。

巴人的来源历史上没有明确记载，传说是廪君之后，起源于“武落钟离山”，有人考证在今湖北境内。他们的活动地区是在四川东部、陕西南部、湖北和湖南西部。西周初期在汉水流域建立巴国，被秦灭后，巴人作为一个民族集团也就湮没无闻了。50 年代潘光旦教授考察湘西土家族，认为是巴人的后裔。土家族在中华人民共和国初期，并没有被列入少数民族中，因为当时被认为是汉族的一部分。他们在生活和语言上和汉人已极相近。但是自从承认他们是一个民族单位后，湘、鄂、贵接壤地区很多过去自报汉族的，申请改正为土家族。1964 年普查时自报土家族的只有 52 万人，1982 年普查时达 280 万人，在 18 年中增长了 5 倍。这说明有许多已长期被吸收入汉族中的非汉民族，在意识上还留有融而未合的痕迹。

## 十一、中华民族格局形成的几个特点

以上我把中华民族多元一体格局形成的过程择要地勾画出一个草图。中华民族在近百年和西方列强的对抗中成为自觉的民族实体，但是作为一个自在的民族实体是经过上述的历史过程逐步形成的。说到这里我可以把从这个格局里看到的几个应注意的特点简述如下：

1. 中华民族多元一体格局存在着一个凝聚的核心。它在文明曙光时期，即从新石器时期发展到青铜器时期，已经在黄河中游形成它的前身华夏族团，在夏商周三代从东方和西方吸收新的成分，经春秋战国的逐步融合，到秦统一了黄河和长江两大流域的平原地带。汉继秦业，在多元的基础上统一成为汉族。汉族的名称一般认为到其后的南北朝时期才流行，经过2 000多年的时间向三方扩展，融合了众多其他民族的人，到目前人数已超过9亿3 400万（1982年），占中华民族总人口的93%。其他55个少数民族人口总数是6 720万，占7%。

汉族主要聚居在农业地区，除了西北和西南外，可以说凡是宜耕的平原几乎全是汉族的聚居区。同时在少数民族地区的交通要道和商业据点一般都有汉人长期定居。这样汉人就大量深入到少数民族聚居的地区，形成一个点线结合、东密西疏的网络，这个网络正是多元一体格局的骨架。

2. 同时值得重视的是，少数民族聚居地区却占全国面积一半以上，主要是高原、山地和草场。所以少数民族中有很大一部分人从事牧业和汉族主要从事农业形成不同的经济类型。中国的五大牧区均在少数民族地区，从事游牧业的人都是少数民族。

我们所谓少数民族聚居地区这个概念是指有少数民族聚居在内的地区，所以并不排斥有汉族居住在内，甚至在人数上可以占多数。少数民族占当地人口10%以上的有8个省（区）：内蒙古（15.5%）、贵州（26.0%）、云南（31.7%）、宁夏（31.9%）、广西（38.3%）、青海（39.4%）、新疆（39.6%）、西藏（95.1%），其中占一半以上的只有两个民族自治区，在这些地区有些是汉族的大小聚居区和少数民族的聚居区马赛克式地穿插分布；有些是汉人占谷地，少数民族占山地；有些是汉人占集镇，少数民族占村寨；在少数民族的村寨里也常有杂居在内的汉户。所以要在县一级的区域里，除了西藏和新疆外，找到一个纯粹是少数民族的聚居区是很不容易的，即在乡一级的区域里也不是常见的。在这种杂居得很密的情况下，汉族固然也有被当地民族吸收的，但主要还是汉族依靠深入到各少数民族地区的这个队伍，发挥它的凝聚力，巩固了各民族的团结，形成一体。

3. 从语言上说，只有个别民族，如回族，已经用汉语作为自己民族的共同语言外，少数民族可以说都有自己的语言。有些民族，如满族，在日常生活中还经常用满语通话的人已经很少，认得满文的普通老百姓则更少了，他们都用汉语汉文来表达自己的思想，杰出的有我在上面提到的语言学家罗常培和文学家老舍。还有些民族自称有自己民族语言，但经研究已普遍使用了汉语方言，如畲族。有自己语言的民族中有 10 个民族有自己的文字，但群众里用文字的则只有几个民族，如藏文、蒙古文、维吾尔文、朝鲜文等，有些虽有文字但识字的人很少。少数民族中和汉人接触多的大多已学会汉语。我 50 年代初到广西和贵州访问少数民族时，当地各族的男子大多能和我用当地汉语方言通话。但是他们和同族的人通话时则用自己的语言。80 年代我去内蒙古访问，就遇到有不会汉语的蒙族人，也有不会蒙语只会汉语的蒙族人。在不同少数民族间通话的媒介也多种多样，有以汉语交谈，有各用自己语言交谈，也有用对方的语言交谈，也有用当地通用的某一种少数民族语言交谈。这方面还缺乏具体的调查。但一般说来，汉语已逐渐成为共同的通用语言。解放后，人民政府的政策是各民族都有使用自己语言文字的权利，并列入宪法。

4. 导致民族融合的具体条件是复杂的。看来主要是出于社会和经济的需要。虽则政治的原因也不应当忽视。即在几十年前的民国时代，在贵州还发生强迫苗族改装剪发的事。但是这种直接政治干预的效果是不大也不好的，因为政治上的歧视、压迫反而会增强被歧视和压迫的人的反抗心理和民族意识，拉开民族之间的距离。从历史上看，历代王朝，甚至地方政权都有一套对付民族关系的观念和政策。固然有些少数民族统治者如北魏的鲜卑族入主了汉族地区后奖励和甚至用行政手段命令他们自己的民族和汉族同化，但大多数的少数民族王朝是力求压低汉族的地位和保持其民族的特点。结果都显然和他们的愿望相反。政治的优势并不就是民族在社会上和经济上的优势。满族是最近也是最清楚的例子。

在历史上，秦以后中国在政治上统一的时期占 2/3，分裂的时期占 1/3，但是从民族这方面说，汉族在整个过程中像雪球一样越滚越大，而且在国家分裂时期也总是民族间进行杂居、混合和融化的时期，不断给汉族以新的血液而壮大起来。

如果要寻找一个汉族凝聚力的来源，我认为汉族的农业经济是一个主要因素。看来任何一个游牧民族只要进入平原，落入精耕细作的农业社会里，迟早就会服服帖帖地主动地融入汉族之中。

重复提一下，现在那些少数民族聚居的地方，大都是汉人不习惯的高原和看不上眼的草原、山沟和干旱地区，以及一时达不到的遥远的地方，也就是“以农为本”的汉族不能发挥他们优势的地区。这些地区只要汉族停留在农业时代对他们是不发生吸引力的。在农业上具备发展机会的地方，汉族几乎大都占有了，甚至到后来还要去开垦那些不适宜农业的草原，以致破坏牧场，引起农牧矛盾和民族矛盾。这一切能不能作为农业经济是汉族得到壮大的主要条件的根据呢？看来正是汉族的两腿已深深地插入了泥土，当时代改变，人类已进入工业文明的时候，汉族要从泥土里拔出这两条腿也就显然十分吃力了。

5. 组成中华民族的成员是众多的，所以说它是个多元的结构。成员之间大小悬殊，汉族经过 2 000 年的壮大，1982 年已经有 9 亿 3 400 万人，是当今世界上人数最多的民族。但是其他 55 个少数民族人口总共 6 720 万，其中还包括“未识别”的大约 80 万人，所以把他们称作少数民族。其中超过 100 万人口的一共 15 个民族，最大的是壮族（1 300 万人），人数不到 100 万而超过 50 万人口的有 3 个民族。人数在 50 万以下 10 万以上的 10 个民族，10 万以下 1 万以上的 18 个民族，1 万以下 5 000 以上的 1 个民族，5 000 以下的有

7 个民族，其中在 2 000 人以下的 3 个民族，人数最少的是珞巴族（1 066 人）。高山族因缺乏台湾部分的统计，没有列入计算。[①]

各民族人口从 1964 年普查到 1982 年普查均有增长，少数民族总人口增长 68.42%，平均年增长率 2.9%，高于汉族（分别为 43.82% 及 2.0%）。增长最多的是土家族，18 年中增长 4.4 倍。这很明显并不是出于自然增长，而是由于在这几年中大批以前报为汉族的人改报了土家族。这种情形，在其他少数民族中同样发生。汉族原是有许多非汉民族融合进来的。如果推溯其祖先所属的民族来规定自己的民族，那就可以有大量人口从汉族中划出去。当然问题是在于怎样来规定“所属民族”的标准了。

同样的难题出现在“未识别”的民族，意思是这些人的民族成分还不明确。这类人总数约有 80 万。其中包括两类，一类是不能确定是汉人或不是汉人；一类是他们属于哪个少数民族没有确定。这种辨别工作我们称为“民族识别”。这并不是指个人而言，而是指一些集团自称不是汉族，但是历史资料证明是早期移入偏僻地区的汉人，但因种种原因不愿归入汉族。又有一些集团是从某些非汉民族中分裂出来，不愿接受原来民族的名称。这些人就归入“未识别民族”的总类里。这说明民族并不是长期稳定的人们共同体，而是在历史过程中经常有变动的民族实体。在这里我不能从理论上多加发挥了。

6. 中华民族成为一体的过程是逐步完成的。看来先是各地区分别有它的凝聚中心，而各自形成了初级的统一体，比如在新石器时期在黄河中下游及长江中下游都有不同的文化区。这些文化区逐步融合出现汉族的前身华夏的初级统一体。当时长城外牧区还是一个以匈奴为主的统一体和华夏及后来的汉族相对峙。经过多次北方民族进入中原地区及中原地区的汉族向四方扩散，才逐渐汇合了长城内外的农牧两大统一体。又经过各民族流动、混杂、分合的过程，

① 数据为 1982 年的数据，与当下有一定出入。——编者注

汉族形成了特大的核心，但还是主要聚居在平原和盆地等适宜发展农业的地区。同时，汉族通过屯垦移民和通商在各非汉民族地区形成了一个点线结合的网络，把东亚这一片土地上的各民族串联在一起，形成了中华民族自在的民族实体，并取得大一统的格局。这个自在的民族实体在共同抵抗西方列强的压力下形成了一个休戚与共的自觉的民族实体。这个实体的格局是包含着多元的统一体，所以中华民族还包含着 50 多个民族。虽则中华民族和它所包含的 50 多个民族都称为"民族"，但在层次上是不同的。而且在现在所承认的 50 多个民族中，很多本身还各自包含更低一层次的"民族集团"。所以可以说在中华民族的统一体之中存在着多层次的多元格局。各个层次的多元关系又存在着分分合合的动态和分而未裂、融而未合的多种情状。这就为民族学研究者提供了富有吸引力的研究对象和课题。

## 十二、瞻望前途

放眼未来，中华民族的格局会不会变？它的内涵会不会变？这些问题只能作猜测性的推想。

应当指出中华民族在进入 21 世纪以前已产生了两个重大的质变。

第一是过去几千年来的民族不平等的关系已经不仅在法律上予以否定，而且事实上也做出了重大的改变。自从 1949 年新中国成立后，民族平等已成了根本性的政策，而且明确写入了宪法。为实现民族平等制定了民族区域自治法。凡是少数民族聚居的地方都实行区域自治，由各少数民族自己管理自己民族的事务。少数民族的语言和风俗习惯要受到其他民族的尊重，改革与否由各族人民自己决定。少数民族由于历史原因一般说来经济文化过去缺乏发展的条件，所以国家制定一系列对少数民族的优惠政策。这些政策的落实使很多过去隐瞒自己民族成分的人敢于和乐于公开要求承认他们是少数民族。

第二是中国开始走上工业化和现代化的道路。开放和改革成了基本国策，闭关锁国的局面已一去不复返。从“以农立国”转变到工业化的过程中，对各民族的发展提出了新的问题。如果我上述的叙述和分析符合历史事实的话，依靠农业上的优势而壮大起来的汉族率先遭到了必须改变经济结构的挑战。他们聚居的地方原本多是适宜于发展农业的地区。这些地区工业所需的原料是比较贫乏的，从而过去对汉族缺乏吸引力、一向是少数民族聚居的地方却正是工业原料丰富的地区。同时，工业的发展需要科技和文化知识，而在这方面少数民族一般说来低于汉人的水平。要由少数民族自己利用本地区的资源去发展本地区的工业是有很大困难的，这些具体情况会怎样影响民族的格局呢？

如果我们要坚持在中华民族里实现各民族平等和共同繁荣的原则，那就必须有民族间互助团结的具体措施，这正是我们当前必须探索的课题。

如果我们放任各民族在不同的起点上自由竞争，结果是可以预见的，那就是水平较低的民族走上淘汰、灭亡的道路，也就是说多元一体中的多元一方面会逐步萎缩。我们是反对走这条路的，所以正在依“先进帮后进”的原则办事，先进的民族从经济、文化各方面支持各后进的民族的发展，国家对少数民族地区不仅给优惠政策，而且要给切实的帮助，现在我们正在这样做。

还可以提出一个问题：少数民族的现代化是否意味着更大程度的汉化？如果是这样，各民族共同繁荣是否指向更大的趋同，而同样削弱多元一体格局中多元这一头呢？这固然是存在的一种可能性，但是我是这样想的：一个社会越是富裕，这个社会里的成员发展其个性的机会也越多；相反，一个社会越是贫困，其成员可以选择的生存方式也越有限。如果这个规律同样可以用到民族领域里的话，经济越发展，越现代化，各民族间凭各自的优势去发展民族特点的机会也越大。在工业化的过程中，各民族人民生活中共同的东西必然会越来越多。比如为了信息的交流，必须有共同的通用语言，但这并不妨害各民族用自己的语言文字发展有自己民族风格的文学。通用的语言可以帮助各民族间的互相学习，互相影响而促进自己文学的发展。又比如各民族有其相适应的生态条件。藏族能在海拔很高的高原劳动和生活，他们就可以发挥这项特点成为发展这地区的主力，并通过和其他地区的其他民族互通有无来提高各民族的经济水平。我想到的这些情况，使我相信只要我们能及早注意这个问题，我们是有办法迎接这个挑战的，在现代化的过程中通过发挥各民族团结互助的精神达到共同繁荣的目的，继续在多元一体的格局中发展到更高的层次。在这层次里，用个比喻来说，中华民族将是一个百花争艳的大园圃。我愿意用这个前景鼓励自己和结束这篇论文。

# 对民族地区发展的思考

民族研究是我一生学术生涯的重要组成部分，我的社会调查工作就是从少数民族开始的。10 多年来，我又对民族地区的发展进行了调查研究。1984 年开始，我以内蒙古为重点访问了 4 个自治区，又以甘肃为重点考察了边区各省，最近又进入以发展山区经济为重点的调查。在这 8 个年头里的调查研究过程中，对少数民族的发展问题产生了一些观点和设想，我很愿意在这次民族理论研讨会上提出来请大家予以指正。

## 一、边区的两个失调

### 自然生态失调

1984 年八九月间，我在考察内蒙古农、牧交错的赤峰市（原昭乌达盟）时发现，赤峰是农、牧并存的经济，自清朝允许汉人出关之后，已有200多年历史。由于外来的粗放农业不断向牧区扩张，破坏了牧民生存空间的草原，农、牧发生了矛盾。而外地进入开垦的人都是背井离乡的穷苦农民，但因为他们是汉人，而牧民是蒙古人，因而农、牧矛盾转化成了民族矛盾，直到解放后，民族矛盾才得到解决。但是粗放农业和自然牧业的矛盾以及长期的滥砍、滥牧、滥采，致使这一地区的自然生态平衡遭到了严重破坏。开发这样的边区，首先必须用大力来恢复自然生态平衡，治沙、防风、种草、种树是最基本最迫切的措施。这在内蒙古的西部其他地区也不例外。开发边区看来必须走以牧为主、农牧结合的道路。而这条路只有打破目前牧区的封闭自给经济状态，实现牧业现代化才有出路。

在像内蒙古、新疆那样广阔的草原上，如果能大力发展现代化牧业，对国民经济的贡献是难以估计的。要认识这一点，首先必须破除汉族传统的“以农为本”的狭隘的观点。如果占国土1/3的草原能充分得到利用，成为全国人民的肉食供应基地，就可以减少对粮食的需求，并使农区的土地能从粮食的压力下解放出来，向种植经济作物转移。从宏观上去看，这是一项提高国民生产力的大战略。

人文生态失调

人文生态是指一个社区的人口和社会生产结构各因素间存在着适当的配合，以达到不断再生产的体系。人文生态失调是指这种配合体系出了问题，劳动生产率日益下降，以致原有生产结构不能维持人口的正常生活和繁殖。在整个边区，人文生态失调和自然生态失调同样值得注意。

1985年6月，我在考察内蒙古包头钢铁厂时看到封闭企业本身产生的人文生态失调。包钢建成近30年，人口在不断增长，近亲繁殖，社区的活力不断消耗，这样形成了这类边区企业人文生态的第一个恶性循环。由于东西差距拉大，又引起了边区的智力外流，出现了“一江春水向东流”的局面，人才不断流失，这是人文生态的第二个恶性循环。

新中国成立以来，国家工业建设的重点曾经放在中部和西部之间的走廊地带，从内蒙古经陕西、甘肃到四川，投资大略估计有3700多亿元。用这笔钱建成了9条铁路和几千个大中型国营企业。但是这几千个大中型企业并没有成为这个广大地区社会经济发展的启动力，它们的生存和发展几乎和当地尤其是少数民族没有太大关系，民族地区的开发并没有和少数民族本身的发展密切结合起来。我认为民族地区的发展必须包括少数民族的发展，不能离开民族的发展来讲民族地区的经济发展。

我看到边区所办大企业的特点之一是“企业办社会”，也可说是“社企不分”。外地移入的从业人员和他们的家属组成了一个在社会生活各方面力求自给自足、对外很少联系的封闭性社区。这在少数民族地区更为突出。这种企业又都直属于中央或省的政府部门，他们搞的是产品经济，不是商品经济。它们和所在地的基层地方政府没有从属关系，当地基层政府管不了它们。企业的上级政府部门又都是专业性的经济部门，它们也管不了各企业从业人员的社会生活，于是产生了“企业办社会”的结构。这样的企业像个大家庭，不能不一代一代地养活不断增长的子子孙孙。因为这个大家庭并不是个不断生长中的母体，而是生产力受限制的封闭社区。所以不可避免地进入了恶性循环，包袱越来越重，母体越来越弱，这就是人文生态失调现象。

人文生态失调形成了对企业的压力，这些企业不得不进行改革以求生存。首先是以开放代替封闭，向社企分离的目标迈进。大企业的开放不但对地区工业化发挥了启动作用，而且也是自己解放自己的唯一办法。对地区经济和企业本身是两利的。这实际是西部地区共同的问题，所有的“三线”企业都面临改革问题。它们必须转型以求适应，主要是以开放代替封闭，从产品经济走向商品经济。改革的方式则是多样的，陕西宝鸡的经验叫“城乡一体化”，使国营大企业所含蓄的巨大科技潜力，形成了乡镇企业的启动力；甘肃的经验叫“一厂两制”，扩散大企业的技术、资金的力量，开发了与地方结合、集体所有的工业小区，带动了地方经济的发展，呈现一片生机。这个改革过程已经开始，应该根据具体情况采取不同形式进行。关键是怎样使已经存储在西部地区的巨大经济能量释放出来，使其成为西部这个多民族地区共同发展的推动力。

## 二、西部的发展战略构想

中国的少数民族大部分聚居在中国的西部。西部和东部的差距包含着民族的差距，西部的发展战略必须考虑民族因素：一方面是动员这地区少数民族参与这个地区的开发事业，另一方面要通过这个地区的经济开发使这个地区的少数民族发展成为现代民族。

关于建立“黄河上游多民族经济开发区”的设想

从龙羊峡到青铜峡之间1 000多公里的黄河上游地区，有着丰富的矿产、水电资源，是西北回、藏、蒙古三大少数民族和汉族聚结部的核心区。自1988年5月起，我们先后两次到这一近15万平方公里的地区进行了考察，并提出了建立“黄河上游多民族经济开发区”的设想。这一设想得到了甘、宁、青、内蒙古4省（区）党政领导的大力支持。

黄河上游流域在经济发展上应当连起来看，构成一个协作区。这个“协作区”在历史上本来就属于一个经济地带。我们的设想是在黄河上游建立12座大型水电站，以解决这个地带的能源问题。由水电产生能源，又由能源推动这个地区丰富的矿产资源的开发。通过资源开发发展该地区的工矿业，带动这个地区包括各少数民族在内的3 000万人民的致富，从而促进整个区域的商品经济的良性循环。这个经济带启动的结果，将使这个协作区成为西北广大少数民族地区一个经济发展中心。我们认为这个经济中心的建立和发展，更长远的意义就是重开向西的“丝绸之路”，通过现已建成的欧亚大陆桥，打开西部国际市场。从某种意义上来说，西部国际市场比东部国际市场更有潜力。西进中亚、西亚和中东地区，我们具有一定的优势。充分发挥回族的民族优势，提供伊斯兰国家所需要的各种生活用品，我们完全有可能建立一个很大的西部国际市场。

关于建立攀西开发区，重建“南方丝绸之路”，开发大西南的设想

为了调查大西南山区的经济，去年我在四川、云南海拔 2 500 米以上的大小凉山地区连续跑了 1 300 多公里。考察结束后，我提出了《关于建立攀西开发区，重建“南方丝绸之路”，开发大西南的设想》的建议。这个设想是，由彝族为主要聚居区的凉山和 60 年代起发展成为钢铁生产中心的攀枝花，建立攀枝花和西昌联合开发区，并以此为中心，重建由四川成都经西昌和攀枝花及云南保山从德宏出境西通缅、印的“南方丝绸之路”，为大西南的工业化、现代化奠定基础，简称“一点一线一面”开发大西南的设想。“一点”就是指攀西地区，它资源丰富，能源充沛，是对今后开发大西南具有强大启动作用的经济心脏。针对当前该地区在社会经济结构上存在的突出问题，我提出了“四个结合”的对策：即州市结合、工农贸结合、轻重结合和民族结合。“一线”则是指以攀西开发区为中枢的一条我国大西南通往缅、印、孟的交通动脉，也就是重建历史上的“南方丝绸之路”。有了攀西开发区作为心脏，“南方丝绸之路”作为大动脉，大西南工业化和现代化就能由点逐步扩散搞成一片，这就是我设想中所提的“一面”。我想经济的辐射作用将像波浪一样由攀枝花的工业中心，从凉山地区向四周扩散到大西南的整个地区，基本上可以包括川、滇、黔 3 省，即云贵高原和四川盆地，使这一片少数民族聚居区，逐步走上工业化的道路。

临夏的发展模式

在甘肃临夏回族自治州考察时我提出“以商带工”的启动战略。我看到临夏有不少农民在城乡间贩运，搞活了流通，促进了生产。我认为西部各地都要有这种贩运队伍，来点火启动整个西部地区的经济运行。我曾 4 次到临夏考察，称它是“西部温州”、开发青藏高原的“跳板”。据新华社记者今年 8 月 13 日报道：长期受人多地少、

资源贫乏困扰的甘肃省临夏回族自治州，从流通入手，以商兴州，个体、私营经济迅速崛起。如今这个州以其辐射全国的流通网络和吞吐量巨大的专业市场，已成为我国东西部商品流通的“旱码头”。这是令人鼓舞的信息。

“两南”兴藏的设想

如何开发藏族地区，一直是我关注的一个问题。我已年老，亲自到西藏自治区去考察是没有可能了。但在考察甘南和肃南时，得到了很多启发。我认为，甘肃的甘南和肃南，合称“两南”，并不是名称上的巧合，它们在发展西部民族地区上都具有特殊的有利地位。它们都紧靠青藏高原的边缘，都在历史上与藏族有长期的密切往来，现在还有藏族聚居于这些地方，而且其他民族有些在这里定居后接受了藏族的影响改信了喇嘛教，裕固族就是一例。这种密切关系正给他们“反弹琵琶”的条件，可以成为藏族现代化的窗口。这些地区处于藏区和汉区之间，容易接受新知识，容易搞现代化。西藏的现代化可以从外围入手，逐步向中心深入。所以发展甘南和肃南对发展藏族地区具有重要意义。“两南”能不能看成是青藏高原的少数民族和中原地区各民族联系的两架桥梁？通过原属藏族重要文化中心的甘南这架桥梁，可以把现代化科技知识送入藏族地区；通过在牧业改良已取得成绩的肃南这架桥梁，把现代化牧业送入藏族内地。因此我产生了“两南兴藏”的设想。

## 三、充分发挥各民族的特长和优势

我认为我们应该特别注意那些分散在各地区人口较少的少数民族的发展。在改革的浪潮中，他们往往没有受到应有的重视。有些地方甚至把他们当成被“照顾”的对象。这些少数民族的成员虽然得到生活的保障，但是失去了传统的生产手段，没有找到靠自己劳动来从事生产的新路子，结果引起了精神生活的衰颓。我一向认为，一个民族，无论大小，要发展和繁荣起来，必须有一个坚实的经济基础。一个民族要在发展中保持其民族特点，那就必须利用其民族特有的优势来发展经济，不然的话，这个民族难免要衰亡。所以就一个民族的发展来讲，必须强调善于发挥自己在体质上和文化上特有的优势，利用一切可以利用的外在条件，发展其经济，提高自身的社会生产力和发扬自身的精神文化，在整个地区的发展中，贡献应有的力量。例如长期从事狩猎采集经济的鄂伦春族，他们不可能在今天仍以传统生产方式来谋生了，但他们世代生活在大森林并善于饲养驯鹿，具有丰富的林业知识和驯鹿经验，如果顺应其文化传统，让他们从事森林培养看护、举办鹿场等，或许就可能为这个民族找到发展的根基。

## 四、共同富裕、协调发展

当前中国的社会经济发展上，从地区来讲存在着较发达和欠发达的差距问题。当然，在发展上求绝对平衡是不可能的，但各地的差距不能拉得太大，特别是对少数民族地区来说更应重视这点。我常说，中国不是“大鱼吃小鱼”，而是“大鱼帮小鱼”。那么怎么帮？我认为主要有两条：一是国家支持，二是自己走路。

去年我在考察湘、鄂、川、黔4省交界武陵山区的土家和苗等少数民族聚居区时，深切体会到内地欠发达地区确实需要外力的帮助才比较容易发展起来。这是因为这种长期以来处于小农自给经济的封闭山区的各族居民，事实上缺乏先进的生产技术和管理大生产的传统，而且没有可靠的市场来发展商品经济。在这种地区要他们一步跨入工业时代难免困难重重。为了加速这种过渡，看来不能没有外力的帮助。固然，如果没有内在的活力，外力要帮也帮不上；但是即使有了内在的活力，没有外助经济发展也难于启动起来。因此，我认为这类少数民族地区首先还是要培育内在活力，比较容易见效的可能是发展庭院经济，就是从家庭副业提高一步成为商品生产的家庭企业。

我认为对发达地区，国家要给政策，对少数民族地区，国家不仅要给政策，而且要给切实的帮助。国家支持的目的就是要帮助少数民族站起来，走自己发展的路。我们只有帮助少数民族发挥各自的民族优势，在自己的经济基础上站起来，才能避免少数民族名存实亡的后果，才能使我们的国家真正成为一个各民族共同繁荣的大家庭。

东西部协调发展还要靠“东西合作，互惠互利”，“以东支西，以西资东”的方针来推动地区间的合作，这种合作是多方面的，形式也可以多种多样。但关键是深化改革，归结到一点，就是要遵循商品经济规律办事，在改革中找出路，求发展。

## 五、民族地区的改革开放和民族的现代化

改革开放是中国各民族走向现代化的必由之路。少数民族地区的农村和牧区自然经济和半自然经济尚占主导地位，产业结构很不合理，交通不便，信息不灵，长期以来处于相当封闭的状态。建立新的体制和运行机制，推动少数民族地区经济、文化事业的发展，改变贫穷落后面貌，具有刻不容缓的紧迫性。同时随着改革开放的不断深入，加快了改革开放的步伐，民族间的接触也会日益增多，这种状况有利于各民族增进了解，互相帮助，加强团结，但也必然会出现新的问题和新的矛盾，需要更加重视加强民族工作。

过去被看作是荒凉贫瘠的少数民族聚居区，很多却蕴藏着丰富的地上、地下资源。这是中国走向现代化，实现农业国向工业国转变的必不可少的物质基础。我国少数民族地区地大物博，战略位置重要，担负着重要的使命。没有中国农村的现代化，就没有中国的现代化。同样，没有中国少数民族的现代化，也就谈不上中国的现代化。认真贯彻《民族区域自治法》，充分发挥少数民族地区的优势，把少数民族地区资源开发和社会经济发展妥善结合起来，逐步改变民族地区经济相对落后的状况，使之同全国经济发展相适应，

这是发展我国综合国力的极为重要的一个环节。在振兴中华的共同事业中，各民族都有自己的优势，都应在现代化建设中各自做出自己的贡献。同时我们所走的是共同繁荣的道路，在这条道路上少数民族地区的发展必须包括当地少数民族的发展。这正是我们社会主义国家性质所决定的。

邓小平同志说得很明确："走社会主义道路就是要逐步实现共同富裕。"当前的问题是怎样较快地实现这个目标。我认为，这必须是一个实事求是的过程。像中国这样大的国家，各地区的物质条件和文化水平由于长期历史的原因相差很大。起点不同的各地区各民族现在虽然都进入了社会主义时期，贫富不均的状态还是不可避免的。我相信，通过国家提倡先富帮后富的原则，欠发达的地区，迟早是会赶上来的。

1992 年 10 月 1 日

# 简述我的民族研究经历和思考

## 一

1930 年我转学燕京大学师从吴文藻老师学习社会学。在他的指导和影响下，认识到要科学地认识中国社会，吸收西方人类学实地调查的方法和着重现实的分析是一条比较踏实可行的路子，因此我在 1933 年升入清华大学研究院师从史禄国老师学习人类学。我在清华学习的两年，主要是学体质人类学。1936 年秋季我接着去伦敦经济学院师从马林诺斯基老师学习社会人类学。1938 年在抗日战争期间返国，到达云南后即在内地进行农村调查，按马老师的功能观点和实地调查方法实行吴老师所提倡的“社区研究”，一直到 1949 年新中国成立。在这以前 1935 年在清华研究院结业后，接受史禄国老师的建议去到少数民族地区实习一年，因而到广西大瑶山实地调查瑶族的体质和社会组织。这次实习可说是我民族研究的初次尝试。1936 年利用夏季回家乡休养的机会又在家乡江苏吴江的“江村”进行了一次为期近两个月的农村实地调查。

也许在这里我应当加一点说明，吴文藻老师所提倡的“社区研究”，用学科名称说实际上是社会学和人类学的结合。社区是指人们在一定地区内经营共同生活的群体。它可以是人数较少、经济较简单、文化较低的原始族群，也可以是人数较多、经济和文化较发达的农村、集镇和城市。在这种观点下，社区研究可以包括我 1935 年的广西瑶族调查，1936 年的家乡江村农村调查和后来 1939 年开始的云南内地农村调查。在这些不同的社区里所研究的对象和所用的研究方法是相同的。社区研究可说是贯串在我这一生学术工作中的主线。社区研究这个名称、采用的研究方法和观点与中国传统的学科分类不完全一致，是否能为学术界接受是可以讨论的。为了避免学科名称上的争论，我今天采取以研究对象为区别把“社区研究”分成两个方面，一是民族研究，二是农村研究，以及后来的城乡研究。在今天这个讨论会上我将限于略述我所从事的民族研究这一方面。

## 二

以我一生的学术经历来说，不同时期曾有不同的重点，有时是民族研究，有时是城乡研究。从个人选择研究对象来看，不仅决定于个人的兴趣，个人所处的客观条件也很重要。以我本人说，1936 年我在伦敦经济学院学习时，我的导师建议我以江村调查的资料为依据写出我的博士论文，即后来出版的 *Peasant Life in China*（《江村经济》），后来在云南的研究工作就偏于农村研究，一直到抗战结束。1949 年新中国成立，我的研究工作重点转向了民族研究。现在回想起来，这次转向主要是由于当时客观形势的改变，请允许我在这里多说几句。

新中国的成立在我国历史上是件空前的大事，全国社会结构起了重大变化，其中之一是民族关系的大转变，从不平等的关系转变为平等关系。中国是个多民族国家，民族间的关系十分复杂，但是几千年来基本上没有变的是民族间不平等的关系，不是这个民族压倒那个民族，就是那个民族压倒这个民族。在这段历史里中国在政治上有过多次改朝换代，占统治地位的民族也变过多次，但民族压迫民族的关系并没有改变。直到这个世纪的初年，封建王朝覆灭，进入了民国时代，才开始由孙中山先生为代表推行了五族共和的主张。又经过了几乎半个世纪，中华人民共和国成立后，方出现各民族一律平等的事实，并在国家的宪法上做出了规定。从此我国各民族间的相互关系出现了一个新的民族平等的时代，现在已又经过了近半个世纪了。今天回想起我们中国这个民族关系的根本变化，如果针对当前世界上民族战争至今未息的形势来看，不能不承认民族平等是件有关人类共同命运的根本大事。在一个和平大同的世界里，民族平等是绝不能少的条件。这个条件在我们中国首先实现，在人类历史上是应当大书特书的。

为实现民族平等，我们必须建立新的制度，在政治体制上我们要有一个有各族代表共同参加的最高权力机关，即人民代表大会。但是在开国初期我们还不清楚中国究竟有多少民族，它们叫什么名称和各有多少人口。

为了摸清楚有关各民族的基本情况，建立不久的中央人民政府于1950年到1952年间派出了若干中央访问团分别到各大行政区去遍访各地的少数民族（汉族以外的民族因为人口都较少，所以普通称作少数民族），除了宣传民族平等的基本政策外，中央访问团的任务就是要亲自拜访各地的少数民族，摸清楚它的民族名称（包括自称和他称）、人数、语言和简单的历史，以及他们在文化上的特点（包括风俗习惯）。由于我本人学过人类学，所以政府派我参加中央访问团。这对我说是个千载难逢的机会，我在政治上积极拥护民族平等的根本政策，愿意为此出力，同时我觉得采用直接访问的方法去了解各民族情况，就是我素来提倡的社区研究。因之我积极地接受了这项任务。我在1951年和1952年先后参加西南及中南访问团，并负责领导贵州和广西两个省的实地访问工作。这两年可说是我进行民族研究真正的开始。

在访问团的工作中，我有机会翻山越岭，穿林涉水，深入到贵州和广西两省分布在各处的少数民族的村寨中去，和群众亲切联欢和交谈。在和众多的少数民族直接接触中，我才深切体会到民族是一个客观普遍存在的“人们共同体”，是代代相传，具有亲切认同感的群体。同一民族的人们具有强烈的休戚相关、荣辱与共的一体感。由于他们有共同的语言和经常生活在一起，形成了守望相助、患难与共的亲切的社会关系网络。总而言之，我理解到了民族不是个空洞的概念而是个实实在在的社会实体。同属于一个民族的人们的认同感和一体感是这个社会实体在人们意识上的反映，即一般我们所说的民族意识。民族意识具体表现在不仅对自己所属的民族有个名称（自称），而且别的民族也常用不同的名称相称（他称）。一般说，我们所接触的少数民族群众都知道自己属于哪个民族。为了答复中国有哪些民族的问题，我们认为首先可以从各地少数民族自报的民族名称入手。

1953年全国第一次人口普查中，自报登记的民族名称全国总共有400多个。分析这张自报族称的名单发现其中有不少问题：有些自报是少数民族的实际上却是汉族，由于不同原因自认为或被认为是一个民族而且有一定的名称，例如广西的“六甲人”，湖南的“哇乡人”等；有些是某一少数民族的一部分，由于不同原因，被分成若干民族而且各有不同的族称，例如云南的“阿细”“撒尼”“阿哲”“普拉”等都是彝族的分支。因之，我们不能直接根据自报的族来决定他们是不是一个民族。我们必须对这些自报的族名逐一进行甄别。这是一项比较复杂的工作，我们称之为民族识别工作，从1953年开始起直到1982年告一段落，一共有30多年。经过我们识别之后还要和当地有关民族群众协商取得同意后，才由中央分批审定和公布。1954年确认了38个少数民族，1965年确认了15个少数民族，1982年又确认了2个少数民族，至此一共确认了55个少数民族。加上汉族，中国这个多民族国家一共有56个民族。这些民族的正式名称，按名从主人的原则，还要经过协商才予以正式确认。民族识别工作并没有结束，因为还有极少数族群的识别没有定论，这些疑案还要进一步研究才能做出决定。

## 三

民族识别工作牵涉怎样才可以认定是一个民族的理论问题。我在上面已说过，从我在民族地区实地和少数民族接触中体会到民族不是一个由人们出于某种需要凭空虚构的概念，而是客观存在的，是许多人在世世代代集体生活中形成，在人们的社会生活上发生重要作用的社会实体。对于民族的形成所具的特征进行说明是属于民族理论的范围，所以民族理论是民族识别的依据和标准。在解放初我们可以用作参考的民族理论是当时从苏联传入的。当时苏联流行的民族定义，简单地说就是“人们在历史上形成的一个有共同语言、共同领域、共同经济生活以及表现于共同文化上的共同心理素质的稳定的共同体”。这个定义是根据欧洲资本主义上升时期所形成的民族总结出来的。这里所提出的“在历史上形成”这个限定词，就说明定义里提到的四个特征只适用于历史上一定时期的民族，而我们明白我国的少数民族在解放初期大多还处于前资本主义时期，所以这个定义中提出的4个特征在我们的民族识别工作中只能起参考的作用，而不应当生套硬搬。同时我们也应当承认从苏联引进的理论确曾引导我们从这个定义所提出的共同语言、共同地域、共同经济生活、共同文化的心理素质等方面去观察中国各少数民族的实际情况，因而启发我们有关民族理论的一系列思考，从而看到中国民族的特色。

先说有关“共同语言”这个特征。我已说过，我们所观察到的事实是，聚居在一起的少数民族是用相同的语言交谈的，没有共同的语言也就不可能进行日常的共同生活。同时我们也看到他们的语言和其他民族的语言不同，汉人和不同民族的人不能直接用各自的语言通话。这是说各民族有各自的语言，不同的民族没有共同语言，要互相理解必须通过翻译。这一点是容易明白的。但是自认为是同一民族的人，如果来自不同地方，我们发现他们之间也有并不一定能直接通话的，就是说他们之间语言也有差别。这是在我们汉族中也常常可以遇到的情况。比如，我们苏州人初次碰到福建人或广东人，就通不了话，这是因为各地的方言不同。方言学起来并不难，因为这不过是各地居民口音不同，在语言的文法结构上和所用的字汇上基本是相同的。这里就发生了"共同语言"共同到什么程度的问题。这问题牵涉语言学的专门知识。在语言学里按语言的差异程度分出语系、语族和语支，同一语支里还要分地区间的变异，就是方言。不掌握这门专门知识的人，单凭听觉不易分清差异到什么程度应该说是不同语系、语族、语支或不同方言。在进行民族识别工作时，这方面的问题我们只有依靠语言学专家。幸亏我们的民族研究早就注意到少数民族的语言调查，所以当我们进行民族识别工作时，已有足够的少数民族语言资料供我们参考。

从语言角度审核上述的民族名称自报名单，可以发现这张名单中有两种情况，一是所报不同的民族有不少语言是相同或相近的，另一种是所报同一民族中包含着不同语言。第一种情况比如广西的"布壮""布越""布雅依""布衣""布土""布雄""布侬"等等讲的都是侗傣语系的语言，说这些话的人相互对话之后都同意他们所说的话是出于同一母语，所以自愿合并到壮族这个民族中去。第二种情况比如我30年代调查过的广西大瑶山的瑶族，大瑶山里就有三种不同的语言，第一种是属苗瑶语族瑶语支的勉语（盘瑶），第二种是属苗瑶语族苗语支的布努语（花蓝瑶），第三种是属壮侗语系侗水语支的拉加语（茶山瑶）。这些说不同语言的人虽各有自称，但都一致认同于瑶族。我们根据自愿的原则认定他们都是瑶族的一部分。瑶族在其他地方还有许多不同自称的群体，一起都称为瑶族。

这里应当说明的是我们并不把上述“定义”所提到的特征孤立起来对待，而认为必须和其他特征结合在一起，特别要考虑这些合并在一起的自报单位间的历史上的渊源关系，因为中国历史的一个特点是长时期中不同民族在不断的流动中有的被分散了，有的被孤立了，也有的在相互接触中融合了，在分分合合中形成了当前各族交杂分布在广大地域上的格局。我们这时要进行识别，必须采取历史观点和自愿原则，同时要承认这个复杂的情况，并不能用行政手段加以定论，所以凡是一时不易解决的事例，宁可存疑待决，不作武断。

至于“共同地域”的特征，我们在识别工作的实践中提出了“民族聚居区”的概念加以补充和修正。我们承认同一民族的人倾向于居住在同一地区，但是不应把“同一地区”和“共同地域”等同起来，因为同一地区里可以有不同民族的人共同聚居在内。这个现象在中国特别突出，我们称这为“大杂居、小聚居”。据 1982 年人口普查的资料：聚居在全国民族自治地方的少数民族人口只占少数民族总人口的 74.5%，约有 1/4 的少数民族人口杂居或散居在全国各地。总之中国各民族的居住形态并不是区划齐整、界限分明的，而是互相插花、交错杂居的，这是中国各民族间长期交叉流动和相互交往的结果。尽管如此，从民族人口分布上来看，同一民族聚居的倾向还是很明显的，尽管聚居区有大小，但同一民族的聚居区可以分散在各处，甚至并不联结。在一个民族的聚居区内还可以有不同民族聚居或散居在内。

我们根据中国这个特点提出“民族聚居区”的概念，不仅在理论上有它结合实际的重要意义，而且在处理民族关系上体现了民族平等的原则。我认为西方民族理论中把“共同地域”作为民族特征和政治观念中把国家和领土密切结合在一起是分不开的。这种概念使民族要和国家结合成为民族国家，进而要求国家领土的完整，这不就成了当前西方民族纠纷连绵不断、民族战争至今未息的一个原因吗？和西方的民族理论和民族关系相对照，我觉得我们以“民族聚居区”的概念代替民族定义中的“共同地域”为特征的认识是值得深思的。

我愿意在这里特别提出的是这个新的概念已经写进我们中华人民共和国的宪法，总纲第四条规定“各少数民族聚居的地方实行区域自治”。根据这条规定，我们中国的少数民族都享受到自治的权利，同时所建立的自治地方内不排斥其他民族杂居在一起，甚至一个区域如果有若干人数相当的少数民族共同聚居在内，可以建立多民族联合的自治地方，同一少数民族可以有不相联结的好几个自治地方。

接着可以就上引苏联流行的民族定义中的第三个特征“共同经济生活”提出一点意见。我们经过结合中国实际情况加以检讨后，也认为这是不符合我们国情的。我已说过苏联流行的民族定义是总结欧洲资本主义上升时期的情况。当资本主义上升时期在欧洲确曾出现过建立民族共同的统一市场的趋势，而实际所形成的是一个超越国界的殖民主义市场，暂且不论这个包括殖民地在内的民族国家市场是否能说是现代民族的特征，即以西方现代民族来说一个民族内人民的经济生活能否说是“共同”也是一个问题。这个“共同经济生活”显然包含着许多不共同的层次，或说是阶级，甚至有人说是两个民族的矛盾共处。无论如何，我们不能照搬“共同经济生活”来作为中国少数民族的特征。一般说，中国少数民族在解放时大多是处于前资本主义的小农场耕种和草场放牧的经济状态。至多我们大体上可以说中国少数民族在解放前只有相同或相似的（而不是共同的）经济生活。

在中国少数民族经济生活方面可以提出来注意的是它们之间，特别和汉族之间的密切关系。历史上汉族凭借其在经济和文化上比国内其他各族先进的优势，已经长期深入到其他民族聚居的区域，建立了沟通各民族的经济渠道。汉族聚居的商业据点分散在几乎所有的少数民族聚居区里遍布全国，构成了巨大的经济流通网络，起着汉族吸收和传播各族物质和精神文化的作用，逐年累月地把各族捆成一个高层次的共同体，这就是我在下面将要提出的中华民族。

最后让我们说一下关于“共同文化特点的共同心理素质”。这也许是在苏联流行的民族定义中最重要的一个特征。但正是这个特征我们最不容易捉摸。以我个人来说，至今还是没有甚解。有一段时间我们笼统把它看成是少数民族所有的那些特殊的风俗习惯，而且常被他们视作超俗的不允许触犯的带有神圣性质的象征。这种理解固然容易观察，但又似乎和上述定义中的意义还有点出入。

在琢磨这个特征的意义时，我特别注意到“心理素质”这几个字，想从人们心理方面去看民族意识是怎样形成的。这个思路就引导我在理论上进一步探索。在探索过程中我回想到早年在社会学里学到的 in-group 或 we-group 一词。in-group 或 we-group 就是指我们把周围所接触到的各种人一分为二,一是自家人，一是陌生人，简单说是把人己之别用来区别不同的群体，而且用不同的感情和态度来对待这两种群体。凡是和自己同属一个群体的，即是自家人，相互之间痛痒相关，休戚与共。自家人的认同意识就发生了共同的命运感和共同的荣辱感。in-group 或 we-group 不就是“认同意识”所产生的吗？民族不就是一种 in-group 或 we-group 吗？从这条思路上，我找到了民族这个群体的心理素质。认为所谓民族心理素质其实就是民族认同意识。民族认同意识并不是空洞的东西，我们每个人可以通过自己的反省体会民族认同意识是什么，因为当今之世每个人都有自己所属的民族，都有民族意识。

以上是我结合民族实际对民族理论的一些思考。民族实际是因地因时而变化的，我们对民族的认识也应当根据实际的变化而不断发展。中国的现实给了我们学习民族理论的好机会。

## 四

在这几年民族研究实践中，我对我国在民族这一方面的特点有了一点认识，同时也体会到民族是在人们共同生活经历中形成的，也是在历史运动中变化的，要理解当前的任何民族决不能离开它的历史和社会的发展过程。现况调查必须和历史研究相结合。在学科上说就是社会学和人类学必须和历史学相结合。看来不仅是我个人的体会，也是当时从事民族研究的学者以及领导的共同认识。

1956年第一届全国人民代表大会常务委员会决定组织一个科研队伍对中国各少数民族进行一次全面的社会历史调查。参与这项调查研究的工作人员前后总共超过1 700人，分别在不同地区的少数民族中进行实地调查，并反复分组分批进行研究讨论。从1957年开始，60年代中期告一段落，一直到1991年才结束。国家民族事务委员会据调查结果出版"五种丛书"，除一本综合性的概况介绍外，包括少数民族的志、史、语言的专刊和实地调查资料的汇编，全书共计403册，8 000万字。这项大规模的民族研究工作历时30多个年头，其中虽则因"文化大革命"的干扰停顿过10多年，从其成果来说，应当说是我国民族研究的创举。

这次中国少数民族社会历史调查我只参加了开始的一段，负责筹备、组织和开始时在云南省的实地调查。1957年我被召回京，不久就受到政治上反右斗争扩大化的影响，被迫停止社会调查工作。"文化大革命"时期，我的正常社会生活都受到冲击，直到1980年才公开恢复我的政治地位和社会生活。从此我获得了学术上的第二次生命，到目前已有16年。合计起来，若从1935年瑶族调查作为我学术生命的开始，至今已超过60年，其中由于政治原因丢掉了23年，真正把时间主要花在学术工作上仅30多年。我在第二次生命中，尽力想一天当两天用，把丢掉的时间捞回来，这个愿望固然不坏，能否实现，还得看天命。

我得到学术上的第二次生命时，正值中国改革开放时期，国民经济有了突飞猛进的发展，社会各方面发生着巨大的变化。身逢盛世，我的学术工作又发生了一次新的转向。起初我还打算用我这第二次生命继续把民族研究做下去。但在1981年为了去伦敦接受赫胥黎奖章，我听从费思教授的建议，准备利用这机会向校友们讲一点我家乡农村解放后的情况，因此我又回到家乡的农村做了一次短期的访问。这次访问中我深深受到当时农村发展热浪的刺激，我决心追随这个历史性转变的大潮流，把研究重点转移到农村社区研究，接着上升到小城镇研究，直到最近又上升了一步，对经济区域的形成和中心城市的勃兴发生了研究兴趣。因此在最近这10多年中民族研究多少被挤掉了一些，虽则我心里对民族研究旧情未衰，恋恋不舍，有机会还常到少数民族地区去拜访我的老朋友。

当我参加中国少数民族社会历史调查时，我心里怀着一系列问题有待研究。这些问题一直挂在心上，我虽则1957年以后已无缘在实地调查中寻求答案，但并没有在思想中抹去。困惑我的主要问题是汉族对少数民族社会历史发展发生过什么作用和怎样去看待包含汉族和国内所有少数民族在内的“中华民族”。

在我开始参加民族研究的那一段时间里，我们一提民族工作就是指有关少数民族事务的工作，所以很自然地民族研究也等于是少数民族研究，并不包括汉族研究。回想起来这种不言而喻的看法是在中央访问团时期已经形成了。中央访问团的实际任务就是向少数民族讲清楚在新中国他们已有当家做主的权利，即宣传民族平等的政策。因之访问团只访问少数民族，并不访问汉族。这样的任务决定了工作的程序也以一个一个少数民族为对象分别进行访问。在我们组织少数民族社会历史调查时，也是同样安排，最后还是以一个少数民族为单位编写出各族的历史，55个少数民族各有一本简史，共55册。初看来这种体例倒也是顺理成章的，深入推考一下，我想这种分民族写历史的体例固然有它的好处和方便的地方，但是产生了我上述的困惑。

我的困惑出于中国的特点，就是事实上少数民族是离不开汉族的。如果撇开汉族，以任何少数民族为中心来编写它的历史很难周全。困惑我的问题，在编写“民族简史”时成了执笔的人的难题。因之在60年代初期有许多学者提出了要着重研究“民族关系”的倡议。着重“民族关系”当然泛指一个民族和其他民族接触和影响而言，但对我国的少数民族来说主要是和汉族的关系。这个倡议反映了历史研究不宜以一个个民族为单位。着重写民族关系固然是对当时编写各民族史时的一种有益的倡议，用以补救分族写志的缺点，但并没有解决我思想上的困惑。

我不是专攻历史学的人，但对过去以汉族为中心的观点写成的中国历史一直有反感。怎样能跳出这个观点来写中国历史呢？说起这个问题，从中央访问团回来参与筹备中央民族学院的工作时我已经有所自觉和考虑。当时我建议聘请一批历史学家、语言学家、民族学家来民院执教，并推动民族研究。这个建议得到领导的同意，而且确是向这方面走出了一步。不久我又建议在课程里应当有一门综合性地介绍各民族历史的基础课时，却找不到愿意承担课程的人，因为许多历史学专家，并没有讲授这门课的准备，过去确是从来没人从民族的角度有系统地讲过中国通史。最后我无可奈何只有自己上台试讲了。这门课程只讲了一个学期，写下了一本讲义，最后还是不能不知难而退，没有继续下去。这本讲义并没有外传，束之高阁，因而在“文革”期间得以保留了下来。

1989 年夏我到威海暑休，当时已年近 80 岁。出于我对民族研究的留恋，老问题又涌上心头。我带了这本幸存的讲义，打算利用这近一个月的余暇，重新把这 20 多年里的思考结合这本讲义，整理出一篇文章来，这时我正接到泰纳讲座之约到香港中文大学作一次学术讲演。我打算就用这篇文章作讲稿。这篇文章的题目是《中华民族多元一体格局》，在这篇文章中我初步走出了郁积多年在民族研究上的困惑，也提出了一些值得继续探索的观点。

这篇讲话的第一个论点是，中华民族是包括中国境内 56 个民族的民族实体，并不是把 56 个民族加在一起的总称，因为这些加在一起的 56 个民族已结合成相互依存的统一而不能分割的整体，在这个民族实体里所有归属的成分都已具有高一层次的民族认同意识，即共休戚、共存亡、共荣辱、共命运的感情和道义。这个论点我引申为民族认同意识的多层次论。多元一体格局中，56 个民族是基层，中华民族是高层。

第二个论点是，形成多元一体格局有个从分散的多元结合成一体的过程，在这过程中必须有一个起凝聚作用的核心。汉族就是多元基层中的一元，由于它发挥凝聚作用把多元结合成一体，这一体不再是汉族而成了中华民族，一个高层次认同的民族。

第三个论点是，高层次的认同并不一定取代或排斥低层次的认同，不同层次可以并存不悖，甚至在不同层次的认同基础上可以各自发展原有的特点，形成多语言、多文化的整体。所以高层次的民族可说实质上是个既一体又多元的复合体，其间存在着相对立的内部矛盾，是差异的一致，通过消长变化以适应于多变不息的内外条件，而获得这共同体的生存和发展。

这几个论点是我从研究中国民族的现状和历史的实践中得到的。也可以说，经过了多年探索和思考得到的一些不够全面的认识。在这种认识里中华民族、汉族和少数民族都各得其所，分属于不同层次的认同体，尽管我们在语言中都用“民族”同一个名词，但它可以指不同层次的实体。汉族和 55 个少数民族同属于一个层次，他们互相结合而成中华民族。中华民族是 56 个民族的多元形成的一体，高一层次认同的民族实体。如果把具有多元一体格局的中华民族的形成过程如实地讲清楚也就是一部从民族观点描述的中国通史了，也可以说就是我在民族研究领域中悬想已久而至今没有能力完成的一个目标。

## 五

我总觉得一个人的思想观念是在接触实际中酝酿和形成的，理论离不开实践。我“多元一体格局”的根子可以追溯到 1935 年广西大瑶山的实地调查。同时我觉得只有实践也是不够的，还须从已有的理论中得到启发和指引。我在大瑶山的实践中看到民族认同的层次，才联系上中华民族的形成。其间实践固然重要，但潜伏在我头脑里的史禄国老师的 ethnos 论应当说是个促成剂。

在上面讲到民族语言时我已提到我 1935 年在大瑶山的瑶人中已看到有说不同语言的集团：说瑶语的盘瑶（自称勉）、说苗语的花蓝瑶（自称炯奈）、说侗语的茶山瑶（自称拉加）等。1978 年重访瑶山时，《瑶族简史》的记载结合了我在当地的查询，使我对这个地区瑶族的历史有了一些初步认识。据说在 14 世纪以前，瑶族的先人早就生活在南岭山脉一带。从用汉文记载的史料来看，这地区的民族斗争有明一代就日益激烈。到 15 世纪末明王朝曾调兵遣将对当地土著民族发动了一次著名的战争，战争就发生在今金秀瑶山附近的大藤峡这一带。当时的土著民族，主要是瑶族，他们从此被赶入山区，形成了“无山不成瑶”的局面。30 年代我所调查的花蓝瑶就在今金秀瑶山，当时称大瑶山。金秀瑶山里现在的瑶族居民是不同时期从山外迁入的。这些从不同地区迁入这个山区的人，都是在山外站不住脚的土著民族，进山之后这许多人凭险恶的山势，得以生存下来。他们为了生存不得不团结起来，建立起一个共同遵守的秩序，即维持至解放时的石碑组织。对内和平合作，对外同仇敌忾，形成了一体。山外的人称他们为瑶人，他们也自称是瑶人，成为一个具有民族认同意识的共同体。在我的心目中，也成了一个多元一体的雏形。

后来我和各地的少数民族接触多了，对各少数民族的历史知识也多了些，又联系上汉族本身由多元形成一个共同体的过程，再进一步看到当前我们所认同的“中华民族”也并不例外，于是在我思想里逐渐形成了解决我在上节里所提到的民族研究里的困惑的一条思路。40 年代初我在民族学院试讲民族历史概论时，就用这个初步形成的思路写下了一本试用性的讲义，1989 年写出了以“中华民族的多元一体格局”为题的 Tanner（泰纳）讲座讲稿。这是我思想上的一次探索，提出了一些值得反复论证的初步理论性的意见，还没有到成熟的阶段。

1990 年国家民委召开一次学术讨论会，评议我这篇讲稿。不少学者专家分别根据自己的研究成果，从其他少数民族的历史资料引证多元一体这种格局。大家共同承认这是一个新观点、新体系和新探索。这次讨论会的论文后来编成《中华民族研究新探索》一书，1991 年出版。

重读我这篇讲稿，我觉得理论上值得进一步论证的是以民族认同意识为民族这个人们共同体的主要特征，进而引申到民族认同意识的多层次性。为了追溯我自己这个思路的渊源，我首先想到的是初学社会学时学到的 we-group 或 in-group 的概念。W.G.Sumner 在他的名著 *Folkways*（《社会习俗》）一书里指出了人们行为规范存在着两重性，对自己所属团体内部的同情和对外界团体的怀疑和仇恨，也就是具有我们老话所说"非我族类，其心必异"的成见。前者他称作 in-group，后者称作 out-group，即团体有内外之别。后来又有人用 we-group 来称 in-group，意思是凡属 in-group 的人相互间认为是自家人，用"我们"这个认同的词来相称，所以可说是个认同的群体，我觉得民族就是属于 we-group 或 in-group 的一类。所以我把民族认同意识作为民族这种群体的心理特征。

我又想起初学人类学时读过史禄国老师的一本名称 *Ethnos* 的小册子，那还是在 1934 年。后来史老师又把这本小册子收入他的巨著 *Psycho-mental Complex of Tungus*（《通古斯人的心理情结》，1936）作为一章。Ethnos 这个拉丁字很不容易翻译，它多少和我们所说的民族有密切关系，但是直译为"民族"似乎还有点问题，尤其是在史老师的理论里，ethnos 包含着一大套丰富的含义。Ethnos 在史老师的看法里是一个形成 ethnic unit 的过程。Ethnic unit 是人们组成群体的单位，其成员具有相似的文化，说相同的语言，相信是出于同一祖先，在心理上有同属一个群体的意识，而且实行内婚。从这个定义来看，ethnic unit 可说是相当于我们所说的"民族"。但是 ethnos 是一个形成民族的过程，一个个民族只是这个历史过程在一定时间空间的场合里呈现的一种人们共同体。史老师研究的对象是这个过程的本身，我至今没有找到一个恰当的汉文翻译。Ethnos 是一个形成民族的过程，也可以说正是我想从"多元一体"的动态中去认识中国大地上几千年来一代代的人们聚合和分散形成各个民族的历史。能不能说我在这篇文章里所写的正是史老师用来启发我的这个难于翻译的 ethnos 呢?

如果我联系了史老师的 ethnos 论来看我这篇“多元一体论”，就可以看出我这个学生对老师的理论并没有学到家，我只从中国境内各民族在历史上的分合处着眼，粗枝大叶地勾画出了一个前后变化的轮廓，一张简易的示意草图，并没深入史老师在 ethnos 理论中指出的在这分合历史过程中各个民族单位是怎样分、怎样合和为什么分、为什合的道理。现在重读史老师的著作发觉，这是由于我并没有抓住他在 ethnos 论中提出的一直在民族单位中起作用的凝聚力和离心力的概念。更没有注意到从民族单位之间相互冲击的场合中发生和引起的有关单位本身的变化。这些变化事实上就表现为民族的兴衰存亡和分裂融合的历史。

回顾我民族研究的经历，已有 30 多年没有深入少数民族中去实地调查研究了。像上面提出的那些问题，看来我今生已难于亲自去研究了，因此我只有指望年轻一代有人愿意接下去继续我在这方面的探索。这正是我建议北大社会学人类学研究所把民族凝聚力这个问题列入他们今后研究课题的原因。

1996 年 8 月 20 日于北京北太平庄

# 民族生存与发展*

我很高兴来参加第六届社会学人类学高级研讨班并负责第一讲。我自开始教书以来，讲课时不喜欢跟着稿子讲，今天仍是这个老习惯，先发讲稿，请大家认真地读并给予批评，我则利用这个机会做一个即兴发言。

去年是西北民族学院建校50周年，我来到这里，当时很高兴，建议把第六届研讨班办到西北地区，以配合西部大开发的形势。第一届研讨班是在1995年办的，至今不到10年已办第六届，这是同行们热心支持的成果，也可以说是时势发展的需要。我看到手册中已把前五届的主题内容做了归纳，第三届、第四届的论文集也相继在最近出版了。走一步是一步，这是我们人类学学科发展的一个过

---

* 本文是费孝通先生在全国第六届社会学人类学高级研讨班上的演讲。

程，有着里程碑的意义。

国际和国内时势的发展主要有两个方面：一是21世纪全球的居民已经开始了更频繁的接触和交流，走上了一条被称为“全球化”的道路；二是在近300年的时间里，中国在世界上的文化地位和政治地位发展迟缓，已从领先退居到发展中国家的地位，但是在20世纪的后50年中发生了巨变，在进入21世纪时刻，我们处在了急起直追并努力赶上发展前沿的关头，人们看到了中华文化复兴的苗头。在这个新的世纪里，中华民族有能力为地球上的人类开辟一条新的发展道路。这是我为中华文化的定位。

人的思想是由时势所造成的，也反映了所处时势的地位。因此我们发生了“文化自觉”的要求。文化自觉就是生活在某种文化之中的人们的自知之明，目的就是在争取文化发展的自决权和自主权。我们这些社会学者和人类学者召开的这类高级研讨班就是这种客观形势所决定而自觉组织起来的。加强人类学的研究，是文化自觉的要求，这种要求来源于客观历史的发展，这个历史的要求推进了我们。我们到这里参加这个班是自觉自愿的行为，但也是客观形势所造成的。我是一向主张“从实求知”和以知识来创新推进实际的人，凭着这种信念，我不顾年老，从千里之外赶来参加这个研讨班。

知识分子的思想发展是随时代发展而变化的，我在每一届研讨班上的讲话，反映了我这个人的思想变化。当我们进入21世纪的时候，一方面每个人都有不同的感受。比如，年龄不同的人对时间的感觉就不一样，小的时候，盼着吃年夜饭，觉得时间过得那么慢，而现在似乎眼睛一眨，半年就过去了，时间过得越来越快。这一方面是我这个年纪的人的感觉。另一方面中国近来变化之快也确是惊人，是全世界人们所意想不到的。我们希望在21世纪里中国能够有更大的变化、更快的发展，实现我所说的从乡土社会到工业社会，再到信息社会的“三级两跳”。早年我搞的江村和云南三村的调查都属于农村乡土社会的研究，后来又提出工业下乡、提倡发展乡镇企业，希望用工业化来改变乡土社会的主张，这个工作一直搞了 50 年。

80 年代初，我获得了第二次学术生命，我接受了重建社会学（也应当包括人类学在内）这门学科的任务，至今又过了 20 年。那时我去美国访问，看到他们已经用计算机处理数据资料了，计算机也比北大当时用的小得多，整整差了一代。可以说那时世界已经进入了信息时代，这就是我所说的第二跳。这几年我们也热闹起来，大家写文章不用笔了，连我写文章的办法也起了变化，可以把我的讲话录下音，然后整理成稿打印出来，再让我修改，而且可以多次修改，效率提高了。有时候还可以把讨论会的情况录下音，整理出来，吸纳了大家的思想，文章也集体化了一些，已不是属于一个人的思想了，这也可以说是一个时代的变化。

这几年有两个问题常常萦绕在我心里，那是 1998 年第三次高级研讨班上一位鄂伦春族的女同志向我率直地提出的一个问题："人重要还是文化重要？"这是她在看到自己民族的文化正在受到重大的冲击，而且日渐消亡时，产生了只有先把人保住，才提得到民族文化重建这个问题。她提出的这个问题很深刻也很及时，因为在全球化的浪潮中，一些根底不深、人数又少的民族，免不了会发生这个似乎是耸人听闻的问题。由此，又使我记起在大学念书时读到的一本英国人类学者 Peter Rivers 写的，名叫《文化的撞击》（*Clash of Cultures*）的书。这本书写的是澳大利亚土著居民怎样被消灭的故事，他说在文化被冲撞而消灭时，土著人也就失去了继续活下去的意志。我在英国留学期间（1936—1938 年），曾在报上读到澳大利亚南端 Tasmania 岛上的最后一个土人死去的消息，对我震动很大，成了在心头一直挥之不去的烦恼。

1979 年我赴加拿大讲学时，曾参观访问了加拿大的印第安人保留地。看起来保留地里的印第安人的生活不错，有房子，有电视，还有汽车，虽然导游说这是二手货，是摆样子的，但是，看起来这个民族在政府的财政补贴下保存了下来。然而，管理印第安事务的官员告诉我，这些印第安人经常酗酒、打架，非正常死亡率很高。

他们生活没有目的，主要是安身立命之道没有了。

我 1987 年考察呼伦贝尔盟和大兴安岭时，去拜访了鄂伦春族同胞，看到我们的政府的确是在尽力扶持这个民族。他们吃住都没有问题，孩子上学也不要钱，但这个民族本身还没有形成一个有生机的社区，还没有达到自力更生的状态。当我读到美国亨廷顿的《文明的冲突》时，不能不激发起我的思考：文化和民族是会被消灭的，这是过去发生过的历史事实，但是我不能平静地接受这个历史事实。令人吃惊的是，那些标榜提倡个人自由的西方文化，怎么能够容忍一些民族和文化消亡的事实发生在当今这个时代！西方某些人主张种族消灭论，现在世界上很多地方还在打仗，南斯拉夫、中东地区战火不断，战争中动用了飞机、导弹，互相残杀。我们主张民族平等、共同富裕。当然，由于自然条件和环境的改变，还可能造成一些民族在生产能力和谋求职业方面出现某些不适应，比如政府分给了某个少数民族同胞土地，但是他们不会种，怎么办？我一直在想，我国万人以下的小民族有 10 多个，它们今后在社会的大变动中如何继续生存下去？如果我们把这个问题扩展开来，实际上就是在全球一体化以后，中华文化该怎么办。这是个大问题。虽然这个问题，目前还不那么急迫，但是在现实生活里，某些小民族保生存还是保文化的矛盾已经发生了。

因此，我提出了“和而不同”的民族秩序论，心里想，我们中国当前所走的路子和所执行的政策，是同西方的路子唱反调的。我们主张民族平等、民族自治，首先就要保障民族生存，反对消灭民族。

我有幸在第二次学术生命里，得到继续从事民族研究工作的机会。在这 20 年的行行重行行里，我尽可能地到各地访问，去拜访我国的少数民族同胞。我到过生活在黑龙江兴安岭里的鄂伦春族地区和甘肃青海交界处的裕固族、撒拉族、土族等少数民族地区，我能体会到它们的处境和困惑。跨入信息社会后，经济、文化变得那么快，一些小民族就产生了自身文化如何保存下去的问题。在这种形势下，不采取办法来改变它们原有的生产和生活方式是不可能的了。

问题是如何改变？我前年又到黑龙江去访问赫哲族，想了解一下人数比较少的少数民族的具体情况。赫哲族长期以来本是靠渔业生活的，现在传统的渔业越来越不景气，因此地方政府一方面努力改善环境，保护渔业生产，尽可能地帮助他们安排好生活，开辟新的生产门路，如利用鱼骨做成艺术品、装饰品，拿到市场上去卖；另一方面分给他们土地耕种，想帮助他们改变生活方式，改变文化，但是他们却把地转租给汉人或是找打工的汉人来种。这说明一种文化向另一种文化的过渡并不那么简单。小民族要生活下去和解决贫困问题，需要有一个复兴的计划，这种计划必须在扎实的调查研究的基础上才可能做出。这应该是社会学、人类学者的任务。

我从东北回京后，向国家民委提出加强对小民族的研究的建议，这个建议得到了中央领导的重视，现在由北京大学社会学人类学研究所牵头，与中央民族大学、国家民委民族问题研究中心合作组织了队伍，开展了22个10万人口以下的“人口较少民族”的调查。调查的第一期工作已结束，正在进行第二期的工作。我想，在我们中华民族大家庭中，决不能坐视小兄弟面临困境而无动于衷，我们有力量帮助它们在当今这个变化激烈的世界里继续生存与发展下去，允许它们在文化走向的问题上有自主权和自决权。我们中国的社会学学者和人类学学者还可以做跨国的比较研究，拿我们的民族政策与美国、澳大利亚、加拿大等国的民族政策做一个比较，看看中国提倡的民族平等、共存共荣的政策与西方民族政策究竟有什么不同。我们要在中华民族大家庭中做出一个实实在在的榜样来，走出一条新路，这是中国社会学、人类学学者要做的事。这件事做好了，其意义不仅是在国内，而且对今后的世界也有重大意义。

在座的有来自各个民族的学员，希望大家来共同思考和关注“民族文化应该如何发展，发展的目标是什么”这个重大的课题。在全球文化发展和交融的时代，在一个大变化的时代里，我们如何生存和发展？怎样才能在多元并存的时代里，真正做到“和而不同”？我已经90多岁了，想做的事很多，但已力不从心。新一代长成，老一代交班，希望新一代更快更好地成长起来，把研究工作继续下去。

## 答会上提问

刚才大家提出了很多问题，很好，我把它们归纳起来，总的讲一讲。

我过去多次来西北，关心西北发展的问题，为此也提出过一些建议和看法。这次能参加研讨班，也很希望能了解一下现在的情况。政府政策的形成，不是凭空而来的，先是有客观的需要，以群众的根本利益为依据。10多年来大家都在努力“呼吁”，大家的呼吁，得到中央的重视，才会有今天西部大开发的政策。现在西部大开发的方向、目的清楚了，有了政策条件，还需要投入大量的人力物力，才能做很多的事情。如何贯彻落实西部大开发的政策，把事业做成功，还要靠群众，靠每一个人的努力。

首先，要做好的是交通。这次我是乘飞机来的，在飞机上没有问题。下了飞机就难走了，从机场到兰州的路还没有修好，老年人就吃不消了，这是很实际的问题。路不好，是无法招商引资的。举这个例子，大家就有体会了。

其次，发展西部要有重点，要抓住若干据点和中心点。从兰州到嘉峪关的一段，我看中了河西走廊、金川、白银，这些地方通过多年的建设，已经有了很好的基础。比如如果白银市的发展有相应的支持政策，完全可以发展成为一个工业特区。

河西走廊在新疆、青海、内蒙古和宁夏诸省（区）之间，这个地区如果能够用好祁连山的水，发挥移民的作用，将会大有希望。此外，培养工业发展所需要的技术人才是当务之急关注当地少数民族经济的发展也同样重要。第一位的任务是培养人，培养有现代科学知识的技术人员和管理干部，在这方面有什么工作需要我做，我很愿意出力。

抓重点同时不能放弃基础，西部不能忽视农业的发展。发展要靠人去推动实施，靠有头脑的人去做，所以我还要再次强调，人是最根本的。必须有意识地培养和提高人的素质，让他们有条件来接受先进的文化，能够加入到现代化的事业中去。就民族工作来讲，更要抓住这个关键来发展民族地区的经济，要看到传统的谋生之道正在改变。原来靠山吃山、靠水吃水，现在山上的树没有了，河里的鱼没有了，在这种情况下，有人问是保命还是保文化。依我看，文化是为了人才存在的，有人才有文化，文化是谋生之道，做人之道。因此我们要利用一切可用的自然条件来发展经济，提高经济实力。少数民族也一样要靠自己的努力来发展，自身的文化不够用就引进。我们中国的少数民族有一个优势，那就是有国家的政策在扶持，有 13 亿兄弟民族的相互帮助，大兄弟帮小兄弟。经济发展要人人动手，一点一滴地积聚财富，即所谓原始资本积累。有了钱有了力量如何用？工业和商业怎样相结合？兄弟民族各有所长，按特长有所分工，优势互补。比如，撒拉族人善于种水果，他们的瓜果之乡有了产品要有办法卖出去。历史上回族就是善于经商的民族，临夏和海东地区是明朝的茶马市场，是中原地区和西北进行物资交流的地方，是一个商业中心，历史上就有“东有温州，西有河州”的说法。所以我曾建议甘青两省的合作，发挥这里自然和人的条件，建设现代化的商业中心。当时为了向藏区运送商品，我还联系南京的企业向这边支援卡车。有了卡车需要人开，还要培养司机，所以要发展，重要在培养人。现在临夏的商业已有发展，回族出了大力气。他们的底子比较好，学习得快。最困难的是人数很少的“小小民族”，一定要帮助他们维持生产基础，但关键也在于培养人。我相信这些“小小民族”是能够做到的。我认识一位撒拉族农民，他看到了种果树的好处，就动手去做，动员全家开荒种果树，取得了很大成绩。

人类学就是要通过思想唤起人们的觉悟，唤起“小小民族”的觉悟，做到自己动手，丰衣足食。我到过新疆的吐鲁番，林则徐在新疆时发掘过地下水，我们今天就可以他为榜样，用现代化的知识开发自然条件，促进经济发展。新疆大学要建设好一个民族学的中心，关键也在有人才。光有机构没有人才不行，要培养教师办系建中心，要人要条件，搞得不好是要误人子弟的。你们自己要好好做，北京大学出力搞协作，帮助新疆建设师资队伍。我们这次来西北地区办社会学人类学高级研讨班也就是为了这个目的。如果你们做得好，我身体健康活得长，想再到新疆去办一次这样的研讨班。

西部开发本来就是一个大梦想，我一生做过很多梦。我和我的前妻王同惠在学生时期就翻译了《甘肃土人的婚姻》，当时她就说为什么我们自己不能写土族的书，而要外国人写。我们就是在那时下决心要努力去认识中国，自己把道理搞清楚。现在你们有条件有能力去做了，就应该认真去做。这就是所谓“文化自觉”，需要我们对自己的文化层层解剖，有所分析和认识。

我这几天在看第三届研讨班时，外国同行做的系列讲座论文，很多问题他们都讲出来了，例如爱斯基摩人怎样进入工业化的。我很羡慕你们年轻人，现在你们的条件比我们年轻时好多了，简直不能同日而语，而且我有很长一段时间想做而不能做，一直到平反后才开始动手做。你们现在条件好了，不要身在福中不知福，自己要真正努力。

实现民族政策，不能等，不能靠，要自己去做。民族的先进分子要看到自己的责任。中国社会是一个上有祖宗、下有子孙的社会，我们不能在自己这一代把事情搞坏了，没有尽到责任。希望大家珍惜机会，振兴民族，共同富裕。

2001 年 7 月

# 关于中国民族基因的研究

——在《中国人类基因组》
评审研讨会上的发言*

3月初，我收到国家自然科学基金委员会生命科学部寄来的“中国不同民族基因组比较研究”的项目指南，我觉得研究目标中所提出的研究旨趣，诸如为人类进化和我国各民族源流、迁徙和划分提供生物学依据，无疑是一种非常有意义的研究。这一项目所涉及的背景研究，自然也离不开人类学与民族学及其他社会科学的配合。

中国大地上历史的沉积、文化的积累、现代社会的投射，有过去历史形成、发展的很多复杂的过程及现实基础，作为中国社会的不同群体的形成和发展，其生物基础也有一个复杂的过程，而基因

---

* 本文为费孝通先生口述，由当时跟随费老读博士生的麻国庆整理而成，为纪念费老，麻国庆博士特把这篇未刊稿供给《开放时代》杂志发表，刊载于《开放时代》2005年第4期。——编者注

研究可以对其复杂性有个基本的认识，其研究很有用处。

这种复杂性是极不平衡的，存在于区域之间，也存在于区域之内，有差别也有类同。中国历史上民族的分合过程及现代民族之间、民族内部的交流与整合，正是这一复杂性的典型体现。下面我提几点看法，仅供参考。

生存在中国土地上的人最早的情况如何？这自然涉及人类的起源。世界人类的起源并不是一个源，而是多源的。中国目前所发现的各进化阶段的人体化石，可以建立较完整的序列，说明中国这片大陆应是这很多源的一个。目前发现的中国最早的人类化石为元谋人，属于旧石器时代早期，距今 170 万年左右，一般认为人类的分化即不同人种的出现是旧石器时代中晚期。目前，我们习惯用的人种分类是以 1950 年 7 月 18 日联合国教科文组织《人种宣言》所确定的蒙古利亚人种、尼格罗人种和高加索人种，分别称为“黄种”“黑种”“白种”。60 年代以来，地理分类法盛行，仅以表征特征，特别是肤色笼统的人种分类，常为区域性群体或区域性种族集团（Ethnio Group or Ethnic Stock）所取代，就是强调人类群体的区域性特征。

我在清华研究院结业时写了两篇论文，其中之一是《朝鲜半岛人种类型的分析》，这是体质人类学的研究。此后，也应当时驻北京的 32 军之约，调查该军体格，并对监狱犯人的体格特征进行分析。1935 年与前妻王同惠女士去广西调查，我侧重于对当时称之为“特种民族”，即苗、瑶、侗、壮等少数民族的体质测量。我的这些研究，受到了我的俄籍导师史禄国教授的指导。在这些研究的基础上，他把中原人的体质特征主要分为 α、β、γ 等若干种类型。华北、西北一带以 α 型为主，东南沿海到朝鲜半岛以 β 型为主，华南有较多的 γ 类型。凭我的记忆说[①]，α 型的人一般体高在 1.60 米以上，头型指数在 70 左右。面部特征表现为较细小的眼睛、宽额、扁平的

① 我在清华研究院的论文因战乱在搬迁中遗失。

鼻子、黄色的肌肤、宽阔的下巴、粗而长的头发；β 型身高平均在1.60 米以下、1.50 米以上，头型指数在 80 左右，额部长而圆、鼻梁并不挺；γ 型，身高平均在 1.50 米到 1.60 米之间、长方型的脸，但双颊丰满、额长而宽、鼻梁不高、眼睛小、鼻端不尖稍圆。各类型的特征须查史禄国的原著。在此，我想把这三种类型的体质特征，和民族历史的迁徙联系起来谈几点看法。

中国各民族在历史上是不断流动的，而这些流动有它总的历史趋势。早在史前时代作为集团单位的人类群体就已存在，如黄河流域的仰韶文化、河南龙山文化及甘肃青海的齐家文化之间存在关联性，特别是陕西龙山文化经过宝鸡、天水，直接影响着甘青地区的新石器文化。其他新石器时代文化区中各类型也反映了不同群体之间文化的传播、交流、汇集的过程。此种文化上的交流，在体质特征上也应当有所反映。

在有文字记载的历史时期里，总的来说是北方民族南下或东进，中原民族向南移动，沿海民族入海和南北分移，向南移的又向西越出了现在国境。这一盘棋看清楚了，有助于我们的研究的展开。

在中国历史上，夏商周可谓东方 β 型与西方 α 型人种的第一次大汇合，发端于后称的羌戎之地的 α 型人，从夏开始向东进入关中西部，但其文化低于东方，实力强于西方。西方集团随后通过其军事力量，控制了东夷集团的齐鲁之地，作为 β 型的东夷集团子民，一部分 β 人开始了漫长的民族迁徙，一部分进入朝鲜半岛，一部分分为两支，一支成为吴越集团的重要组成部分；另一支为东夷中靠西南的一支，生活在淮河和黄河之间，向长江流域流动，进入南岭山脉向东，在福建、江西、浙江的山区和汉族结合的那部分可能是畲，另外有一部分曾定居在洞庭湖一带，后来进入湘西和贵州的可能是苗。

在我前面提到的，《朝鲜半岛人种类型的分析》中，我看到 β 型占的比重较大。1935 年我所做的苗瑶等体质调查结果认为，苗瑶在体高和头型指数的系联表上所处的地位颇近于朝鲜半岛及华东人。在华南沿海地区的居民很可能有来自海上的 γ 型，与吴越系统的 β 型相混合。上述民族集团的移动的路线，在人类学、民族学界并未定论，如果能结合不同民族基因的研究，把 α、β、γ 等各种类型的特点找出来再进行比较研究，将有助于中国各民族人种问题的解决。

在对不同民族基因的研究中，我想在宏观上还应把握中国各少数民族历史和现状。我曾就此写过一篇《中华民族的多元一体格局》，对中国民族的变动及分合过程做了较为概括的研究，可供参考。在此，我想就操作层次提出一些意见：中国境内的民族集团所在的地域至少可以大体分成北部草原地区、东北角的高山森林区、西南角的青藏高原、农牧接触的多民族走廊，然后为云贵高原和南岭走廊、沿海地区和中原地区。其中不同区域内不同民族之间的相似性及联系性要比不同区域之间不同民族的相似性与联系性多。此种特点在近年来的一些对少数民族的体质测量数据中也能反映出来。如彝族和藏族，男性头长的平均数最大为 189、45 和 190.9，蒙古和维吾尔族分别为 180.9 和 181.73。苗瑶侗族分别为 184.9、184.58、184.30；头型指数，彝族、藏族分别为 78.52、79.94；蒙族和维吾尔族分别为 84.25、84.68；苗瑶侗族分别为 81.80、81.27、81.96[①]。其他体质测量数据也反映了这一特点。这与同一历史民族区内民族集团的频繁往来，关系甚大。因此，这方面的研究最好是按历史形成的民族区域进行研究。

此外，我们还要注意中国境内的有待进一步识别的人类集团。

50 年代，我们搞民族识别时，当时上报到中央的民族名称有 400 多个。由于历史原因有些也不是单一民族。经过 20 多年的民族识别工作，我国多民族大家庭的构成基本上是搞清楚了，但还有些余留问题。现在已经提出要求识别的有：四川“平武藏人”、西藏东

① 可参考《中国人体制调查续集》，第 1—46 页，上海科技出版社，1990 年。

南部察隅县的僜人及南部定结县及定日县的夏尔巴人；云南省红河哈尼彝族自治州的苦聪人以及还有一些不大为外边知道的本人、空格、三达、阿克、布夏、布果、贫满、等角、卡志、巴加、结多等人。这些问题大多是“分而未化，融而未合”的疑难问题。

最后，我们还应考虑不同民族现在所处的发展阶段。因为这种文化水平也影响到他们的孤立和流动较小的特点。

中国在解放前还有一部分少数民族保存着原始公社制度的残余，他们主要是分布在云南边疆地区的独龙、怒、佤、傈僳、布朗、景颇、崩龙等族，此外还有居住在内蒙古、黑龙江一带的鄂伦春、鄂温克和赫哲族，以及聚居在海南岛的部分黎族（五指山区内）。基本上属于这一类型的一共大约有 60 万人，现在这些民族都发生了剧烈的文化变迁，但其仍保留着一些传统的基调。目前，可以说在中国境内完全与外界隔离的民族单位是不存在的，但相对封闭的民族集团如具有“语言孤岛”之称的一些民族单位还是在一定地区内存在。

总之，我们在进行民族基因的研究中，要多考虑不同民族的自然、人文特点，同时还应考虑来自各民族自身的文化传统与健康、疾病和医药的关系。我相信这一研究，除了自然科学的意义之外，在学术上和实践应用上，也是对中国人类学、民族学的有力推动。

衷心希望这一研究能取得期望的成绩！

1993 年 3 月 22 日

# 三　全球化与文化自觉

# 人文价值再思考

## 一　引言

不少朋友都知道，我曾在一些场合中提到，这几年我想做的一件事就是“反思反思”自己60多年来的学术道路，对自己耗费过的笔墨“结结账”。

“社会科学的应用与中国现代化”这个主题隐含一种程序，即把我们这些从事人与社会研究的人所得出的结论运用到实际生活当中去取得具体效果的一个过程。然而，对我这样一个已经在60多年的时间中行走过来的老人来说，它却使我想到更加复杂的问题。稍有知情的人都了解，我曾经在国际上获得过“应用人类学马林诺斯基奖”。我获得这个奖，自然是因为我在一生中写出不少文章，其中有许多早已被称为“应用研究”了，而我也曾指出自己的研究形成了为了解中国和推动中国进步为目的的中国式应用人类学。大家也必定知道，对于我的研究及其“应用价值”以及关于中国现代化的看法，60年来海外一直存在不同的评论。

去年9月在吴江与朋友们聚会时，一位来自英伦的友人提起我的同窗艾德蒙·里奇（Edmund Leach）教授在人类学的价值问题上与我形成的差异。我与里奇可以说是马林诺斯基门下的同门弟子，里奇坚持认为人类学是纯粹的智慧演习，而我则觉得人类学如果不从实际出发，没有真正参与到所研究的人民的生活中去，没有具备一定的实践雄心，就难以获得自身应有的价值。里奇已先我而去世，我与他无法进行面对面的论辩，只能在他“缺席”的条件下“自言自语”了。在《人的研究在中国》[①]这一讲演稿中，我不仅向里奇对中国人类学者的评论做出了理论上的回应，而且还承认了中国知识分子的传统烙印对我的“应用研究”的影响，承认了儒家“学以致用”价值观，特别是明清以来的“经世之学”对我的潜移默化。不过，我能相信，里奇在世时一定知道我们之间的差异不全是学术传统之间的民族差异，而且可能也是对社会科学体系的不同理解，甚至推得更远一点，可能也是对社会科学价值观当中马克斯·韦伯（Max Weber）的论点的不同看法。

韦伯曾经用value-free sociology来形容社会科学，并用vocation一词来形容学者的追求与学术的定位。所谓value-free sociology就是要求社会科学研究者在其研究中不要带着个人和社会的价值观来观察社会事实，干预社会的客观存在，如果一定要翻译出来的话，这个词的意思就是“与价值判定无涉的社会学”。vocation一词，我现在还找不到一个对应的中文词语，实际上它既指一种才能又指一种具有感召力、超离社会实际的智慧，也许相当于中文中的“天职”一词。里奇的说法，大致说来是社会科学老祖宗之一的理论的人类学延伸。我们之间的差异，不是单独、偶然的现象，而是社会科学中的一个

---

① 《人的研究在中国：个人的经历》，载《读书》1990年第10期。

共同的问题，里奇怀疑我学术实践的价值观，我则常想 value-free sociology 是否有存在的可能性。

问题何在？在这里我不想再继续重复学术传统差异的溯源工作，倒是想提提学者的平常事。就我个人而言，在写文章和拿出去发表时，过去我并没有想到这并不是个人的行为，而是会对别人发生一定作用的，所发生的是好作用还是坏作用，过去一直不曾感觉到是我自己的问题。今年年初在北京高级研讨班上我想起了，童年时我看到过我祖母把每一张有字的纸都要拾起来，聚在炉子里焚烧，并教育我们说要“敬惜字纸”。我长大了一些，还笑老祖母真是个老迷信。现在我长到了老祖母的年纪，才明白“敬惜字纸”的文化意义。纸上写了字，就成了一件能为众人带来祸福的东西，不应轻视。我一旦理解了祖母的行为和教训，我心头相当沉重，因为我一生对字纸太不敬惜了，想写就写，还要发表在报章杂志上，甚至还编成了书，毫不经意地在国内外社会上流行。如果我确实发表了一些有害于人的文章，不能不说是贻害于人。因此近来常想到祖母的遗教，觉得应当回头看看自己过去的文章和著作。当然不是像托尔斯泰那样想把自己一生的著作付之一炬。已经行世的著作，火是烧不尽的。同时我也明白我写了这么多字纸，并仅是我个人的作品，而且反映了当时中国知识分子的心态，是非祸福自有历史公断，不必由我去审定，要我审定我也无此能力。

我不知道里奇在老年时是否也发生过同样的问题，但我相信他能够意识到我的老祖母“敬惜字纸”的意义，也能够理解不存在不产生社会影响的学术作品，影响只有好坏大小程度以及社会空间范围之别，因而谈 value-free sociology 我认为是不切实际的。走过 60 年的学术道路，我回过头来反思一番，深感不妨多耗费些字纸进行一些自我批评。我原来只是埋头走我的路，到了近些年来才回过头来问一问、想一想有关学术价值与社会价值的关系问题。我不久以前想到了一个词语叫作“文化自觉”。今天，我愿意把这个类似于号召的词语赋予一个学术性的说法，我认为这 4 个字可以代表我对人文价值的再思考。

## 二 我对自己学术的反思

回顾我一生的学术生命，可以从 1936 年的江村调查算起，到去年已有 60 年，用老话说就是一个花甲了。现在就让我从这本《江村经济》说起吧。我曾经一再声明，这本书可以说是一棵我无心插下的杨柳。马林诺斯基老师在序言里对它的评语，说这本书可以说是社会人类学里的里程碑，我当时不仅没有预料到，甚至没有完全理解。也就是说我在江村调查时并不是有意识地要以此把人类学这门学科推进一步。当时我还是个初入门的年轻小伙子，既没有这眼光，也没有这雄心，甚至我在江村调查时也没有想到会写成一本书。我是在我姊姊的好意安排下到江村去养伤的。从插在这本书里的相片上还可以看出我当时扶着手杖，病容满面，一副未老先衰的样子。我是凭着从当时留我寄宿的农民合作丝厂给我的深刻印象和启发中，想为这“工业下乡”的苗子留下一点记录，开始做江村调查的。

这棵无心插下的树苗，得到了泥土和雨水的滋养居然成活并长大了。论文写成，又印成了书出版，马林诺斯基老师还为它写了序。序里写些什么，我只是从出版这书的书局送来该书的校样上粗粗地看了一遍，说实话印象并不深。当时占据我心头的是国内抗日战争。我记得船过印度停泊时才知道汉口和广州已经沦陷，当时我和同伴们正忙着办越南上岸和过境的签证手续。我和《江村经济》英文本初次见面是在 1948 年清华胜因院的书房里，离这书问世已有 10 年之隔。

我从西贡上岸经河内回归祖国。到达云南昆明后，接着我就遵循马林诺斯基老师的主意，在滇池边上继续搞农村调查。其后，抗日战争结束后，内战发生，我开始投身民主运动。在这段时间里，我在学术工作上只完成了《云南三村》的中英文稿，英文本的名称还是用了和马林诺斯基老师同桌吃饭时他建议的 *Earthbound China*。中文本《云南三村》直到 1990 年才正式出版。总之我对这本《江村经济》的认识是逐步形成的。我现在的想法，认为马林诺斯基老师写这篇序的目的，似乎并不完全在评论我这本书，而是想借这篇序吐露他自己心头蓄积着的旧感新愁。

当时，马林诺斯基正面对第二次世界大战的严峻形势，心头十分沉重，所以说："我们的现代文明，目前可能正面临着最终的毁灭。"他介绍我时强调我是个"年轻爱国者"，他对我能有机会成为一个"研究自己民族"的人类学者，用自己的研究成果真正"为人类服务"，竟流露出"时感令人嫉妒"，甚至他表白对"自己的工作感到不耐烦"，他用了"好古、猎奇和不切实际"来贬责当时的许多人类学者。他还自责"人类学至少对我来说是对我们过分标准化的文化的一种罗曼蒂克式的逃避"。这些话我现在看来，正是一个寄寓和依托在拥有广大殖民地的帝国权力下失去了祖国的学者的气愤之词。但是为了表达他的信心，他紧接着又说："我认为那面向人类社会、人类行为和人类本性的真正有效的科学分析的人类学，它的进程是不可阻挡的。为达到这个目的，研究人的科学必须首先离开对所谓未开化状态的研究，而应该进入对世界上为数众多的，在经济和政治上占重要地位的民族较先进文化的研究。"①

我重复这些话是要指出马林诺斯基老师在把现代人类学者从书斋里拉进充满着新鲜空气的"田野"之后，接着他很明白地表示要把人类学的研究从野蛮人的田野拉进文明人的社区里去。在人类学的发展过程中第一步从书斋到田野的转变上他是立了功的，但从野蛮到文明的第二步，在他一生中并没有实现。他希望他的下一代去完成他的任务。"文野之别"这条鸿沟从目前看来一时还难以跨越。这是我体会到的马林诺斯基老师内心的新愁。

我自问自己怎么会似乎毫不经心地跨过了这个"文野之别"的呢？马林诺斯基老师的这篇序又替我回答了这个问题。他在序末的

① Malinowski: *preface, to peasant Life in China, by Fei Hsiao Tung,* London, Routledge and Kegan Paul, 1939.

一段话里说:“作者的一切观察所具有的特征是，态度尊严、超脱、没有偏见。当今一个中国人对西方文明和西方国家的政治有反感，是可以理解的。但本书中没有显示出这种迹象。事实上通过我个人同作者和他的中国同事们的交往，我不得不羡慕他们不持民族偏见和民族仇恨——我们欧洲人能够从这样一种道德态度上学到大量的东西。”他替我所做的答复是归根于中国和欧洲在文化上的差别，即他所说的道德态度上的基本差别。马林诺斯基老师认为中国人并不像欧洲人那样心存民族偏见和仇恨。这个概括是否正确还有待实证。我常自己审察自己，总觉得我们传统文化中对异民族的偏见不能说没有，但是和欧美相比是有差别的。我在研讨班的讲稿里已提到过，欧美人类学里反映出来的“文野之别”，历来被认为是人的本质之别，甚至在30年代还有人怀疑土著民族的头脑里是否具备欧美白种人所认为人之所以为人的理性。西方人类学学者中否认“野蛮人”有逻辑思想的为数不少。这个问题到了马林诺斯基的时代，还要由他挺身而出极力争辩，巫术并不是出于缺乏实证的逻辑思想。

在我们的传统文化里也有夷夏之别，但孔子一向主张“有教无类”。教就是可以学习得到的文化，类是本质上的区别。孔子看到他不能在中原行其道，曾想乘桴浮于海，甚至表示愿意移居九夷之中，这就表明他认为夷夏只是文化上有些差别，有教则夷即入华，人的本质是一致的，并没有不能改变的本质上的区别。

通过我的行为和思想，马林诺斯基老师看出了我们中国人和欧美人在道德素质上的不同，也许就是这种不同，使我在进入人类学的领域时，很自然地闯过了“文野”这一关。所以也可以说我是靠我的文化素质过了关的。

同时，我在这里还必须指出，作为一个中国学者，我之所以能够超越文化的偏见，大概与我的国家所处的世界文化格局有密切的关系。近代以来，西方文化一直处于上升的阶段，通过它的力量延伸，数百年来为自身造成了世界经济文化的“霸主”地位。在这样一个居高临下的地位上看自己、看别人，不见得能够采用“虚心求教”的态度。这一点直到马林诺斯基老师逝世30年以后，才逐步为西方学者意识到。

1978年出版了一本叫《东方学》的书，作者赛义德教授说了如下一段值得警醒的话：“现代东方学者对自己的定义是，他们与别人有所不同，他们是把东方从迷惑、异化和怪诞中挽救出来的英雄。他们的研究重构了东方已消失的语言、习俗甚至精神。他们的角色，类似于占坡里安，是他把古埃及的象形文字从罗萨塔石堆里发掘出来的。在东方学者看来，东方学的技巧如词典学、语法学、翻译学、文化阐述学等，使服务于古代的、古典东方的文化价值得到复原和弘扬，同时对哲学、历史、修辞学、学术流派具有贡献。但是在历史的过程中，东方和东方学者的学科必然发生变化。‘东方’的意义已从‘古典’的‘东方’变成‘现代化’的东方，而东方学也从传统学科变成了当代文化的一部分。不过，东方和东方学不管如何变化，都难以避免带有权力的痕迹，这种权力就是改造或再造东方的力量，总之，把东方转变为现代世界的一分子之后，东方学者便可以对自己的成就和地位加以庆贺，为自己作为世俗化的创造者感到骄傲，他们的骄傲来自他们把自己当作新世界的创造者，这样的骄傲与神创造旧世界时的感觉是一样的。”①

赛义德指出，19世纪以来，东方学经历了两次大步伐的“进步”。第一次是19世纪中期至第一次世界大战结束。在此时期，英国和法国在世界上获得大片的殖民地，对殖民地的研究成为殖民地行政的必需品。同时，大片殖民地的获得也为东方学研究提供了调查和搜集材料的机会，因此东方学在巴黎大学、牛津大学等大学出现了一个“黄金时代”，许多资料直接来自住在殖民地的语言学家、历史学家、人类学家、考古学家。东方学的第二次“进步”发生在第二次世界大战及其后。此时期，世界格局再次发生很大的变化，二战之后许多东方

① 转引自王铭铭：《文化想象的力量——读赛义德著〈东方学〉》一文，《中国书评》第6卷。

社会的殖民地获得了解放，西方的霸主地位从英、法手中转移到新兴的美国手中。旧的霸主（英国和法国）自然还是力图保持它们的传统地位，东方学研究在它们手中仍然被“保护”为“国宝”。不过，新兴的霸主美国支持更大量的战略性区域研究，使东方学研究扩大到整个太平洋圈和亚洲的所有地区。这些区域研究大多以“跨文化理解”为口号，但是对维护美国在世界格局里的霸主地位有不可忽略的“贡献”。在这两个时期，东方学不可避免地出现了不少变化，但是它的叙述、言论、研究制度的深层结构并没有脱离传统。

《东方学》一书指出的东西不仅对西方的东方学有效，而且对西方现代社会科学也同样有效。在西方现代社会科学中，广泛存在一个具有两面性的“二元一体”概念。这个二元一体的概念里有一条分割世界的界线，它把世界划分为两个部分——西方和东方，而且认为，西方是强大的本土，而亚洲是被打败和遥远的“异邦”。又认为，亚洲代表一种潜在的危险，它的神秘文化在西方科学的体系里无法解释和操作，而且可能在未来对西方造成挑战。在东方学的作品中，这种二元论一直被描绘为互补的对立。

赛义德教授为我们指出，东方学与16世纪以来逐步成长起来的西方资本主义世界体系有密切的关系。实际上，资本主义世界体系所创造的东、西关系在社会学和经济学中被当成是“传统”与“现代化”的关系，在社会学和经济学的研究中东方常被当成是传统的、古老的，西方才是现代的、新兴的。这使19世纪东方作为“白种人的负担”的理论进一步“合理化”。“白种人的负担”的理论把东方传统看成西方人的负担或西方应该对之实施教育的异教徒。产生于西方的一系列“现代化”理论与这种东方观有着直接的渊源关系。

我自己的一生处在文化接触过程中被欺凌的文化一方，因而较为能够避开占支配地位的文化对别人文化的偏见，我在许多著作中确实能够广泛参考、评论西方观点，甚至能够在中国文化内部格局中强调弱小的“草根文化”或“小传统”的动力，在文化价值观上与把世界格局中弱小民族的文化当成与“先进文化”格格不入的观点形成很大差别，这也是我能够做到不排斥外来文化、拒绝复制“文野之别”的根本原因。

务必指出，提出文化兼容并蓄的观点，并非是为了一味好古、守旧，也并非为了实现华莱士教授讲到的“revitalization”[①]。在受到外来支配文化冲击的状况下，站在被欺凌的弱小文化的立场上看，一时的复旧意识是值得同情的态度。但是，当这种态度发展到排斥外来文化的地步，成为与西方中心主义相对的另一种民族中心主义，那就可能忽略世界文化关系中“适者生存”的无情现实。我近来正在思考一个令我烦恼的问题。在北京召开的高级研讨班上，针对民族生存的危机，有人提出了“保留文化”与“保留人”的矛盾问题。这个问题在国内人口极少的民族当中特别突出，但在我看来它并非只是这些少数民族特有的问题，而是个现代人或后工业化人类的共同问题，是一个值得我们研究文化的人重视和深思的难题。“保留文化”与“保留人”本来不该是一个严重的问题，因为人的生活与文化是分不开的，我的老师就认为文化就是满足人生活需要的器具。但是，到了西方为中心的世界体系形成之后，非西方文化的确产生了很大危机，这些文化类型在外来强有力的文化冲击下，是否还能满足人们的需要？在社会科学里面，“现代化”这个概念的提出，大概就是为了解答这个本来与文化价值相关的问题。

西方首先发展出来的现代化理论说法多端，很难加以概括，而它们所采取的路线却是一致的。法国社会学先驱迪尔凯姆（Emile Durkheim）认为，世界上存在两种类型的社会。其中，一类是“传统社会”，另一类是“现代社会”。前者以社会内部群体组织的稳固性为特征；后者以多元的社会分工为特征。“现代化”指前者向后者的转型。德国的马克斯·韦伯认为，“现代化”意味着工业化、科层化，工业化和科层化又意味着理性化，即资本利用的有效化过

---

① Anthoy Wallace: *Revitalization movements, American Anthropologist*, 1956，58.

程、减低投入增加产出的过程、击败竞争对手的过程及满足消费者需求的过程。对此类过程，韦伯统称为“资本主义精神”。[①] 虽然迪尔凯姆与韦伯在许多方面截然不同，但是二者所强调的实质是一样的。“现代化”就是“西方化”，或“东方”将向“西方”社会形态转型。从赛义德的角度看，诸如此类的“现代化”构想都是以单线性的阶段式的演化论为基础的，而把所谓“现代社会”（实质上即“西方社会”）视为“传统社会”（实质上即“东方社会”）的未来图景的看法，这些看法都是旧时代的遗留，说明过去东方学偏见在西方学术界所起的作用。不过，一旦东方社会拒绝接受现代化过程中的文化转型，它们又如何可以使自己的人民生存在这个“物竞天择”的世界？

这不是一个新问题，在我的一生中，我们国内从“器用之争”到“中西文化论辩”，甚至到目前海内外儒家文化、小传统与现代化关系的争论，文化传统与现代化的问题一直没有间断地影响着学术思考。许多人想把自己的社会建设成为与原来不同，同时能与西方社会相匹配的社会。在这个前提下，东方社会出现了对现代化和现代特性的追求。充满“东方学”偏见的西方现代化理论，常成为非西方政治的指导思想，使作为东方“异文化”的西方，成为想象中东方文化发展的前景，因而跌入了以欧美为中心的文化霸权主义的陷阱。然而，怎样“医治”这一文化心理危机，怎样避免上述的陷阱，在学术表述上应当采用什么理论呢？

## 三　跨文化的“席明纳”

东方社会为追求现代化和现代特性，如何避免在充满“东方学”偏见的西方现代化理论的指导下跌入以欧美为中心的文化霸权主义陷阱？怎样“医治”这一文化心理危机？在学术表述上应采用什么

---

① 参见 Max Weber，*Protestant Ethics and the Capitalist Spirit, New York*，1958 年。

理论？我在这里的叙述，目的不在为上述一系列“考题”提供应试的答卷，我相信问题的提出与思考、理论的反思，本身就具有自身的价值，而我今天的讲述及近来的几篇讲稿，都可以归入我所说的反思性质的文章中去，也就是回过头来，多读几遍自己过去发表的文章，把自己新的体会写下来。这类文章我是从1993年在苏州召开的大陆、台湾、香港社会人类学座谈会上开始的，当时我在会上宣读了《个人·群体·社会》一文，是我重读《生育制度》一书时的新体会。这几年又写了好几篇这类文章，已收集在《学术自述与反思》（1996）这本新近出版的文集里。

学术反思并不是我发明的，以我个人来说就是从马林诺斯基老师那里学来的，是从他在伦敦经济学院讲课时所采用的“席明纳”方式中推衍出来的。“席明纳”是seminar的音译，其实就是学者之间的对话。最近我们在北大又开办社会文化人类学高级研讨班，着重导师和学员之间的对话，使学术讨论超越了单向信息传播的模式。我正在试写的学术反思文章其实就是自我讨论或称自我对话，针对我自己过去的学术成果，通过自己的重新思考，实行自我反思。对话增多了，大家放言无忌，可以开创一种学术新风。

学术对话如此，文化之间的对话亦当如此。我在这里讲述我的思考时，世界离21世纪不到3年了，在跨入21世纪之前，一些西方学者已经开始自觉到应当清理一下自己的过去，认清自己的真实面貌，明确生活的目的和意义，这也正是我这一段时间里所想到的“文化自觉”的含义。西方人文社会科学界的这种表现，正表示他们已经感觉到当前文化的危机，这引起了许多学者的苦恼，并且有人已开始为其寻找新的出路。一些人类学家认为，由于对“异文化”（实质上即非西方或东方文化）的研究不可能达到完全客观，因此人类学者就应该主动地把它当成“自我文化评论”的工具，利用对非西方社会的了解，来揭示西方文明的弱点。[①] 在关于现代化理论的讨

① George Marcus and Michael Fischer: *Anthropology as Cultural Critique,* Chicago, 1986.

论中，自六七十年代开始，世界系统论者采取了进一步的看法，他们指出，“东方”社会的低度发展，并不是因为这些社会没有足够的“工业化”和“西方化”，而是因为近代以来西方的殖民扩张造成了“东方世界的依赖性和从属性”。这种看法是对西方中心主义的反映，无论怎样都表明对当前世界文化走向的思考。

看来文化自觉是当今世界共同的时代要求，并不是哪一个人的主观空想。有志于研究人类学的学者，对当前人类的困惑自然也会特别敏感，对当前新形势提出的急迫问题自然会特别关注。所以我到了耄耋之年，还要呼吁文化自觉，希望大家能致力于我们中国社会和文化的反思，用实证主义的态度、实事求是的精神来认识我们有悠久历史的文化。

文化自觉只是指生活在一定文化中的人对其文化有“自知之明”，明白它的来历、形成过程、所具的特色和它发展的趋向，不带任何“文化回归”的意思，不是要“复旧”，同时也不主张“全盘西化”或“全盘他化”。自知之明是为了加强对文化转型的自主能力，取得决定适应新环境、新时代时文化选择的自主地位。文化自觉是一个艰巨的过程，首先要认识自己的文化，理解所接触的多种文化，才有条件在这个正在形成中的多元文化的世界里确立自己的位置，经过自主的适应，和其他文化一起，取长补短，共同建立一个有共同认可的基本秩序和一套与各种文化能和平共处、各施所长、联手发展的共处守则。

7年前，我80岁生日那天在东京和老朋友的欢叙会上，曾瞻望人类学的前途，说了下面一句话：“各美其美，美人之美，美美与共，天下大同。”这句话我想也就是今天我提出的文化自觉历程的概括。“各美其美”就是不同文化中的不同人群对自己传统的欣赏。这是处于分散、孤立状态中的人群所必然具有的心理状态。“美人之美”就是要求我们了解别人文化的优势和美感。这是不同人群接触中要求合作共存时必须具备的对不同文化的相互态度。“美美与共”就是在“天下大同”的世界里，不同人群在人文价值上取得共识以促使不同的人文类型和平共处。总而言之，这一文化价值的动态观念就是力图创造出一个跨越文化界限的“席明纳”，让不同文化在对话、沟通中取长补短。

人类的历史是分散、孤立的人群逐步由分而合的过程。我曾经用“战国时期”来形容20世纪。在20世纪里发生过两次世界大战，世界列强争雄了100年。第二次大战后殖民地民族纷纷独立，在世界舞台上出现了政治和经济上的多元局面。但由于交通和信息的发达，已出现向一体化发展的势头。当前这个世界性的“战国时代”与古代中国的“战国”有类似之处，是一个由分到合的过程，所以两次“世界大战”的发生，可以说已经预示了“世界一体”（one world）格局的诞生。当前国家与国家、民族与民族、种族与种族、宗教与宗教等之间的相互接触越来越频繁，使原来分立的人文世界逐步向一个“地球村”转变。社会学者把这个世界一体化的现象称为“globalization”（全球化），我也认为全球一体化是历史的前景。

与此同时，尽管在全球的交往过程中，人类满怀着一个良好的愿望，希冀我们之间逐步能够通过沟通、宽容、互补，获得对利益和价值的共识，但以权力格局为背景的社会文化界限却尚未消除，民族—国家的现实使我所说的统一的“文化场”目前还是一种理想。

全球一体化固然可以认为是历史的前景，但是如果不解决如何一体化的过程，在这过程中不解决一系列的矛盾，这一体化的结果是不容易出现的。现在看来在多种文化接触中，最难以多元取得一体的是文化的价值观念。正是因为这个原因我才特别提出“美美与共”的问题，这是一个人文价值怎样取得共识的问题。所以我想在这里着重提出人文价值再思考的题目。

其实，社会人类学既以研究人文世界为对象，人文价值自应是它研究的主要对象。上面提到的关于“现代化”的观点，其实就是在多元的人文价值的状态下怎样进入全球一体化的问题上提出的各种观点。这些观点中，如我在上文的分析，有些是想采用由一种优势文化来取代各种不同于这种文化价值观的文化，取代方法可以是强制的或是自愿的。隐藏在“现代化”背后的西方中心主义就是要以欧美的价值观念来取代其他文化的不同观点。这种看法我认为是不符合我上面所说的达到“美美与共”的路子。为了探索这一条全球一体化的路子，我们以研究人类学为天职的人，应当认真地展开讨论并通过对话来取得共识。如果能对人文价值实事求是进行再思考，不仅可以推动社会人类学前进一步，而且还可以为人类的发展前途做出贡献。

从英国功能主义的社会人类学和美国历史主义的文化人类学的理论来说，我体会到它们都承认各民族文化是各具合理性的，所以首先要承认各人群的“各美其美”，然后要使具有不同价值观点的人群去互相理解别人的价值观点。要以容忍的态度来尊重别人与自己不同的观点，在共同合作和思想交流中逐步地认同于相同的价值观点。这个过程中，必然要有一个时期使不同的价值观点在相互的容忍中共同存在，不相排斥。我相信在有利于各方的和平共处和共同合作中，不同的观点是可以相互接近和融合的。

我进入人类学领地，正是因为受到这种跨文化的人文价值观的激励。正如里奇教授指出的，我的人类学的确是从理解中国本土文化开始的。但是，我关注本土文化并非为了把自己的视野局限在本土文化的界限之内，而是为了在了解自己的前提下，寻求不同人文类型和平共处的途径，因而我的不同时期的作品，既体现出一种对本土观念和不同文化价值观念的尊重，又力图展示文化之间互译和沟通的可能性。强调世界全球化过程中不同民族文化在同一时间里并存的格局对实现“天下大同”也许是必要的。

现在想起来，这确是一种异文化与本文化兼容并包的探索。里奇认为，社会人类学应该研究“异文化”，因为只有在别的社会中人类学者的观察才能充分地客观化，避免由于社会制约造成的偏见。针对中国本土人类学者，里奇认为，除了功能论色彩有可取之处外，其他均未能超脱本土人类学者本身从小习得的司空见惯的文化，因而无法提出有说服力的人类学解释。对此，我愿意加以两点反驳：

第一，无论人类学者如何能够旁观他人的社会，最终他们还首先是自己社会的一员，受他们从小习得的本文化观念的影响，在他们的写作活动中，他们更需要在家乡文化的体验下叙述他们对异文化的认识，因此他们的“旁观”与本土人类学一样不可能达到完全客观；第二，本土人类学者的工作实际上不只是在一个单一的参考系下面展开的，在像我所做的那一类研究中，有两种“异文化”作为我的参考体系，这两种“异文化”便是在国内外其他民族中我自己亲身的阅历以及从社会人类学和其他社会科学的学习中获得的关于世界各国和各民族的知识。

里奇的看法现在看来在西方也只是一种保守的观点。实际上，70年代以来，西方也出现了大量本土人类学作品，它们指出了西方的“非西方研究”所存在的问题。由于人类学者过于相信西方人的分析能力，因此他们在探讨“非西方”文化时可能把产生于本文化的观念强加在异文化之上。这个问题的根源，不仅在于人类学者对本土社会及其人类学意义不够关注，而且也在于人类学者与“他人社会”的文化距离。具体地说，人类学者本身所处的社会场域以及他们与研究对象之间的距离，可能导致他们对其他文化的误解。通过本土社会与文化的观照以及通过缩短文化距离，本土人类学有着消除文化误解的潜能，因为本土人类学者生活在本土社会之中，他们对当地的社会与文化有着切身的感受。

在人类学中，与“异文化”相提并论的常是“参与观察”一语。传统人类学主张，人类学者不仅要研究异文化，以便避开自己社会的偏见，而且还要参与到别的社会中去深入理解他人的生活。用我自己的话来讲，异文化容易使人类学者能“出得来”，而参与观察则是要求人类学者能“进得去”。主张以异文化研究为己任的人类学者认为，人类学者在本文化中容易犯“出不来”的毛病，因而认为本土人类学者往往无法从自己所处的社会地位和文化偏见中超脱出来做出“客观的观察和判断”。不过，“异文化”的研究往往也存在“进不去”的缺点，也就是说，研究他人社会的人类学者通常可能因为本身的文化偏见而无法真正进行参与观察。对于从事中国社会研究的外国人类学者来说，这一点是十分明显的。弗里德曼（Freedman）、斯金纳（Skinner）等西方优秀的研究中国的人类学者可以说是一群被西方承认为“中国通”的人，但是他们从研究中得出的结论在西方也常被认为代表“外国人对中国的看法”。对于致力于中国本土人类学研究的学者来说，问题可能是与此相反。中国本土人类学者面临的是如何“出得来”的问题，也就是说，作为研究本土社会的人类学者，重要的是要从我们所处的社会地位和司空见惯的观念中超脱出来，以便对本土社会加以客观的理解。本土人类学的要务在于使自身与社会形成一定的距离，而形成这种距离的可行途径是对一般人类学理论方法和海外研究中国的人类学的深入了解。通过这种了解，我们可以在一定程度上把自己的社会和文化“陌生化”（defamiliarization）。

不过，我对参与观察的反思不只是考虑如何“出得来”的问题。里奇等西方人类学者认为，参与到异文化中去的目的在于让人类学者获得一种个人的涵养，使之有能力从自己的社会中分化出来，客观地认识人的生活。我的人类学研究，则强调田野工作和理论对社会产生应用的作用，同时强调使之回到本土社会去推进文化发展的必要性。

我反复强调“参与”，目的不在于要“推广”一种自我文化封闭的研究类型。当前西方和中国的人类学思考不少是在批评西方殖民主义和文化霸权的前提下展开的。对于第三世界的人类学者来说，批判西方文化的支配作用固然重要，但是，从一种文化偏见落入另一种偏见的可能性也是存在的。学者应当如何克服自己社会身份和权力格局导致的偏见？为了解决这个问题，对不同文化加以交叉比较和反思，对学术价值观加以定位将是十分重要的，我们在超越西方文化配性制约的同时，也要超越自身社会对我们的局限。我曾强调把研究者和被研究者联系起来，人类学者不仅要了解“别人”，还要了解“自己”。这也就是为什么我这个长期位居中国“大传统”的人，会如此执着地在“小传统”民间社会中追求理解的缘故。

人总是生活在希望里，对未来的瞩望和期待决定他当前的行为与忧乐。“社会科学的应用与中国现代化”这个主题，无非要求我们把自己置身于“现代化”过程当中去思考我们的理论，看看我们自己的希望何在。现代化理论的创始人之一韦伯把文化的转型当成是现代化的前提，他所讲的符合现代化的思想意识是欧洲的“新教伦理”。我不能不承认韦伯是一位学识渊博的学者，他不缺乏文化比较的功夫，事实上他的现代化理论恰好就是在宗教文化的比较观察中提出来的，他的研究方法与我今天在这里讲的“跨文化”研究没有多大差异。令我惊讶的是，这位值得尊敬的德国学者在隐喻的层面上否定了其他人文类型在现代世界的生存权利，没能在跨文化的关怀中获得人文价值的自我反思和宽容，所以难以避免步入老年时逐渐变成一个厌世的悲观论者。

如果大家能同意现代化是当代世界中人际关系的新发展，那么也当可以认为现代化应当是一个“文化自觉”的过程，即人类（包括学术人）从相互交往中获得对自己和“异己”的认识，创造文化上兼容并蓄、和平共处局面的过程。从这个角度来理解现代化，为的是在跨入21世纪之前，对20世纪世界“战国争雄”局面有一个透彻的反思；为的是避免在未来的日子里“现代化”的口号继续成为人与人、文化与文化、族与族、国家与国家之间利益争夺的借口；为的是让我们自身拥有一个理智的情怀，来拥抱人类创造的各种人文类型的价值，克服文化隔阂给人类生存带来的威胁。对于不同的人来说，社会科学可以有不同的“应用价值”。在跨入下个世纪之前，我看到的是另一种价值的需要，那就是在社会科学中出现一次人文价值的重新思考，这种思考如果可以被称为“文化自觉”的话，那它的“用处”就远胜于以往我们从事的效果明显可见的“应用社会科学”了。我也寄希望大家在看完我这篇文章之后能够看到人文价值再思考的重要，看到这是人类美好前景所依托的基础。

1997年3月20日于北京北太平庄

# 对『美好社会』的思考*

非常感谢这次“英迪拉·甘地国际学术讨论会”为我提供今天这个机会，能在素来尊敬的学者座前陈述我对“美好社会”的一些思考，并听取各位的赐教。

在20世纪行将结束，21世纪即将来临的时刻，提出“重释美好社会”的课题，让赋有不同文化背景的学者交流见解，是一件对今后人类发展具有重要意义的事情。我能参加这次讨论感到十分荣幸。

我是来自中国的人类学者。由于我的学科训练，我不善于从哲学或伦理学的立场来探讨今后人类应当对“美好社会”做出怎样的理解。我只能从人类历史发展的事实出发，对具有不同文化的人和集团所持有的“美好社会”的意念，就其产生、变化和引起的社会

---

* 本文是费孝通先生在印度新德里“英迪拉·甘地国际学术讨论会”上的发言。

效果，并对今后在全球社会形成过程中这种意念会怎样发生变化试做初步思考。

事实上，自从人类形成群体以来，“美好社会”总是群体生活不可缺少的意念。它是表现为诸如神话、传说、宗教、祖训、哲学和学说等多种多样形式的价值信念。总之，它是人类社会意识中必备的要素。它不仅体现了组成群体的各个人生活上追求的人生导向，而且也是群体用社会力量来维护的人和人相处的规范。它是个人的主观意识和群体社会律令内外结合的统一体。

“美好社会”的内涵是各群体从不同客观条件下取得生存和发展的长期经验中提炼出来，在世世代代实践中逐步形成的，因之它属于历史的范畴。所以，不同的群体对“美好社会”可以有不同的内涵，各自肯定群体共同认可和相互督促的理想，“各是其是，各美其美”。它是群体的社会行为准则的基础，是各群体社会生活所赖以维持的价值体系。具有“美好社会”的意念是人类社会的共相，而所认定的“美好社会”的内涵则是各群体不同历史条件所形成的个性。

在群体能够在自给自足的封闭状态下生存和发展时，各个不相关联的群体尽可以各是其是，各美其美，各不相干。但是，在人类总体的发展过程中，这种群体相互隔绝的状态已一去不复返了。群体间的接触、交流以至融合已是历史的必然。因此，不仅在群体中人和人之间有彼此相处的问题，而且群体和群体之间也有彼此相处的问题。价值观点的共同认可使人和人结合成群体成为可能，而群体之间价值观点的认同使群体相互和谐共处进而合作融合，却是个更为复杂和曲折的过程。价值观念不同的群体之间相互往来中，协作是经常的，而且是历史的系统的，人类只有不断扩大其分工合作的范围才能进步。但是矛盾甚至冲突也是不免的。当任何一方触及对方的生活以至生存的利益而发生冲突时，双方都会利用其价值信念对内作为团结群体的凝聚力量，对外作为指责对方的信念为异端以形成同仇敌忾的对抗力。因而，意识形态上的相异被卷入了群体冲突的场合。这类冲突甚至可以发展到兵戎相见。历史上群体之间以意识形态中价值观念的歧异为借口而发生的战争世不绝书，至今未止。当前世界依然面临这种危险。

在这里简单地回顾一下人类的近代史也许是有帮助的。500年前，西班牙人哥伦布发现了一个过去没有欧洲人到过的“新大陆”。这个发现不仅是欧洲人新的地理知识，而且实际上是欧洲甚至世界进入了一个新的历史时期的标志。以欧洲的文艺复兴、宗教革命带来的现代科技和经济的发展，把整个地球上的各个大陆都紧密地联系了起来；原来分布在五大洲广大地域的无数人类群体却从此不再能相互隔绝，各自为生了。但是它们在这500年里，并没有找到一个和平共处的秩序，使他们能同心协力来为人类形成一个共同认可的美好社会。相反，从海上掠夺、武装侵略、强占资源开始，进而建立殖民统治和划分势力范围，形成了以强制弱、争霸天下、战争不绝的形势，这都是过去500年里历史上的事实。在这段历史里，人类科技的发展固然一方面加强了人利用自然资源的能力，同时，却也出现了人类可以自我毁灭的武器。以上这短短几句话里所描述的局势，此时此刻正引起广大人士包括在座同人的困扰和忧虑。

我个人在20世纪里生活了80多年，从出生不久即发生的第一次世界大战起到现在，可以说一直生活在大大小小的战争的阴影下。两次世界大战给人带来了严重的灾难，我们这样年纪的人都记忆犹新。这使我感觉到，全球性的世界大战可能就是这个20世纪在整个人类历史里的独特标志。在它之前，群体间的战争是常有的，但没有过包括整个世界那样大的范围。在这个世纪行将结束的时候，我相信世界上没有人会还不明白，如果20世纪的这个经历继续进入21世纪，再来一次世界规模的战争，已有的人类文明，甚至整个人类，将告结束。但是怎样使人类在21世纪里走上一条能和平生存下去的新路呢？我认为这就是这次为纪念甘地夫人而举行的“重释美好社会”讨论会所共同关心的主题。

我总是认为各群体间价值观念和意识形态上存在一些差别不应成为群体冲突和战争的根据。如果用比较方法去具体分析人类各群体所向往的美好社会，基本上总是离不开安全和繁荣这两项基本愿望。这两项基本愿望只有通过群体和平协作来实现，没有引起你死我活相对抗的理由。因此我总是倾向于认为历史上群体间所有意识形态之争，不论是宗教战争、民族冲突以至结束不久的“冷战”，实质上都是群体间物质利益的争夺，意识形态的水火不相容原是物质利益争夺的借口和掩饰。

我也承认意识形态的歧异之可以被利用来作为其他实质的矛盾的借口和掩饰而上升为对抗，也有人类常有的心态作为基础。那就是各个“各美其美”的群体在相互接触中，发生了“唯我独美”的本位中心主义，或称自我优越感，排斥和自己不同的价值标准。中国古书上就记下了早期人类本位中心的信条，即“非我族类，其心必异”，那就是说凡是和自己不属于同一群体的人是不会有一条心的。本位中心主义必然会发展到强制别人美我之美，那就使价值标准的差别形成了群体之间的对抗性矛盾。我们古代的孔子从根本上反对这种本位中心主义，提出了“有教无类”“己所不欲，勿施于人”，意思是在可以接受教化上，人是不分类别的，凡是自己不愿接受的事，不要强加于人。人的价值观念可以通过教育取得一致，但是不能强加于人。

在这里可以回想起结束还不久的“冷战”时代。过去一般总是把这个时代看成是意识形态对抗的时代。时过境迁，现在是否可以说有识之士已开始明白，冷战的实质还是两霸对势力范围的争夺。不久前没有通过公开的战争，一时西风压倒东风，在旦夕之间结束了冷战。如果冷战的实质是意识形态之争，意识形态绝不是旦夕之间可以改变的，必须经过长期的群众自觉思想转变才能实现。

再看我们中国在解决香港顺利回归祖国的问题上提出“一国两制”的原则。这个原则的实质是从正面来说明以不同意识形态为基础的两种社会制度是可以在统一的政治体制下，一个主权国家之内，并行不悖，而且可以相互合作取长补短，促进共同繁荣的。那就是把意识形态和经济政治予以分别处理，求同而存异。

20世纪最后的10多年中所发生的这些新事物值得我们深入地进行理解，其中是否可以得出一种看法，人类大小各种群体是可以各自保持其价值体系而和其他群体建立和平互利的经济和政治关系的，只要大家不采取唯我独美的本位中心主义，而容忍不同价值信念的并存不悖。在群体间尚没有通过长期的交流达到自觉的融合之前，可以在求同存异的原则下取得和平共处并逐步发展为进入融合一致的大同世界准备条件。

作为人类学者，入门的第一课就是要设身处地地从各群体成员的立场去理解各群体人们的实际生活。我们要学会“美人之美”，像各群体自己的成员那样欣赏和领悟他们所爱好的价值体系。“美人之美”并不要求“从人之美”，而是容忍不同价值标准的并存不悖。但要求摆脱本位中心主义，而采取了多元并存的观点。应用到经济上，是不要阻障有利于双方的竞争，不采取只图单方面的短期利益的保护主义，而坚持相互开放和机会平等；应用到政治上，首先是不要干涉别的主权国家的内政，不以力服人，而以对话代替对抗，平等协商来处理国与国之间的矛盾。这是在人类的各群体还没有融合成一体，而政治和经济已经密切联系的现阶段，也可能就是即将来临的21世纪，我们可以力求做得到的现实态度。“各美其美”和“美人之美”并不矛盾，而是相成的。只要我们能更上一个认识的层次，大家在求同存异的原则上完全可以建立起亲密的共同合作相处。

这些作为群体之间共处的基本守则，是为一个完全繁荣的全球大社会的形成做出必要的准备，也是避免在这个大社会形成之前，人类历史进程受到灾难性的挫折，而倒退回到不文明的状态，或甚至使人类让出其主持这个地球发展的地位。

作为一个人类学者，我也坚信人的信念、群体的社会意识形态是不断变化和发展的，我们永远在一个从不够美好追求更为美好的过程中，分散独立的人类群体经过了百万年的历史演化，到目前已可以遥望到一个囊括全人类的协作发展的全球性大社会。这个全球性大社会我们中国古人就称为大同世界的共同道德秩序，怎样实现和什么时候实现，在目前还活着的人也许尚难以给出答案。但是又只有在当前人类的努力追求和不懈探索中，这个最后的“美好社会”才会出现在这个地球上。

以上我冒昧地如实表达了我个人的一些看法，请多予指正。

1993 年 7 月 14 日

# 反思·对话·文化自觉*

## 一

上届研讨班上我们大家约定：回去后都到田野去做一次调查研究，对中国社会和中国文化思考思考，过一段时间大家再聚在一起互相汇报心得。一年过去了，今天能在这里举办第二届研讨班，实现了这个约定，我感到十分高兴。同时李亦园教授主张，这样的研讨会不仅要有二届，还要有三届、四届，每年召开一次，继续开下去，我十分赞成。在这里我也得表示一下决心，只要我还活着，不论哪一届，我一定参加。当然有一个前提，决定权不在我手上，要

* 本文为费孝通先生在北京大学社会学人类学研究所高级研讨班讲稿，原载《北京大学学报（哲学社会科学版）》1997 年第 3 期。

看老天还打算让我在这个世界上再活多少年。我是属狗的，依传统算法，已经 88 岁了。俗话说，“八十不留宿”，是指像我这样年纪的人到人家去做客，主人不愿再留我在他家过夜了，因为谁也保不住第二天我还能起得来了。我这样长的寿命，已超过了我的几位教师，包括吴文藻、潘光旦、史禄国、马林诺斯基。但在学术成就上实在无法相比，我对几位老师，只有“惭愧”两字可说。从《花蓝瑶的社会组织》和《江村经济》的两次实地调查算起，去年已过了 60 年，老话是一个花甲了。如果不是在 1980 年我又获得第二次学术生命，我这一生就留不下多少对后代也许还会有用的遗产了。就是这种“岁月春水逝”的生命短促感，使我这 10 多年来不停地“行行重行行”，力求此生能对得住祖祖辈辈的培育和期待。

最近这几年，我在外地跑得少了一些，原因不尽是在年老力衰，而是在我打算用这最后的一段生命，把自己一生中已经写下的东西多看看，结结账，写一套反思性质的文章，这不能不占我一部分时间。我曾利用上一届研讨班推出了我重读马老师《文化论》的体会一文，作为我在这个研讨班上的第一讲。同时我也为这届研讨会上的第二讲预定了内容，打算发表我对《江村经济》一书的反思。讲稿是写出来了，却花了好几个月。今秋定稿时正好许多亲友建议利用我江村调查 60 周年的机会，大家到我家乡去欢叙一番，顺便去看看今天的江村。我就把那篇刚写好的文章送交《北京大学学报（哲学社会科学版）》（1996 年第 4 期）印发大家，供讨论之用。

北大社会学人类学研究所决定举办这届研讨班时，又把这篇讲稿编入《社区研究与社会发展》一书中，在讲课前分发参加这届研讨班的学员们。一稿两用，不得已也。但因此大家能在听讲之前看到这篇讲稿，思想上有些准备便于听得明白我这个南腔北调的口音。这篇讲稿题目是“重读《江村经济·序言》”。讲稿既然预先发给你们了，由你们自己去念好了。我将利用这两个小时，随心所欲地讲些有关这篇讲义的旁白。

这篇讲稿也是我正在写的一系列反思文章中的一篇，和上一届研讨班上所讲的是相连续的。现在电视不是时兴连续剧吗？我写连续性的文章，固然有点儿赶时髦的味道，其实这是我在抗战时期养成的习惯。《乡土中国》《生育制度》等都是先写连续性的文章，然后合编成的。我这一系列反思文章还刚开始，打算还要写下去。我这样说不是又在做预约，而是想说，各位最好把我的那几篇反思文章连起来念，一个人的思想是不断发展的，前后有个继承性，连贯性，不掌握其中的思路，也就难于理解作者想在所写的文章中表达的论点。

我今天提供给大家的那篇讲稿，不仅是想为我写的那本《江村经济》在人类学这门学科里定个位，而且也想借此说明这篇序言的作者——马老师，对这门学科发展上的贡献。我想把我今天的讲稿和60年前开始动笔的那本《江村经济》和马老师为这本书写的序言，三者联结起来，来说明第二次世界大战前这门学科发展的一段经过，用以引出人类学在当前的处境和可能出现新的突破。

我在这篇讲稿里开始就声明，我这本《江村经济》是一棵我无心插下的杨柳。马老师在序言中对它的评语，我当时不仅没有预料到，甚至没有完全理解，也就是说我在江村调查时并不是有意识地要用此把人类学这门学科推进一步。当时我还是个初入门的年轻小伙子，既没有这眼光，也没有这雄心，甚至我在江村调查时没有想到会写成一本书。我是在我姊姊的好意安排下到江村去养伤的。从插在这本书里的相片上还可以看出我当时扶着手杖，病容满面，未老先衰的样子。我是凭着从当时留我寄宿的农民合作丝厂给我深刻的印象和启发中想为这“工业下乡”的苗子留下一点记录，开始作江村调查的。

这棵无心插下的树苗，得到了泥土和雨水的滋养，居然成活和长大了。论文写成，又印成了书出版，马老师还为它写了序。序里写些什么，我只是回国前从出版这书的书局送来该书的校样上粗粗地看了一遍，说实话印象并不深。当时占据我心头的是国内的抗日战争。我记得船过印度停泊时才知道汉口和广州已经沦陷，当时我和同伴们忙着办越南上岸和过境的签证手续。我和《江村经济》英文本初次见面是在 1948 年清华胜因院的书房里，离这书问世已有 10 年之隔。

我从西贡经河内回归祖国。到达云南昆明后，接着我就遵循马老师的主意，在滇池边上继续搞农村调查。其后，抗日战争结束后，内战发生，我开始投身民主运动。在这段时间里，我在学术工作上只完成了《云南三村》的中英文稿，英文本的名称还是用了和马老师同桌吃饭时他建议的 *Earthbound China*。中文本《云南三村》直到 1990 年才正式出版。闲话不说了，总之我对这本《江村经济》的认识是逐步形成的。这次为了要准备这届研讨班的讲稿，才用心细读此序，似乎开了窍。我现在的想法，认为马老师写这篇序的目的，似乎并不完全在评论我这本书，而是想借这篇序吐露他自己心头蓄积着的旧感新愁。

我在讲稿里已说出了我这一点体会，不必在此重复。他当时正面对第二次世界大战的严峻形势，心头十分沉重，所以说："我们的现代文明，目前可能正面临着最终的毁灭。"他介绍我时强调我是个"年轻爱国者"，对我能有机会成为一个"研究自己民族"的人类学者，用自己的研究成果真正"为人类服务"，他竟流露出"时感令人嫉妒"，甚至他表白对"自己的工作感到不耐烦"，他用了"好古，猎奇和不切实际"来贬责当时的许多人类学者。他还自责"人类学至少对我来说是对我们过分标准化的文化的一种罗曼蒂克式的逃避"。这些话我现在看来正是一个寄寓和依托在拥有广大殖民地的帝国权力下失去了祖国的学者气愤之词。但是为了表达他的信心，紧接着说："我认为那面向人类社会、人类行为和人类本性的真正有效的科学分析的人类学，它的进程是不可阻挡的。为达到这个目的，研究人的科学必须首先离开对所谓未开化状态的研究，而进入对世界上为数众多的，在经济和政治上占重要地位的民族较先进文化的研究。"

我重复这些话是要指出，马老师在把现代人类学者从书斋里拉进充满着新鲜空气的"田野"之后，接着他很明白地表示要把人类学的研究从野蛮人的田野拉进文明人的社区里去。在人类学的发展过程中第一步，从书斋到田野的转变上，他是立了功的，但从野蛮到文明的第二步，他在一生中并没有实现。目前那些以“文化领导人”“掌握着优势文化”自居的人还坚持着先进和落后之分，实质就是上一代的“文野之别”。这条鸿沟看来还难于跨越。这是我体会到的马老师内心的新愁。

我问自己怎么会似乎毫不经心地跨过了这个“文野之别”的呢？马老师的这篇序又替我回答了这个问题，他在序末的一段话里说：“作者的一切观察所具有的特征是，态度尊严、超脱、没有偏见。当今一个中国人对西方文明和西方国家的政治有反感，是可以理解的。但本书中没有显示出这种迹象。事实上通过我个人同作者和他的中国同事们的交往，我不得不羡慕他们不持民族偏见和民族仇恨——我们欧洲人能够从这样一种道德态度上学到大量的东西。”他替我所做的答复是归根于中国和欧洲在文化上的差别，即他所说的道德态度上的基本差别。中国人在马老师看来并不像欧洲人那样心存民族偏见和仇恨。马老师这个概括是否正确还有待实证。我常自己审察自己，总觉得我们传统文化中对异民族的偏见不能说没有，但是和欧洲相比是有差别的。我在讲稿里已提到过欧美人类学里反映出来的“文野之别”，历来被认为是文化本质之别，甚至在30年代还有人怀疑土著民族的头脑是否具备欧美白种人所认为人之所以为人的理性。西方人类学学者中否认“野蛮人”有逻辑思想的为数不少。这个问题到了马老师的时代，还要由他挺身而出极力争辩，巫术并不是出于缺乏实证的逻辑思想。

在我们的传统文化里也有夷夏之别，但孔子一向主张“有教无类”。教就是可以学习得到文化，类是本质上的区别。孔子看到他不能在中原行其道，曾想乘桴浮于海，甚至表示愿意移居九夷之中，就表明他认为夷夏只是文化上有些差别，有教则夷即入华，人的本质是一致的，并没有不能改变的本质上的区别。

通过我的行为和思想，马老师看出了我们中国人和欧美人在道德素质上的不同，也许就是这种不同，使我在进入人类学的领域时，很自然地闯过了“文野”这个关。这一点认识使我更感觉到要理解一门学科的发展绝不能离开学者所有的文化素质。我们中国人要认真地去研究人和文化，就不能不警惕各种理论的历史背景和从事这门学科的人的文化修养。

## 二

我在这个高级研讨班上的两次讲稿，都可以归入我所说的反思性质的文章，就是回过头来，多读几遍自己过去发表的文章，把自己新的体会写下来。这类文章我是从 1993 年在苏州召开的大陆、台湾、香港社会学人类学座谈会上开始的，当时我在会上宣读了《个人·群体·社会》一文，是我重读《生育制度》一书时的新体会。1994—1995 年又写了两篇关于怀念我在清华研究院的史禄国教师的文章，和一篇对我《小城镇，大问题》那篇文章的十年回顾，以及去年在第一届高级研讨班上所讲的关于马老师《文化论》的体会。以上几篇已收集在《学术自述与反思》这本新近出版的文集里。现在还可以在市面上买得到。这一系列文章是我这几年开辟的一条推进我学术思想的新路子。希望这个研讨班能帮助我对我过去写的文章、出版的文集多提意见。我受到了启发之后，可以在班上一次一次地写我的讲稿，作为答谢。

学术反思并不是我发明的，以我个人说是从马老师那里学来的，从他在伦敦经济政治学院讲课时所采用的“席明纳”方式中推衍出来的。“席明纳”是 seminar 的音译，其实就是有一位教授主持的学术研讨班，采用这种方式来改变过去“先生讲，学生听”的教育方法，采取了由学生讲，通过师生平等的对话和先生与学生一起讨论，最后由先生总结的教育法。我正在实验的学术反思其实就是自我讨论或称自我对话，针对我自己过去的学术成果，通过自己的重新思考，实行自我反思。我把这些反思文章作为讲稿，请参加研讨会的同行们一起用对话方式进行研讨，性质上是一样的。同行们一起对话，比一个人自己对话自然高出了一个层次，接近我在30年代参加过的马老师的“席明纳”。

鼓励对话，使这一届研讨班比上一届研讨班前进了一步。上一届主要是请了几位在人类学这门学科里已有一定学术地位的各国学者作主讲，各人讲各人的，参加研讨班的学员只是到会听讲，很少像这届大家进行对话，因之多少还偏向于传统的“先生讲、学生听”的一般上课方式。这一届研讨班上有了改变，学员间的对话增多了，大家放言无忌，真是一个大改进，可以说是开创了一种学术新风。这不仅得到学员们的积极支持，而且在对话中，我确实得到很多启发，充实了我今后继续“反思”的内容。

举几个实例来说，在这届研讨班上有一位学员对我所说的“文化没有界限”这句话提出质疑。这位学员是出生在新疆多民族地区的汉族移民，现在北京工作。她说从她本人的生活体验中感觉到，到处都碰着文化的界限。我听了之后发觉她感到的“文化界限”很值得深入思考。我初步想到的是她是个生活在不同文化相互接触地区的人，文化间的差别在她是生活中日常可以感觉到的活生生的事实。她在新疆生活时，带着外来文化的底子，在本地人看来她没有完全融合在本地文化里；当她回到原籍，又因为在外地生活过，留着外地文化痕迹，有点异味。这种人在社会学里有人用“边际人”来形容她/他。边际和边界不同。边界是地域上用来划分两个不同单位的界线，在界线两边分属于不同的单位，一过界就属于另一个单位。两方不相重叠。边际是对中心而言的。从一个中心向四周扩张出来的影响，离中心越远，受到的影响就越小，成一种波浪形状。这相当于力学里“场”的概念，适用于声、光、电、磁。场就是一种能量从中心向四周辐射所构成的覆盖面。在这一片面积里，所受不同强度只有程度上的差别、深浅、浓淡等。但是划不出一条有和无的界线。行政区域是属于前一种状态，在地图上可以用一条线划定边界。而文化属于后一种状态，有中心和扩散的范围，远离中心的可以称为边际。边际是不能用界线来划定的。两个文化中心可以向同一地域扩散，所以常出现互相重叠的边际。这种受到不同文化波及的人，可以称为“边际人”，是文化接触中出现的现象。我回想到早年在《乡土中国》中用“差序格局”来表达亲属关系的结构形态，意义并不十分明白。这次对话中发生了文化有没有边界的问题，我才进一步想到用“场”的概念来补充“差序格局”的意思。这是我从这次对话中得到的启发。

提出文化是否有边界的问题，促使我联想到我们当前正生活在其中的这个世界上，若干主要文化正处在大规模的接触、冲突、嫁接，一直到融合的过程中。我在考虑是否应当引进“场”这个概念来认识这个过程。我注意到现在西方的欧美国家里出现一种把文化和国家这个制度挂钩的倾向，把国家的领土概念引申到文化领域中来，把不同文化划出界限，来强调文化冲突论。我意识到这种看法是有很大危险的。如果边界的概念改变成“场”的概念，也许可能纠正这个倾向。“场”就是由中心向四周扩大一层层逐渐淡化的波浪，层层之间只有差别而没有界线，而且不同中心所扩散的文化场可在同一空间互相重叠。那就是在人的感受上有不同的生活方式、不同规范，可以自主的选择，把冲突变成嫁接、互补，导向融合。

在扩大对话的范围中，这次研讨班文化是否有界限的问题，引起了一位鄂伦春族的学员提出的文化存亡问题。鄂伦春是一个长期在森林中生存的民族。世世代代传下了一套适合于林区环境的文化，以从事狩猎和饲鹿为生。近百年来由于森林的日益衰败，威胁到这个现在只有几千人的小民族的生存。提出的问题是，从鄂伦春的立场看，要生存下去应当怎么办？其实这不仅是鄂伦春人特有的问题。在我看来这是个现代人或后工业化人类的共同问题，是一个人类文化前途的问题，值得我们研究文化的人重视和深思。

我这样说是因为我想到这是个人和文化的关系问题。人利用自然资源，创造、维持和发展了自己的人文世界。文化是人为的，也是为人的。从人这方面看去，鄂伦春人碰到的是，人创造了利用自然来为自己服务的狩猎文化，因森林的破坏受到了威胁。如果坚持原有的文化，就会导致人的灭亡。现在正面对一个严酷的选择：保存文化呢还是保存人？如果依照我的“文化是为人”的认识，选择是明显的，就是要保持的是人而不是文化。这就是说鄂伦春人只有从文化转型上求生路。问题在于怎样转，转向何处？

我记得我在访问大兴安岭鄂伦春人时曾建议他们能不能发展饲鹿业来代替狩猎，又因他们提出了鹿种退化问题，我曾向农业部申请向当时的苏联引入鹿种，后来听说这件事办成了。但是我没有去追踪调查，不知道鄂伦春人是否发展了饲鹿业。我当时的建议是想到文化转型不大可能是个急转弯。从狩猎文化要转到农业或工业文化是有困难的，其中不妨用已有的传统饲畜文化作为过渡台阶。这个想法看来是可行的。后来我又在这个思路上，提出要善于发挥原有文化特长去发展少数民族经济的主张，其实这个思路和我提倡乡镇工业和庭院经济的主张是一脉相通的。

我认为文化转型是当前人类的共同问题，因为现代工业文明已经走在了自身毁灭的绝路上，我们对地球上的资源，不惜竭泽而渔地消耗下去，不仅森林已遭到难于恢复的破坏，提供能源的煤炭和石油也不是已在告急了吗？后工业时期势必发生一个文化大转型，人类能否继续生存下去已经是个现实问题了。

以上我举的两个例子，说明我在这次研讨会上从对话中得到的收获。我相信准备讲稿时所进行的反思和在班上与同人们的对话，确是已成为推进我学术生命的动力。我希望这样的研讨班能继续下去，反思和对话这两个法宝能继续发挥作用。

## 三

反思和对话是我们这届研讨班采用的行之有效的方法。但是目的是什么呢？我们当前的社会人类学走向何处？也就是我们从四面八方、五湖四海来到这里参加这个研讨班，所为何事？这个班开始时，我自己回答不了这个问题，但经过实践，我开始觉得逐渐有点明白了。我们大家一起回顾了几代人对人类文化的研究经过，大家都亲自参加了“田野工作”，都是对我们切身参与的社会生活进行了观察和思考，总结了个人的心得，又在这班上互相对话、讨论。到最后一刻，我想总结一下，问一句：我们大家在搞什么？心头冒出四个字：“文化自觉”。这四个字也许正表达了当前思想界对经济全球化的反应，是世界各地多种文化接触中引起人类心态的迫切要求，要求知道：我们为什么这样生活？这样生活有什么意义？这样生活会为我们带来什么结果？也就是说人类发展到现在已开始要知道我们的文化是哪里来的？怎样形成的？它的实质是什么？它将把人类带到哪里去？这些冒出来的问题不就是要求文化自觉吗？我们这届研讨班上大家的发言和对话不是都环绕这几个问题在动脑筋吗？我提出“文化自觉”来作为我们这个研讨班的目的是否恰当和适合，还得请大家思考，体会和讨论。

我提出这四个字“文化自觉”来标明这个研讨班的目的，确实是我在为这个班作闭幕发言中冒出来的。但是这个概念的形成也有一个经过，不妨在这里对它作一点跟踪追忆。

上面已说过，我想到要对自己过去的学术思想进行反思可以推到 1993 年在苏州举行的大陆、台湾、香港社会学人类学座谈会，那时我已 83 岁，心头在盘算我如果还要在这个世界上活几年的话，我应当做些什么事？还有哪些未了的心愿？我又自问这一生做了些什么事？立德、立功当然都说不上，可是从 14 岁开始在少年杂志上发表文章起，确实写下了不少文章。这些文章都在各种刊物上发表了，也就是说通过文字曾对社会发生过影响，这是不是可以说“立言”？

在写文章和拿出去发表时，我并没有想到这并不是个人的行为，而是会对别人发生一定作用的，所发生的是好作用还是坏作用，过去一直没感觉到是我的问题。童年时我看到过我祖母把每一张有字的纸都要拾起来，聚在炉子里焚烧，并教育我们说要“敬惜字纸”。我长大了一些，还笑老祖母真是个老迷信。长到了老祖母的年纪时我才明白“敬惜字纸”的文化意义。纸上写了字，就成了一件能为众人带来祸福的东西，不应轻视。我一旦理解了祖母的行为和教训，我心头相当沉重，因为我一生对字纸太不敬惜了，想写就写，还要发表在报章杂志上，甚至还编成了书，毫不经意地在国内外社会上流行。“文化大革命”时期，大字报上攻击我到处放毒，罪该万死。事后想来，不无道理。如果我确是发表了一些有害于人民的文章，不能不说是贻害于人。“文革”结束了，别人不再批判我了。我却想到了祖母的遗教，应当自己回头看看我过去的文章和著作。当然不是想像托尔斯泰那样自己把一生的著作付之一炬。已经行世的著作，火是烧不尽的，他这样想，至少表白了他个人的心迹。我也明白我写下这么多字纸，并不是我个人的作品，而是反映当时中国知识分子的心态。是非祸福有历史去公断，不必由我去审定，我要审定也无此能力。但是我至少应当回头把这些旧著作为客观存在的东西，凭老来的眼光，反思一下，再花点字纸，写点反思文章，聊尽作为历史载体的责任。同时我也解决了怎样打点我余生的问题。这是我这几年下笔写反思文章的衷曲。

反思实际上是文化自觉的尝试。如果不停留在个人的“衷曲”上，再看进一层，我之所以会发生这些“衷曲”，还是反映了客观的社会现实。我的处境和上节里提到那位出生于新疆移民家庭的我称之为“边际人”的学员，实在是大同小异，我们都是在不同文化的接触、矛盾中求安身立命的人。我当时曾用“上不着天，下不着地”来形容这种人的尴尬状态。旧的文化已不能给我们心安理得的生活方式，新的文化还正在形成的过程中。我同情鄂伦春族学员的处境，要在保存文化还是保存人中做出选择。概括地说，我们都是生存在文化转型过程中的人物。

在这种心理状态中，我进行反思，重读马老师给《江村经济》写的序言，很敏感地联系上英国人类学在20世纪上半世纪的变化，看到马老师自己越过了从“书斋到田野”这个关。但在面临“文野之别”的一那道关时，只能叩关而未能夺关了。我又看到在我面前关山重重，我在“微型到宏观”的关上观望，在“传说到历史”的关前犹豫，在“生态到心态”的关口缩手缩脚。环视左右，人类学将何去何从至今还没有人能站出来说“俱往矣，数风流人物，还看今朝”。20 世纪一转眼就将过去了，新时代的呼唤已在耳边。

这个声音最近由于巧合又在新近译成中文的美国畅销书中听到了。从这个声音里我仿佛又听出了“文化自觉”四个字。

在这次研讨班开始前十几天里，完全是由于偶然的机会，我接触到这一本小说，书名是《塞莱斯廷预言》。这几年，小说对我并不具吸引力。但由于这本小说作者的名字，引起了我的注意。他是不是就是在北京解放前几天回美国的我熟悉的那位当时和我上小学的女儿差不多同年的小朋友 James Redfield？天下同名同姓多得很。这本小说的作者如果确是我过去的小朋友，那就太有意思了。所以我就在百忙中抽出两天时间把这本小说读了一遍。

这是一本寓言性的小说，虚构的奇遇。作者假托一个美国青年听说秘鲁的塞莱斯廷地方发现了一本古代传下的关于人类过去和未来的预言文本，有点像我在童年时看到过的刘伯温的《推背图》。由于这本预言对当前当局不利，被列入禁读禁传之列。这位青年却偏偏要去寻觅，于是构成了一本探险记。这故事其实并没有惊险场面，不能和美国流行的这类电影相比。但是经过逐段探索到的预言内容却激动了当前美国的读者。这书一出版，1995 年到 1996 两年间畅销了 600 万册，成了雄踞榜首的奇书。这反映了当前美国群众的精神状态。这却不是件小事，一叶知秋深。

在我看来这本书实际上是一本西方文化的反思录。它假托“预言”，总结了西欧人在公历纪元后的第一个“千年”中走过的道路，道出了当今欧美文化的来龙去脉、当前遇到的危机和今后的出路。这是一本可说是用小说体裁编写的一篇人类学论文。

虽则本书的译者有意或无意地没有在本书前后介绍作者的简历，但从这些问题的提出就不能不使我怀疑我早年的小朋友和这同名同姓的作者是一人。我的这位小朋友是美国社会学和人类学的世家子弟。他的外祖父就是我在燕京大学读书时教我到人们生活中去学社会学的那位访问教授，他的妈妈又是在我初访美国时帮我翻译《云南三村》和《中国士绅》的得力助手。在临近解放时她和她丈夫老两口带着小儿子全家应邀来华，曾在清华的胜因院和燕京的临湖轩落脚。我就在这时认得这位我们都叫他作詹曼的小朋友。转瞬间已过了半个世纪。后来我知道詹曼在芝加哥大学继承了祖业，而且曾当过现在知名的华人学者林毓生的博士生导师。这是我怀疑这本小说的作者有可能就是我早年相识的小名詹曼的小朋友。如果我猜中了，也算是一回巧合吧。

撇开小说里的奇遇不说，只就它作为西方文化的反思那一部分来说，是值得我们注意的。作者从第一个千年的西方文化说起，前半个500年里欧洲正处在所谓“中世纪”，人们在“原罪意识”控制下把自己一生命运统统交给了一位全能的上帝去支配，这样浑浑噩噩地过了半个“千年”。后来经过一场宗教革命，推倒了神的权威，接着又被世俗的追求所控制。人们既不再想在死后进入天堂，眼前只有现世的需求。个人的生活关切把人带进了物质享受的小天地里，只求舒适地生活，不再问为什么活着。一生追求感官上的刺激，到头来落得个心理上的空虚和焦急。在这500年里人类的科技大为发达，使人利用资源的力量大增，配合上但求享受的人生观，对地球上有限的资源，肆意开发和浪费，导致那一部分有权有势可以控制资源的人无餍地挥霍、掠夺。于是这个世界出现了贫富的两极化。如是过者又500年。到目前快要进入第二个千年之前，也就是当前的时刻，众生所依赖的大地，经不起这样的糟蹋，已经亏损得到了日暮途穷，甚至整个地球都已变色，人们出现了“千年忧患”的情结。以上就是我所说的对西方文化的反思。下个千年还是这样在老路上盲目前进，自毁所赖以生存的生态系统吗？秘鲁塞莱斯廷地方所隐藏的那本预言，到此结束了反思，进入了“前瞻”。预言说是人类到了第一个千年结束前那一刻，出了一个大转变。这个转变出于强烈的危机感，认识到了人与人之间争夺物资，必然会导致匮乏。人类到这时才“迷途知返”，才开始打算走出这个匮乏—争夺—更匮乏的怪圈。怎样走出来呢？作者并没能跳出基督教的影响，提出了一个“爱他人、爱自然”的观念作为救命圈，但是人类这条命怎样救得过来？这本塞莱斯廷预言里似乎没有做出答案。但对于人类最后达到的境界却作了预言：一是计划生育，人口取得控制；二是用机器人代工人劳动；三是物资充沛后实行各尽所能，各取所需。看来这个作者对我们中国现在所走的社会主义道路是赞同的。

读完这本小说，我觉得作者主张跨入21世纪之前，西方文化应当清理一下自己的过去，认清自己的真实面貌，明确生活的目的和意义，不正是我这一段时间里所想到“文化自觉”吗？看来文化自觉是当今世界共同的时代要求，并不是哪一个人的主观空想。

在座的都是有志于研究人类学的学者，对当前人类的困惑自然会特别敏感，对当前新形势提出的急迫问题自然会特别关注。所以我到了耄耋之年，还要在这个班上呼吁文化自觉，希望大家能致力于我们中国社会和文化的科学反思，用实证主义的态度、实事求是的精神来认识我们有悠久历史的中国社会和文化。

文化自觉只是指生活在一定文化中的人对其文化有“自知之明”，明白它的来历、形成过程、所具的特色和它发展的趋向，不带任何“文化回归”的意思，不是要“复旧”，同时也不主张“全盘西化”或“全盘他化”。自知之明是为了加强对文化转型的自主能力，取得决定适应新环境、新时代时文化选择的自主地位。

文化自觉是一个艰巨的过程，首先要认识自己的文化，理解所接触的多种文化，才有条件在这个已经在形成中的多元文化的世界里确立自己的位置，经过自主的适应，和其他文化一起，取长补短，共同建立一个有共同认可的基本秩序和一套各种文化能和平共处、各舒所长、联手发展的共处守则。

7年前我在80岁生日那天，在东京和老朋友的欢叙会上，曾瞻望人类学的前途，说了下面这一句话：“各美其美，美人之美，美美与共，天下大同。”这句话我想也就是今天我提出的文化自觉历程的概括。

1997 年春节于北京北太平庄

附记：上文定稿后接到詹曼的姐姐丽莎回复我的信，告诉我《塞莱斯廷预言》的作者不是她的弟弟，这两人是同名同姓。复信如下：

Feb.20 1997

Unfortunately, the James Redfield who is author of the *Celestine Prophecies* is not the James Redfield who is my brother ; indeed, we have so far been unable to find any kinship relation. I say unfortunately because the prophecies has been a best–seller for so long that its author must now be very very rich.

Regards you all.

Lisa Peattie

丽莎（Lisa Peattie）是 Robert Redfield 之女，Robert Park 的外孙女，系麻省理工学院（MIT）退休教授。去年 9 月曾应邀来吴江参与纪念我江村调查 60 年的聚叙。该书中译本未介绍作家简历，致有此误，但也可视为一次巧合，所以上文可按原稿发表，未加修改。

# 文化论中人与自然关系的再认识*

## 一

中国的文化需要改革和发展是人类发展规律所决定的，而且在一百年前已酝酿了相当长的时期，从清代的戊戌政变起始，维新的运动已经在中国历史上冒了头。维新运动是当时一些知识分子想以日本为榜样，引进西方文化。起初还是“犹抱琵琶半遮面”地提出“中学为体、西学为用”，到了民国初年发生的“五四”运动，就有人大胆地提出“全盘西化”的主张了。中国文化经过几千年闭关自守到这时再也守不住了。接受西方文化的浪潮，拜德、赛两先生为

* 本文是费孝通先生在庆祝南京大学成立100周年举行的“世界著名科学家论坛”上提交的论文。略有删节。

师，是“五四”以后中国文化变动在历史上的主要方向，也是不容我们否定的历史事实。当前提出的“现代化”基本上是这个历史潮流的继续。即便是使中国人民能摆脱国际上二等成员地位的人民革命运动，也还是以西方文化中倡立的政治思想马克思主义为指导的。向西方文化学习，取得了历史上的辉煌的成就。

当然在向西方文化学习的大势下，也时时出现折中派和反对派，折中派是对西方文明要求有选择地引进，反对派则认为西方文明已走到了尽头，今后应是东方文明领先。“今日河西，明日河东”的轮转循环，一唱一反原是思想平台上的常规，但时至今日世界一体化的潮流中，我们的确要认真考虑一下我们东方文化的前途了。

对我自己来说，从20世纪30年代投身到学术领域里，进入社会人类学这门学科，文化的动向本来应当是研究的一个主题，具体地说，不能不关心自己传统文化的前途。30年代开始我就立志追随老师吴文藻先生，以引进人类学方法来创建中国的社会学为职志，详言之即用西方学术中功能学派人类学的实地调查方法来建立符合中国发展需要的社会学，这个目标显然是从西方的近代人类学里学来的，它的方法论是实证主义的，实证主义实际上是西方文化的特点在学术上的表现。科学理论必须是以看得见、摸得着的客观存在的事物为基础。

这个学派的特点反映了西方文化中对生物性个人的重视。所谓文化的概念，说到底是“人为、为人”四个字。“人为”是说文化是人所创制的，即所谓人文世界。它是为人服务的设施。这确是反映了当前我们生活在其中的世界。我们衣食住行学的整个生活体系都依靠人力改造过的自然世界而得来的人文世界。这一点事实是大家能明白和切身体会得到的。我们现代的生活，甚至和自然世界接触的人体感觉器官都是经人为的媒介改造过的。这种生活的现实，使我们习惯于把自然看成是我们生活的资源。一方面是生活越来越复杂和广阔，一方面我们把自然作为为我们所利用的客体，于是把文化看成“为人”而设施了，“征服自然”也就被视为人生奋斗的目标。这样我们便把个人和自然对立起来了，“物尽其用”是西方文化的关键词。

我们的生活日益现代化，这种基本上物我对立的意识也越来越浓。在这种倾向下，我们的人文世界被理解为人改造自然世界的成就，这样不但把人文世界和自然世界相对立，而且把生物的人也和自然界对立了起来。这里的“人”又被现代西方文化解释为“个人”，因之迄今为止个人主义还是西方文化的铁打基石。西方文化里的个人主义加上人通过自己创出的文化，取得日益进步的现代生活内容，于是不仅把人和自然对立了起来，也把文化和自然对立了起来。这也许是西方文化当前发展的一个很显著的特色。西方的学术领域里也显著地表明了这个特色。首先是以认识自然为职志的学术领域里也被自然科学所占据了。把研究同样应当属于自然界的社会和文化的社会科学和人文学科都压缩在次要的地位。

## 二

总而言之，在西方文化里存在着一种偏向，就是把人和自然对立了起来，强调文化是人为和为人的性质，人成了主体，自然成了这主体支配的客体，夸大了人的作用，以至于有一种倾向把文化看成是人利用自然来达到自身目的的成就。这种文化价值观把征服自然、人定胜天视作人的奋斗目标。推进文化发展的动力放在其对人生活的功利上，文化是人用来达到人生活目的的器具，器具是为人所用的，它的存在决定于是否是有利于人的，这是现代西方的文化价值观念。

当然在西方现代思想中占重要地位的达尔文进化论肯定人类是自然世界的一部分，是从较低级的动物的基础上发展出来的一种动物。但这种基本科学知识却被人与人之间的利己主义所压制了，在进化论中强调了物竞天择的一方面，也就强调了文化是利用自然的手段。由此而出现的功利主义更把人和自然对立了起来。征服自然和利用自然成了科学的目的。因此对自然的物质方面的研究几乎掩盖了西方的科学领地，甚至后起的对人的研究也着重于体质方面，研究人心理的科学也着重在人体中神经系统的活动，即所谓行为科学，可见西方科学发展史上深深地受到其文化价值观的制约。

忽视精神方面的文化是一个至今还没有完全改变的对文化认识上的失误。这个失误正暴露了西方文化中人和自然相对立的基本思想的文化背景。这是“天人对立”世界观的基础。

在这里还应当指出，上面所说“天人对立”的世界观中的“人”字还应当加以说明，这里的“人”字实在是指西方文化中所强调的利己主义中的“己”字，这个“己”字不等于生物人，更不等于社会人，是一个一切为它服务的“个人”。在我的理解中，这个“己”正是西方文化的核心概念。要看清楚东西方文化的区别，也许理解这个核心是很重要的。东方的传统文化里“己”是应当“克”的，即应当压抑的对象，克己才能复礼，复礼是取得进入社会，成为一个社会人的必要条件。扬己和克己也许正是东西方文化差别的一个关键。

## 三

我在前文提到我过去常用“人为、为人”四个字来说明文化的本质是不够全面和确切的。因之对这四个字中的“人”字还应当多说几句。我一直接受西方现代文化中所认定的人是从较低级动物演化来的观点，但是要补充说明的是，这个高等动物从原始生物的基础上，经过很长的时间，才在演化的历程中获得了其他生物类别所没有的特质。这些特质固然也是从较低级的生物中逐渐演化得来的，但凭这些特质的继续发展演化，取得了其他物种达不到的能力。其中之一就是由于人的神经系统的发展，除了能够接受外界的刺激，以获得意识上的印象之外，还能通过印象的继续保留而成为记忆，而且还能把前后获得的印象串联成认识外界事物的概念。不仅如此，还发展成为有一定内容即意义的音像符号（symbois），于是产生了语言和文字，凭着这些有一定意义内涵的语文，即这些具有社会共识的符号，由一个人传达给另一个人，人与人之间的心灵因之得以相通。这是这一个个人和其他人取得结合的关键，并导致他们可以发生分工和合作，完成共同的目的，达到共同的理想。我们可以用生物人和社会人等名词来区别由生物进化完成的生物人和由生物人的集合成群体而成为的社会人。一丝不挂的独自为生的生物人，在这个世界上是不存在的。而西方文化中把它偏偏作为功利主义中的“己”，突出来和自然相对立。这个虚拟的“己”，是事实上无法独立生存的生物人。

生物人和其他动物一样，它的生命实际上有一定的限期，即所谓有生必有死，生和死两端之间是他的生命期。生物人聚群而居，在群体中凭其共识，他们相互利用和模仿别人的生活手段以维持他的生命。这时他已从生物人变成了社会人。只有作为一个社会人，生物人的生命得以绵延直至其死亡。每个生物人都在生命中逐步变成社会人而继续生活下去。我们一般说人的生命是指生物人而言的，一般所说的人的生活是指社会人而言的。生活维持生命的继续，从生到死是一个生物的必经的过程，但是生活却是从生物机体遗传下来的机能通过向别人学习而得到的生活方式。一个人从哺乳到死亡的一切行动，都是从同一群体的别人那里学习得来的。所学会的那一套生活方式和所利用的器具都是在他学习之前就已经固定和存在的。这一切是由同群人所提供的。这一切统统包括在我所说的人文世界之内，它们是具体的文化内容。当一个生物人离开母体后，就开始在社会中依靠这前人创造的人文世界获得生活，也可说一离开母体即开始从生物人逐渐变成了社会人。现存的人文世界是人从生物人变成社会人的场合。这个人文世界应当说是和人之初并存的，而且是社会人共同的集体创作，社会人一点一滴地在生活中积累经验，而从互相学习中成为群体公有的生活依靠、公共的资产。人文世界拆开来看，每一个创新的成分都是社会任凭其个人天生的资质而日积月累并在与自然打交道中形成的；一旦为群体所接受，人文世界的内涵就不再属于任何个体了，这是我们应当注意的文化社会性。文化是人为的，但这里只指文化原件的初创阶段，它是依靠被群体中人们所共同接受才能在群体中维持下去。一群社会人相互学习利用那些人文世界的设施，包括物质的和精神的，或说包括它的硬件和软件，进行生活。因而群体中个别生物人的死亡并不跟着一定发生文化零部件的存亡，生物人逃不掉生死大关，但属于社会人的生活用具和行为方式即文化的零部件却可以不跟着个别生物人的生死而存亡。文化的社会性利用社会继替的差序格局，即生物人生命的参差不齐，使它可以超脱生物生死的定律，而有自己存亡兴废的历史规律。这是人文世界即文化的历史性。

这里必须强调社会人靠群体而存在，群体是由生物人聚集而形成的，生物人聚成了群体，构成了社会，才产生社会人。从个别来看，生物人的生死也是社会人的生死，没有生物人，社会人也就没有了载体。但是从群体来看，生物人的生死是前后差序不齐的，这就是我在《生育制度》一书中所指出的社会继替的差序格局。这使得生物人所创造的文化（文化之内包括群体的社会组织和制度）都可以持续往下代传递。除非整个群体同时死亡，文化在群体中是可以持续传下去的。还应当说文化，包括它物化的器材和设备，可以不因人亡而毁灭。过一段时间，即使群体已灭亡了，如果有些遗留下来的物化的文化还有被再认识的机会，它还是可以复活的。所以文化的自身里有它超越时间的历史性，文化生命可以离开作为它的载体的人（包括生物人和社会人）而持续和复兴。这是文化的历史特性。因此我们有“考古学”这门学科。

## 四

强调重新认识文化的社会性和历史性，可以帮助我们调整文化的价值观。我在上文中讲到了我认为西方文化里，从大多数民众来说，存在着严重的以利己个人主义为中心的文化价值观。这种文化价值观从以往的历史来看，200 多年来曾为西方文化取得世界文化的领先地位的事业立过功。但是到了目前，我担心它已走上了转折点，就是由于形成了人和自然对立，已经引起了自然的反抗，明显的是当前人们已感到的环境受到的污染确实给人们带来了生活的困难。可以说这只是自然在对我们征服自然的狂妄企图的一桩很小的反抗的例子。讲得大一点就是人类已经有所觉悟而对此做出保护环境的绿色革命。但是可悲的是连最近提出的这类世界性的保护环境的公约都没有能得到国际上的一致支持。

“9·11”事件发生后全世界人们都惊觉了，这在我看来是对西方文化的又一个严重警告。我在电视机前看完这场惨剧的经过后，心里想，西方国家特别是受难国一定会追寻事件发生的根源，进行深刻的反思，问一问这是不是西方文化发生了问题。当然，这是我个人的一种私自的反应。但是我的私愿落空了。事件发生后事态的发展使我很失望，我对一般的“以牙还牙”报仇心理是可以理解的，这是人类甚至动物的原始性的心理反应。但是接着却把事件当作刑事案件来对待，缉拿凶手成了主要对策。凶手找不到就泄愤于被指为嫌疑对象的所在国，进行了不对等的战争，并利用现代科学所创造的武器对嫌疑犯所在的国家进行狂轰滥炸。以反对恐怖主义的正义名义进行的这场战争造成了大批无辜人民的死亡和遭殃。在我看来这是以恐怖手段反对恐怖主义的一个很明白的例子，是不是应了我们中国力戒“以暴易暴”的古训？这是我这信息不灵通的老人的私见，但也许可以联系上我在前面所讲的西方文化的“天人对立”的价值观来看这段历史，而觉得西方文化的价值里轻视了文化的精神领域，不以科学态度去处理文化关系，是值得深刻反省的。

我想接下去继续在对文化的思考方面说几句关于东西方文化不同之处的问题。我着重说了西方文化的价值观中人和自然的关系，因为这正是东西方区别的要害处。我个人认为西方文化强调的人利用自然而产生促进技术发展的自然科学在这一点上是有别于传统的东方文化的。同时也正反衬出东方文化着重“天人合一”的传统。这里的“天”字应作为自然解，我是个从小在洋学堂里培养出来的知识分子，所以缺少了一段中国传统的经典教育。我没有进过私塾，坐过冷板凳，对中国传统文化缺乏基本的训练，但是在业余时间也受到了上一代学者关于国学研究的影响，而且在学校里上学时已听到过“天人合一”的说法，但当时并没触及我的思想深处。直到最近这几年，90岁以后，才补阅我故乡邻县无锡出生的钱穆（宾四）先生的著作。他是个热衷于“天人合一”论的历史学者，据说在他快要弃世之前不久曾对他的夫人说，他对“天人合一”有了新的体会，而且颇有恍然大悟之感，但所悟的内容却没有机会写成文字留给我们这些后代。正是记起了这件事，使我也注意到文化价值观方面东西文化的差别。当前西方文化中突出的功利追求和着重自然科学发展的根源，也许从根本上看就在这“天人对立”的宇宙观。我在这里不由得不重又想起钱穆先生所强调的从“天”“人”关系的认识上去思考东西方文化的差异。这么一思考也使我有一点豁然贯通的感觉，中华文化的传统里一直推重《易经》这部经典著作，而《易经》主要就是讲阴阳相合而成统一的太极，太极就是我们近世所说的宇宙，二合为一是个基本公式。“天人合一”就是这个宇宙观的一种说法。中华文化总的来说是反对分立而主张统一的，大一统的概念就是这“天人合一”的一种表述，我们一向反对“天人对立”，反对无止境地用功利主义态度片面地改造自然来适应人的需要，而主张人尽可能地适应自然。这种基本的处世态度正是我的老师潘光旦先生提出的“位育”的观点，“位育”就是“中庸之道”，对立面的统一靠拢，便使一分为二成为二合为一，以达到一而二、二而一的阴阳合而成太极的古训。

我们中华文化的传统在出发点上和西方文化是有分歧的，目前在经济上进入全球化的时代出现了文化的多元化，这一阶段大家关心的是多元化文化不要互相冲撞而同归于尽。我在这个局面中想到了东西方文化的处境，敲敲警钟以保卫世界和平，祝愿我们当前还存在着差别的多元文化能在各自的发展中走向能和平共处的世界。

2002年5月5日

# 对文化的历史性和社会性的思考

现代化与我们自己的文化之间的关系，一直受到中国知识分子的密切关注。21世纪初期的两三年时间里，这一关系，以新的形式重新在世界上产生了重大影响。为了迎接这个新的世纪，展望文化研究的重要意义，几年前我提出了“文化自觉”的说法，认为中国知识分子应主动承担起认识自己的文化及其定位、认识不同的文化及展开跨文化对话的任务。2002年，在南京大学创立100周年纪念会议上，我就《文化论中人与自然关系的再认识》这个题目谈到了自己在这方面的一点思考。在那篇文章中，我讲到不同文化对处理自然与人之间关系的不同看法。有鉴于西方文化中“天人对立”的世界观对现代世界的影响，我触及了有关当代世界中文化价值应当调整的问题，认为要消除这个时代给人们带来的文化矛盾，就有必要深入看到与西方“天人对立”关系至深的个人中心的方法论，从历史性和社会性上来探索和理解中国文化的特色。在此，我愿意不揣粗陋地把自己对问题的看法再度提出来供大家讨论。

## 一

一个世纪以来，研究非西方文化的西方人类学家，已经关注到亚洲、非洲、拉丁美洲及太平洋文化的历史性与社会性了。然而，文化的历史性与社会性在中国文化中体现得特别浓厚。中国地大人多，地处山海之间，有辽阔的平原，从早期的渔猎社会发展到农业社会，乡土氛围特别浓厚。过去人们认为，黄河流域为中国乡土社会的形成提供了最早的土壤。我去看过浙江的河姆渡文化遗址，考古学家说，这个遗址代表了长江三角洲文化，已有七千多年的历史，而太湖周围的良渚文化也有五千多年的历史，这些文化都已相当发达，特点是以农业为主，耕种已用犁，种的是稻谷，会纺织。考古学研究证明，南方地区的这两个文化类型，有一定的经济基础，是已定居了的乡土文化，衣食住行的基本条件已经达到一定水平。可见，浓厚的乡土性，广泛存在于中国南北方辽阔的大地上。

乡土社会的经济基础稳定，以农业为主，自给自足，生活方式也有自己的一套，所以延续了几千年，多少代人生活在稳定的历史继承性中。这种特殊的历史性，也表现在我们文化的精神方面。自孔子时代起，倡导人文关怀，不关心人死后的灵魂归属，而关心现世生活。这不是说，中国人不在“死活”之间寻找关联性，而是说，我们不像西方人那样把死人与活人分离开来，放在分离的时间和空间里，而试图在二者之间找到与现世生活有关的连续性。

中国文化注重历史性，要从亲属制度说起。中国是一个看重祖宗和子孙的社会，个人是上下、前后联系的一环。我在写《生育制度》时，已强调了这个特点，我曾有意指出，中国文化的特点之一，正在于这种将个人纳入到祖先与后代的历史连续性之中的做法。那个时代，在比较中西文化中获得显著成就的梁漱溟先生，已从宏观的角度探讨祖先崇拜与基督教一神信仰之间的差异及其社会效应。已故的人类学同人许烺光在《祖荫之下》这本书里，用来自民族志的资料，论说了中国人生活中祭祀祖先仪式中，香火延续的观念及它代表的亲属制度的历史性。这些论述让人想到，过去的中国，为什么不需要宗教。人们以祖宗和子孙的世代相传、香火不断的那种独特的人生观为信仰，代替了宗教。对我们中国人来说，生命是时间里的一个过客，在时间和空间里有一段属于个人的份额。但它并非是个人性的。个人首先是一个生物体，但更重要的是与文化有关系的三个不朽，即所谓立德、立功和立言。也就是说，文化是人创造的，人不是简单的生物体，因为没有人创造的文化，也就没有人自己。从一定意义上讲，人得以不朽，是因为他立德、立功、立言，从被社会承认、对社会做出贡献、对社会关注的问题做出自己的阐述，而得到超越人生物体的生命。在中国文化中，文化在这个特殊意义上具有的历史性，又紧密地与文化的社会性相联系。人生在一个集体中，一个所谓的“社会结构”中。出生后要在社会中从幼年到成年，变成社会人。所谓的“进入社会”，就是接受一套这个社会的文化内容。如果已有的文化内容不能适应客观的变动，文化里就要出现新的东西。生物人成为社会人，是靠“学而时习之”，靠模仿，对模仿不满足后，就要创造，个人的创造为社会接受后，改变为集体的东西，就超越了个人，成为集体的和不朽的文化。在中国文化里，文化本身是变的，不可能永远复制上一代的老框框。文化是流动和扩大的，有变化和创新。个人是一个文化的载体，但也是在文化的不断创新中成为的变体。个人与个人可以有心灵沟通，这种沟通产生的效果，不单是两个个人之间的关系，而且是个人进入集体创造成为社会的共识，个人进入社会创造文化的过程。

像“天人合一”一样，个人生物体—集体—共识（包括语言、意义、反应）即人—社会—文化，在中国文化里是重要的连续体，而非各自区分的主体与客体。中国传统文化里强调一个重要的道理，即文化只是作为一个环节，本身要维持，也要创新。文化也可以说是出于一个个人生死的“差序格局”。人是不同时死的，各人的生死是先后参差不齐的，但活着的与死去的有共同的文化联系。个人在一生中的立德、立功、立言虽然是个人的，但却因出于个人作用而进入了文化体和社会体，成为非个人的而且是不朽的。文化如果不为社会所接受就留不下来，文化的沟通、传播靠语言，进而靠文字，语言也有规律，忘记了可以破译出来，得到复兴和再生。像考古学家做的工作，就是这种文化的破译和再生。文化有自己的历史，本身有历史的继承性，有自身的发展规律，体现在一般所说的“民族精神”上。强调历史，是希望通过个人的关怀来实现文化的关怀。祖宗和子孙之间是一个文化流，人的繁殖指的不仅是生物体的繁殖，也是文化的继替。

## 二

中国人从实践中产生了对人在文化继替中获得社会性的看法，因而长期以来也成为中国人实践的内核。文献说，“子以四教”，就是说孔子在四个方面展开他的教学工作，包括：文、行、忠、信。“文”指历代文献，“行”指社会生活的实践，“忠”指对他人的忠诚，“信”指与人交际的信实。孔子说自己好古，“古”对他来说却不只是历史学意义上的史料实证，更象征一个文明秩序的理想。在实践的层次上，这种文明秩序，具体表现在文、行、忠、信这四个教化的方面上，这四个字基本上也就体现了我说的文化的历史性与社会性。

孔子是一个伟大的思想家，他总结的，恰是这个在上古时代逐渐成型了的文化意义体系。在更高的一个层次上，文明秩序又特别表现为“礼”。“礼”这东西，不等于一般讲的法律和规则，它以“和为贵”，就是以做事恰到好处为上。但“礼”并不是不讲规则，它本身是一种通过生活实践的循序来造就的秩序，所以有“礼节”，就是做事恰到好处的方式。“礼”当然是对个人自由的一种干预。可是，传统的中国人受到“礼”的节制，并没有像西方人那样觉得不愉快，而是想“小大由之”，通过大事小事对“礼节”的遵循，来成就以“义”为中心的君子社会。所以，以“礼”为中心的文化论，主张“克己”，就是抑制自己。孔子说，“一日克己复礼，天下归仁焉”。

从秦汉到清末，中国文化对于生活的阐释，一直深刻地影响到中国人的政治活动和社会治理。在上古时期，有“礼不下庶人”之说，那时的“礼的秩序”被看成是社会中的上层享受的文明程度。随着历史的发展，一代代知识分子对“礼”的这种社会局限性进行的反思，到宋明时期已将它改造成为一种可以“化人文”于天下的文明秩序了。生活在晚古时期的中国人定能知道，“礼”“仁”等概念代表的那种文化论，已是赋予我们人和生活意义的概念，作为一种深潜在中国人日常生活中的文化，早已积淀成人们司空见惯了的生活方式了。生活在这种生活方式中的我们，如果没有暂时将自身纳入与其他文化的比较中去看待问题，对于这个生活方式中蕴涵的文化意义，恐怕不会有那么清晰的认识。

## 三

人们时常将现代化与传统文化当成相互矛盾的两方面看。其实，“文化自觉”，正是在追求现代化的100多年的历史中开始产生的。

过去的一百多年里，世界发生了重大的变化，在变化的世界中，我们面临原来很少遇到的问题。新中国建立后，经过“三级两跳”，中国社会已从乡土社会进入工业化社会，再从工业社会进入信息社会。所谓“信息社会”包含着人与人在“信息”间关系的根本变化，以电子产品为媒体，来传递和沟通信息，逐步改组工业生产、商业贸易，甚至组织政府的治理工作和全部社会生活，带来了对传统人文世界的猛烈冲击。从工业化到“信息化”，都先发起在西方，与自然科学和技术的发展有着密切的关系。从19世纪到现在，过去我们所说的“现代化”这种现象和过程对整个世界的影响是巨大的。许多非西方的人类学家承认，现代西方文明代表一种强大的历史断裂性，作为一种不断否定历史和生活的社会性的力量，作为一种被人类学家称作“热的”“动态的”社会模式，冲击了许许多多像中国传统文化这种注重在历史的连续性中创造文化的“冷的”“持续的”社会模式。

文化研究里提出的这种对世界人文秩序新变化的形容，应该说还是贴切的，它也能解释“热”与“冷”社会之间在相互比较中产生的自我认识。我这代人开始学习人类学和社会学时，西方知识界已经开始出现了一种站在西方的“他者”立场上来反省西方现代文明的做法。我自己的老师之一马林诺斯基就曾写了不少论著，阐述他自己的文化论，基本就是将不同的文化放在他们自己的生活世界里考察，否定19世纪古典人类学将非西方文化当成“落后文化”的做法。

马林诺斯基老师的文化论虽然也有它自己的局限性，但是却从一个值得我们继续思考的角度，提出了对世界范围内“主流的”西方现代文化的反省。产生于西方学院氛围内的功能论，难以彻底摆脱西方认识论的限制。马林诺斯基说，所有的文化都是满足人的需要的工具。这一论说，遭到了后来的人类学家的批评。批评者认为，这是工具主义文化论，意思是说，马林诺斯基采取的解释方式，正好符合西方文化的人与物、目的与工具的区分框架。如果说马林诺斯基的论著存在这样的问题，我认为，这也是在不自觉中造成的。他的本意是要指出，影响、冲击、改变着整个世界的西方文化，不能简单地将自己当成唯一具有实际意义的文化形态，而人类学家的使命，就是在于指出非西方文化中那些表面上与征服自然的目的距离甚远的形式，也是在当地的生活中陶冶出来的合理做法。可见，虽然有人指责马林诺斯基老师具有极端的“反历史”倾向，但是他所反对的历史不是我上面说的历史继承性，而是在他的人类学出现以前大量的西方中心主义的“台阶式”历史观。从他的论著里，我看到一种对非西方人文世界的历史和现实作用的尊重。

马林诺斯基老师代表的一代人类学家，开创了西方“文化科学”的新时代，今天人们一般用“现代社会人类学派”这个概念来称呼那种具有鲜明的反对西方中心论态度的文化学派。这些年来，我在补课时重新阅读了一些书籍，写了不少札记，看到了西方人类学在过去数十年中逐步寻求文化良知的一种可贵的努力。然而，在这以前，情况却有所不同。

请允许我把时间推到比 20 世纪初期更早一些，来看看此前西方人对中国文化的评论。必须承认，在欧洲启蒙运动时期，欣赏中国文化，试图在中国文化中寻找欧洲文化革新道路的知识分子是有的。可是，我们不能忘记，从 18 世纪开始，随着中西文化接触的增多，随着西方世界性扩张进程的展开，西方对中国的蔑视态度也变本加厉。在明代，来自欧洲的传教士要在中国文化的土壤上落脚，还要特别注意学习儒士的礼仪。即使是到了英国马戛尔尼使团在清初访问中国时，还要接受清朝皇帝的要求，屈膝表示“来朝”，并将自己纳入中国朝廷的“宾礼”来“朝贡”。到后来，西方人的这种“文化虚心”，随着他们的军事和经济实力的增强而锐减。罗马教廷从 18 世纪到 19 世纪一直怀疑中国人的“礼”是否符合文明社会的规则，在教廷内外展开频繁的“中国礼仪之争”，讨论中国祭祀祖先的礼仪是否符合教堂的规则。到了 19 世纪中叶以后，生物进化论在西方社会思想中逐步获得了支配地位。不少西方知识分子将生物学家在生物进化的历史研究中得出的结论，用来对西方与非西方做文化的历史定位。这时，中国被列入“古代亚细亚社会形态”来研究，我们的文明被变成西方人认识人类的古代历史的例证。在西方中国观的演变过程中，中国文化作为一个对象是变幻不定的，但演变有一个值得注意的轨迹：它从一个被基督教争论的“风俗体”，转变成了被社会科学家关注的长期停滞在“古代亚细亚社会形态”中的国度。

涉及中国的西方式东方学、世界史和社会科学研究，有些具有更多的人文学倾向，有些深受自然科学概念的影响，但它们的总体趋势是迫使中国文化面对一个被物和工具支配着的世界。从清末开始，维新运动在中国历史上冒了头。起初，引进西方文化，让我们的国人看到物和工具的重要性，是一个重要的步骤。那时比较流行的句子是“中学为体，西学为用”，士大夫还是“犹抱琵琶半遮面”地对待能补充中国文化的“用”。但思想的门户一旦打开，西方文化就势如破竹地冲破了重重障碍，到20世纪的前20年，逐步以“德先生”（民主）和“赛先生”（科学）的形象，在中国知识分子界得到广泛的接受以至推崇。

在20世纪的上半叶，对中西文化的比较是中国知识分子热衷讨论的话题。有关中西文化的关系，出现了“全盘西化”“文化守成论”及“折中论”等观点。但随着新学的推广，现代文化逐步在中国大地上扎了根。

## 四

我受的教育就是从当时的新制度里开始的，上的是所谓的“洋学堂”，它是针对科举制度下的私塾制度而设立的，是从西方国家经过日本传入的，它使我这一代人从童年起就接受学校教育，参与同代人的集体生活，受的教育内容也有别于主要用旧经典如《论语》《孟子》等的教育。我从20世纪20年代投身到学术领域里，进入社会人类学这门学科，特别关注自己的传统文化的动向，立志追随老师吴文藻先生，以引进西方社会人类学方法——具体说就是近代西方社会人类学的实证主义方法——来创建中国社会学为志向，注重从看得见、摸得着的客观存在的事物中探究文化的实质。以我个人受到的教育而言，具有重引进西方文化的家学传统，后来学习西方式的社会人类学和社会学，积累成一种“务实求新”的习惯。采用的实证主义方法论，说到底反映了西方文化中对生物性的个人的重视。我从马林诺斯基老师那里学来的文化论，重视衣食住行的整个生活体系的研究，强调人力改造自然世界从而得来人文世界。这个文化论中所谓的“文化”，就是“人为、为人”四个字，指文化是人创造出来为人服务的，而这里的人特别指看得见、摸得着的个人。在 20 世纪前期，中国文化需要改革和发展，这是人类发展的规律所决定的，而且是在中国对外关系的摸索历史中逐步产生出来的。那时开始的文化变革的潮流，要求“务实求新”，重实际和创新，在文化价值论上补充了传统文化只重人不重物的缺憾，同时，与其他的潮流一道，特别强调“己”——即个人——的自由度。

到今天我仍然相信，“务实求新”应是现代知识分子保持的志业。倘若从事社会科学研究的人不能从实际生活的参与观察中得出结论，从中延伸出自己的看法，并对人类知识的积累有所贡献，那么，他的研究意义何在，我们就很难判断了。然而，“务实求新”者，却不能抛弃他本应重视的观察和认识方式的反思。就“人为、为人”的文化论来说，我看到它在抵制 19 世纪西方社会进化论的同时，舍弃了达尔文重视的人是自然世界的一部分的想法，将人与自然简单对立起来进行二分法的处理，用功利主义的态度将人与物完全区分开来，且将人定义为个人生物体而非历史和社会的存在。令人深感遗憾的是，这样一种缺乏人及其文化的历史性和社会性的观念，随着“全球化”步伐的迈进，已经扩散到世界各地，成为一种被认为是普遍的生活信念。

我个人对于“全球化”这个概念并不反感，人类终归是共同享有一个地球的，未来挑战人类的可能不是人类自己，而是太空。况且，“全球化”这个概念包含一个与以往的帝国主义支配不同的主张，它欢迎不同的文化来参与制定其趋势、影响其发展。然而，我们不能就此简单地认为，“全球化”是过去十几二十年里才兴起的，也不能简单地相信，这一潮流必将推出一个国家、民族、文化之间“美美与共”的“天下大同”局面。

“全球化”实际延续了自 19 世纪就开始了的广泛的世界性文化接触，而接触中的各方力量是不平衡的。更重要的是，过去的一百多年里发生的许多事件，本来应当已经引起处于优势文化民族的自我反思，但那些实际上应让全世界的人们惊觉的事件，却没有引起各方的充分关注。同样遗憾的是，在频繁的文化接触过程中，不同文化之间的差异，虽已在旅游业和一般的文化产业中得到尊重，整个世界的主流中，“天人对立论”的影响越来越普遍而深入。但在今天，世界上那些“以暴易暴”的做法，还是在起着它们的作用，备受具有“征服世界”野心的势力的青睐。对这样一个时代，社会科学家在不断反思。我曾形容为“世界性的战国时代”的20世纪，人被从狭小社区中“解放”出来直接面对逐步强大的现代国家，这是从一种制约进入另一种制约的过程。我看到，21世纪人被从国家中“解放”出来面对整个世界，看来也并非是一个大飞跃。

地球上势力的不平衡，当然还是人类在未来的漫长时间里必须承受的负担。更值得关注的是，那种以“己”为中心来看待人，以“天人对立论”来看待世界的看法正在得到“全球化”。在这样一个时代，人类学和社会学面对着一个新的挑战：怎样为确立文化关系的“礼的秩序”做出贡献？我仍然相信社会科学要“务实求新”，也相信在回答这个问题时，“务实求新”的追求能得到充分的表现。

## 五

这些年来，在重读旧著、补课学习的过程中，我意识到西方科学发展历程中存在着值得我们思考的问题。我最近出版的《师承·补课·治学》一书，中间包括一篇文章，讲到派克老师如何成为社会学家，美国社会学是如何发展起来的。派克摸索追求社会学的“科学化”，研究人同人的关系问题，这是第一次世界大战后的事情。美国对人与自然界的物的科学认识要早一步，物理、化学、生物科学，尤其是生物科学很发达，而那时的人类学与社会学分不开，要研究人，再研究社会，再研究文化，文化的问题是人如何相处中发生的。大部分优秀的西方社会科学家认为，研究人不能将人的生物性、自然性与他的社会性和文化性割裂开来，造成自然科学与社会科学的分离状态。于是，对面临着的问题，派克曾多次表示，社会学缺乏对于“符号”和“心灵”的研究，就不能成为科学。当时的社会学缺乏派克有志于研究的那些东西，根本原因还是“天人对立”的看法在起作用。“天人对立论”造成人文社会科学发展的知识门类的割裂状态。新一代的社会理论家已经意识到，19 世纪以来被割裂了的人文社会科学知识，与西方内部治理及国际政治有着密切关系。它的两个重要特点：一是知识的科学化，二是理论的“西方中心论”。他们还看到，克服人文社会科学自我局限和“西方中心论”，应该大大地依赖于综合性的文化论和复杂理论的发展。

在西方社会科学发展的历史过程中，自然科学从研究物当中提出的概念，长期以来支配着社会科学的研究。最早的西方社会学，被称为“social physics”，意思就是所谓的“社会物理学”，就是要运用物理学的办法来研究人文世界。像今天仍被广为采用的“结构”，与物理学有着密切关系。从 19 世纪以来，物理学就在人的研究中占主要地位。在人类学中，体质人类学的研究对生物学以至遗传学原理的搬用，是广为人知的。在社会和文化的研究中，像“社会肌体”“文化肌体”等概念也曾充斥西方学界的论述。我不反对自然科学原理在社会科学研究中的运用，我的意思无非是说，在西方社会科学研究里，这样持续地用研究物的办法来研究人，有它的文化的历史基础。我说过，“物尽其用”是西方文化的关键词。听起来“物尽其用”这个句子给我们一种特别人本主义的感觉，因为其中的主体是人，客体是物，实际上，正是在这样的主—客分离的关系中，西方认识论片面地强调了人与自然的对立。如果说马林诺斯基老师的文化论有什么问题，那么，问题也正是在将人与服务于人的物（工具）对立起来。

随着西方文化对世界影响的增强，在日益现代化的今天，以“天人对立”的世界观来认识人及其生活，对人的生存方式产生着越来越大的影响。与此同时，在人进入 21 世纪时，世界碰到了文化融合问题，不同的文化要碰头了。在文化的碰头上，不同的文化如何保留自己的特点同时开拓与其他文化相处之道，这个问题需要引起更广泛的关注。在过去100年的历史进程中，我们对自己文化的认识和把握，不能说不存在问题。在现代化的过程中，失去对自己文化的信心，并因此对时势做出与民族利益相矛盾的判断与选择，是必须引起我们关注的大问题。这个仍然属于文化研究范围的大问题，在东西文化接触后就出现了，是在清朝末年中国与西方文化接触后明确地提出来的。

## 六

在新的世界里，许多切合实际的问题提出了，需要更多的人关注和研究。我希望新的一代人能继续传好接力棒，这不是一代人的事情，要两三代人。从孔子到秦汉以来，我们忘了物，从清末开始，却逐步出现“见物不见人”的趋势。在21世纪里，时代需要一种重视人与物结合的人文思想。在过去的10年里，我花了一些精力来思考这个问题，提出了一点自己的见解，在这里再次提出，希望得到大家的讨论。

1993年我在第四届“现代化与中国文化研讨会”上发表了《个人·群体·社会》一文，以我一生的学术经历对这个问题做了理论上的反思。我列举了对“社会”的两种不同看法。一种是把社会看作众多个人的集合。活生生的生物人是构成群体的实体，一切群体所创造的行为规范，以及其他所谓“文化”等一切人为的东西都是服务于个人的手段。另一种看法却认为群体固然是由个人聚合而成，但是形成了群体的个人，已不仅是一个个生物体，或称一群生物人，而且是一个有组织的群体里的社会成员，或称社会人。生物人是社会的载体，而社会本身才是实体。

后面这种把社会性看成是比生物群体高一层次的实体和前面那种只把社会看成是个人在其中学得生活手段的群体，理论上说是两种不同的看法。我在生活和研究实践中接触到了这两种看法，并且在不同时期有过不同的体验和认识，但一直没有机会做系统的思考。1993 年那次“自我思考”相当于自己一生学术研究思想的阶段性总结。我在文章最后谈到了对潘光旦先生“中和位育”的新人文思想的归纳，表明了我现在的看法。这我在上面已经谈到。当时这一认识使我进一步强调社区研究必须提高一步，不仅需要看到“社会结构”，而且还要看到群体中活生生的人，也就是我指出的心态研究。同时我想到我们中国世世代代这么多人群住这块土地上，经历了这么长的历史，在人和人“中和位育”的故训指导下应当有着丰富的经验，这些经验不仅保留在前人留下的文章里，而且还应当保存在当前人相处的现实生活中，应当好好地发掘和总结。

1995 年，我在北京大学社会学人类学研究所主办的“社会文化人类学高级研讨班”上发表了《从马林诺斯基老师学习文化论的体会》的讲稿，在讲稿里我着重指出马林诺斯基老师的《文化论》中比较重要的观点。把文化看成是一个由人类自己对自然世界加工创造出来供人类继续生活和繁殖的人文世界，是马林诺斯基文化论中的一个基本见解。人是自然的产物。人这个自然的产物通过对其他自然产物的加工，制造成了一个人文世界。这个加过工的世界虽然和原来未加过工的自然面貌有所不同，但仍是自然的一部分。我觉得马林诺斯基对文化的基本看法实质上是和达尔文的生物进化论一脉相承。其重要之点就在把文化和自然的“缺环”连接上了。这是把文化作为物质、社会和精神结合一体的基本看法，把人文世界拉回到自然世界，成了个能实证的实体。我在文中也谈到这个文化论的观点在我们东方早就有了。

与马林诺斯基老师齐名的人类学大师拉德克利夫·布朗曾说，社会学的老祖应当是中国的荀子。这提醒了我们，在我国的传统文化里有着重视人文世界的根子。这位自称为社会学家的人类学家认为，人文世界中最大的创造是社会，而这一点在古老的中国传统里头已经得到充分的论证。从一方面，拉德克利夫·布朗在引用荀子的论述中，让社会人类学进一步接近了我这里说的文化的社会性。

可是另一方面，他本来时常引用“结构”这个概念来形容社会，也不自觉地沿用了“社会物理学”的做法，只是在后来论述“礼仪”时，更多地采纳了中国文化的观点，但并不够系统。西方文化从重视自然世界的这一方向发生了技术革命，称霸了300多年，人文世界必须要依托自然世界，那是不错的。但是，只看见自然世界而看不到人文世界是危险的。为了说明这个观点，1997年我在北京大学社会学人类学研究所主办的“第二届社会文化人类学高级研讨班”上提出了“文化自觉”的看法。我感到“文化自觉”是当今世界共同的时代要求，并不是哪一个个人的主观空想。有志于研究社会和文化的学者对当前形势提出的急迫问题自然会特别关注，所以我到了耄耋之年，还要呼吁“文化自觉”，希望能引起大家的重视，用实证的态度、实事求是的精神来认识我们有悠久历史的文化。这一点在人类进入21世纪时已经得到教训。

“文化自觉”指生活在一定文化中的人对其文化有“自知之明”，明白它的来历、形成过程、所具有的特色和它的发展趋向，不带任何“文化回归”的意思，不是要“复旧”，同时也不主张“全盘西化”或“全盘他化”。自知之明是为了加强对文化转型的自主能力，取得适应新环境、新时代对文化选择的自主地位。文化自觉是一个艰巨的过程，首先要认识自己的文化，理解所接触到的多种文化，这样才有条件在这个正在形成中的多元文化的世界里确立自己的位置，经过自主的适应，和其他文化一起，取长补短，建立一个有共同认可的基本秩序和一套与各种文化能和平共处、各展所长、联手发展的共处条件。

“文化自觉”这个概念，表达了我的一个愿望，我一直想认识的中国文化的特点。要认识和把握自己的文化特点，就要考察我们文化中的“天人观”的独特性及对世界上不同文化的和平共处可能有什么贡献。2002年我在南京大学百年校庆时发表《文化论中人与自然关系的再认识》一文，说到东西方的“天人观”存在着重大分歧。西方的“天人对立论”在当今世界上与利己主义的文化价值观结合，对全球的大众生活产生了深刻影响。从以往的历史看，这种观点曾在西方文化取得世界文化领先地位的事业中立过功，在许多非西方民族的现代化建设中也曾起推动作用。但是到了目前，我担心它走上了另外一个方向，如导致生态问题和文化关系的紧张等。我认为西方文化在强调人利用自然这一点上是有别于东方文化的，这个差别同时也折射出中国“天人合一”传统的重要性。我没有上过私塾，以往对东方文化也缺乏基本的训练。90 岁以后开始补课，其中列入补习范围的有中国文化史。这门艰深的学问对我来说十分陌生。我在开始注意到之前将近半个世纪里，采纳的学术研究方法是西方实证主义的社区调查方法。20 世纪 90 年代开始“反思”，逐步发现来自社会人类学功能学派文化论的民族志方法，使我没有跟上马林诺斯基老师对我给出“文明社会的人类学”期望。为了补上“文明”这一课，我补读了一些社会学理论，也初步涉猎了文化史论著，注意到我故乡邻县无锡出生的钱穆先生的著作，特别是他对儒学和东西方文化差异的论述，觉得它们对我关于“文化自觉”的思考有许多帮助。

我的意思不是说，人类学和社会学的研究者要像我这样到这把年纪才补学文化史。但是我确实在这当中看到了西方社会科学长期采纳的“天人对立论”所缺乏的因素。中国文化传统里尤其推重太极之说，意思大致就是指“天人合一”的终极状态，是二合为一的基本公式。我们一向反对无止境地用“物尽其用”的态度来看待人与自然的关系，而主张像潘光旦先生论述的“位育”那样在自然、历史和社会中找到适合人的位子。中国文化中的这种“中庸之道”，追求一而二、二而一，哲学上虽难于论到家，但实际与儒家的“大同”论也能融会贯通。我一直相信，这一有别于西方“天人对立论”的观点，有助于“全球化”时代文化的多元化，有助于防止人类在文化冲撞中同归于尽。

人文社会科学的发展，在今后二三十年要面对一个新的时代。在全世界范围内，尊重人文社会科学的成就和科学地位，对自然科学和技术的研究成果及影响进行人文社会科学的考察成为潮流。这些年来，一系列世界性的事件表明，自然科学如何服务于人类，这个问题需要人文社会科学家的思考。并不是说我们不要自然科学，我的意思无非是说，在 21 世纪里，那种曾经产生广泛影响的、西方中心的“天人对立论”，有必要也有可能得到纠正，而在这个反思的过程中，中国文化的研究者要承担起自己的新责任。

# 创建一个和而不同的全球社会

——在国际人类学与民族学联合会中期会议上的主旨发言

## 一

我很高兴能在有生之年，来参加这个会议，原因是我和国际人类学与民族学联合会很早就有关系。过去因为各种原因没有能出席会议，这次我很高兴这个会议到我们中国来召开，也就给我这个老人很好的机会，能够亲自参加了。在这里，我祝贺这个会议能够开得很成功。

我是 20 世纪早年出生的人，现在已经年过 90，我大部分的人生历程是在 20 世纪度过的，我很高兴，有幸能够坚持到 20 世纪的终结，看到新世纪的降临。

回想起来，我是在 1933 年从燕京大学毕业后，接受我的老师吴文藻先生的建议，进入清华跟从史禄国教授学习人类学的。当时吴文藻先生就认为，要做中国本土的社会文化研究，必须得有人类学的基础，要用人类学的方法来研究中国社会并改造中国的社会学。他提出，要创立一条社会学中国化的道路。在清华大学研究院，我很有幸地得到了史禄国教授的培养。他是俄罗斯上一代传统学术训练出来的世界级的人类学家，以研究通古斯民族闻名于世。史禄国教授继承了欧洲人类学的悠久传统，他的研究范围非常广，包括体质、语言、考古以及当代各民族文化的比较研究。他给我的培养和训练没有按计划完成。我只是在他的亲自指导下，学完了人类学的第一个阶段，即体质人类学的基础知识（他给我规定了三个学习阶段：第一阶段学习体质人类学，第二阶段学习语言学，第三阶段学习社会人类学）。当然，这期间除了体质人类学之外，我还学到了他严格的科学治学态度，以及对各民族在社会结构上各具特点、自成系统的认识方法。后来我才意识到，从史禄国那里学到的着重人的生物基础和社会结构的整体论和系统论，原来就是马林诺斯基功能论的组成部分。从清华学习人类学出来后，我在大瑶山和江村做过田野调查，然后就转到了伦敦经济学院，师从马林诺斯基和雷蒙德·费思学习社会人类学，这段历史我相信在座的各位人类学家都比较清楚。如果从跟史禄国正式学习人类学算起，我和人类学打交道已经有将近 70 年的历史了。在这 70 年里，我贯彻了吴文藻先生的主张，把人类学的学习和研究包括在社会学的范围之内，把社会学和人类学密切联系和结合起来，我的学术道路一直贯穿着这个原则。当然，由于种种原因，我的学术研究曾经有过间断。但总的来说，我一直没有离开这条学术道路。这条道路就是用人类学的基本概念和基本理论来研究当代中国社会的变化，这是我始终如一的学术追求。同时，我总认为人们的思想必然受到当时社会文化的影响，所以我这一生的思想也必然反映了这一时代特点，打上了时代的烙印。这也是我们常说的个人的经历总离不开世界的变化。

我出生在中国东南沿海地区一个小城镇，一个有着浓郁传统的知识分子家庭。我最初受到的教育和我的家庭有着很大的关系。我的父亲是旧社会的一名秀才，科举制度被废除后，他被选派到日本学习教育专业。回国后，他是中国第一批主张摆脱旧教育制度，创立新教育制度的知识分子之一，这个新制度就是从日本借鉴的西方传来的教育模式，当时称作“新学”。我是从我母亲最早开办的幼儿园里出来的，当时叫作“蒙养院”，它是中国最早具有现代教育意义的幼儿教育模式，这是我一生的出发点。从这里开始，我按照当时的教育制度从小学、中学到大学一直到同西方接触，到了英国，于1938年在伦敦大学获得博士学位告一段落，这是我一生中受教育的时期。接下来是中国的动乱时期，也就是抗战和国内战争时期，这是我一生中的第二个时期。当时，日本打到我的家乡，我只能到大后方昆明来从事教书生涯，这个阶段一直到1949年中华人民共和国成立，中国革命成功才结束。此外，我真正的第二次学术生命是从1980年开始的，到现在正好20年。这20年我的收获比较大一些，也可以说是成熟时期。从现在开始我进入了这段时期的后期了。

我这一生经历了20世纪中国社会发生深刻变化的各个时期。可以概括为两个大变化和三个阶段。我把它称作三级跳。第一个变化是中国从一个传统性质的乡土社会开始变成为一个引进西方机器生产的工业化时期。一般人所说的现代化就是指这个时期。这是我一生中最重要的一个时期，也是我从事学术工作最主要的时期，即中国的现代化过程。在这一时期，我的工作是了解中国如何进入工业革命。从这一时期开始一直到现在也可以说一直到快接近我一生的最后时期，在离开这世界之前我有幸碰到了又一个时代的新变化，即信息时代的出现。这是第二个变化，即中国从工业化或现代化走向信息化的时期。就我个人而言，具体地说，我是生在传统的经济社会里面，一直是生活在走向现代化的过程中，当引进机器的工业化道路还没有完全完成时，却又进入了一个新的阶段即信息时代，以电子作为媒介来沟通信息的世界。这是全世界都在发生的一大变化，现在我们还看不清楚这些变化的进程。由于技术、信息等变化太快，中国也碰到了一些问题，第一跳有的地方还没有完成，而第二跳还在进行中，现在又在开始第三跳了。中国社会的这种深刻变化，我很高兴我在这一生里都碰到了，但因为变化之大我要做的认识这世界的事业也不一定能做好。因为时间变化得很快，我的力量也有限，我只能开个头，让后来的人接下去做。这是我的一个背景。要理解我作为学者的一生，不能离开这个三级跳。

## 二

我所有的学术研究，都是和中国社会变化的大背景联系在一起的。从 1935 年开始，我因受吴文藻和史禄国两位老师的影响开始了实地调查的研究方法。我最初研究的是作为中国少数民族的瑶族。从这时起我就已经把社会学和人类学结合起来了。在过去的学术界，往往把少数民族的研究看作为人类学的专利，少数民族研究在中国后来发展成民族学的一部分。当然这种学术分类与名称曾引起了各种讨论。对我来说，从人类学开始用实地研究方法来研究我们中国的社会与文化，是一条非常重要的学术道路。从这一点来说，自我从瑶山调查开始一直到现在进入对大都市社区建设与发展的研究，都是一贯的。今天讲这一点，是想说明我一生的学术生涯和这次会议的主题“都市民族文化：维护与相互影响”相联系也相符合。因为我是从中国少数民族实际生活研究起，到上海和北京等大城市进行社区研究，这个过程本身说明了这个变化。这个实际的客观的变化同一个社会的发展趋势是紧密地联系在一起的。

中国社会的第一跳是以我们中国各地不同民族的农村生活为基础的。我是生长在江苏一个以农业为基础的小城镇里。她最早的历史可以追溯到 7 000 年前的良渚文化，这个文化开始有了农业和家庭手工业。在考古学上，我们可以很清楚地看到这个时期村落的生活。这就是我们第一跳的基础，也是我们乡土社会基本的性质。那个时候从全国讲，文化形式上也有很大的不同，已经是一个多元文化的基础。多元文化逐步交流融合，成为多元一体，这里也就开始了我研究的第一个阶段，我写的《花蓝瑶的社会组织》这本书可以作为代表。从中看出它和以我们家乡为代表的汉族社会文化的区别，以及它是如何受到汉族影响的情形。

我第二阶段的研究，是从中国 7 000 年前的良渚文化到近代以来开始快进入工业化时期的一个中国农村的变化，可以我的《江村经济》为代表，代表一个传统的文化基础、社会组织，面临着一个全新的科学技术和机器生产的早期的冲击，这也是我对《江村经济》的定位。这是我们现代化开始的原初的形态，这是第一步。接下去代表这个时期的我的重要著作是《云南三村》。这里反映了内地农村不同于沿海农村的特点。这便是我们的现代化最早的过程，从地域上讲是由东向西、从沿海到内地的。我的《江村经济》讲的是沿海地区的农村，开始了工业化。而《云南三村》却描绘了比较原始形态的乡土社会。1938 年年底，我从伦敦回国，当时，日本打到我的家乡，我们只能到大后方昆明来从事我的教书生涯。我在离昆明 100 多公里的地方，进行了与江村所处条件不同的农村类型——禄村的调查。禄村受到现代工商业影响较小，没有手工业，几乎完全靠土地维持生计。通过对禄村的调查，我看到了与江村不同的土地制度。这是我第一个时期第二阶段的工作，这阶段到 1949 年才结束。

## 三

1949 年之后，我就开始参加民族工作。这也是我进入新中国后第一期的工作。新中国的建立引起了中国社会结构的重大变化，其中最大的变化之一就是民族关系和民族政策的变化。为了实现民族平等，在政治体制上我们成立了一个有各民族代表共同参加的最高权力机关，即人民代表大会。但是在开国初期，我们还不清楚中国究竟有多少民族，他们叫什么名称，各有多少人口。为了摸清有关各民族的基本情况，建立不久的中央人民政府于 1950 年到 1952 年间，派出了若干个“中央访问团”，分别到各大行政区去遍访各地的少数民族，摸清他们的民族名称、语言、历史以及社会文化上的特点。由于我学过人类学，所以政府派我参加西南和中南两个访问团。我代表中央人民政府访问了这些地区的少数民族。我花了足足两年时间在分布在贵州、广西各处的少数民族村寨中进行实地访问考察，在和众多的少数民族的直接接触中，我深深地体会到民族是一个客观而普遍存在的“人们共同体”，是代代相传、具有亲切认同感的群体。

在对少数民族状况了解的基础上，我直接参与了新中国民族政策的制定与实施。这一段从学术上讲是我第一期学术工作的延伸，是《江村经济》和《云南三村》的延伸。我具体的研究对象也从汉族为主的农村转移到对少数民族地区—— 一个更复杂更多样化的领域。这便是从 1950 年到 1957 年我主要从事的少数民族的调查研究工作。

1957 年之后，由于众所知道的政治上的原因，我的学术工作停止了。一直停止了 23 年。70 年代末期 80 年代初，我才恢复工作。从那时起到现在，是我的第二次学术生命。这段时期是中国社会变化最大的时期。恢复研究后，我做的工作之一，就是总结了我几十年来的民族工作，1988 年在香港中文大学的泰纳演讲中，发表了《中华民族的多元一体格局》。我从中华民族整体出发来研究民族的形成和发展的历史及其规律，提出了“多元一体”这一重要概念。我在这篇讲演中指出，“中华民族”这个词是指在中国疆域里具有民族认同的 11 亿人民。“它所包括的 50 多个民族单位是多元，中华民族是一体，他们虽则都称‘民族’，但层次不同。”中华民族的主流是许许多多分散独立的民族单位，经过接触、混杂、联结和融合，同时也有分裂和消亡，形成一个你来我去、我来你去、我中有你、你中有我而又各具个性的多元统一体。

事实上多元一体理论并非单纯是关于中华民族形成和发展的理论，也是我对中国社会研究的一个总结。56 个民族及其所属的集团是社会构成的基本单位，因而从另一个方面勾画出多元社会的结合和国家整合的关系，是多元和一体的关系。

在现代社会，人类学越来越关注人类社会和人类生活所遇到的或所面临的最现实的问题。因此，人类学的功能不仅在于“回顾与展望”或者“解释”，还在于“参与和创新”。记得1981年我在英国接受赫胥黎奖时的演讲中，就曾经强调“人类学必须为群众利益服务”。这种“学以致用”的思想一直贯穿在我的学术研究中。我认为知识分子的本钱就是有知识，有了知识就要用出来，知识是由社会造出来的，不是由自己想出来的。从社会中得到的知识应当回报于社会，帮助社会进步，这就是“学以致用”。“学以致用”本身就是中国的传统，意思就是说，得之于社会要回报于社会。我是跟着中国这一传统进行我的工作的，这也是我的志向。这志向并不是我自己想出来的，而是向中国的传统学来的。但是我是通过吸收新的知识来把传统精神贯彻出来，我希望这样做。做得如何我自己不敢说。正是抱着这一理想，我的学术研究，是从一而终地和全体人民的生活紧密地联系在一起的。综合起来说，在中国范围内用人类学的实地调查方法可以解决过去没有解决的很多问题，包括农村发展、中国社会经济发展这些大的问题。20世纪70年代末80年代初我复出后，一直到现在，围绕着这一目标，我已经做了20多年，我还要继续做下去。这一段工作我主要的研究体现在《行行重行行》一书中。因为受身体条件的限制，我已经不可能在具体的地方长期进行观察和访问，只能主要依靠各地群众和干部提供的情况和委托陪同我去考察的助手分别下乡或下厂去进一步了解情况，以及通过在当地进行的各种访问和座谈来取得一些感性知识。所以，我也只能根据别人的第二手材料，来介绍我曾经直接访问、看到的地方的情况，当然这不是严格的人类学田野调查工作了。在这里，我的特点是结合第二手材料和访问的材料进行类型式的比较研究，即typology（类型学）的方法。对于同一时期的不同类型的研究，可以看到一个社会的动态，特别是现代化和城市化过程中如何改变的。在这一阶段中，我主要提出乡镇企业和小城镇发展两个主题。可以说在20世纪50年代以前，我的类型比较研究主要局限在农村。虽然在40年代末，我已经注意到了农村的调查不能只限于农村本身，也应考察经常与农村社区发生关系和制约作用的城镇。不过由于内战的爆发和之后的社会学学科的被取消，我对于城镇的调查和研究，一直到 80 年代才开始。我提出“小城镇、大问题”等题目，目的就是在于解决农民的出路问题。而小城镇的发展和乡镇工业紧密地联系在了一起。我从 30 年代起就指出了农村社会的发展在于农村工业化，即依托于本土社会文化优势的“草根工业”，让农民先富起来。而这个大的变化是在 80 年代以后才发生的。乡镇企业的出现和发展，使农民得到了很多非农就业的机会，使得农民的生活发生了质的变化。记得在 1983 年开始的小城镇研究中，我就提出了“类型、层次、兴衰、分布、发展”的 10 字提纲，成为研究小城镇的出发点。在此基础上，1984 年提出了经济模式的概念。在我看来，所谓经济模式就是“在一定地区，一定历史条件下，具有特色的经济发展的路子”，进而引导出不同经济模式的比较研究，如苏南模式、温州模式、珠江模式等。这些模式本身和这一地区的社会文化基础有着一定的关系。我认为，任何经济制度都是特定文化中的一部分，都有它天地人的具体条件，都有它的组织结构和理论思想。具体条件成熟时发展一定的制度，也必然会从它所在文化里产生与它相配合的伦理思想来作为支柱。有的国外同行，如日本的社会学家鹤见和子教授认为，我的这些研究是“内发型发展论”的原型。

现在这些不同的模式也在变化之中。“苏南模式”是从人民公社中发生出来的，由社队工业变成乡镇企业的。这是第一个变化。第二个就是“温州模式”，是小商品大市场的模式，即把乡镇工业结合到市场经济里面，这是第二个大变化，也可以说是过渡阶段。现在为第三个阶段，是发展时期，即“珠江模式”，吸引外资利用外资提高科技含量来发展经济。这三个模式是互相连接起来的，有一个内在发展过程，现在苏南模式也正在改变，向珠江模式发展了。

在这一时期，我以“下活全国一盘棋”为出发点，在注重沿海地区研究的同时，从 20 世纪 80 年代中期开始，更大程度地关注内地和沿边区的发展，特别是边区少数民族共同繁荣的问题。我曾经提出一些多民族的经济协作区的计划，有的已经在实施之中。如黄河中上游西北多民族地区、西南六江流域民族地区、南岭走廊民族地区、武陵山区山居民族地区、内蒙古农牧结合区等。在对这些区域进行综合性研究的基础上，我试图将民族研究与民族地区现代化的实际相结合。在边区民族经济的发展中，应该强调因地制宜，注重民族特点。如果总结我的研究，可以说从 80 年代中期开始，我的研究工作重点从沿海转到边区又到内地，从东南移到西北，从农村小城镇转到民族地区。作为一个多民族的国家，我们应该强调西部和东部的差距包含着民族的差距。西部的发展战略要考虑民族因素，而民族特点是一个民族在历史过程中形成的，适应其具体的物质和社会条件的特点。中国社会的民族特征，从历史上开始就在不同民族的交错地带，建立了经济和文化的联系，久而久之，形成具有地区特色的文化区域。人们在这个区域中，你来我往，互惠互利，形成一个多元文化共生的格局。我所提出的经济协作的发展路子，就是以历史文化区域为出发点的。

从实际讲，我的理论和方法还没有脱离最早期的人类学的理论的训练，我只是把这些理论和方法应用到正在变化中的中国社会和文化的研究中。1999 年我 90 岁时，把我以前写的文章，收集起来，出版了我的文集（corpus）——《费孝通文集》（14 卷）。这也是我个人经历的记录，也反映了时代在我身上发生的变化。

## 四

从今天这个会议的主题来讲，并没有离开我的研究范围。因为我的目的是了解中国，中国就包含多民族的多元一体的中华文化，这一点不去多讲了，大家有兴趣可以看我已经写出来的东西。在提出这个看法之后，各方面都有反应。作为过程来看，多元一体是一个历史过程（history prosess）。这个过程也同时表示各民族的现代化、工业化和城市化。

我们讲都市人类学，就是要强调中国多元文化的主体在工业化和城市化道路上发生的变化。对于都市人类学的研究，我觉得可以从两个方面看，一方面是中国各民族现代化的过程，就是如何工业化、城市化。从生产本身讲，是如何从农业和手工业的基础上发展到机器化，在这一阶段，第三跳还没有跳。这就是要研究的问题，这个问题的基本方向和基本理论是符合大多数民族的发展过程的，也包括占人口大多数的汉族。比如我研究的领域、地区也扩大了一些，各民族从不同的起点出发，如何共同发展到现代社会的过程，在这方面内容更丰富了。另一方面我要想说的是，中国城市的特点不是单一民族的城市，是多民族构成的城市。这就存在一个问题，即不同文化的人在同一个城市中，如何和平共处在一个政治经济组织里面，一体化（多元一体）是如何完成的。这不仅是一个历史的概念，也是一个当今的概念。

这里面又包括了两个大问题：发展的问题与和平共处问题。

一是发展问题，现在我们叫西部大开发。西部地区少数民族成分多，大部分少数民族人口集中在西部地区，西部的现代化过程必然包括少数民族的现代化过程。中国作为一个统一的多民族国家，在都市研究中赋予了民族文化多样性的内涵。在都市化过程中，如都市开发如何依托少数民族的文化传统，以及少数民族移居都市后的文化适应等，都是民族地区现代化过程中的新问题和新现象。所以，我们都市人类学应该包括这一部分，这是我的理解。不能像过去的人类学那样，满足于描述静态的本土性的原初的文化，必须要看到它的变化。文化的变迁应该成为以后人类学研究的主题。这又让我想起我的老师马林诺斯基。1998 年，在北京大学百年校庆所举行的“21 世纪：文化自觉与跨文化对话”的学术系列讲座会议上，我曾经提交一篇《读马老师遗著〈文化动态论〉书后》的论文。在这篇论文中我谈了我阅读马老师这部晚年著作的体会。最初，人类学的研究是以封闭的简单社会作为研究对象的学科，其比较也是在简单社会之间进行的，这也是马老师那个时代的中心研究工作。同时，他也是这一学科科学的民族志方法的奠基人，在早期，他也主张人类学应该在封闭的社区中进行调查研究，进而来揭示社区的文化功能。20世纪30年代末期，马老师基本写完了他描述和分析西太平洋岛土著人的那几本巨著。之后在走访非洲东部和南部的殖民地时，他看到的正是一个在发生文化巨变的大陆，他也看到了当地文化与外来的殖民地文化互动的生动情景。他认为研究人类社会文化的学科必须跟上形势的发展，他把文化的动态研究看成是“现代人类学的新的任务”。马老师的《文化动态论》是在30年代末40年代初写的，1945年，在他逝世后三年由耶鲁大学出版社出版。这本书出版到现在已快60年了。他在去世前，所提出的问题，就是dynamics of Culture Change，这一文化动态论适应于世界各民族的变化，他预先看到了，给我们指出了一个方向。我们这一代的人类学家以及我们下一代的人类学家，如何能接上他所开创的事业，这是我们当代人类学的一个主题。

二是和平共处问题，就是多民族在城市中共同的政治经济组织的框架之内能和平共处，继续发展。如果不能和平共处，就会出现很多问题，甚至出现纷争。实际上为这个问题已经发生过了。过去占主要地位的西方文明即欧美文明没有解决好的问题，在这几年逐步凸现出来了。事实上也发生了很多的地方性的战争。最突出的是科索沃战争，这一类战争还在不断地发生。从人类学角度来看，第二次世界大战后，社会的巨变，科技、交通的发展，已使人类不能像简单社会那样处于相互隔绝的境界之中，人类的空间距离也日渐缩小。然而就在人类文化寻求取得共识的同时，大量的核武器、人口爆炸、粮食短缺、资源匮乏、民族纷争、地区冲突等一系列问题威胁着人类的生存。特别是冷战结束后，原有的但一直隐蔽起来的来自民族、宗教等文化的冲突愈演愈烈。自1988年以来，全世界爆发的武装冲突，除伊拉克入侵科威特的战争，都是由内部民族问题而引起的。有的研究者曾作过统计，从1949年到90年代初，因民族冲突而造成的伤亡大约为169万，数倍于在国家间战争中死亡的人数。诸如苏联解体后，一些民族的主权与独立问题，非洲的索马里和苏丹，亚洲的缅甸和斯里兰卡，南斯拉夫的克罗地亚、塞尔维亚、波黑及科索沃问题等。从这个意义上说，人类社会正面临着一场社会的“危机”、文明的“危机”。这类全球性问题所隐含着的潜在危机，引起了人们的警觉。不同学科的学者正在寻找形成种种“危机”的根源，期盼发现解决问题的办法。而作为科学的人类学也正在以传统的研究领域和技术为基础，扩展自身的研究视野，试图探索出解决现代社会诸问题的方法，并从比较社会与文化的视角来解决人类赖以生存的发展的问题，引导人们适应现在和未来变化的轨迹。

这个问题，看来原来已有的西方的学术思想里还不能解决。而中国的传统经验以及当代的民族政策，都符合和平共处的逻辑。事实上我们的方向已经有了，而且已经向前走了一步了。我们的民族政策已经走过了50年。对于这些问题，也希望引起我们国家的人类学家的关心，共同研究其中理论的发展。

## 五

21世纪已经到来，人类正在匆匆构筑21世纪的共同理念。不同国家、民族、宗教、文化的人们，如何才能和平相处，共创人类的未来，这是摆在我们面前的课题。

刻在孔庙大成殿前的“中和位育”几个字代表了儒家文化的精髓，成为中国人的基本价值取向。这种“中和”的观念在文化上表现为文化宽容和文化共享。记得11年前，在日本东京为我举办的80岁生日的欢聚会上，我在展望人类学的前景时，提出人类学要为文化的“各美其美，美人之美，美美与共，天下大同”做出贡献。这就意味着人类学应当探讨文化的自我认识、相互理解、相互宽容和世界多元文化之间的共生理念以及达到“天下大同”的途径。事实上，如果我们再往回看呢，这是在中国传统经验里面所一直强调的“和而不同”思想的反映。

对于中国人来说，追求“天人合一”为一种理想的境界，而在“天人”之间的社会规范就是“和”。这一“和”的观念成为中国社会内部结构各种社会关系的基本出发点。在与异民族相处时，把这种“和”的理念置于具体的民族关系之中，出现了“和而不同”的理念。这一点与西方的民族观念很不相同。这是历史发展的过程不同即历史的经验不一样。所以中国历史上所讲的“和而不同”，也是我的多元一体理论的另外一种说法。承认不同，但是要“和”，这是世界多元文化必走的一条道路，否则就要出现纷争。只强调“同”而不能“和”，那只能是毁灭。“和而不同”就是人类共同生存的基本条件。

我们现在生活的世界都已被纳入到全球化的世界体系中。但发端于西方世界的全球化浪潮，在非西方世界接受西方文化的同时，也应当通过自身的文化个性来予以回应。过去很多观点认为，随着全球化特别是少数民族移居都市后，在民族文化和文化认同上会逐渐丧失个性，事实却非如此。事实上，全球化与地方社会之间有一互相对应的逻辑关系。说到这里，我想起了我近年来在很多场合提到的“文化自觉”的问题。“文化自觉”是当今时代的要求，它指的是生活在一定文化中的人对其文化有“自知之明”，并且对其发展历程和未来有充分的认识。从某种意义上可以讲，文化自觉就是在全球范围内提倡“和而不同”的文化观的具体表现。

在人类进入 21 世纪的今天，我们聚集在一个有着悠久文明，有着占世界人口将近 1/4 的多民族文化和平共处的中国，来讨论“都市民族文化：维护与相互影响”这一会议的主题，确实有着深远的历史意义。我相信中国思想中的这种“和而不同”的理念，也一定会赋予这一会议主题以新的内涵。

祝大会圆满成功！

# 四　学术反思与展望

# 迈向人民的人类学

在这样一个时刻，千里迢迢，远涉重洋来到这北美胜地丹佛，接受应用人类学会给我今年的马林诺斯基纪念奖，我的心情已经远远超过了寻常的欣慰和感激。这一时刻把我带回到了42年前我和我的这位在我一生的学术事业上打上了深刻烙印的老师分手时的情景。他再三叮嘱我，一定要把对中国社会文化的研究继续下去。他对我们中国人民和中国文化怀着深厚的同情和爱慕，具体地表现在他对我们这些中国学生的那种诲人不倦、关怀体贴的教育上。他期望他所创导的社会人类学的研究方法也能在中国的社会科学的园地里做出可能的贡献。可是时至今日，就我来说，岁月飞逝，成绩安在？在这一时刻，要我来接受以纪念他的名义授予我的荣誉，除了深深地感到惭愧之外，我还能说什么呢？更使我不安的是在这位老师巨星陨落之后不久，世事的变化使我和海外同行长期阻隔，今天又能欢聚一堂实属喜出望外，但试问我能带些什么来奉赠给久别重逢的老友呢？如果朋友们容许我冒昧地利用这个讲台来叙一叙我个人多年来从事社会人类学或社会学这门学科的经历和体会，我将感激你们的宽容。这种私人间的恳谈其目的无非是在疏浚那一度被堵塞的思想渠道，为今后的切磋砥砺扫除一些障碍。但愿别久增情谊，枝异见新妍。

回想起来，我师事马林诺斯基教授[①]为时不久，只有两年，从1936年到1938年。我就教于他的门下并非出于偶然，实有我内在的原因。这些原因中首先可以提到的是我学习社会人类学的动机。我在《乡土中国》(1944)一书的导言中有过一段自白。当时作为一个30年代的中国青年，处于民族和国家存亡绝续的关头，很容易意识到个人与社会集体的密切关系，而觉悟到不解决民族和国家的前途问题，也就谈不到个人的出路，要在这个史无前例的大变动的时代里心安理得地做一个自认为是有意义的人，当时像我一样的那些青年人，开始认识到必须对我们所生存在其中的中国社会有清楚的理解，因而要求摸索出一条科学地研究中国社会的道路。

今天我一上来就提到我这一生学术活动的出发点可能是恰当的。因为今天聚集在这里的来自世界各地的朋友们，都是矢志于应用人类学这一项学术事业的。我早年所追求的不就是用社会科学知识来改造人类社会这个目的吗？科学必须为人类服务，人类为了生存和繁荣才需要科学。毋须隐瞒或掩盖我们这个实用的立场，问题只是在为谁实用？用来做什么？我们认为，为了人民的利益，为了人类中绝大多数人乃至全人类的共同安全和繁荣，为了满足他们不断增长的物质和精神生活的需要，科学才会在人类的历史上发挥它应有的作用。

---

① 关于马林诺斯基的评价，国内外历来都有不同的意见，有的认为他是一个为帝国主义、殖民主义服务的人类学者，有的认为从他整个一生的学术生涯来看，还是一位有贡献的学者。

抱着这个目的，这些要学到一些能改造社会为人民服务的知识的青年人不能满足于当时学校里、课堂上所传授的有关中国社会的书本知识。他们中间有一些人跑出了书斋，甚至抛开了书本，走入农村、城镇等社区去观察和体验现实的社会生活。

社会生活本身归根到底是一切社会知识的来源，这一认识开动了当时的一些青年人的脑筋，开展了当时被称作“社区调查”的这项通过实地观察和体验社会生活来了解中国社会的学术活动。

这种研究中国社会的方法对当时的青年人是有吸引力的。我就是提倡和实行这个研究方法的积极参与者。但是通过实地观察体验得到的许多资料怎样去整理、分析、解释以达到认识中国社会的目的呢？为了解决这些问题，我找到了马林诺斯基教授的门上。在这位老师的指导下，我把去英国前在我家乡一个农村里所记下的调查资料，整理和编写成《中国农民生活》（1939）这本书。这本书是实践上面这段话的一个实验。

我这位老师的到活生生的人们社会生活里去研究人类社会的主张很早就闻名于世，这正是我不远千里求教于他的吸引力。早在1926年，他在纪念他的老师夫累塞的著名的文章《初民心理中的神话》里已经写下这样号召——“我将邀请读者们走出关闭着的理论家的书斋进入人类学开阔的园地里的新鲜空气。”这种人类学开阔的园地里的新鲜空气就来自他自己多年和当地居民生活在一起的大洋洲的一群名叫特罗布里恩德（Trobriand）的小岛，一个和我们自己的社会一样充满着悲欢离合、动人心魄的戏剧般的人生的舞台。我并没有问过他，什么动机驱使他背叛了他前辈那种闭门瞑索的经院派传统，去开创出一个当时不免令人侧目的非正统的学派。对于像我这样从改造社会出发而追求科学的社会知识的人来说，他的主张似乎是不成问题的自明之理。也正是因为这样，长期以来使我对这位老师在人类认识自己的社会生活的自觉上所做出的划时代的贡献没有能予以充分的估计。最近，重读他早年的一些著作，才体会到他同当时统治着人类学领域的传统观点决裂，是一个多么值得我们后辈敬佩和学习的榜样！这一个决裂，我觉得今天在这里提出来，也是十分有意义的，因为我认为这一突破在根本上为应用人类学破了土、奠了基，使他能够在1938年果断地宣告“人类学一定要成为一门应用的科学”。

他号召人类学者到过去一直被认为是非我族类的野蛮人的原始社会里去参与他们的生活，进行观察和体验。这不只是人类学研究方法上的创新，更重要的是为历来被侮辱为还不够人的标准的那些“野蛮”“未开化”的化外之民恢复了人的尊严和地位。他这支文质并茂的笔，又生动又令人信服地使读者理解到了人类的集体生活尽管形式上多种多样，但是根本上存在着一致的共性。当前地球上各地的居民，尽管由于地理与历史条件的差别，经济文化发展的程度有所不同，所采取的生活方式有所殊异，但是他们都是人，都具有人所共有的发明创造的才能，都具有发展进步的资质。他们都是通情达理、有思想、有感情的人。把人和人、民族和民族之间划下具有质的差异的不可逾越的鸿沟是完全出于一些人的偏见、臆度或别有用心，和客观事实绝不相符，所以是不科学的。不幸的是，过去的人类学的传统中却充满了这一类不科学的偏见，而这些偏见一般又为道貌岸然的学者衣冠所掩饰。与这些不科学的传统决裂，需要勇气和才能。我感到幸运的是我所师事的这位老师不仅具备了这些条件，而且及身看到，由于他不断的努力，这门曾经为那些屠杀、欺侮、剥削、压迫各殖民地人民的暴主们提供理论根据的人类学开始转变成为一门为建立一个民族平等的世界，为各族人民发展进步而服务的学科。在今天这个应用人类学者的集会上，回溯一下这个学科的历史转折点，也许并不是多余的，尽管新的一代人类学者或许会认为人类社会文化的基本一致性已是自明之理，世界上各民族的共同繁荣是必然要实现的前景。如果真是这样，那么我在这里只需要向他们提醒一下，这种基本认识的确立是得来匪易的。我们不仅要珍惜这些信念，而且要对前人留给我们的遗业做出充分的估价，这正是为了我们自己能够承担起当前历史给我们的任务。也许我们还需要有比前人更大的勇气和才能，才能真正地使科学知识完全为人民服务。

我们必须看到，科学本身是一定社会文化的构成部分，它既对社会文化的其他部分发生着推动和限制的作用，而其本身也受到其他部分的推动和限制。研究人的科学，包括人文科学和社会科学，和当时当地的政治、经济等方面结合得更为密切。所以我们对一位学者的评价决不能忽视他所处的时代和他所在的社会在这时代里所处的地位。我们既要从他的具体处境里去理解他在推进时代前进中所起的作用，又要看到他所处时代给他的局限。

我这位老师所处的时代和我们当前所处的时代，有相同的地方，也有不同的地方。他是第一次世界大战之后崭露头角的人物，而现在离第二次世界大战的结束已有30多年了，其间已超过半个世纪。当今虽然我们还依然生活在新的世界大战的阴影之下，世界上还存在着各种称霸的强权，大多数民族的人民还在受贫穷和饥饿的折磨，但是第一次世界大战后还作为胜利品来瓜分的殖民地现在在世界地图上并不能再公然出现了。这个变化对我们这门学科不能不说是相当重要的。因此回想起我那位老师当时进行人类学研究的情况，我们也就不应当忘记那时的殖民地制度所给这门学科的烙印。

当时的人类学者总是把自己的研究领域限制在殖民地被统治的民族。现在看来这未免是人类学者的自我嘲弄——把自命是研究人的科学贬低为研究“野蛮人”的科学——在当时，还不过是一代人之前，却是金科玉律。这种传统曾使得我们这位号召走出书斋去研究人的青年，也只能走到那些受着异族统治的殖民地去。更不幸的是在殖民地被统治的居民的眼中，前来跟他们生活在一起寻根问底地到处观察的外来者，和统治他们的人是属同一族类。殖民地制度中统治者和被统治者的关系，白种人和当地居民的关系，给了当时人类学实地调查者难于克服的科学观察上的局限性，那就是调查者与被调查者，或是观察者与被观察者之间不太可能有推心置腹的相互信任，这就限制了调查到的或观察到的社会事实的真实性和深入性。

尽管很多亲身体验过这种局限性的人类学者能以无可奈何的心情来摆脱由此而产生的苦恼，但是这种客观上存在的调查者的环境总是会曲折地反映在调查者内心的感受上。就是以我们这位以善于处理和当地土著居民关系著名的老师来说，在他的著作的字里行间还是不难找到当地居民对他的调查活动的反感。我固然没有向这位老师问及调查者在调查过程中内心活动的问题，但是当我听到这位老师一再对我说，要珍惜以中国人来研究中国社会这种优越的条件，他甚至采用了“引人嫉妒”这个字眼来表达他的心情时，我有一种直觉的感受——也许我的过敏——他在科学工作中所遭受到的，在他所处的时代和他所处的地位所难于克服的，存在于调查者与被调查者之间的那一条鸿沟一直是他内心苦恼的来源。

去猜测我敬爱的老师的内心活动应当说是不适当和鲁莽的。不同时代的人有不同的苦恼，这是我们共同的体会。我常常喜欢置身于前辈的处境来设想他们所苦恼的隐情。试问，尽管当时有些人类学者已经摆脱了那种高人一等的民族优越的偏见，满怀着对土著民族的同情和善意，他所做的这些民族调查对这些被调查的民族究竟有什么意义呢？究竟这些调查对当地居民会带来什么后果呢？那些把被调查者当作实验室里被观察的对象的人固然可以把这些问题作为自寻烦恼而有意识地抛在脑后，但对一个重视人的尊严的学者来说，必然清楚这些问题所引起的烦恼并非出于自寻而是来自客观存在的当时当地的社会制度。我有时在读完了我这位老师的著作后，突然会产生这些问题：这些可爱的特罗布里恩德岛民现在怎么样了呢？他们自己有没有读到过这些关于他们社会生活的分析呢？他们读了之后对他们的生活会发生什么想法呢？他们对自己的社会会采取什么行动呢？……我这些遐想带给我的是一种怅惘和失望，因为人类学者所关心的似乎只是我这位老师所写下的关于这些人的文章，而不是这些人本身。这些活生生的人似乎早已被人类学者所遗忘了，记着的甚至滔滔不绝地谈论着的是不是可以说只是他们留在我这位老师笔下的影子罢了？我有时也不免有一点为我的前辈抱屈。他们辛辛苦苦从当地居民得来的知识却总是难于还到当地居民中去为改善他们的生活服务。我有时也这样想，这种在我看来令人惋惜的情况现在是不是已经改变了呢？在人类学中那种把调查对象视为自然资源一样任意挖掘来为自己谋利的行为确已被现代的人类学者予以正义的抨击，但是产生这种行为的根源、时代的局限是否已经消除，那却还是个值得我们正视的问题。

我在上面所说的这些话，固然是由于想起了我这位老师而引起的，其实也是反映了自从和他分别以后我自己从事这门学科中所遭遇到的种种矛盾。我尽管怀着改善农民生活的夙愿开始我调查农村的工作，而且正如我老师所羡慕的那样我是在本国进行这种调查，但是我在一段时间里还是受到了当时社会条件的局限。

以我最早的江村调查来说，我是这个县里长大的人，带着当地口音，我的姊姊又多年在村子里教农民育蚕制丝，我和当地居民的关系应当说是不该有什么隔阂的了。但是实际上却并不是这样简单。当时中国社会里存在着利益矛盾的阶级，而那一段时期也正是阶级矛盾日益尖锐的时刻。我自己是这个社会结构里的一个成员，在我自己的观点上以及在和当地居民的社会关系上，也就产生事实上的局限性。这种局限性表现在我对于所要观察的事实和我所接触的人物的优先选择上。尽管事先曾注意要避免主观的偏执，事后检查，这种局限性还是存在的。我亲身的体验使我不能不猜测到，在殖民地进行调查工作的白种人所遇到的局限性可能比我在家乡农民中所遇到的还要严重得多。

如果我的话说到这里就结束了，我想我在朋友面前只重复了大家多少已经体验到的矛盾，一种沉重而无可奈何的心情不应当是我和久别的朋友重叙时的气氛。我敢于回忆我前面所讲的那个时代的人类学者遭受的苦恼，那是因为我在和各位分离的期间，还体验到另一种情况，其中有一些经验，我认为可能对解除我上述这些苦恼有所帮助。

接着我要讲的是，在1949年我们中国人民得到解放以后，我在学术工作方面的一些经历和体会。人民中国的建立对我们中国人民是一个历史性的巨大变化。这个变化必然影响到我们中国的每一个人和每一件事。我这个人和社会人类学这门学科也发生了很大的变化。当然，过去的 30 年本身是一个不断变动的时期，我个人的遭遇和这门学科的遭遇都发生过很大的曲折和波动。我今天不是来叙述这一段历史，而是想讲一些我在这段经历中所身受的而认为对上面提到的问题有关的体会。这些体会涉及三个方面：一是我们怎样决定我们调查研究的问题？二是我们这些调查者与被调查者的关系是怎样的？三是调查者对自己调查的后果采取什么态度？

在解放以前，如上所述，推动我去调查研究的是我们国家民族的救亡问题，敌人已经踏上了我们的土地，我们怎么办？我们在寻求国家民族的出路。这也就决定了我们调查研究的题目。人民革命的胜利使我们彻底改变了过去殖民地半殖民地的地位，彻底改变了过去严重地受着外国帝国主义和国内封建阶级控制的状态，摆在中国人民面前的是一个怎样迅速建成一个社会主义现代化国家的问题。要解决这个问题，需要科学知识。这就给解放以后的中国社会科学指引出了总的方向。

以我个人的经历来说，解放后我就投身于有关我国少数民族的研究工作。我们的中国是一个统一的多民族的国家，曾经存在过民族压迫，解放后，各族人民一致要求改变这种不合理的状态，实现民族平等。我们的各级人民代表大会里要有各民族的代表参加，我们的少数民族聚居区要建立民族区域自治；各民族可以使用各自的语言文字，各个民族的风俗习惯和宗教信仰也受到合理的尊重……这些是实现民族平等的根本措施。要落实这些措施，许多具体的民族情况必须要搞清楚。比如，中国究竟有哪些民族？各有多少人？分布在什么地方——这些基本情况，由于长期的民族压迫，在解放初期我们是不清楚的。通过调查搞清楚这些情况的任务就落到了民族研究者的头上。过去学过社会人类学的人参加到这项工作中去是理所当然的。我在进行这项调查工作时的心情确是和过去不同了。

因为这项工作的目的很明确，我明白这项工作的意义，只要我努力工作就有可能实现我一心愿意它实现的事情，所以我的主观愿望和客观要求是一致的。在这种情况之下工作，我必须说，对个人是一种难得的幸福。

我所参与的研究工作是跟少数民族地区人民的要求和政府在民族方面的工作的开展相适应的。各少数民族为了要改变他们历史上遗留下来的落后面貌，发展他们的经济和文化，要求进行必要的社会改革，而这些改革却必须从他们本民族当时的发展阶段出发，由他们本民族人民自愿进行。这里就需要这一种科学研究——如实地分析各民族的社会当时已达到了什么发展阶段，用我们的话来说，就是他们属于哪一种社会形态，是奴隶制还是封建制等。我们过去在社会人类学里学到的那些有关社会发展的知识在这项研究工作中是很有用处的。当然，我们研究各民族的社会历史目的是在帮助各民族发展起来，而在研究过程中我们需要比较社会学的知识和社会发展一般规律的理论作为我们分析具体社会的工具，这就是说，我们是理论和实践相结合的。我们并不是为了了解而了解，为了提出一些理论而去研究，我们是为了实际的目的，为少数民族进行社会改革提供科学的事实根据和符合少数民族利益的意见。所以说，这可以说是一种应用的人类学。

应当指出，我们这种科学研究工作虽则是为当时国家的政治工作服务，但是既不是从属于政治工作也不代替政治工作。我们的政治是为广大人民服务的政治，它必须根据社会经济的客观规律和各个民族的具体情况办事，所以需要科学调查作为依据。科学调查的任务就在于它如实地反映客观事物，它不应当以任何个人的意志为依据。它服从于客观事实的要求而不服从于主观的不符合实际的行政意向。它固然是为政治服务的，但它只提供对客观事物的知识。对解决实际问题做出决定的则是政治工作者，科学工作者不应当也不可能代替政治工作者去为解决实际问题做出决定，科学工作者只为政治工作者提供实际情况和意见。

我们这样的调查研究在根本上改变了调查者和被调查者的关系。实现民族平等和帮助少数民族发展起来，不仅是调查者的目的，也是被调查者的要求。因此我们完全可以把调查的目的公开地告诉被调查者，而且被调查者完全可以懂得和乐于接受这项调查工作。我自己常常想到解放前在农村里调查时遇到的苦恼，那就是被调查者并不真的理解我为什么要去进行调查，这种调查对他们有什么好处。他们可以认为我并无恶意而容忍我向他们寻根问底，但是也不免引起一些人的怀疑和讨厌。由于有过这种经历，解放后，我在少数民族里做调查工作时也就特别感觉到温暖和亲切，像是在亲人中向他们学习一样。这里其实并没有什么窍门，只不过是因为被调查者是明白并相信调查者是为他们服务的，是要解决他们自己的问题，实现他们自己的愿望。其实用调查者和被调查者来区别双方已经是不切合了，因为事实上是双方在共同工作，把客观存在的社会现象和问题如实地反映出来，以充实和提高人们对这些社会现象和问题的认识。从这种切身体会中我似乎见到了社会科学的一种新的境界，就是社会科学的调查研究完全可以帮助人类摆脱改造社会的盲目性和被动性，进入科学性和主动性。

当然，在我们实际调查工作中，由于历史上遗留下来的民族隔阂，有时也存在着需要耐心克服的困难，但是这些困难在我们的社会里是可以克服的。调查工作中调查者与被调查者水乳相融的关系是可以建立的，也就是说，我预见到的那种境界是可以实现的。

我们这种调查研究也为调查者带来了一个新的问题，那就是对调查后果的责任感。尽管调查者和被调查者新的关系使调查者可以得到更能确切反映客观存在的社会事实的条件，但是人类对自己社会生活的科学认识实在还是处在开始阶段，以人类对自然的知识来和他对社会的知识相比较，其间的差距是十分明显的。因此在这种水平上一个社会科学工作者要为改造社会的实践服务难免发生力不从心的情况。前辈的人类学家一般不关心他自己的调查对被调查者的影响，因而也不发生对被调查者负责的问题。即使有人注意到这个问题也只是从个人的道德观点着眼的。至于谁运用他调查的材料来做什么事，这些事对被调查者产生什么后果，似乎已超出了学术界考虑的范围了。我们固然可以理解在那种理论和实践、学术和政治互相脱离的社会制度中，追究科学工作者对其工作所引起的社会影响和责任是不现实的。但是在我们这种社会制度中，理论和实践相结合、科学要为政治服务的社会里，科学工作者对自己工作的社会后果的估价是必要的。这不仅是个人的道德问题、人民的利害问题，也是社会研究怎样日臻于科学化的问题。只有不断在实践中检查理论的真实性，才能不断推进研究工作的科学化，使研究工作成为促进社会发展的动力。

但是也必须说明，我们并不是已经在中国建立起了有系统的应用社会人类学，因为在向这个方向迈进的途中，出现过一些干扰和阻碍，我们的道路是曲折的。特别是在一段时间里，我们的新中国曾出现了逆流，受到封建法西斯主义“四人帮”的严重破坏。我们惨痛的经历给了我们许多值得牢记的反面教育。其中一条就是，社会调查的目的一旦脱离了广大人民的利益，而用来为那些反动的掌握了一部分权势的人服务时，调查可以蜕化成逼供，用来打击和株连反对他们的人。这种所谓调查实际上常是捏造和虚构，不仅是不科学的，而且是反科学的，结果给国家和民族带来了巨大的灾难。这段历史证明了一个真理，就是科学的对人民有用的社会调查研究必须符合广大人民的利益，也就是说真正的应用人类学必须是为广大人民利益服务的人类学。这就是我在题目中所说的“人民的人类学”的涵义。

我是为了纪念我的老师马林诺斯基教授而来到这里和同行们见面的。我们一起在这个时刻回忆了这近半个世纪人类学的发展，我们不由得不对这一位杰出的应用人类学的开路人表示敬爱和感激。他无愧于被推崇为现代人类学的缔造者，在他已经为后辈一致所公认的许多功业里，我个人作为一个曾经体验过半殖民地人民生活的人，特别感激他从科学的实践里确立各民族对自己文化的自尊心和对其他民族文化平等相待的基本准则。对当前世界上各族人民来说，这是相互促进、共同发展的必要前提。

在我和海外的同行们分别的三四十年里，我从正面的和反面的教育里深刻地体会到，当前世界上的各族人民确实需要真正反映客观事实的社会科学知识来为他们实现一个和平、平等、繁荣的社会而服务，以人类社会文化为其研究对象的人类学者就有责任满足广大人民的这种迫切要求，建立起这样一门为人民服务的人类学。这门学科的目的——请允许我瞩望着不应当太遥远的将来——应当是使广大人民对自己的社会具有充分的知识，能按照客观存在的社会规律来安排他们的集体生活，去实现他们不断发展的主观愿望。这门学科目前还只是一部分学者的奋斗目标。我愿意和在座的许多志同道合的朋友们一起，竭尽我的余生，向建立这一门人民的人类学而迈步前进。

# 重读《江村经济·序言》

去年在北大社会学人类学研究所召开的高级研讨班上我许下一个愿，要在 90 年代余下的几年里对自己一生中“已经写下的东西多看看，反思反思，结结账”，而且还说“我想结合《江村经济》写一篇关于马老师论社会和文化变迁的文章”。许下的愿还得及早还清。半年多来心上老是挂念着这篇欠账。人世纷扰，抽空下笔的闲暇不多。说实话，我送出该书中文版的清样以来的 10 年中，还没对这本书从头到尾重读过一遍。在 1986 年中文版发布会上，曾说“愧赧对旧作，无心论短长”，这种心理长期来尚未克服。这次为了已经当众许下的愿，不能不硬着头皮，重新读一遍。

# 一

重读旧作，开卷就是马林诺斯基老师为这本书写的序言。这篇短短 8 页的文章里触及社会人类学里许多至今还应当反复琢磨的基本问题。我想就在这些问题中挑选一些出来，谈谈我经过 60 年的实践后的思考。我原想用《重读〈江村经济〉》作为本文的题目，现在既把范围缩小了，题目也得改为《重读〈江村经济·序言〉》。

关于我写这本《江村经济》和马老师为此书写序言的经过，我在 1962 年写的《留英记》(收录《芳草天涯》第一篇）中已有交代，在此不必再重复，于是发生了我这篇文章从何下笔的难题。正在踌躇中，我突然想起不久前有一位朋友送我一篇 1962 年伦敦经济学院纪念马老师的演讲会上宣读的一篇讲词的复制件。讲员是英国人类学者莫里斯·弗里德曼教授，讲词的题目是“A Chinese Phase in Social Anthrorpology”。这篇讲词正好给了我一个下笔的入口。

先交代一下这位作者和这篇讲词。

我没有见过这位弗里德曼教授，但 80 年代我又获得出国访问的机会时，在国外一路听到许多同行朋友谈到关于弗里德曼，语气中都为我没有见到这位对中国社会文化研究具有突出热情的社会人类学家而惋惜，甚至有人听我说还没有读过弗里德曼的著作感到奇怪。事实是这样的，我于 1948 年暑期离英返国后，由于战争的原因，我和国外的学术界已无法继续来往。大概在 50 年代末和 60 年代初这段时间里，弗里德曼在英国人类学界初露头角，而且名声日著，1962 年已在高规格的伦敦经济学院纪念马老师的会上发表讲话。听说后来 1968—1970 年曾一度当过伦敦经济学院人类学系主任，成了马老师的接班人之一。他极力提倡研究中国社会文化，而且身体力行，做出成绩，获得“汉学人类学家”的名声。他培育了一批对中国社会文化有研究兴趣的社会人类学者，甚至有人认为他实现了马老师曾表达的愿望，开创了一代用社会人类学方法研究东方有悠久历史的国家的社会文化的风气。但不幸他在1975年过早逝世了，享年55岁。那时正在“文革”末期我刚从干校回到北京不久，还戴着“脱帽右派”的帽子，尚未恢复正常的社交生活。如果他能增寿10年，有机会来华，想来我们双方都会感到知己难逢，相见恨晚了。但天不作美，良缘难得，交臂错失，只能说是天意了。

再说他在那篇讲词的题目坦率指出了社会人类学这门学科的“Chinese Phase”。这个提法怎样译作中文？据《英华字典》phase有两解：一是方面，一是时期。用“方面”来译，意思是在社会人类学中有研究中国的一方面，那是比较普通的译法，因为一门学科可以有多个方面。如果译作“时期”，意思就有中国研究可以成为这门学科在一定时期里的主流，那就有一点自负的味道，至于译成社会人类学的中国时代，那么这个味道更重了。我倾向于用“方面”，但用“时期”也不能说超越了弗里德曼的本意，因为我读了他的讲词，觉得他是有点想把马老师在序言里所提出的“社会学的中国学派”（Chinese School of Sociology）提高一下，把研究文明国家的社会文化作为社会人类学的奋斗目标。这是弗里德曼的“预言”。他们两人都寿命不够长，没有看到所预言的“学派”或“时期”实现于世，令人遗憾。

有人称弗里德曼为“汉学人类学家”，我也想加一点注释。这个名字是最近我从北大社会学人类学研究所副教授王铭铭同志的一篇《社会人类学与中国研究》一文（《人类学与民俗通讯》第20—21期）看到的。原文是：“后来，弗里德曼成为研究中国的人类学家（或称“汉学人类学家”）共同推认的学术导师。”

“汉学人类学”的英文对译我没有见到过，这可能是由于我和外文资料接触太少所致，如果在英国此词现已流行，则弗里德曼所说的Chinese phase确应译作“中国时期”甚至“中国时代”了。

这里插入一段有关掌故可能会有些启发。西欧各国学者研究中国文化已有好几个世纪，一般包括在东方学（Oriental Studies）之内，研究中国的东方学称Sinology，这类学者称Sinologist。汉学或东方学来源于此。记得我在《留英记》里说过，我在接受博士考试时，有一位考官是 Sir Denison Ross，他就是一位当时有名的东方学者。马老师事后曾为我解释说，关于中国社会文化的研究需要得到东方学者的认可。可见直到 30 年代中国文化的研究在英国还属于东方学者的“领地”。但是马老师取得 Sir Denison Ross 的同意，让社会人类学跨进了这种学术王国的传统界线里。弗里德曼接着在 60 年代就在这块园地上撑起了“研究中国的人类学”甚至有人称之为“汉学人类学”这面旗子了。如果东方学者不出来抗议，就表明英国学术界里发生了变化。

## 二

弗里德曼是想紧紧抓住了马老师在《江村经济·序言》开始就说的该书“将被认为是人类学实地调查和理论工作发展中的一个里程碑”这句话，作为在社会人类学的领域里开创一个新风气的根据。这个新风气就是从过去被囚禁在研究“野蛮人”的牢笼里冲出来，进入开阔庞大的“文明世界”的新天地。

不论在英国还是美国，社会或文化人类学在 30 年代前的研究对象，一直是当时被欧洲人称为“野蛮人”的。他们把“人类学”实际上等同于“野蛮学”，但并不觉得这是对人类学的讽刺。马老师是在这陈旧的空气里熏染成长的，当他发表他的成名之作时，竟也把“野蛮人”这个我们现在听来十分刺耳的污辱人的名称用在他所著的书名里，但他醒悟得比别人早些，并公开发出了预言说：“未来的人类学不仅对塔斯马尼亚人、澳洲土著居民、美拉尼西亚的特罗布里恩德群岛人和非洲的俾格米人有兴趣，而且对印度人、中国农民、西印度群岛黑人、脱离部落的哈勒姆非洲人同样关注。”他在给《江村经济》写序言时，就引用了这句预言，并表示终于看到了这预言开始实现的喜悦。至于这句预言原来的出处，在序言中并未注明。

其实他这句预言是用了极为温和的口气表达的，只希望人类学对当时被划分为文野的两类人等同“关注”。这种口气相当于为人类学开阔一个研究的“方面”。60年代弗里德曼用的 phase 一字就注入了“新时期”甚至“新时代”的意味了。这30年里怎样会发生这么大的变化呢？我不能不想起，就在这30年里发生过震动全人类的第二次世界大战。这次大战使大英帝国瓦解了，世界各地殖民主义压迫下的民族在不同程度上得到了解放。人类学者还想用过去那种气势凌人的态度，到原来殖民地的人民中间去，进行所谓调查研究的田野作业，免不了要吃闭门羹了。这是大势所趋，人类学这门学科要能继续生存下去，就得另辟路径，开拓新的研究园地。这时自会有人想起马老师的预言。当时在伦敦经济学院人类学系、后来接班当主任的弗里德曼反应得比较迅速，跟着马老师指导的方向，看到了中国，想一举而抹掉“文野”之别。现在又过了30多年，回头看，他未免急躁了一点，在当时要树立起“社会人类学中国时代”或“汉学人类学”，条件似乎不够成熟，以致壮心未酬，赍志而殁。文野这条人为的鸿沟仍未填平。

马老师在序言里提到这预言时，心里明白要跨过这文野之别并不是那么轻松容易的。他在序言里接着说，“这一段引语中对现代实地调查和理论工作提出了重要的基本要求——研究文化变迁、文化接触的现象、现代文化的传播”。在写序的当时，他自己就在非洲研究现代各民族的关系，触及现代文明和土著文化中间这条文野鸿沟，也面对着一系列对他原有实地调查方法和理论的挑战。他也明白自己的探索会在这条路子上爬上一个台阶，他要为人类学更上这层楼，从对野蛮人的研究过渡到对文明人的研究筑好一道楼梯。但是由于寿命的限制，只遗下了一大堆残稿，后来，虽经他的门生于1945年整理成了 *Dynamics of Culture Change*（《文化动态论》）一书，但他想建立的这道楼梯还只是一个初步设计的图稿，留下许多空隙没有填实。

马老师看重《江村经济》的原因，到现在我才有了进一步的体会，可能是他在我这本书的骨子里看到了一些所希望培育的苗头。

也许他曾考虑过，吴文藻老师所带领的这个小小队伍有可能就是实现他的宏图的一个先遣队，为人类学跨过“野蛮”进入“文明”进行一次实地探索。我当时实在不太能领会他说“社会学中国学派”时的期待心情。我曾多次坦白地说过，这本《江村经济》在我是一棵“无心种下的杨柳”。当时我哪里会有这种本领看出了马老师的用心？经过了30年的坎坷境遇之后，才如梦初醒，在1985年不自觉地吐出“愧赧对旧作”这句话。今天又过了10年才进一步发觉当时感到愧赧的原因是辜负了老师当时的这片心愿。能有此悟，还得感谢弗里德曼这篇演讲的启发。

## 三

弗里德曼在这篇演讲里，讲到了马老师离英后海外人类学者研究中国的企图和困惑。马老师这一代人在社会人类学里奠定了着重“田野作业”的传统，就是要从人们的实际生活中去观察他们的社会和文化。这个“田野作业”的调查方法虽不能说是从马老师开始，但他以后的社会人类学者都以他在特罗布里恩德岛上土人中的实地研究作为范本。马老师研究过的特罗布里恩德岛上的土人是世世代代在这个小岛上生活的人，为数不过几千人，长期和外界隔绝，往来稀少，有一点像陶渊明所描写的桃花源里的人物。像马老师这样有经验的人类学者在这岛上住上几年，用当地土语和当地土人亲密往来是不难做到的，可以说具备亲自接触和参与当地土人生活的条件，这就是为社会人类学者采取田野作业布置下的理想环境。马老师充分利用这些客观条件，结合了主观的才能和努力，为社会人类学提升了一个阶段，走出书斋进入田野。

现在要用这种对“野蛮人”的研究田野方法去研究“文明人”，行得通吗？这是一个想把社会人类学再提高一个阶段必须解决的问题。马老师在《江村经济》的序言里一开始就列举了若干他认为是本书的优点，其中第一点就是“一个土生土长的人在本乡人民中间进行工作的成果”。他加上一句，提醒西方的读者，说中国是“一个世界上最伟大的国家。……本书的内容包含着一个公民对自己的人民进行观察的结果”。

上面的引语，我是用了中文版的译本。原文中前一句是“It is the result of work done by a native a mong natives”。他写完这篇序言后，特地打电话要我去他家吃便饭，在饭桌上边吃边谈，谈话中提到序里的这句话时着重说明“native”意思是指“本地人”。我当时觉得这位老人家心眼儿真不少。他怕我见怪，因为在西方 native 一词通常带着贬义，用来指殖民地的野蛮人。当时我怪这位老师连这一点也值得要当面向我特地说明一下的吗？随后我想起这次谈话时，发觉西方殖民主义确已深入民间的语言感觉之中。我觉得这位老师还不明白我们中国人的心态。我们也有“野蛮”这个词，不过只指粗鲁无礼，并不是人格的区别，更不触及人的尊严，不等于说“你不是人”。而西方把文野区别提高到了人和不是人的界线。在这一点上我们也许能看到至今还十分严重的西方种族矛盾的心态根源。说不定这个以种族灭绝到种族奴役为手段起家的现代西方文明会被这段历史在人们心态里的沉淀物所颠覆。天道轮回，报应说不定还是历史的规律。

话似乎说远了。但这次饭桌上的谈话，还是可以和社会人类学的发展主题联系起来的。我在这次读这篇序言时，又深一层考虑到这位老人家既有用 native 这个词来指我和我所调查的家乡父老而怕我见怪之意，为什么偏要用这词，说这句话呢？看看前后文就不难明白，这是有意说给有种族歧视的西方人听的，尤其是西方人类学者听的。这句话的前文是“作者并不是一个外来人在异国的土地上为猎奇而写作，本书的内容包含着一个公民对自己的人民进行观察的结果”。后文是“如果说人有自知之明的话，那么，一个民族研究自己民族的人类学当然是最艰巨的，同样，这也是一个实地调查工作最珍贵的成就”。重读生新意，联系着弗里德曼的演说来看，马老师死后，英国的人类学者中间对马老师这预言的反响就真使我另有一番滋味在心头了。

最令人深思的是，马老师在上面引这些话中明确反对的是“在异国的土地上为猎奇而写作”，提倡的是“一个民族研究自己民族的人民”。这样明确的态度却没有灌入他的一些学生耳中。由于我长期没有与国外社会人类学者有过深入接触，对国外文坛不应凭传说任意做出议论。事实是我实在还没有听说过国外的人类学家中有对自己民族或国家的人民进行过严肃的研究。我希望我这样说是出于我的孤陋寡闻。但是反对研究自己社会文化的人却是有的，比如艾德蒙·里奇教授在1982年出版的 *Social Anthropology*（《社会人类学》）里明白表示，他根本不赞成一个初学人类学的人从研究自己的民族入手，就是说他怀疑本民族的人从研究本民族能进入社会人类学的堂奥。我实在不明白他这种成见，是否能说还是欧洲人的种族优越感在作弄他，连人类学者都跳不出这个魔掌？对此我们可以不去深究了。重要的是既然排除了自己的民族作为研究对象，而英美的人类学到他们这一代已面临过去出入无阻的“野蛮人世界”对他们关了门的问题，除了回到书斋里去之外，还有什么地方可去呢？迫于无奈，这一代英美人类学者不能不转向自己国土之外的文明世界了。

## 四

弗里德曼在那篇讲演中提到了一系列在30年代和60年代研究中国的英美人类学者，这些都是1938年我离开伦敦之后所发生的事。当时我已是西方社会人类学界的局外人，看了弗里德曼这篇演讲的复制件，才得知有些西方人类学者把研究对象指向了中国。

我特别注意到，弗里德曼首先提到的，是现在还和我通信问好的伦敦经济学院的老师雷蒙德·费思教授，现在已是雷蒙德爵士了。他是最早赏识我这本《江村经济》的老师。我在《留英记》里已讲过，我初到伦敦经济学院时，他是系里为我指定的导师。他和我商量写论文的内容时，我先提出“花蓝瑶的社会组织”，后来补充说我在来英之前又调查了一个家乡的农村。他看了我两篇节略后，建议我写《江村经济》，我一直不明白他做出这个选择时的考虑。现在联系当时社会人类学的处境来说，可以猜测他已看到这门学科正面临从研究野蛮人转向研究文明人的起点上。他这个选择可以说是扭转方向盘的第一手。

弗里德曼的演讲里提到一段我过去不知道的事。他说 1938 年，应当是我在离英之后，费思曾寄了一篇论文给燕京大学出版的《社会学界》，这一期还标明专门献给“伦敦经济学院的人类学”。在这篇论文里他提出了“微型社会学”的概念，用来专指马老师所说“社会学的中国学派”的特点。马老师的那篇序言里曾说过“通过熟悉一个小村落的生活，我们犹如在显微镜下看到了整个中国的缩影”（中文版 4 页）。6 年后（1944 年），费思又在伦敦经济学院的讲坛上再一次说微型社会学是人类学在战后可能的发展方向。微型社会人类学，是指以小集体或大集体中的小单位作研究对象，去了解其中各种关系怎样亲密地在小范围中活动。他加重了口气说，我想社会人类学者可以做出最有价值的贡献，或许依然就是这种微型社会学。他在 1952 年又强调了局限于小单位的观察有多种好处。关于这个问题，我在下面还要提出来讨论。这里要指出的是费思把研究中国的社会人类学提高到了社会人类学发展方向上来了。从马老师的“社会学的中国学派”到费思的“微型社会学”是一个飞跃，并为弗里德曼后来提出的“社会人类学的中国时期”开辟了道路。

费思教授不但在理论上做出先导，而且就在这时候准备在行动上付诸实践，就是打算到中国来做“微型社会学”的实验。他开始学习汉文汉语，据说后来他发现汉文汉语不容易在短期内掌握，所以不得不改变计划，半途在马来西亚停了下来。1939 年，他选择了马来半岛东北角沿海的 Kelantan 地方的一个滨海的渔村，开始用社会人类学方法进行微型社会学的田野工作。费思教授这次亚洲之行并没有同我和吴文藻联系，当时我国对外通信渠道已经断绝。他改变计划的原因可能并不完全是弗里德曼所说的在语言上的困难，而是当时的国际形势。他启程时日本侵略军已攻占了半个中国，前锋已到达桂黔边境，而日本还没有发动太平洋战争，马来西亚尚未进入战时状态。费思教授就利用这短短一年多平静的时间取得研究一个亚洲渔村的机会，在日军进入马来西亚的 1941 年返回伦敦，编写他那本 *Malay Fisherman* 的初版。大战结束后，他于 1946 和 1963 年又两次重访这个渔村，改写了这本微型社会学的代表作，正是在弗里德曼发表那篇演讲的下一年出版。

说来也很有意思的是，一向不主张人类学者从微小社区入手研究一个文明的大民族文化的艾德蒙·里奇教授，自己却利用参加英国军队进入缅甸的机会，在 1940 年前后，在中缅边境开始研究缅甸境内的景颇族的山官制度（所著的书是 1954 年出版的）。他在英军溃退时，靠我们的军队掩护，从滇缅路撤退。到达昆明时，我还在云南大学教书，他的临时住所就在翠湖边，和我只隔了一条街。可是他没有通知我，以致我们两人失之交臂，没有见面。

在弗里德曼的演讲中提到的西方人类学者，在 1938 年之后到中国来研究的，还有牛津大学的纽威尔（W. H. Newell），康奈尔大学的施坚雅（G. W. Skinner），哥伦比亚大学的弗里德（M. H. Fried）和伦敦经济学院的伊莎白·柯鲁克（I. Crook）。在北平解放前不久，芝加哥大学的雷德菲尔德（R. Refield），应邀来清华讲学。他是继罗伯特·帕克（R. Park）和拉德克利夫–布朗（A. R. Radcliffe–Brown）极力主张中国社会学和人类学者研究中国社会文化的有力支持者，不幸都没有看到他们所催生的婴儿的成长即逝世了。中国大陆解放之后，以上提到的这些西方学者除了柯鲁克之外都离开了中国。直到 80 年代改革开放之后，才又有一些人类学者来华做研究工作。

令人遗憾的是弗里德曼在世时，至少在他发表这篇演讲前，并没有看到我 1945 年在美国芝加哥大学出版社出版的介绍我们抗战时期在云南内地农村调查的 *Earthbound China* 一书。在他这篇演讲里只说到我返国后在左右两堵政治墙壁上撞破了头，似乎从此休矣。这怪不得弗里德曼，当时国际信息远不如当前这么发达，曾有一个时候西方曾盛传我已不在人世。但是马老师赞扬的研究自己民族的人类学在西方固然没有得到响应，我们中国学者却还守着他的遗训，而且有所发展。他如果在世时能看到我们在中国做出的探索，也许对他所主张的“社会人类学中国时期”可以提供一些有力的支持。

我觉得抱歉的是在这篇文章中对弗里德曼本人用人类学方法研究中国社会文化的成绩不能多说几句。一是因为我们并无一面之缘，二是因为除了这篇演讲的复制件外，我还没有机会读到过他的著作。我只能借上引王铭铭的文章里的话来说，他是现在英国“研究中国的人类学家共同推认的学术导师。其影响至今不衰，他的后代现在已成为西方汉学人类学的中坚力量”。他在社会人类学历史上的地位，这几句话已足够定论了。希望有一天我还能向弗里德曼的原著认真学习，提高我对我自己的国家和民族的科学认识。

下面接着我想就我自己实践中得来的思考，对用人类学方法研究中国社会所需解决的几个理论问题发表一点意见，我倒并不急于和西方人类学者对话，更不想抬杠，还是为了推进我们中国人研究中国社会文化，用此余生做出一份努力。

## 五

马老师在《江村经济·序言》中重提他的预言，社会人类学的研究对象应当包括文明人，又鼓励本民族人研究本民族的社会文化。如我在上节提到的，第一个在他指导下得到博士学位，后来又成为他接班人的费思教授，曾依他所指出的方向，在马来西亚用马老师一贯强调的田野作业方法和功能主义理论，研究了一个海滨的渔村。他在实践中提出了“微型社会学”的概念。微型社会学是以一个人数较小的社区或一个较大的社区的一部分为研究对象，研究者亲自参与当地的社会活动，进行亲密的观察。在研究方法上还是等同于马老师在特罗布里恩德岛土人中和费思自己在蒂科皮亚（Tikopia）岛土人中所用过的田野作业方法。费思的实践可以证明这种微型社会学是可行的。实际上他是想在人类学领域里一步直接跨过了我在上边所说的“文野之别”。

他这样一步跨越的实验，基本上消除了西方社会人类学的研究对象被困住在“野蛮人”里的传统桎梏。但是这也引起了许多值得注意的方法上和理论上的问题。这些问题首先是出于“文野之别”的别在哪里。我们不应过于简单地以“西方的种族成见”一语把这区别予以抹掉。特罗布里恩德岛土人和中国农民以及伦敦的居民存在着相同的一面是基本的，因为他们都是人，所以应当都是人类学的研究对象。这一点我在那篇讲马老师的文化论的文章中已经说清楚了。我认为马老师和功能论就是要想以一切人类文化都是人类依据自己的生物需要和集体生活的需要而产生的这种基本认识，来消除人文世界中本质上文野的差异，比如他批判了把理性和知识思考作为文明人所独具的特性等，就是为“文野一致”论找根据。但如果我们只讲文野一致也会导致文野无别的错觉，也就是忽视了人本身在文化上的演化，忽视了人的历史。所以我们既要根本上肯定人类的一致性，也要注意到人类本身还处在自然的演化过程之中。这个过程首先表现在人在发挥它生物遗传的底子上创造的人文世界，因处境不同存在着各种不同的选择。所以不同民族在社会文化上可以有差别。这种差别也是客观存在的。而且这种差别也曾引起了不同民族在过去历史里产生了不平等的地位。我们不应当因为反对这种不平等而把差别也根本否定掉。我们既要承认文化本质的一致，也要重视文化形式上的差别。

我并不同意文化的发展是有一定不移的阶段，但也不同意完全是偶发的和无序的。从整个人类历史过程中看去，总的来说大体上，是一个社区里共同生活的人是由少而多，人所能支配的环境是由小而大，人和人的关系是由简而繁等，这些基本上都是日常可见的实际情况。即以费思自己研究过的蒂科皮亚人和马来西亚渔民相比较，我想也会看到两者在这些方面的差异。

人口即有多少，社区即有大小，社会即有繁简，有人提出对

“微型社会学”的责难就值得我们认真对待。责难是一个包括人数众多，历史悠久，文化复杂的民族或国家，只研究其中的一个由少数人组成的小社区，能不能了解这个民族整体的社会文化？这正是里奇教授在1982年所写的《社会人类学》一书中向研究中国农村的社会人类学者提出的责难。

里奇教授责难我们从一个小小农村入手研究中国社会文化时，提出了的这样一个问题，就是“中国这样广大的国家，个别社区的微型研究能否概括中国国情？”我在1990年所发表的《人的研究在中国》一文中答复了这个问题。我在当时的答复中首先承认他的“局部不能概括全部”的定式，即方法上不应“以偏概全”，而提出了用“逐渐接近”的手段来达到从局部到全面的了解。

后来我又提出在云南内地农村调查的实际中采用的“类型”概念，和在90年代城乡经济发展的研究中提出的“模式”概念，对局部和全面的关系做了进一步的修正。我认为：“把一个农村看成是一切都与众不同、自成一格的独秀，Suigeneris也是不对的。一切事物都在一定条件下存在的，如果条件相同就会发生相同的事物。相同条件形成的相同事物就是一个类型。”（《人的研究在中国》，第6页）以江村来说，它固然不能代表中国所有的农村，但是确有许多中国的农村由于所处条件相同，在社会结构上和所具文化方式上和江村基本上是相同的，所以江村固然不是中国全部农村的“典型”，但不失为许多中国农村所共同的“类型”或“模式”。我这种思考，使我进一步摆脱了里奇的责难。我认为有可能用微型社会学的方法去搜集中国各地农村的类型或模式，而达到接近对中国农村社会文化的全面认识。

最近我在重温马老师的文化论时，又有所启发。在人文世界中所说的“整体”并不是数学上一个一个加起而成的“总数”。同一整体中的个体有点像从同一个模式里印刷出来的一个个糕饼，就是这个别是整体的复制品。生在社会里又在社会里生活的一个个人，他们的行为以至思想感情的方式是从先于他存在的人文世界里学习来的。学习基本上就是模仿，还加上社会力量对个人发生的规范作用，即所谓教育，社会用压力强制个人的行为和思想纳入规范中，一个社区的文化就是形成个人生活方式的模子。这个模子在满足个人生活需要上是具有完整性的。每个人生活需要的方方面面都要能从这个人文世界里得到满足，所以人文世界不能是不完整的。关于这层意思，我在关于学习马老师文化论体会的那篇文章里已经说过，这里不再重复了。

这样看来，如果能深入和全面观察一个人从生到死一生生活各方面的具体表现，也就可以看到他所处的整个人文世界了。在实际田野作业里，要观察一个人从生到死一生的行为和思想，是做不到的。所以实际研究工作是把不同个人的片断生活集合起来去重构这个完整的“一生”，从零散的情境中，见到的具体镜头编辑成整体的人文世界。他所以这样做，是因为每个人在一定社会角色中所有的行为和感情都不应看做是“个人行为”，而都是在表演一套规范的行为和态度。我们都知道每个当父亲的人在他当舅舅时就不是一个面孔。社会人类学者首先要研究的对象就是规范各个个人行为的这个“模子”，也就是人文世界。从这个角度看去，人文世界里的“整体”必须和数学里的“总数”在概念上区别开来。这是“微型社会学”的基本理论根据。

里奇认为我们那种从农村入手个别社区的微型研究是不能概括中国国情的，在我看来，正是由于混淆了数学上的总数和人文世界的整体，同时忘记了社会人类学者研究的不是数学而是人文世界。其实里奇也明白这个道理，因为他在自己的 *Political Systems of Highland Burma*（《缅甸高地诸政治体系》）一书里分析克钦人的社会结构时，也只根据他在缅甸的一部分被称做克钦人的景颇族中所调查到的资料。他根本没有对跨越中缅两国的景颇族全部进行调查，而敢于下笔根据在其中一部分克钦人中观察到的政治关系，着手分析解放前在景颇族里广泛实行的山官制度。他在社会人类学研究实践中实际也是采用了“微型社会学”的理论根据：只要在一部分克钦人中深入细致观察他们政治生活中所遵守的规范就可以用来概论跨越中缅边境的景颇族的整个山官制度了。如果他有机会在解放后看到在我国境内的景颇族实行了民族区域自治，他就可以说历史的条件变了，所以两地发生了不同的政治结构，进而可以用缅甸境内克钦人的山官制度来作为了解我国境内景颇族区域自治的参考体系了。这种研究方法，我是可以赞同的。我也同意在人文世界里不必去应用“典型”这个概念，道理是人文世界有它的特点。但是他在对待我们中国人研究农村时却忘记了这一条研究人文世界的基本原理。

## 六

既然我对里奇教授翻了一笔旧账，对他提出的微型研究是否能概括中国国情的问题上发了一通议论，补充我在《人的研究在中国》一文中未尽之意。不妨接下去对他提出的另一个问题——“像中国人类学者那样以自己的社会为研究对象是否可取？”——也附带说几句。虽然不免是炒冷饭，炒炒热可能也有好处。

里奇公开认为，中国人类学者不宜从本国的农村入手进行社会人类学的研究工作。这是他用委婉的语气反对马老师所赞赏的“本地人研究本地文化”的主张。他批评若干本中国学者出版的研究中国农村的著作，有一段他自己的经验之谈。他说：“看来似乎是很可怪的，在亲自具有第一手经验的文化情境里做田野作业，比一个完全陌生的外客用天真朴素的观点去接近要观察的事物困难多得多。当人类学者研究他自己社会的一鳞一爪时，他们的视野似乎已被从公众的甚于私人的经验得来的成见所扭曲了。”（第124页）

他的意见简单地说是自知之难——知己难于知人。这一点可以说和我国常说的“贵有自知之明”颇有相同之处。但这是一般印象的总结，并不是经过了实证性的分析推考得出的定论。

里奇也许心里也明白他这样说不一定站得住脚，所以翻过几页，在他逐一批评过了中国学者的著作之后，又把已说过的调子收了回来。在第127页最后一段里，语气改了，“尽管我对直接对本人自己的社会作人类学的研究采取消极的态度，我依然主张所有人类学者最重要的见识总是植根于自我的内省。研究‘别人’而不研究‘自己’学术上的辩解是，虽则我们起初把别人看成是乖僻，但到头还得承认人们的‘异相怪样’正是我们从镜子里看到自己的模样”。这段话我觉得他说到点子上了。里奇毕竟还是马老师的及门弟子，他尽管可以另有所好，但是功能派的一条基本“律令”他是丢不掉的，那就是“众出于一，异中见同”。

里奇说，人类学者的见识根源还是在自我内省。我想就这句话补充一些自己实践的体会。我很赞同里奇从人类学者在田野作业切身的体会说起。我生平说得上来的人类学的田野作业，只有三次。第一次是在广西金秀瑶山，第二次是在江苏江村，第三次是在云南禄村。这三次都可以说是中国人研究中国社会文化。但是第一次我是汉人去研究瑶人。既不能说我是研究本土文化，又不能说完全是对异文化的研究。实质上我研究的对象是“我中有你，你中有我”，而且如果按我主观的估计，同多于异，那就是说汉人和瑶人固然有民族之别，但他们在社会文化生活上部分已十分接近相同的了。这是中国少数民族研究的一个特点，各族间存在不同程度的相同和相异之处，似乎不能简单地以“本文化”和“异文化”的区别来定位。

江村离我出生的吴江松陵镇只有10多公里，同属一个县域，两地居民说是同乡，没人会提出异议。但是我和江村的“乡亲”们能不能说在社会文化生活上只有“同”而没有“异”呢？我觉得没有人会看不到“异”的存在，甚至江村的居民也并不真的感觉到我是他们所说的“自家人”。即以语言说，尽管都是吴语，但是他们讲的话我很多听不太懂。我所说的，他们更不容易一下就明白。若说《江村经济》是本土文化研究的代表作，我总觉得还不够格。这里所包括的复杂性，在下文还要细说。

再说禄村。禄村是我一位燕京大学同学的家乡。他和禄村的关系有点近于我和江村的关系，但也不尽然。无论如何我和禄村居民又隔了一层，本村人间用本地话进行的亲谈杂语，我根本听不懂。他们和我说话时也要改口打“官腔”，异于他们日常的用语。《禄村农田》的本土性比《江村经济》又少了些。所以严格说两者都还不能说是十足的“土生土长的人在本乡人民中间进行工作的成果”。

如果我自己把这三次田野工作互相比较，我对所接触到的人、事、物能心领神会的程度确是不同的。在江村，基本上我不必通过第三者的帮助就能和对方交往，在禄村就不能那么随心所欲了，在瑶山里我离不开能说汉语的人的帮助。如果社会人类学的田野作业离不开语言作为取得认知的工具，我实在不能同意里奇所说的在熟悉的田野里工作比在不熟悉的田野工作更困难的说法。

更进一步来推考，我们怎样去认识一个和自己文化不同的所谓“异文化”的呢？我在学习马老师文化论的体会中，已经讲过我怎样开始我在瑶山里的“田野工作”的情形。我曾说，我记得最初在瑶山里住下已是晚上，我们进入一间为我们准备下的小楼，顿时被黑黝黝的一群人围住了，我们进入了一个“友好但莫名其妙的世界”。这正是我们要认识的对象。怎样办？我们只有依靠在自己社区里待人的经验和他们作有礼貌的接触。在和他们接触中逐渐发觉这一群人对我们的态度、行为、感情都有差别，而且这群人之间相互对待也不相同。我们通过这些差别，用自己社会里看到过的关系，分辨出他们之间的社会关系和他们在这群人中不同的地位。我们看出了他们之间也存在母子关系，从母子关系再看出了夫妇关系等。我把这段回忆在此重述，目的是要说明，我是用从比较自己熟悉的文化中得来的经验去认知一个不熟悉的文化的。我认为这就是里奇所说的“反省”的一种具体表现。

当然这个认知过程并不是套取已知的框架，而是依靠已有的经验和新接触的事物相比较，前者起着参考体系的作用。两者不同之处是作为参考体系者，只引导在比较中注意新事物的特点，由相同引路，着重注意其相异，就是作为认知的依傍，而不作为范本。如果遇到逸出于已有经验范围的完全新鲜的事物，作为参考体系的已有经验正可肯定其为新事物，而作为完全新的经验来接受，扩大已有知识的范围。用已有经验作参考体系，在心理过程上我认为就是里奇所说的“反省”。如果把这种参考体系本身有系统地综合起来也可能就是马老师所说的“文化表格”。马老师是根据他本人的和其他人类学者的田野经验归总成一个可用以帮助田野作业的比较完整的参考体系。这个体系的原料是田野作业者的个人经验，个人经验要个人反省才能表达出来。

社会人类学田野作业的对象，以我以上的思路来说，实质上并没有所谓“本文化”和“异文化”的区别。这里只有田野作业者怎样充分利用自己的或别人的经验作为参考体系，在新的田野里去取得新经验的问题。我们提出“社会学中国化”或本土化是因为当时我们中国学者忽视了用田野作业的方法去研究我们自己的中国社会和文化。我们绝没有拒绝出生于异文化的学者来中国进行田野作业。如果从研究者自己不同的文化出身来比较，在工作上哪个方便？根据我的经验，只以传媒手段的语言来说，本土人研究本文化似乎占胜一些，当然还得看研究者掌握当地语言的能力。至于里奇所提出的“私人的”或“公众的”成见问题，我在《人的研究在中国》一文中已经发表过我的意见。我认为这是个“进得去，出得来”的问题，在这个问题上双方各有长短。我不再重复申论了。

## 七

用微型社会学的方法去调查研究像中国这样幅员广阔、历史悠久、民族众多的社会文化，不应当不看到它的限度。拉德克利夫－布朗和费思两位前辈鼓励我们的农村研究，以我现有的体会来说，其实不过是指出一条入手的门径，并不是说要了解中国国情农村研究已经足够。这一点无须我多做说明。如果要加一条补充的话，农村研究实在是了解中国国情的基础工作，80%以上的中国人住在农村里这一事实就足够作为这句话的根据了，而且还可以说即使那小部分不住在农村里的人，他们的基本社会结构和生活方式大部分还是等同于农民或是从农民的形式中发展起来的。因之至少可以肯定，研究中国社会文化应当从农村研究入手。到目前为止，对中国农村社区进行比较全面的研究还不多。这方面工作自应更认真地继续做下去。

如果再读一下马老师在《江村经济·序言》里所表达的对“社会学的中国学派”所抱有的期待，就可以看到这种微型研究事实上是存在着相当严重的不足之处的。他说：“这本书，集中力量描写中国农民生活的基本方面。我知道，他打算在他以后的研究中说明关于崇祀祖先的详细情况以及在村庄和城镇中广为流传的关于信仰和知识等更复杂的体系。他希望终有一日将自己的和同行的著作综合起来，为我们展示一幅描绘中国文化、宗教和政治体系的丰富多彩的画面。对这样一部综合性的著作，像这本书这样的专著当是第一步。”

在马老师心目中，我这本《江村经济》只是一部综合中国国情的巨著的初步起点。他还为这部巨著的内容做出了一个启发性的提纲，就是除了我在《江村经济》中所勾画的该村土地的利用和农户家庭中再生产的过程，也就是社会基层结构和经济活动之外，还应当包括文化、宗教、政治等方面的社会规范和意识形态方面的叙述和分析，并且把这类研究成果综合起来，成为一幅“丰富多彩的画面”。其实他可能已看到要达到他的要求，当时我采用的微型研究的方法和理论是不够的，所以像这本书那样的著作只能是编写这样一部综合的有关中国国情的长卷的起步工作。

如果把马老师提出的要求作为我们的目标，我们不能不承认微型社会学的限度，承认限度并不是否定在限度内的成就和它的价值。以微型研究为“第一步”可以得到比较结实的基础。我们应当从这个基础上走出去，更上一层楼。怎样走，怎样上，首先要在实践中去发现“微型”的限制在哪里。

我在上面各节里已肯定了一个像农村一样的社区可以作为社会

人类学研究的适当对象，因为这个社区的人文世界是“完整”的，从功能上说能满足每一个社区居民生活各方面的需要。在这个意义上，里奇说我这本《江村经济》不失为一本功能主义的著作。虽则我并没有把社会各方面的功能全面顾及，但是从整体出发有重点地叙述了这个社区的经济生活，也就是马老师所说的“农户家庭再生产的过程”。我后来用建立类型来补充这种研究方法，用以区别通过数量上的增加以取得总体的认识。

抗战时期，我在云南内地农村的研究工作中，充分利用了类型这个概念，进行比较的研究工作。江村、禄村、易村、玉村等名称就表示了我的研究方法。我认为，可以用发现各种类型的方法逐步接近认识中国全部国情的目的，也就是通过“微型社会学”累积各种类型，综合出马老师所要求我做的那部有关中国社会和文化的巨著。

直到80年代，第二次学术生命开始时，我才在总结过去的实践中，清醒地看到了我过去那种限于农村的微型研究的限度。我在60年代提出的“类型”概念，固然可以帮助我解决怎样去认识中国这样的大国为数众多、结构不同的农村的问题。但是后来我明白，不论我研究了多少类型，甚至把所有的类型都研究遍了，把所有这些类型都加在一起，还是不能得出“中国社会和文化”的全貌，因为像我研究江村、禄村、易村、玉村等的成果，始终没有走出“农村社区”这个层次的社区。整个“中国社会和文化”却不等于这许多农村加在一起的总数。农村不过是中国社会和文化的基础，也可以说是中国基层社区。基层社区固然是中国社会和文化的基本方面，但是除了这基础知识之外，还必须进入从这基层社区所发展出来的多层次的社区，进行实证的调查研究，才能把包括基层在内的多层次相互联系的各种社区综合起来，才能概括地认识“中国社会和文化”这个庞大的社会文化实体。用普通人所熟悉的现成概念来说，就是中国社会和文化这个实体必须包括整个城乡各层次的社区体系。

在《江村经济》中我早已看到江村这个村一级的社区并不是孤

立和自给的。和太平洋岛屿上的社区比较，江村这一类中国农村的社区居民固然在本社区里可以取得满足他们生活的基本需要，但这些都不是封闭的社区，或封闭性远没有特罗布里恩德岛土人或蒂科皮亚土人的社区那样强。当然当前世界上绝对封闭孤立的人群已经可以说不再存在了，或是只是极为个别的例外了，但和社区外的联系程度各地方可以差别很大。自从航海技术有了大发展以来，几个世纪海运畅通，全世界的居民已抛弃了划地聚居，互不往来，遗世孤立的区位格局，不同程度地进入了稀疏紧密不同的人和人相关的大网络。就在这个历史的变化中，在农村社区基础上发展出了若干农村间在生活资料上互相交换的集散中心的市镇。

传统市镇的出现在中国已有几千年的历史。在20世纪的近百年里，特别是近几十年里，中国传统市镇发生了巨大的变动。城乡关系已脱颖而出，成了一个特别引人注意的理论和实际问题。

城乡关系不但把分散的自成一个社区的许多农村联系了起来，形成一种有别于农村的市镇社区。它的社会和文化内容可以说是从农村的基础上发展出来的，所以保留着基本相同的一面，但是又由于他作为一个社区功能已不同于农村，因而也自有其不同于农村的一面，它属于与农村不同层次的社区。

从研究方法上说，在研究农村这种基层社区时，只要不忘记它在许多方面和本社区之外的世界相联系这一点，然后集中注意力在本社区自身，还是可以在既定的范围内观察到社区居民社会生活各方面的活动，并把本社区和外界的关系交代清楚，还是可以在这既定的空间范围内把这个社区的人文世界完整地加以概括。比如我在《江村经济》中把居民依靠区外供应日常所需的油、盐、酱、醋、糖、酒，在“航船”的一节里讲清楚了，在江村的经济体系中也没留下很大的缺漏。又比如在《禄村农田》里说明当地农业重要的劳力是从附近各地集中到禄村来卖工的劳动市场里得到的，而并没有去追踪这些出卖劳力的人的来源是外村的少数民族，也可以交代过去了。这些例子说了“微型社会学”虽则带来了限制，如果说明把研究的范围限于基层社区，这样的做法还是可以说得通的。但也必须承认这些“微型”资料不可能综合起来说明高一层次的社会情况。

如果我自己不满足于完成一本不失为“功能主义的著作”，还想像马老师在该书序言中希望的，能进一步完成一部有关中国社会和文化的综合性的著作，我就不能停留在这本《江村经济》的著作上了，而且也不能只走《云南三村》的老路，尽管这条路还应当走下去。为了更上一层楼，我就势必走出农村社区这个范围，而从农村里发展出来为农村服务的市镇社区拓展我的研究领域了。

至于我怎样从《江村经济》里走出来进入小城镇的研究，这一段叙述，我觉得已超出了对《江村经济·序言》体会的范围，尽管这一步还是从《江村经济》的基础上走出来的。我在去年年初写了一篇《农村、小城镇、区域发展》，可以作为本节的参考，在本文里不再重复了。

## 八

“微型社会学”有它的优点，它可深入到人际关系的深处，甚至进入语言所难于表达的传神之意，但是同时有它的限制。我在上一节里指出，在空间坐标上，它难于全面反映和该社区有密切的联系的外来辐射，如我已提到的一个农村所倚赖的市镇和没有提到而同样重要的亲属和行政上的种种关系，这是因为社区是通过社会关系结合起来的群体，在这种人文世界里谋取生活的个人已不是空间的一个点，而是不断在扩大中的一堆堆集体的成员，就是在幅员可伸可缩的一堆堆集体中游动着的分子，这是很难用普通几何学图形予以表述的。

如果我们从空间转向时间，社区的人文世界同样是难用几何形象来加以表述的。这正是社会人类学和历史学争论已久的问题的根子。时间本身，以我们的常识来看，日转星移总是在一条线上向前推进，以个人生命经历来说，从幼到老，不能倒流。这就是我们熟悉的过去、现在和未来后浪推前浪的程序。在西方拉丁语系语言中的动词还要用这个三分法来定式。这三分法就成了我们一般认识历史的标尺。这种以时间里运行的一切事物总是按照先后次序一幕幕地层次井然地推演的认识框架投射在社会人类学里，也就出现了所谓社会演化规律，把人类的历史看成和其他事物的历史一般像是一条流水线。这条线又可以划成若干段，一段接一段，如野蛮、未开化、文明等。一个人不论生在什么地方，都可以根据他生活上一部分的表现，划定他在历史框架里的地位，而推论他全部生活的方式和预测他的未来。这种方法的内容可以搞得很复杂，其实把人文世界看得太机械化和简单化了。

马老师对这种机械的社会演进论是深恶痛绝的，但也由于他反对这种错误的历史观，又由于他主要的田野作业是在特罗布里恩德这一个西太平洋小岛上居民中进行的，这个小岛上的居民生活比较简单而且看来长期没有发生过重大的变动，以至于他的著作给人一种印象就是研究这类居民的人文世界可以不必去追问他们的历史演变，甚至误解功能主义是非历史主义的。功能主义确是主张一件事物的功能是它对人生活发生的作用，这里所说的作用又被认为是这事物当地当时对个人需要的满足，个人的需要持续的时间和包括的范围也就成了人文世界的时间和范围，因而被认为功能主义的社会人类学可以不讲历史。我认为这是一种误解。马老师在他的著作里可以说确实没有历史的分析，但这是由于他所研究的对象在他进行田野作业这段时间里社会变动不大，并且当地居民并没有用文字去记下他们的历史，他们的历史还是靠个人的头脑里记下的上辈人口头传下来的传说。这就使过去的历史和现在的传说分不清，这两者之间在时间框架里互相融合了。传说有它当前的作用，满足当前的需要，并不一定符合已过去了的事物发生当时的实际。了解当前的人文世界自应当把两者分开而着重在当前发生作用的功能。这就出现了他强烈否定所谓“遗俗”这一类“失去了功能的事物”，因而他被认为不注意在客观时间中发生过的一般所谓“历史”了。

以上是我个人的体会，就是说在功能的分析里，一件人文世界中的事物都可以存在时间框架上的多重性，即我们习以为常的过去、现在、未来结合在一起的情况。上面我已说过人们对过去的记忆可以因当前的需要而和实际上过去的情况不相符合，而且在当前决定个人行为的心理因素里还包含着对未来的希望和期待。早在《江村经济》一书的前言里我也说过以下一段话：

“任何变迁过程必定是一种综合体，那就是，他过去的经验，他对目前形势的了解以及他对未来结果的期望。过去的经验并不总是过去实事的真实写照，因为过去的实事经过记忆的选择已经起了变化。目前的形势也并不总是能得到准确的理解，因为它吸引注意力的程度常受到利害关系的影响。未来的结果不会总是像人们所期望的那样，因为它是希望和努力以外的其他许多力量的产物。……”

我全部引用60年前的话，因为这段话里我表明了我们习以为常的时间的三分法不能简单地运用在分析变动中的人文世界。我当时所说的时间上的“综合体”，其实就想指出我们单纯常识性的时间流程中的三分法是不能深入理解人文世界的变动过程，我在《从马林诺斯基老师学习文化论的体会》一文中所说“三段直线的时间序列（昔、今、后）融成了多维的一刻”也就是这个意思。在这个问题上我总觉得不容易说清楚，所以反复地用不同说法予以表述。

马老师在《江村经济·序言》中已说明了他对历史的态度。“正因为那个国家有着最悠久的没有断过的传统，要理解中国历史还必须从认识中国的今天开始。这种人类学的研究方法对于现代中国学者和欧洲的一些汉学家所进行的以文字记载为依据的重要历史工作是一种不可缺少的补充。研究历史可以把遥远过去的考古遗迹和最早的记载作为起点，推向后世；同样，亦可把现状作为活的历史，来追溯过去。两种方法互为补充，且须同时使用。”（中文版，第3—4页）

马老师当时已看到，中国社会的特点是它有考古遗迹和文字记载的悠久文化传统。这是和殖民地土人的重大的差别。但由于自己没有在像中国这样的地方进行过田野作业，所以他只能做出原则性提示，认为历史学和社会人类学应当是两门可以互为补充的学科。至于在具体研究工作上怎样合作和补充，他并没有详细说明。但这却直接涉及是否能应用“微型社会学”的方法来研究中国农村的问题，或“从农村社区能否全面研究中国国情”的问题了。

以《江村经济》来说，我在历史材料方面应用得确实很少，而且很简单。像在江村经济中起重要作用的蚕丝副业，我只查了莱特（A. Wright）的一本关于20世纪对香港、上海等商埠的印象记，用了他1908年在这本书里所写的有关“辑里丝”的一段话（中文版，第11页）。有关江村的人口数字我只用了1935年的普查数字。当然我在许多地方讲到开弦弓村的传统时，除了我从现场观察到实事外，也以我自己过去的生活经验来加以说明，而我的生活经验最早只能推到1910年。总括一句，我在这本书里并没有如马老师所说的结合了历史来进行的。我自己也多次说，所写的这些记录今后将成为历史，时至今日这本书确可以说记载了这个村子的历史。当时是活历史，现在只能是已过去了的历史，所以决不能说是结合了历史的社会学分析。

在实践中我不能不怀疑像《江村经济》一样的村一级“微型社会学”调查，社会学和历史学结合的田野工作是否切实可行，同时我是赞同马老师所说的话的，要读这部历史得有历史学者和考古学者从文字和实物中得来的有关过去情况的知识作为补充。至少我认为今后在微型社区里进行田野工作的社会人类学者应当尽可能地注重历史背景，最好的方法是和历史学者合作，使社区研究，不论是研究哪个层次的社区，都须具有时间发展的观点，而不只是为将来留下一点历史资料。真正的“活历史”是前因后果串联起来的一个动态的巨流。

## 九

写完了上一节我总觉得意犹未尽，问题是在对马老师的“活历史”怎样理解。序言里的原文是“History can be read back, taking the present as its living version”（原书 p.xxii），中文版的译文是，“可把现状作为活的历史，来追溯过去”。我心里对这句话反复琢磨，想进一步体会马老师的原意。从我所理解的马老师对文化的分析中可以看出，他是着重从活人的生活中认识文化的。在活人的生活中他不能不看到很多行为和思想是从前人学来的，这里见到了文化有传统的一面。文化是在时间里积累而成的，并不是一切都是现在活着的人自己新创的。如果从上节里所说到的昔、今、后三段的直线延伸观念来说，就得承认今日的传统就是前人的创造和昔日传下的“历史”了。这样的思路就会给马老师一向反对的“遗俗”这个概念一个结实的基础。为了否认从今日文化里的传统拉出这条一线三维的时间序列，他提出了“活历史”的概念。“活历史”是今日还发生着功能的传统，有别于前人在昔日创造的而现在已失去了功能的“遗俗”。传统是指从前辈继承下来的遗产，这应当是属于昔日的东西。但是今日既然还为人们所使用，那是因为它还能满足人们今日的需要，发生着作用，它曾属于昔，已属于今，成了今中之昔，至今还活着的昔，活着的历史。

历史学者和人类学者在这个今中有昔的问题上出现了分歧的态度。历史学者咬定历史是一线三维的序列，对于文化的传统必须回顾它本身的面目，那就是要追根求底。人类学者着眼于人们当前的生活，所以马老师主张到活生生的生活中去观察才能明白人们为什么这样生活。他不否认活生生的生活中有许多是从过去传下来的，但这些传下来的东西之所以传下来就因为它们能满足当前人们的生活需要。既然能满足当前人的生活需要，它们也就是当前生活的一部分，它们就还是活着的。这也等于说，一个器物、一种行为方式之所以成为今日文化中的传统，是因为在它还发挥“功能”，即能满足当前的人们的需要。凡是昔日曾满足过昔日人们的需要的器物和行为方式，而不能满足当前人们的需要，就会被人们所抛弃，成为死历史了。

当然说“死了的历史”并不正确，因为文化中的活和死并不同于生物的生和死。文化中的要素不论是物质的还是精神的，在对人们发生“功能”时是活的，不再发生“功能”时还不能说“死”，因为在生物界死者不能复生，而在文化界或人文世界里，一件文物或一种制度的功能可以变化，从满足这种需要转而去满足另一种需要，而且一时失去功能的文物、制度也可以在另一时又起作用，重又复活。人文世界里自有其“逻辑”，不同于自然世界。关于这一点，我在这里不去发挥和展开讨论了。总之，马老师“活历史”这个概念是值得我们进一步思考的。我在上一次研讨会上讲对马老师文化论的体会时，曾提“三维一刻”时间观，可以参阅。

## 十

我接着想联系到在去年暑期召开的那一次研讨会上李亦园教授发表的关于“大传统”与“小传统”的讲话。使我受到的启发的是他对文化的层次分析。他指出了大传统和小传统的区别，因为他在田野作业中看到了中国文化的结构里有着具有权威的一套经典性的以儒家为代表的人生观和宇宙观，另外还有一套在民间流行，表现为民俗信仰的人生观和宇宙观。前者称之为大传统，后者称之为小传统，即贝格尔（Beger）教授所说的“李氏假设”。

我很赞赏李教授的分析，认为对中国文化宏观研究或微观研究都应当应用这个文化层次的分析，因为这种文化里存在着经典的和民间的区别，的确可以说在研究中国文化时表现得特别清楚，影响也特别深刻。我想在这篇重读《江村经济·序言》文章后面加上我对这个问题的一些个人的体会，或说不成熟的假设，因为这也和上面我提到的马老师的“活历史”有关。

我认为这个特点在中国很可能和历史上很早就发生了文字而且是用图形作为符号，因而发展成一套和语音脱钩的文字体系有关。这个体系是怎样发生和发展的，是个历史问题，留给历史学家去讲更为适合。我着眼的是由于这个体系所发生的社会和文化后果。

这个体系对中国社会和文化的影响很大很深，我只举出其中一些特别引起我注意的方面：文字和语音脱了钩，冲破了地方性和民族性的限制。这个特点的意义只要和其他以语音为基础的文字体系比较一下，就很容易看得清楚。我们普通所谓“方块字”在解放前后曾受到过很猛烈的冲击，提出所谓“拉丁化”或“世界语”的文字改革方案。尽管这种改革有权威性的支持，但是群众对此并没有积极的响应，结果只成为一种“注音”性质的符号，作为学习“方块字”发音的辅助工具。热心于文字和语音结合的人们没有注意到“方块字”在中国几千年文化中所起的积极作用，那就是阻挡了以语音差别为基础，由方言发展不同语言而形成分割为不同民族的历史过程。最清楚的例子是多语言和多民族的欧洲，到现在还不容易合成一体。在东亚大陆上我认为正因为产生了这个和语音脱钩的文字体系，汉族才能保存地方方言而逐渐统一成一个民族，而且掌握这种“方块字”作为信息媒介的汉族才能起到不断吸收和融合其他民族的作用以成为当今世界上人口最多的民族，同时还起着形成多元一体的中华民族的核心作用。

“方块字”在中国文化上所起的积极作用是不应当忽视的，但也不能不看到它消极的一面，那就是和语音脱钩之后要学习这种文字比学习文语合一的文字要困难得多。学会全部“方块字”需要相当长的时间，比学会拼音的字要多好几倍。而且如果不常使用这些“方块字”，就会所谓“返盲”。这已成为当前“扫盲”运动中的一个严重问题。识字的困难限制了文字的普及性。在一个以小农为基础的大国里，在这样长的历史过程，能掌握这个信息媒介的人在开展扫盲运动和义务教育之前在全民中占很小的比例，这就引起一个很基本和很严重的社会现象，那就是文字被少数人所独占。直到目前，为了要消灭这种独占性还得付出很大的努力。

这些识字的人在中国历史上常有专称，“士”可能是最早的名称。从有文字以来直到我的幼年，20世纪初年，这种掌握文字的人在社会上还是占有比一般不识字的人高一等的地位。读书门第是高出普通人一级，这一级的人在20世纪里被称作“知识分子”，在

“文革”时期里被称作“臭老九”。这些称号都反映了他们在社会上具有一定的特殊地位。

20世纪30年代抗战时期，我在西南后方进行农村调查时，曾注意到这种在社会上具有特殊地位的知识分子，曾想做专题研究，但这个愿望并没有完成。以我记忆所及，我曾把这种人看成是城乡之间的桥梁。这种人就是历来被称作士绅的人物，他们一般和基层农民是有区别的，但存在着血缘关系，许多是农民出身或和农民保持着亲属关系，而另一方面又大多走出农村，住入乡镇和城市，成为具有政治权力的统治阶级的一部分或和统治阶级相互沟通，特别是科举时期各级政府的领导人大多出于这种人。这种人长期以来被称为“士大夫”，士是指读书人，大夫是指当一官半职的人。在乡镇和城市里他们是头面人物，尽管没有官职，但是有社会名望，被称为缙绅先生。我曾根据初步的见解写成过一些文章，后来被译为英文，用 *China's Gentry* 的书名出版，在这本书里我曾表述过中国士绅在城乡间的桥梁作用。

这桥梁作用如果和“李氏假设”联系起来就找到了大传统的载体和大小传统之间的联系人物，或是把他们看作一个社会阶层。这些以掌握“方块字”的技能，把上下双方的文化嫁接调适在一起。我有一个假设，就是在这些士大夫手上，广大民间的基层思想和愿望整理和提高出了一个头绪来，使它们能和过去在民间受到尊重的经验及教训一起，再结合历史上各代掌握有权力的统治阶级所需要的维持其地位和扩大权势的需要，编制成一套行为和思想规范。其实就是在民间的实际习俗中通过选择使其能得到历代帝王的支持，用文字表达出来成为影响社会的经典。我这种想法是把小传统作为民间广大群众从生活的实践和愿望中形成的传统文化，它的范围可以很广，其中有一部分可以是和统治者的需要相抵触的，在士大夫看来是不雅驯的，就提不到大传统中去，留在民间的乡风民俗之中。在我看来大传统之所以能表现一部分中国文化的特点，正在于它是以小传统为底子的。它又不同于小传统，因为经过了一道选择和加工的过程。选择和加工过程就是司马迁所说的“其文不雅驯，荐绅先生难言之”。雅驯与否是选择的标准，也就是这些文人们看不入眼的风俗民情。孔子对怪力乱神一字不提，因为他觉得这些民间信仰不雅驯，看不入眼。这些掌握着文字的人就通过“难言之”把这些不雅驯的东西排除在以文字为符号的信息系统之外，就是拔除在大传统之外；但并没有在民间把这些东西消灭掉，仍在民间用口头语言口口相传，这就成了“小传统”，还可以传给后来人。大传统在民间还是发生作用的，因为它仗着这可以超越时间的文字构成的消息系统，从识字的人传给识字的人。这些人又凭他能接触到历代传下来的经验保存了人们生活中有用的知识，利用这些传统知识能帮助别人适应生活环境，成为“人师”，取得社会的信誉名望和特殊地位，大传统也依靠他们影响着民间大众。

在小传统里还可以分出“地上”和“地下”两层。在民间的生活中有种种思想信仰和活动，士大夫是看不入眼的，认为不雅驯，而没有被采用，未成为大传统。这部分依旧在民间活动，凡是到民间去观察的人还能看得到，而且在民间是公开的、不受限制的，这些就是我所说地上的小传统。有一部分犯了统治阶级的禁例，不能公开活动，但是在民间的思想信仰里还是保留着，只是大人先生们不屑看或视而不见。这些我认为可以包括在地下的小传统里。

另外还有一部分由于受到社会上权势的镇压，不得公开露面，只能改头换面，设法在民间的私生活中存在下去，久而久之甚至已打入了人们的潜意识里，即本人也不自觉这种思想信仰的意义，只作为一种无意义的习惯盘踞在人们的意识里，这种东西不去发掘是不易暴露它的本来面目的，我觉得可以称之为潜文化。在被视为邪教等的名目下就有这种潜文化存在，而且当其发挥作用时，也常常以曲折和隐蔽的方式有力地爆发出来，所以更难捉摸和正视。

我这样的假设又暴露了《江村经济》这一类微型社会调查的又一种限制，可说这是文化的层次上的限制。农民的人文世界一般是属于民间的范围，这个范围里有多种层次的文化。它有已接受了的大传统，而同时保持着原有小传统的本身，有些是暴露在“地上”的，有些是隐蔽在“地下”的，甚至有些已打进了潜意识的潜文化。作为大传统载体的士绅在近代已有很多离乡入镇，而其社会活动和影响还在农村里发生作用。当前的情况又有很大的变动，士绅阶层可说已经解体，在农村里它的作用已由基层干部所取代，而基层干部的性质和过去的士绅阶层又有差别，这个演变现在我还没有追踪调查，说不出来。由于文化差别形成的社会层次的原因，我觉得在文盲没有扫尽，现代知识没有普及之前，还不会有很大的变化。因之如果以农村社区为范围进行微观研究，这方面的情况就难于做深入具体的观察了。如果要了解农村的社会结构，这个文化层次的问题单靠微型研究方法看来还是不够的，因之我把它列入微型社会学受到限制的一个方面。

## 十一

以上三节是想指出我认为“微型社会学”在空间、时间和文化层次上所受到的限制。再回头一看，我发现我所指出的限制实在是出于我对自己研究的要求超过了微观的范围。我一直想闯出微观的限制走出农村，逐步扩大我的研究范围和层次，因为它已不能满足我的要求。如果我像里奇教授一样安心于他对社会人类学的要求，自然可以安身立命于微型社区的观察了。

里奇教授代表了30年代英国人类学者的流行观点。他们认为社会人类学的目的是在理解或发现不同人群组合社会以谋取生存及发展的基本原则，组成社会的基本结构和结构中各部分有机配合的规范，即想从各地、各时、各类的个别人群中去找出集体生活的共同原理。如果以此目的来要求自己的研究工作，我想任何一个正常活动的社区都可以作为取得这些原理的研究对象，因为它既然是个充满生机的社区，必然具备其所以能生存和发展必需的条件和必需的结构以及各部分必需的配合。我们把任何一个标本仔细地予以观察和分析，都可以得出其所以能生存和发展的原理。对一个单身进行田野作业的社会人类学者来说，为了观察得更精细和深入，要求他能接触到社区里的一个个人，观察他们的行为、感情、思想和希望，所选择的研究对象就贵在全而不在大了。我想这应当是强调个人进行田野作业的“微观社会学”的理论出发点。正如费思教授（1951 年）所说微观社会学是“the microcosm to illumine the macrocosm, the particular to illustrate the general”，即“以微明宏，以个别例证一般”。这句话引起后来社会人类学界的疑问在于“以微能否明宏，以个别能否例证一般？”

如果研究者的目的不是在发现一般的文化和社会结构原理，而是在认识一个具体的国家、一个具体的地方或一个具体的村子，即一个具体社区的情况，那就不同了。这些研究者就需要运用一般原理工具去理解和说明一个或大或小的具体社区里人们的生存情况和发展的前景。前者也许可说是纯科学的研究，后者可说是应用科学的研究，我回头看我自己可能就属于后者。这一点，马老师在《江村经济》的序言里实际上已经点明。介绍我时首先是他说我是“中国的一个年轻的爱国者”，他同情我当时关心自己祖国“进退维谷”的处境，更同意我这个受过社会人类学训练的人来解答中国怎样适应新处境的问题。从这一点出发我提出要科学地认识中国社会文化的志向，为此我走上了这一条坎坷的人生道路，一直坚持到暮年。实际上，真正了解我学人类学的目的、进入农村调查工作的，在当时甚至一直到现在，在同行中，除了马老师之外，为数不多。我在西方的同行中长期成为一个被遗忘的人。我有一次在国际学术会议上自称是被视为在这个学术领域一匹乱闯的野马。野马的野是指别人不知道这匹马东奔西驰目的何在。其实这匹四处奔驰的马并不野，目的早已在 60 年前由马老师代我说明白了。

作为一个应用社会人类学者并不轻视纯学理的研究。如果不明白社会人类学的原理如何谈得上应用这门知识来为人民谋利益呢？如何谈得上来促进社会的发展呢？关于这一点我在《江村经济》的前言里已讲得很清楚，马老师在序言里引用了一段话来说明应用科学和纯粹科学的关系：

“如果要组织有效果的行动并达到预期的目的，必须对社会制度的功能进行细致分析，而且要同它意欲满足的需要结合起来分析，也要同它们的运转所依赖的其他制度联系起来分析，以达到对情况恰当的阐述。这就是社会科学学者的工作。所以社会科学应该在指导文化变迁中起重要的作用。”（中文版，第 2 页）

他接着在下页里说：“他书中所表露的很多箴言和原则，也是我过去在相当一段时间里所主张和宣扬的，但可惜我自己却没有机会去实践它。”在这里他表白了内心的慨叹。我自以为能明白他慨叹的由来。可惜的是他生逢那个时代，他所出身的民族还没有摆脱被统治的地位，他对此连纸上谈兵的机会都没有。他接着说：“我们中间绝大多数向前看的人类学者，对我们自己的工作感到不耐烦，我们厌烦它的好古、猎奇和不切实际，虽则这也许是表面上的，实际上并不如此。”（中文版，第 3 页）

这是马老师写这篇序言来推荐我自认为还远没有成熟的果实的实在原因。他看到这书字里行间的意向，指向人类应当用知识来促进世人的幸福和美好社会的实现。这触及了马老师心中早已认识到的社会人类学的应用价值和它的使命。

我的“愧赧对旧作”也就是因为我并没有完成老师在这篇序言里表达的深厚的期待和明确的指向。我享受到的天年超过了我的老师，尽管生逢盛世，但在临近谢幕之前，所能回报于世的还只有这么一点儿说不上什么成就的一堆不成熟的残意浅见。可以告慰于自己的也许只是我这一生并没有忘记老师的教益和亲友的抚育，能在这条学以致用的道路上，一直走到现在这垂暮之年。我更高兴的是，60 年前所记下的我姊姊费达生所开创的“工业下乡”的实验，现在已经开花结果，并在祖国的工业现代化的事业里做出了重大的贡献。我想还是用我在《江村经济》中文版发布会上即席写下的诗句最后两句作为本文的结语：“阖卷寻旧梦，江村蚕事忙。”愿江村的乡亲们，继续不断从劳动中创造自己的光辉前途。

1996 年 3 月 25 日

# 《云南三村》序

日子似乎越过越快，应当做的事总是不能及时完成，堆积成山，压得使人难受。这可能是人到老年难免的苦处。以这本《云南三村》来说，我早就该编定交去出版，不料一拖已有两年，昨晚才算全部看完一遍，了却了这桩心事。

能有几天不受干扰地集中时间校阅这部稿子，可以说也是得之偶然的机遇。今年国庆节前夕，突然接到澳门东亚大学的邀请，匆匆就道，4 月 4 日到达。东亚大学要我做的事并不多，参加一次仪式和讲一次话。但两个节目，由于中秋放假加上周末休息，拉开了好几天。由此我无意中得到了一段可以自由支配的时间。我带上这部稿子，利用这段空隙，从头阅读了一遍。

和天津人民出版社约定出版这本书已是两年多前的事了。这本书包括我和同事张之毅同志于抗战时期（1938—1942 年）在云南内地农村调查的三本报告:《禄村农田》《易村手工业》和《玉村农业和商业》。其中前两本报告分别在 1943 年由重庆商务印书馆出版，用的还是抗战时后方的土纸。第三本报告一直没有出版过。1943 年我访问美国时，曾以英文把这三本报告写成 *Earthbound China* 一书，1945 年由芝加哥大学出版社出版，后来收入英国 Kegan Paul 书局的“国际社会学”丛书里。

从云南内地农村调查开始时的 1938 年 11 月 15 日算起，到今天已接近 50 年，只差 1 个月又 3 天，快整整半个世纪了。这半个世纪里，从世界到个人都发生了史无前例的变化。自 1979 年社会学在中国重新取得合法地位后，我一直有意想把我国早期社会学调查成果整理出来，重印出版，使后人能了解这门学问是怎样发展过来的，但这几年我总觉得应当做的事实在太多，大概是由于有了点年纪，精力已日见衰退，望着案头待理的一叠叠稿纸，已感到力不从心，无可奈何。此项打算未能如愿实现。

我的《江村经济》还是靠了朋友们的帮助翻译，今年方与读者见面。当时我就想到已经约定出版的《云南三村》应当接着付印。我把这个意思告诉了张之毅同志时，知道他那时已在埋头校阅《玉村农业和商业》这本旧稿。他是个认真做学问的人，对自己的要求十分严格，文如其人，读者在本书里就体会得到这位作者的性格。说是校阅，实是重写。这几天我阅读这本稿本，发现他从旧稿中剪下来贴在稿子上的占不到全稿的 1/3。我耐心地等待他把定稿送来，谁知道送来的却是他老病复发的信息。我去医院看他时，他已昏迷，话也没有能接上口。今年 6 月 8 日他逝世了。丧事过后，他的家属在案头找出了这一本他亲自剪贴改写的稿本，送到我的手上。我心上一直挂着这件事，但腾不出手校阅，十分难受。

真是想不到，将近 50 年前，为了油印他那本《易村手工业》，我曾一字一句地亲手刻写蜡版，过了这么半个世纪，最后还是轮到我，为了出版这本《玉村农业和商业》，又一字一句地亲自校阅他的修正稿。这段学术因缘，岂是天定？但是今昔还是有别。当年我凡是有看不清楚或不太同意的地方，总是能拉住他反复讨论、查究。而现在凡是遇到模糊的字迹，不大明白的句子时，只能独自猜度了。此情此景，在异乡明月下，令人惨然。

关于云南三村的调查经过，本书中都有交代，在这里不必多说。这一段时间的生活，在我这一生里是值得留恋的。时隔愈久愈觉得可贵的，是当时和几位年轻的朋友在一起工作时，不计困苦，追求理想的那一片真情。以客观形势来说，那正是强敌压境、家乡沦陷之时，战时内地知识分子的生活条件是够严酷的了。但是谁也没有叫过苦，叫过穷，总觉得自己在做着有意义的事，吃得了苦，耐得了穷，才值得骄傲和自负。我们对自己的国家有信心，对自己的事业有抱负。那种一往情深，何等可爱。这段生活在我心中一直是鲜红的，不会忘记的。

现在很可能有人会不太明白，为什么一个所谓“学成归乡的留学生”会一头钻入农村里去做当时社会上没有人会叫好的社会调查。《禄村农田》的确就是这样开始的。我初次去禄村的日子离我从伦敦到达昆明时只相隔两个星期。为什么这样急不可待？《江村经济》最后一段话答复了这个问题。我当时觉得中国在抗战胜利之后还有一个更严重的问题要解决，那就是我们将建设成怎样一个国家。在抗日的战场上，我能出的力不多，但是为了解决那个更严重的问题，我有责任用我所学到的知识多做一些准备工作，那就是科学地去认识中国社会。

我一向认为要解决具体问题必须从认清具体事实出发。对中国社会的正确认识应是解决怎样建设中国这个问题的必要前提，科学的知识来自实际的观察和系统的分析，也就是现在常说的“实事求是”。因此，实地调查具体社区里的人们生活是认识社会的入门之道。我从自己的实践中坚定了这种看法。1935—1936 年的广西大瑶山调查和江苏太湖边上的江村调查是我的初步尝试。经过了在伦敦的两年学习，我一回到国土上，立刻就投入了云南内地农村的调查。这里有一股劲，一股追求知识的劲。这股劲是极可宝贵的。

广西大瑶山的调查只有我和前妻王同惠两人，江村调查只有我单枪匹马。但是到了云南却能聚合一些志同道合的青年一起来进行这项工作了。出于老师吴文藻先生的擘画，不但 1938 年在云南大学成立了一个社会学系，而且 1939 年和燕京大学合作成立了一个社会学研究室。我接受了管理中英庚款董事会给科学工作人员的微薄津贴（1939—1941），以云大教授的名义，主持研究室的工作，开展社会学调查。1940 年昆明遭到日机大轰炸，社会学研究室不得不疏散到昆明附近呈贡县的农村里去。我们租得一个三层楼的魁星阁，成为我们的工作基地，因此这个研究室从此被称为“魁阁”。到 1945 年日本投降后才搬回到昆明，前后有 6 年。

1939 年春季我在西南联大兼课，张之毅同志在我班上听课。他从清华大学社会学系毕业后，首先报名自愿参加我主持的社会学研究室。由他带头陆续有史国衡、田汝康、谷苞、张宗颖、胡庆钧等同志参加，加上云大的教授许烺光先生和燕京大学硕士研究生李有义同志，形成了一个研究队伍。魁阁的学风是从伦敦经济学院人类学系传来的，采取理论和实际密切结合的原则，每个研究人员都有自己的专题，到选定的社区里去进行实地调查，然后在席明纳里进行集体讨论，个人负责编写论文。这种做研究工作的办法确能发挥个人的创造性并得到集体讨论的启发，效果是显然的。像《易村手工业》这样的论文是出于大学毕业后只有一年的青年人之手，我相信是经得起后来人的考核的。

张之毅同志参加研究室的第一课是跟我一起下乡，去禄村协同我进行调查。学术是细致的脑力劳动，有如高级的手艺，只观摩艺术成品是不容易把手艺学会的，所以我采取“亲自带着走，亲自带着看”的方法来培养新手。从 1939 年 8 月到 10 月，张之毅同志和我一起在禄村生活和工作，随时随地提问题，进行讨论，所以他摸出了我从江村到禄村比较研究的线索，并共同构思出今后研究的方向。我们又在该年 10 月 18 日一同去寻找一个内地手工业发达的农村来为以农田为主的禄村做比较研究，走了 6 天才找到易村。拟定调查计划后，11月17日，他便单独去易村进行工作，这时他已经有了调查的初步经验，而且对要了解的问题已心中有数。在这基础上，他克服种种困难，在27天里取得了丰富的数据，而且提高了认识，提出了新的问题，为下一个玉村调查打下了基础。

玉村调查是在1940年和1941年中进行的。由于玉村离呈贡的魁阁较近，而且交通方便，所以他能和我的禄村调查一样，在整理出初步报告后，再去深入复查，步步提高。由于他所遗下的稿本里缺了叙述调查经过的一章，我已记不住他进行工作的具体日期。但是由于这本稿子曾经反复在魁阁的席明纳里讨论过，又在我改写英文时细嚼过，所以我对玉村调查的主题印象相当深刻。实际上，它已为我在80年代的小城镇研究开辟了道路。玉村是一个靠近玉溪县镇的农村。玉溪县镇是云南中部的一个传统商业中心。它在土地制度上是从禄村到江村的过渡形式，在农业经营上具有靠近城镇的菜园经济的特点，在发展上正处在传统经济开始被现代经济侵入的初期阶段。无怪这样一个富具特点的研究对象能吸引住张之毅同志的研究兴趣，直到他生命的最后一刻。

从《江村经济》到《云南三村》，还可以加上一直到80年代城乡关系和边区开发的研究，中间贯穿着一条理论的线索。《云南三村》是处在这条线索的重要环节上，而且在应用类型比较的方法上也表现得最为清楚。因此，要理解魁阁所进行的这些社会学研究，最好看一看这本《云南三村》。

《云南三村》是从《江村经济》基础上发展出来的。《江村经济》是对一个农村社区的社会结构和其运作的素描，勾画出一个由各相关要素有系统地配合起来的整体。在解剖这一只"麻雀"的过程中提出了一系列有概括性的理论问题，看到了在当时农村手工业的崩溃、土地权的外流、农民生活的贫困化等，因而提出了用传统手工业的崩溃和现代工商业势力的侵入来解释以离地地主为主的土地制度的见解。但是当时我就觉得"这种见解可否成立，单靠江村的材料是不足证实的"。于是提出了类型比较的研究方法，就是想看一看

“一个受现代工商业影响较浅的农村中，它的土地制度是什么样的？在大部分还是自给自足的农村里，它是否也会以土地权来吸收大量的市镇资金？农村土地会不会集中到市镇而造成离地的大地主？”《禄村农田》就是带了这一系列从《江村经济》中产生的问题而入手去研究的。从江村到禄村，从禄村到易村，再从易村到玉村，都是有的放矢地去找研究对象，进行观察、分析和比较，用来解决一些已提出的问题，又发生一些新的问题。换一句话，这就是理论和实际相结合的研究方法。

当我发表《江村经济》之初，确有人认为解剖这么一个小小的农村，怎样戴得上“中国农民生活”这顶大帽子。当时这样批评是可以的，因为显而易见，中国有千千万万个农村，哪一个够得上能代表中国农村的典型资格呢？可是人对事物的认识，总是从具体、个别、局部开始的。如果我停留在《江村经济》，不再前进一步到《云南三村》，那么只能接受上述批评了。

当然也有人为我辩护说，《江村经济》这一类的研究，目的不是在提供一个“中国农村”的典型或缩影，而是在表达人类社会结构内部的系统性和它本身的完整性。这本书为功能分析或是系统结构分析做出了一个标本。

我本人并不满足于这种辩护，因为我的目的确是要了解中国社会，并不限于这个小小江村。江村只是我认识中国社会的一个起点。但是从这个起点又怎样才能去全面了解中国农村，又怎样从中国农村去全面了解中国社会呢？这就是怎样从点到面、从个别到一般的问题。

我并不想从哲理上去解决这个问题，我只想从实际研究工作中探索出一个从个别逐步进入一般的具体方法。我明白中国有千千万万的农村，而且都在变革之中，我没有千手万眼去全面加以观察，要全面调查我是做不到的。同时我也看到这千千万万个农村，固然不是千篇一律，但也不是千变万化各具一格。于是我产生了是否可以分门别类地抓出若干种“类型”或“模式”来的想法。我又看到农村的社会结构并不是个万花筒，随机变化出各种模样，而是在相同的条件下会发生相同的结构，不同的条件下会发生不同的结构。条件是可以比较的，结构因之也可以比较。如果我们能对一个具体的社区，解剖清楚它社会结构里各方面的内部联系，再查清楚产生这个结构的条件，可以说有如了解了一只“麻雀”的五脏六腑和生理运作，有了一个具体的标本。然后再去观察条件相同的和条件不同的其他社区。和已有这个标本作比较，把相同和相近的归在一起，把它们和不同的和相远的区别开来，这样就出现了不同的类型或模式了。这也可以称之为类型比较法。

应用类型比较法，我们可以逐步地扩大实地观察的范围，按着已有类型，去寻找条件不同的具体社区，进行比较分析，逐步识别出中国农村的各种类型，也就由一点到多点，由多点到更大的面，由局部接近全体。类型本身也可以由粗到细，有纲有目，分出层次。这样积以时日，即使我们不可能一下认识清楚千千万万个中国农村，但是可逐步增加我们对不同类型的农村的知识，步步综合，接近认识中国农村的基本面貌。这种研究方法看来有点迂阔，但比较现实，做一点，多一点，深一点。我不敢说这是科学研究社会的最好的办法，只能说是我在半个世纪里通过实践找出来的一个可行的办法。

社会科学实际上还是在探索阶段。目的是清楚的，我认为就是人们要把自身的社会生活作为客观存在的事物加以科学的观察和分析，以取得对它正确如实的认识，然后根据这种认识来推动社会的发展。作为一个中国人，先要认识中国社会。《云南三村》是抱有这个目的的一些青年人经过几年的探索所取得的一些成果。我相信这些记录是值得留下来给后人阅读的。

《云南三村》是“魁阁”的成果。我在 1946 年李闻事件发生后仓促离滇，这个研究阵地就由张之毅同志留守。他在云大坚持了两年，1948 年离滇去闽。其后我和他长期不在一起工作，但是他始终没有离开农村社会经济的研究道路，尽管他的工作岗位曾有多次变动。解放后，他在中国科学院经济研究所工作期间，写出了《无锡、保定两地调查报告》和《冀西小西区考察报告》，均未出版。1981 年我们在中国社会科学院社会学研究所里重又聚在一起，但是，1985 年由于我不能不离开社科院而又分手了。坎坷多事的人生道路，聚散匆匆，人情难测，但是张之毅同志始终如一和我一条心，急风暴雨冲不散，也冲不动我们 50 年的友谊。却不期幼于我者竟先我而逝，他的遗稿还需要我来整理，尚有何言？如果我们共同走过的这一条研究中国社会的道路今后会后继有人，发扬光大，愿他的名字永远留在这块奠基的碑石上。

1987 年 10 月 13 日于澳门凯悦饭店

# 读马老师遗著《文化动态论》书后

这篇“书后”是我打算在第三届社会学人类学高级研讨班上用的讲稿，也是我在三年前预定写作计划的一部分。我在接受这个研讨班邀请参与专题讲演之初，就想利用这个与国内外同行聚会对话的机会，把我早年踏进人类学这门学科时从几位老师学习所得的体会整理出几篇笔记，作为对自己学术经历的回忆和反思，提请班上讨论批评。

我在伦敦经济学院跟马林诺斯基老师学了两个学年。第一个学年1936—1937年，我在他的席明纳里学的是他的文化论。在这个高级研讨班上，1995年我的第一讲就是讲对马老师文化论的体会。接着在第二个学年，即1937—1938年，我学到的是他的文化动态论。我和他是1938年暑假分手的。我回国后，就开始在云南进行抗战时期的内地农村调查。他去了美国，在耶鲁大学继续讲他的文化动态论，1942 年因心脏病去世。马老师遗下有关这方面的文稿和笔记，由跟他去美国的一位我在伦敦经济学院的同学卡佰里（P. M. Kaberry）女士整理，编成《文化变迁的动力学：非洲种族关系探讨》（*The Dynamics of Culture Change: An Inquiry into Race Relations in Africa*）一书，1945 年 4 月在耶鲁大学出版社出版。其时我正在昆明，兵荒马乱，讯息断绝，无缘接触此书，直到近年已是 90 年代，我才借到该书的复制本。为了起草这篇讲稿，腾出时间，又重读了一遍。读后感想丛集，陆续写出，编成此稿。

这一次讲课的题目，我并没有直接用那本遗著的书名。书名直译应当是《文化变迁的动力学——非洲种族关系的探讨》，我自作主张简称《文化动态论》，用意是想略去马老师对 30 年代非洲诸民族在殖民主义下受到摧残的土人生活的具体叙述和分析。因为经过了半个多世纪，非洲民族情况已有很大的变动，对我们主要只有历史意义，其具体内容不必再作摘要和重述了。这里不妨直接从这段历史的教训入手来谈谈当今我们这些社会人类学者应当怎样去延伸和发展马老师所提出的有关文化动态论的一些重要观点，来开拓我们这门学科的前景。所以我在下面要讲的只是我重读这本书之后的一些感想，而我这次讲话的题目也只能是我重读该书的"书后"，实际上也可以说是我学术回忆录的一部分，它的主观性较强，要让别人易于理解和参与评论，不能不夹杂一些现在已属于历史的追忆。

## 一

在伦敦经济学院留学期间，我的学习机会主要是参与马老师主持的每星期五下午举行的席明纳。这个席明纳当时有个通行的名称叫 Anthropology Today（今天的人类学），这个名称的意义各人可以有各人的体会，我喜欢用"人类学的前沿"来理解，也包含着"赶上时代的人类学"的意思，实际上是指马老师当时正在思考的有关社会人类学的问题，讨论的主题每个学年都不同。

我在这个高级研讨班第一届上讲的“文化论”中所提到的“文化表格”，就是马老师在1936—1937这个学年席明纳的主题。他说是要为人类学者准备下一张在田野工作时有指导性的参考表格。马老师在告别吴文藻老师时，曾送了他一份这张表格的打印稿，后来译成中文收入《吴文藻人类学社会学研究文集》[①]，配合这表格所做理论说明部分，即我1937年暑假在德国休息时翻译的《文化论》[②]。

当我翻译马老师的《文化论》时，听说马老师本人曾利用假期到非洲南部和东部的英国殖民地上去进行掠影性的访问。这可能并不是他初访非洲，但这次访问对他的学术思想发生了巨大冲击。1937年秋季回到他的席明纳里时，他不再提“文化表格”，而开始讲分析文化动态的“the three columns approach”，即“三项法”。“文化表格”和“三项法”都是马老师在席明纳里通用的术语或行话。“文化表格”是指解剖一个具体文化时所用的参考样本，是文化结构的静态分析，而“三项法”是马氏为分析文化动态时所采用的方法。

这次我重读马老师的《文化动态论》，温习了他所主张的“三项法”，对马老师的思想有了一些新的认识。我感觉他这次在席明纳里讨论主题的变化正表明了马老师学术思想上的一个重要的变化。简单地说，是马老师从根据文化的静态分析而做出的功能主义的基本理论进入从不同文化的接触而引起的文化动态的分析。

我在伦敦经济学院留学的两个学年正逢马老师学术思想上发生上述变化，但是我当时并没有感觉到这个变化，因为我才刚刚踏进社会人类学这门学科，对这门学科的来龙去脉所知不深。经过了半个多世纪，在我重读马老师关于文化动态论的遗稿时，才感到这是个人类学思想史上的重要变化，对我来说固然表明了我自己思想滞后的实情，同时也给了我一种豁然贯通的喜悦心情。特别是我近来

---

① 吴文藻:《吴文藻人类学社会学研究文集》，北京：民族出版社，1990年版，第190—253页。

② 此书1940年初版，1987年重版。关于翻译经过，我在第一讲中已有了叙述，这里不重复了。

回头看到了一些我和马老师分手后这半个多世纪里国外社会人类学的发展情况，引起了我许多由于与世隔绝了相当长的一段时间而发生的不易理解的疑问，比如，为什么马老师在我们分手之前讲了一个学年的文化动态论，竟会有点像石沉大海一般，在国外社会人类学界成为一曲没有完成的交响曲？为什么在人类文化史上如此重要的殖民地上土人文化的动态和后果，各洲土人的文化这段时期里受到欧洲文化这样大规模的摧残，竟成了一桩不了了之的历史案件，今后这些地方文化的重建问题西方人类学者竟能洗手不问？为今后世界人类文化的前途，我觉得有责任把这些问题及时提出来，引起社会人类学界的注意和反思。

## 二

马老师从文化静态分析的“文化表格”转变到文化动态分析的“三项法”，从表面上看似乎是对他原有功能主义理论的修正和改写。因为在他初期提出的文化整体观和文化各方面的相互关联，一直到凡是为人们生活上发生作用的文化都是有用的，都是为人们生活所服务的，因之有它存在的价值，也可说都是合理的观点；由这些认识而推论出相关联的文化各方面所形成的文化体系，也是个相互和洽协调的整体的理论。这些观点和理论在马老师身后也成了众矢之的，许多批评颇中要害。然而，我觉得要理解马老师早期的“文化功能论”，应当从他最基本的学术态度上去理解。马老师是一位现代社会人类学的创导人，他开始应用19世纪末西方学术上实证主义的新风气来改革旧一代人类学。

马老师自己给自己分配的一个任务是建立一门研究人的科学，就是他在缅怀詹姆斯·弗雷泽（Sir James Frazer）的纪念词所说的“这门伟大的研究人的科学”，它是一门“和其他比它年长的和表达得更确切的学科同样值得倾心的一门伟大的科学”。要建立这一门实证的科学，关键是在找到一套研究方法。他为现代社会人类学的这门学科确立了“参与观察”的实证主义的田野工作方法。他在席明纳里所提出的“文化表格”和“三项法”一再强调是给田野工作者准备下的参考工具，是为进行参与观察的田野工作服务的。他所写的《文化论》和《文化动态论》只是为这些指示方法的图表作说明。观察方法、图表和说明（即理论）三个层次表明了科学工作构成上的主次关系。所以可以说科学主要是认识和反映客观实际。通过观察方法和理论说明把看到的实际表达出来是学术的内容，它增加和丰富了人类对客观存在的认识。

马老师初期提出的理论，是根据他在1914—1918年间在西太平洋特罗布里恩德岛上参与和观察当地土人的生活中见到的事实形成的。这些所谓功能学派的理论主要是通过具体的田野工作收集的资料来表述的，见于如他在1922年出版的《西太平洋的航海者》、1932年出版的《野蛮人的性生活》和1935年出版的《珊瑚岛田园和巫术》等田野工作报告。其他理论性专论可以看作是对这些事实性叙述的申引和说明。他用了至少有13年的时间整理和分析他在西太平洋田野工作中所得到的参与观察的资料。这一系列著作，成书出版的一共包括上引诸书大约有七本，是马老师第一期学术生命的科学收获和贡献。这些著作具体反映了特罗布里恩德岛土人的文化面貌，提供了人类文化的一个科学标本。从这个标本里人们可以看到人类文化的实质和它的结构、作用。马老师也表述了他对这个文化标本的认识和体会，就是他总结出来的文化功能派的理论。

我说这段话的目的是在表明，马老师是一个严格的实证主义的科学工作者，他在研究人文世界的工作上做出了开创性的工作，而且取得了科学的成果。我们也应在这个科学工作的范围内来要求他和肯定他。这一类实证主义的科学成果的有效性是以观察的对象作限度的。不应当把他从这个有限的范围里所总结出来的认识扩大到超出这个范围以外。

如果用这个尺度来衡量他这一期科学的成果，我相信是可以经得起考核的。他这一期观察的对象是这个世纪初期居住在西太平洋一个岛上的土人的生活。从马老师在上述这些田野工作报告所描述的情况中可以看出，这是一种在人口稀少和外界相当隔绝的社会里，经营初期农业的人们的基本生活情况。读了这些记载，我这一代中国知识分子很容易联想起陶渊明在《桃花源记》中所说的“土地平旷，屋舍俨然，有良田美池桑竹之属。阡陌交通，鸡犬相闻。其中往来种作，男女衣着，悉如外人。黄发垂髫，并怡然自乐”的田园风光。马氏在他有关著作中进一步描写了他们生活各方面的活动和享受，更易令人感觉到一种和平而充满着人性的世俗生活气息。这对于当时从千里之外正在炮火连天相互厮杀的所谓文明世界中来的人们，怎能不发生强烈的直接感受？从这个气氛中表达出来的文化气息很符合马老师功能主义的文化论里所表达的那种和洽协调完整的文化情态。正是这些情态和反映出来的文化协调论，与现代文明社会存在着强烈的反差，引起了后来学者对马老师这种论调的批评。

在30年代末期，马老师基本写完了他描述和分析西太平洋珊瑚岛土人的那几本巨著，之后他接触到了西欧列强统治的殖民地非洲土人的情况，和他亲身感受西太平洋岛民的文化情态差距太大，所以在他走访非洲东部和南部的若干英国殖民地时，看到了一个正在发生文化巨变的大陆。于是他以他直接的感受描绘出下面一段生动的画面：

“一个乘坐帝国航班向非洲内陆去的旅客在旅行途中几乎可以鸟瞰对这个的大陆文化形态。当你跟着作为世界最古文明之一的界石的尼罗河这条蓝色缎带向大陆的心脏前进时，你在尼罗河上游接触到黑非洲的最初一瞬时，看到了尚未受到欧洲丝毫影响的旧式圆形村落，土人穿着他们老式的衣服，或者光着身子，来往在以牛棚为中心的周围。每个聚居点明显的孤立状态，呈现出几乎与世隔绝的一片沼泽地带。这一切至少给人一种没有被惊动的非洲的表面印象。无疑在这里我们还能找到非洲原有文化的一个广阔的根据地。

“当飞机掠过尼罗人和班图人的边界，很明显，我们正进入一个变化中的非洲。在巴干达人（Baganda）中，一座座新造的方形的按欧洲式建筑的房屋，即使从天空向下看，也能见到土人们的服式和装饰品都带着曼彻斯特和伯明翰的味道。道路和教堂，汽车和卡车，表明了我们已进入了一个变动中的世界，两个不同的因素正在合在一起产生一种新型的文化，分别属于欧洲和非洲，但并不是单纯地属于任何一方的复本。当飞机降落在基苏木（Kisumu），我们到达了一个产金的小镇。部分看来几乎是欧洲式的，有些街道使我们想起印度。但是整体来说，是由邻近的一些非洲部落和住在这地方的欧洲商人与印度移民所共同决定。这是一个输出和买卖金子的重要中心，因之必须和国际市场、海外工业中心和银行组织以及非洲劳动和资源联系起来加以研究。

“在内罗毕（Nairobi），我们进入了一个非洲的土人和物资处于既是主人又是无音配角地位的世界。受着欧洲式的行政大楼、银行、教堂和商店的控制。白种居民生活的这个表面上非洲没有染指的世界，实际上是建立在非洲基础上的。当地流行的把非洲东部的高原称作‘白种人的地方’，是一个不切合实际的说法。东非的欧洲文化虽然是从欧洲输入的，但已经适应了非洲当地的物质条件，依赖于非洲的人文环境。

“不论坐飞机、火车或汽车，我们在这里一路上遇到了这个三分法——传统的非洲文化、输入的欧洲文化和两者凑合在一起的文化。你进入土人的保留地，仍能听到非洲的音乐，看到非洲的舞蹈和仪式，遇见说非洲语言、穿着非洲服饰、不懂得任何欧洲语言、完全按古老的部落生活过日子的人们。

“离得不远，在一个外来定居者的平房里或是小小的欧洲人聚居区里，你就能在短波收音机里听到英国的音乐和享受像 *Alabama Baby* 和 *Coon* 等那样的纯粹欧洲曲调，你能读到最近出版的 *Tatler* 或 *Sketch* 杂志，享受关于当地或国外的体育或英国政党争论的议论。在这个世界里，非洲人只能像影子般出现，作为端送酒盘的侍者，从远处传来黑人农场上的歌唱者。不然，欧洲人完全可以忘记当地还有非洲人的生活。不时流传一些劳动纠纷、官场轶事、教堂流言，引起在职者的关注，但并不引起对土人生活本身的兴趣。

“即使仅从表面上看去，也能明白变动中的非洲文化不是一个完整一体的对象，而存在着三个方面。我们几乎可以用一支粉笔在非洲的地图上画出不同的区域来：占优势的欧洲人地区、真正的非洲人地区和正在变动的地区。”①

我把《文化动态论》第一章第二节“今天非洲的鸟瞰”大体上翻译如上，并发现马老师在这段印象记里画出了非洲文化动态的基本格局，说出了他采取三项法的思想来源。更打动我的，是这次生动地接触到的现实中引起了马老师对自己一生的人类学工作深切的反思。他在交出最后一部有关西太平洋岛上土人的著作《珊瑚岛田园和巫术》的底稿去付印前，在附录中写下这一句总结的话：

“社会人类学田野工作的研究对象应当是变动中的美拉尼西亚（也包括西太平洋的特罗布里恩德岛）或非洲的土人。他们已成了全球社会的公民，正在和全球文明相接触。他们实质上正受着多种文化的支配。研究变动中的土人将使我们不必再用随意猜臆的方法去重构他们在欧洲人入侵前的文化，去追寻一项项基督教信仰和一件件怪异的欧洲人禁忌的来源，而可以直接去看这些事情实际上怎样正在活动，怎样和他们原有的文化相抵触和冲撞，或是怎样被吸收进入他们的生活。另一方面说，这种正在我们眼前发生的文化传播的过程正是人类发展上极为重要的历史事件。忽略了这种研究一定会使人类学丧失它最重要的任务之一。”②

他联系到自己在西太平洋岛上土人中的研究工作做出了出于内心的自我批评：“现时一个人类学者在特罗布里恩德岛上面临的现实并不是没有受到欧洲影响的土人，而是在一程度上已被欧洲影响改

---

① Bronislow Malinowski,1945, *The Dynamics of Culture Change:An Inquiry into Race Relations in Africa, Yale University Press*, pp.9–11.

② Bronilsow Malinowski, 1935, *Coral Gardens and Their Magic, Kegan Paul*, 后记部分。

造过的土人。"[1] 他对照自己在过去十多年中已经发表的调查报告，看到了自己还是把这些土人视为保持着原有文化的"野蛮人"，而实际上他们当前已进入了应当称之为"殖民地文化"的时期了。他痛心地表白"这恐怕是我在美拉尼西亚人类学全部研究中最严重的缺点（most serious shortcoming）"。他所用自责之词是十分沉重的。亚当·库珀（Adam Kuper）在《人类学和人类学者——现代英国学派》一书中，引用了马老师这句自我批评的话，而称之为"remarkable admission"（非凡的自供），而且说马林诺斯基很可能在英国社会人类学者研究对象的认识上引起了一场革命，但是这种 radical change of paradingm（激烈的定式变化）并没有成功[2]。库珀一方面承认从静态分析转入动态分析是以研究文化为任务的社会人类学学术发展上的一个重要转折点，但他同时对马老师关于文化变动的理论评论说，"这样的理论如此的不能令人满意，使他严重地损害了（gravely impaired）他想推动的对殖民地实质的研究"。

## 三

我同意库珀把马老师从文化的静态研究到文化的动态研究的转向看成是他社会人类学理论上的一个重要转折，尽管我不能接受他对马老师文化动态论的评论。我在 1937—1938 年那一学年的席明纳里才听到他的"三项法"，但看来马老师本人 20 年代后期在与英国在非洲殖民地的实际接触中已经开始在思想上发生了变动。他是个坚决主张理论必须联系实际的人，也可以说他一向是从实际中探索理论的人。他早期的文化功能观点是联系着特罗布里恩德岛土人的实际生活才形成的。当他接触到正在激烈变化的非洲殖民地土人的

---

① Bronilsow Malinowski, 1935, *Coral Gardens and Their Magic*, Kegan Paul, 后记部分。

② Adam Kuper, 1983, *Anthropology and Anthropology: The Modern British School*, Routledge, p.34.

生活时，这种新的经验必然会引起他思想上的变化，因而产生了怎样去研究这种变动中的文化的问题。这个问题引导他重新考虑人类学的研究对象，可能在社会人类学这门学科里引起了一场对传统定式的“革命”，就是从以分析文化结构为对象的静态研究，进入以文化变动为研究对象的动态研究。在这里我们可以回顾一下马老师个人和非洲殖民地发生接触的经过。

马老师于1927年登上了伦敦大学社会人类学教授这个讲席，他自觉有责任考虑怎样建立和发展这一门学科。他一方面继续发表他在西太平洋田野工作的著作，为这门学科奠定理论基础；另一方面已不断在考虑怎样为这门学科培养人才和开辟新的研究园地。1926年，在他的朋友欧德罕姆（J. H. Oldham）推动下，国际非洲研究所（International Institute of African Languages and Cultures）得以建立。领导这个研究所的是Lord Prederick Lugard（卢嘉爵士）。这位伯爵是个在英国管理殖民地工作的政府部门里有势力的人物，而且以开明出名，倡导保护殖民地落后民族的主张，提倡英帝国对殖民地采取“间接统治”（indirect rule）的政策，也是后来的所谓dual mandate（双重托管制）的倡议者。他号召“以非洲土著自己的制度和习俗为基础，发展新式的法制、秩序和权威”，这深得马老师的赞同，认为这正是社会人类学在当时发挥实际作用的机会。如果政府在殖民地实行间接统治，建立这种制度的前提就是要如实地了解土人原有的各项社会制度。这正是当时以研究“非白种人的文化”为内容的社会人类学责无旁贷的任务。马老师曾认为政府对殖民地实行间接统治是对社会人类学“功能观点”的投降，意思是说他在社会人类学里提倡的“功能观点”促进了英国殖民主义的改造，从破坏土人文化发展到以土人文化为今后殖民地文化发展的基础。

这种可能被现在的公众认为可笑的看法，在半个多世纪以前属于先进的思想，或称为开明的见解，因为那种见解是从对土人采取同情的立场出发的，而且反对当时欧洲各国政府在殖民地对土人的压迫和掠夺。对殖民主义采取改良的立场在当时可说是历史的进步。

马老师原籍波兰，波兰人在欧洲长期处于被异族统治和压迫的地位。他反对民族或种族压迫是出于他本人切身的感受。他一贯希望人类学能对建立一个民族平等的世界的事业出一份力量。这种希望也正符合19世纪后期欧洲盛行的理性主义的思潮，认为实事求是的科学知识可以改造社会和文化，使人类得到进步。因之我们可以说马老师和殖民主义改良派思想上一拍即合是符合时代发展规律的。

1929年马老师加入了国际非洲研究所，与欧姆罕德合力掀起了一场被称之为“实用人类学”的运动。由于马老师的学力和名声，他承担了为研究所培养研究人才的任务。当时英国政府的殖民部需要有人去实地调查殖民地土人的社会和文化，特别希望他们能对殖民地上日趋严重的土地和劳力问题提供改革的谋略。他为了使这个非洲研究所的研究工作得到经费上的协助，说服了美国的洛氏基金会（Rockefeller Foundation）投资予以支援。

作为英国当时唯一的社会人类学教授，加上英国殖民部改良派在政治上的支持，还得到美国洛克菲勒基金会在经费上的支援，马老师的这一次“社会人类学的革命”是炙手可热的。他也自豪地说他所提倡的实用人类学将会纠正殖民者的“贪婪和无情的掠夺”（greed and ruthless rapacity）[①]。

马林诺斯基《文化动态论》一书，用大量的篇幅来探讨前殖民时代非洲的政治模式，以功能主义的观点对部落酋长制的现实意义加以推崇。他说人类学的使命无非是要帮助实现“没有痛苦的变迁”（painless change），而人类学本身可以做到这一点，因为人类学（功能主义人类学）向来强调“生活在他们的制度之内的人民应该被给予更大的选择性和更多的机会”[②]。

① Malinowski: “The Rationalization of Anthropology and Administration”, *Africa*, 1930(3), pp.405–429.

② Bronislow Malinowski, 1945, *The Dynamics of Culture Change: An Inquiry into Race Relations in Africa*,Yale University Press, 52.

为什么这样说？马老师在“非洲制度的功能”一章中论述得十分明确：

“从一个地位相对简单的非洲人转变为一个文明化的基督徒和欧洲公民，需要的是所有的实质性变化。图腾主义者可以依赖一点食品为生，畜牧的马塞人可以靠一个小牛群为生。然而要做一个好的基督徒、一个绅士，要成为教养好、干净、可敬、负责任、随时与其他文明人合作的人，无论对于白人还是对于黑人来说，首先需要经济的安稳感，需要享有完整的社会身份，当然也需要享有对自己的身体（包括身体的劳作）的完全权利，需要无数的行为规定。因而，文明加贫困，往往等于革命和不可信赖。无论在何地出现，‘贫困的白人’总是一个严重问题。而‘贫困的黑人’由于只给予文明的一半而成为问题，因为这一半文明提高了人们的野心，建立了人们的权利感，然而却无法满足这些需要。”

在说完这段话以后，马林诺斯基接着指出，成功的变迁需要大量的财政支出，而殖民政府只从非洲夺走东西，于是把非洲人变成文明人，把非洲文化改造为欧洲基督教文化，是绝对吃力不讨好的事。一项解决的办法是让非洲人运用他们的酋长、家庭和各种制度来实行自我管理，通过间接的影响来潜移默化地改造当地文化[①]。他说：

“……在长久的历史演变中形成的非洲制度，显示出对环境、对某些地方性需求、对文化层次的适应，因此难以一次性地或急速地被取代……因此，选择性的保护主义不可避免地是文化过程的自然结果。我们的论证绝对并不意味着转型（transformation）是不可能的。相反，它意味着变迁是困难的，但可以实行。然而，为了变迁的效果和变迁过程的平顺，我们首先需要开明的财政支持，其次需要对变迁加以极端良好的安排，使变迁的规划建立在对转型的起点

① Bronislow Malinowski, 1945, *The Dynamics of Culture Change: An Inquiry into Race Relations in Africa*,Yale University Press, pp.55–56.

和对转型在具体操作上的含义的全面了解的知识基础上。”[①]

我本身没有赶上马老师的火红时代，直到1937—1938年才接触到他分析文化动态的“三项法”。这个三项法是他在这学年的席明纳里提出来的。现在回想起来，我也正是在这期的席明纳里才有机会遇到不少从非洲田野工作里回来汇报的新的一代英国社会人类学者。这批学者正是当时国际非洲研究所委托马老师培养的那些人类学者。他们也正是第二次世界大战结束后在英国人类学界出现的风云人物。

马老师对于非洲殖民地土人的社会文化研究应当说是从20年代后期开始到30年代上半期逐渐成熟。同时也必须看到他一生中并没有在非洲土人中进行过像他在西太平洋特罗布里恩德岛上所做过的那样深入的参与观察的田野工作。实证主义的科学必须以联系实际的亲身经验为基础，凡是和实际联系愈深入的，从中取得的认识，即理论，也能愈深刻。这是科学工作的规律。马老师的社会人类学的理论底子还是他前期在西太平洋岛屿上的田野工作，他的文化功能论和他的文化动态论相比较，在系统性上和深入程度上深浅自见。因之他的文化动态论在社会人类学这门学科中所起的影响显得相形

① Bronislow Malinowski, 1945, *The Dynamics of Culture Change: An Inquiry into Race Relationsin Africa*, Yale University Press, p.26. 马林诺斯基在《文化变迁的共同因素》一章中讨论了如何可以更好地实现平顺的变迁。这里强调的是“common factor”这个概念，他在第67页中说：“无论在何时，当欧洲人和非洲人之间存在一个长期的利益认同(identity of interests)，当白种人拥有实施规划良好的政策的能力和知识时，这个共同因素也就存在了。在这种情况下，就会出现两种不同种族双方之间在观念、情感以及总体面貌上的合作和共识。”此外，他把白人强制造成的对黑人权利的剥夺及宗教文化殖民化看成是强迫型的“共同因素”，是“负面的共同因素”。这里民族平等的观念十分明确。为了引导殖民政府和传教士尊重非洲文化，马林诺斯基用很长的篇幅讨论了一些非洲文化形式的合理性。他说非洲人的祖先崇拜在基督教传教团体和殖民政府的压力下走向了地下。但这种文化的压迫对于变迁的设计来说完全没有必要的，因为从来祖先崇拜有其整体的制度功能，是非洲人的家庭与社会关系的宗教表现，如果消灭这种东西，也就会消灭非洲社会稳定的机制，造成不稳定。所以，应当对这种文化形式采用比较中和的态度，不要急于消灭，而要尊重它们在社会中的作用。这一点，马林诺斯基在早期论著《巫术、科学与宗教》一书中早已提出。从这一点来看，马林诺斯基的文化动态并没有完全脱离功能论的基调，他仍然坚持认为文化有它满足人们个人和社会需要的功能。

见绌，那是难以避免的。

## 四

马老师对于非洲土人社会和文化的研究兴趣可说是从20年代后期开始，一直到30年代上半期的1934年才初次直接访问在非洲南部和东部英国殖民地从事社会人类学田野工作的研究人员[①]。这和他在西太平洋岛屿上的田野工作性质不同，严格说来不属于亲自进行的田野工作。但他这一年在南非开普敦向殖民地的教育工作者发表过一篇讲话《土著教育与文化接触》，很能表示他当时鲜明的主张。他在讲话中警告非洲殖民地的白人教育者，不要机械地用欧洲式的教育取代部落传统的教育方式。他指出，白种人实际上并没有通过所谓教育工作给予非洲土著人民任何有用的东西。他们真正在做的是在那里掠夺大量的经济资源。这样说等于揭露了殖民主义的实质。他提倡让会讲本地话的人授课，避免破坏非洲部落文化，表明他反对西方在殖民地的文化霸权。他又向当地黑人听众讲述社会人类学，并且承认以前的人类学确实有种族主义的倾向，但是极力声明这种倾向已经发生变化。他表明自己主张的人类学是一门尊重别的种族的学问，而且带着幽默的声调子说他自己的研究，已从研究“裸体的非洲人”转变为研究“穿着整齐的非洲人了”。这番话不仅表示他反对过去社会人类学把殖民地人民看成和白种人性质上不同的“野蛮人”，从而反思从这种以种族主义为背景出发的社会人类学理应加以改革。所以他在1937—1938年的席明纳里，提出了研究文化动态的三项分析法。

马老师针对殖民地的社会文化基本情况做出下面的论点。他认为非洲文化动态的实际情况，是“一个较高级的文化对一个较简单而且处于被动地位的文化的主动冲击的结果”（the result of an impact

---

① 他的访问从6月到10月共延续4个月。

of a higer, active culture upon a simpler, more passive one )[1]。他从而指出，对这种地区的文化，应当着重注意西方文化的冲击和本土文化对这种冲击的反应[2]。因之，研究的对象应当包括三个方面：西方文化、本土文化和两者冲击着的变动中的殖民地文化。文化动态实际是发生在第三方面即前二方面发生冲击的结果。这也就是马老师所说过的在飞越非洲时所见到的鸟瞰中可以在非洲地图上画出的三个圈子：一是占优势的欧洲人地区，二是真正的非洲人地区，三是正在变动的地区。变化动态的主要空间恰恰是第三个地区。

如果把这三个地区放在一个时间维度上，从空中予以鸟瞰，很像一幅平面的文化分布图。这使人想起了早年社会人类学中“德奥文化传播论者”心目中的文化传播历程，某个文化特质从地理上的一个中心向着四周扩散和移动。但是如果飞机降落在第三个圈子里，就是文化正在变动的地区里，就会见到这里人们生活上表现出来的文化却不是第一或第二两个圈子里所见到的那些东西的重复。大多都是由于白人入侵的文化碰上了土人原来部落中带来的相应文化，在种族隔离的殖民地特有的条件下发生的变种。这个变种既带有它侵入时的原相，但已受了土人传统文化的抵触而发生了改变。这个变种又已不再是土人从原有传统带来的本相，是一种可以称之为没有脱尽土气又没有全部洋化的变种。在这种白人和土人杂居的社区里，人们的行为实际上更因互相接触对象种族和身份的不同而发生多种多样的变化。如果作为一个生客进入这种社区里观察人和人对话时所用的语言，就能领会这种复杂性。一般说白人对白人或土人对土人之间可以用白人或土人原有的语言交谈，但也不尽然，不论白人或土人所用的语言，大多已和他们各自在本乡所用的语言有所差别。不仅可以听到各种程度的白土夹杂的语言，甚至在接触中创

① Bronislow Malinowski, 1945, *The Dynamics of Culture Change: An Inquiry into Race Relations in Africa*, Yale University Press, p.15.

② Ibid., p.17.

出了新的特殊语词和语调，有如早年在上海的“洋泾浜”，或假洋鬼子话。这种有点像万花筒里见到的既混乱又有秩序的文化上的拼凑、混杂物成了这个第三圈即白土文化撞碰地区的文化特色。马老师并没有机会深入到这个万花筒里边去体会这些文化变种，所以只能对这种千变万化的局面大体上指出来，要分析这个文化局面，必须追根寻底，进入到白人和土人相接触双方所带来的文化原样里去，要求弄清楚双方在没有接触前各自原来所有的传统文化。这就是三项法的大杠杠：A、B、C 三项。A 项指白人的影响、利益和意向；B 项指白人和土人的文化接触和当地文化的变迁和发展；C 项指土人文化的遗留。

通过席明纳里的讨论和启发，当时大家已感觉到这个三项格局似乎太简单化了，需要进一步诠释。多数人认为 A 项和 C 项不能简单地指白人或土人原来的文化。以 A 项说白人带进殖民地的文化与他们原来生活中的和移入殖民地后继续对他们发生影响的家乡文化，与他们在殖民地上生活中表示的文化是有区别的。殖民地的利益和社会风尚本身对白人在殖民地上的文化生活发生着它特有的影响和作用。以 C 项说殖民地上土人的实际生活和他们在本乡部落中生活时所表现的传统文化也是不断在变动。以 B 项说，就是土人和白人文化直接撞碰的殖民地社区的文化，既不是以洋代土，也不是以土加洋的简单过程，洋土文化双方变动的关键看来是取决于相互之间的关系和态度，两者是合作还是抵触。如果双方处于合作的关系时，在土人和白人双方文化上都可能产生互相取长补短的融合取向。相反，如果双方处于抵触的关系时，就会招致冲突甚至仇杀和战争，在文化关系上说是分离、对立、破坏和取代。在三项法中发现动态取向的关键在于接触双方的利益是否有一致的基础。马老师在他的文化动态论里提出一个重要的论点，就是决定动态取向的是他所谓“common measure of interest”（即“利益上的一致性”），也称之为“the common factor in cultural change”（即“文化变迁中的共同要素”）。

他的这个提法表明他接触到了殖民主义的实质问题。殖民主义就是列强对掠夺殖民地资源和劳力进行掠夺的政治制度。殖民者和殖民地人民是站在根本对立的立场上，在这种政治关系上要找利益上的一致性等于缘木求鱼或与虎谋皮。现在我们可以觉得马老师为什么会连这一点基本知识都没有？这是个历史过程中以今论昔的人们容易提出的而可能永远难于回答的问题。马老师的文化动态论里在提出利益一致是文化融合的前提时，他何尝不知道在殖民地上这是个不现实的前提呢？在他这本遗著里转弯抹角地表达这个意思。现在我们重读他遗著中这一节的论点，可以说他实质上已指出了在殖民地上，如果不消灭以西方掠夺当地土人的资源和劳力这个根本事实，文化接触和撞碰必然导致冲突和战乱，招致一个历史上最黑暗的时代。马老师在第二次世界大战前能说到这个程度，我想他实在已经在当时的历史条件下，对殖民主义表明了不可能更鲜明的批判态度了。

马老师 1938 年在席明纳里明确提出了对他三项法的初稿要增加两项即 D 和 E 的修正方案。这两项都是补充 C 项的，C 项原是指土人方面“传统的遗留”。增加的 D 项是指对土人部落文化的重构，E 项是指土人自发的整合和反应的新力量。

D 项和 E 项的补充，显示了马老师已感觉到在他的文化动态论的初步分析中，对土人的定位似乎是过于处于被动的地位。殖民地的文化接触把西方文化放在主动地位是符合历史事实的，因为事实上整个过程确是西方文化入侵引起的。但是处在被动地位的土人也有他们从长期的传统文化中培养出来的要求生存的愿望和在一定条件下积累着取得生存的办法，而且正在不断谋求与西方殖民者接触时继续生存和发展的条件和事实。土人的意愿和利益在文化接触中决定了他们对西方殖民者的态度和关系。所以当马老师提出文化接触中的共同利益一致的因素时，不能不感到必须加强他对土人方面传统文化的认识，这是他补上 D 项的一个原因。在把土人方面的因素从纯粹的被动地位上升到对立的地位时，席明纳里的田野工作者自然会想到当时正在欧洲殖民地发生的种种土人的反抗运动，而且非洲土人们也正在主动地吸收侵入的文化，把新引进的那些文化整合进生活中去，发生了一系列殖民地土人文化改革运动，不论这种运动是趋向于合作的或对抗的，这些运动也不能不承认是文化接触的产物，并不是单纯的传统的复旧或保守。这就促使马老师增加另一项表格来关注这方面的情况。于是，修正的表格又增加了 E 项[①]。

由于对非洲的文化动态并没有感性知识，我本人没有权利在这个三项或后来修正的五项表格上多作议论。我只在重读这本《文化动态论》时想起了 1937—1938 年“今天的人类学”的席明纳里一些至今还没有消失的回忆，并想联系马老师对这个新课题的思考和摸索历程，在这篇“书后”中记下来，增加一点对马老师不断面对事实开拓前进的为学精神和他的“文化动态论”不断修正和发展的认识。

## 五

马老师是 1942 年逝世的，距今已 56 年。现在他在社会人类学学科中已成历史性人物，而且经过他死后 10 多年的被冷落，在学术上的威信也已经不像他生前那样火热了。库珀记述现代英国社会学学派的那本流行较广的英国人类学小史里，还是把马老师放在首章，但讲到他 1938 年从伦敦经济学院退休，全章就结束了。紧接着英

---

① Bronislow Malinowski, 1945, *The Dynamics of Culture Change: An Inquiry into Race Relations in Africa*, Yale University Press, pp.75–76. 这里，马林诺斯基列出供文化分析用的表格为：

| A | B | C | D | E |
|---|---|---|---|---|
| 白人的影响利益和意向 | 文化接触与变迁的进展 | 传统的遗留情况 | 过去的重构 | 非洲人自发的再整合与反应的新力量 |

他的原文对 D、E 两项作了如下解释：“为了更明确我们的论点，有必要（在三项基础上）加上 D 这一项，其中包含的是对前欧洲（殖民主义入侵前非洲）状况的重构。”“最后……我们用 E 项来记录非洲人自发的再整合或反应的新生力量。这里出现的是诸如非洲种族主义、地方民族主义以及部落爱国主义的重新解释。”

国这门学科的带头人就轮到原来和马老师并峙的拉德克利夫－布朗（A.R.Radcliffe-Brown）了，英国这门学科的中心也从伦敦经济学院移到了牛津大学。牛津大学是1937年设立社会人类学教授讲座的。被库珀说成在学科中可能起革命作用的马老师的文化动态论，正是在英国社会人类学这次交班之际开始出场的。也许可说是生不逢时，不久就夭折了。

马老师离开伦敦后在美国耶鲁大学落脚，以访问教授名义，还想把这个尚未成熟的文化动态论通过席明纳的方式，在新开辟的园地里继续加以培养。但是，他没有估计到的是，这次空间的转移，使他失去了耕耘了近30年的熟土，而新的园地却不具备栽培这株幼苗的条件。梅特劳克斯（R. Metraux）在《国际社会科学百科全书》"Malinowski"人名条下用了stranger和in exile的字眼来形容马老师在耶鲁的处境[①]，说他在美国是个"陌生的外来客师"，而且带着"流亡者"的心情。原来这同一门学科在英美两国的传统各异，甚至在名称上英称社会人类学，在美称文化人类学。理论师承又各有所宗。在英国，当时尽管马老师已下岗，但接班的布朗教授还是公认的功能学派，和马老师是相同的，虽则两人所讲的理论内容已大有差异。而美国则另有自己不同的学派，和英国井水不犯河水。梅特劳克斯接着说，耶鲁大学的大部分学生似乎没有他在伦敦的那些学生那样成熟，他们不熟悉他的著作和他那种欧洲观点，师生相互间都有些格格不入。这位老教授不那么愿意重复讲解他理论的基础论点，而且还引了1944年出版的他那本别人整理成书的遗著《文化的科学理论》为例说，这书的行文不适合美国学生的口味。关于这一点我是有体会的，伦敦经济学院的席明纳确有它的特色，它的成员很多是马老师原来的学生，而且多数还在这门学科里做实地研究。席明纳里的发言切忌引经据典，而要列举在实地调查中得来的事实加以分析和阐述。在耶鲁一时要组织起这样的席明纳是不容易的。学术传统和传授方法的不

① 该百科全书为1968年版。

同使得马老师成了一个陌生的外来客，和一般的学生们思想上接不上头。

马老师在耶鲁说是有点流亡者的神态。这或许是因为他到达美国时正值二战刚要爆发，不到一年他的祖国波兰又首遭纳粹毒手。他的学生费思在他死后纪念他的文章里也说到，马老师原来是个并不愿意过多过问政治的学者。但是自从二战开始后，即他到了美国，却积极地起来反对法西斯主义，甚至出面担任美国波兰移民组织的主持人。那一个时期他对被压迫民族争取解放的要求十分同情，甚至在行动上也卷入了进去。他一生中亲自编写的最后一本书是《自由与文明》，可以表明他对当时政治的态度和激情[①]。他在美国的一系列行动，导致当时德国法西斯统治者下令禁止他的著作在德国势力范围里发行和传阅。看来马老师晚年受到当时法西斯的压迫是相当严重的，而且在他逝世之前美国尚未参战，他并没有看到二战的结束。尽管当初马教师还是想在耶鲁继续文化动态的研究，而且得到了终身教授的任命，但天年已尽，只能赍志而殁了。甚至他要写的《文化动态论》，也只能留下一些残章片记，让后人去整理出版了。

重读一些追忆马老师的文章，我看到马老师在 1940—1941 年暑假曾去墨西哥访问当地的农民，企图研究他们的贸易制度，在当地居留了 8 个月。这次旅行的目的和收获我未得其详，但使我发生了许多联想。首先是马老师是不是还想在美洲这个新大陆上寻找一个可以采用参与观察方法的田野再度发挥他的所长，并且继续深入“文化动态研究”这个课题？他曾不止一次地说过，在殖民地土人中正发生着的文化变动和其他有农业传统的地方的人走上工业化道路的性质是类同的，那就是说 20 世纪后期世界各地古老的农村，在现代工业入侵的过程发生的社会文化的变动，实质上和 19 世纪以来在殖民地人民生活的变化有共同之处。他这点认识我去年在这个高级

---

① Bronislow Malinowski, 1947, *Freedom and Civilization*, George Allen And Unwin, LTD..

研讨班上讲到，他给我《江村经济》写的序言时已经提到过。他很赏识我在上述那本书里所写关于“蚕丝业”的一章。我记得这一章的底稿确曾在1938年的席明纳里宣读过，因之马老师对它有较深的印象。他在序言里说：“我个人认为或许有关蚕丝的这一章是本书最成功的一章。它向我们介绍了家庭企业如何有计划地变革成为合作工厂，以适应现代形势的需要。它证明，社会学需要研究社会工程的有关实际问题。”现在重读这段话，再联系当时在席明纳里讨论《文化动态论》的经过，就更容易理解他当时赞赏这一章的由来。这一章实际上是我运用马老师的“三项法”的一次初步尝试。

联系上我自己的《江村经济》，我对马老师去墨西哥八个月的访问心里发生了一个推测，很可能他还是在为文化动态论寻找现实的标本，依旧用他在第一次大战期间在特罗布里恩德岛上曾经行之有效的研究方法，再一次用于研究新领域和新问题。何况他在西太平洋的研究原是从当地的贸易制度入手的，使他一举成名的那本《西太平洋的航海者》一书里所描写和分析的不就是库拉（Kula）制度吗？时间上相去已有半个世纪，空间上相距何止万里，而马老师还是马老师。如果天假以年，谁敢断言不会又有一本能惊动社会人类学的名著以马老师的名义再次出现在历史上呢？请原谅我这个已进入耄耋之年的老人，一时浸沉在重重往事的憧憬里，做出一些富于感情的幻想。如果丢掉幻想，面对现实，只能说马老师的“文化动态论”已以它不成熟的状态，像一块石头落入水中沉入大海了。它并没有在社会人类学的学术世界里引起过太大影响。它在社会人类学的历史上似乎已是翻过去了的一页。

## 六

经过了半个多世纪，我重读马老师的《文化动态论》，有很多收益，总括起来，这些收益都与马老师晚年的追求所给予我的启发有密切的关系。马老师在晚年深切体会到当时日见突出的文化接触问题，体会到文化变动的激速和深入程度，他认为研究人类社会文化的学科必须跟上形势的发展，把文化动态作为“现代人类学的新的任务”（The new task of modern anthropology）。他在《文化动态论》里开宗明义指明了社会人类学今后发展的趋向。他说：“社会变动是社会存在的状况，包括社会精神和物质的文化，从一种形式向另一种形式转变的过程。……这种过程不论什么地方什么时间在人类文化中经常发生。……由于西方文化正在大规模地扩散，非洲所见到的文化变动和欧洲的那些比较不发达的还按着传统方式生活的农村，转变成和英、美、法等国工业发达地区相近的形式的过程，实质上并没有深刻的不同。”①

他在二战初期所说的话到现在看来更显得正确了。但是回头看二战以后西方社会人类学是不是沿着马老师期望的取向开拓，还是一个值得反思的问题。使我们遗憾的是马老师没有机会完成他逝世之前的计划，在他生前亲自写出有关文化动态的这本著作。现在我们能读到的只是他的学生从他遗留下来的残篇和杂记中编缀而成的文集。正如他的另一位学生露西·梅尔（Lucy Mair）在纪念这位老师的文章中说的，马老师如果看到现在这本书，一定会按他过去的习惯那样大加修改和补充的。梅尔女士要说的就是现在我们能看到的马老师的文化动态论并不够理想和完善。②我本人也有这种感觉，但是这种评论不应该削弱马老师在20世纪30年代提出这个研究方向的重要性。事实上，他不但为社会人类学提出了发展的方向和新的研究领域，而且以非洲殖民地的文化动态的实际情况揭露这个地区原有“土著文化”受到的破坏，预言这种文化变动会导致当地的

① Bronislow Malinowski, 1945, *The Dynamics of Culture Change: An Inquiry into Race Relationsin Africa*, Yale University Press, pp.16–17.

② 这种观点进一步体现在Lucy Mair论述马林诺斯基和社会变迁的论文中，见：Lucy Mair, “Malinowski and the study of social change”, in Raymond Firth ed. 1957, *Man and Culture: An Evoluation of the Work of Bronislow Malinowski,* et., Routledge and Kegan Paul, pp.229–245。

民族矛盾、冲突和战争。他凭着一个人类学者的职业道德感，为当地研究的对象——受奴役的“非洲土人”——说了“公道话和真心话”。单凭这一点，我们就应当对马老师为社会人类学者树立了模范表示衷心的敬意。

后人对马老师这本《文化动态论》感觉到不够完善，是因为他在这本书里只讲了非洲殖民地的文化动态，并没有说明这个研究范围里所见到的只是人类文化动态中的一个特殊例子。其实，马老师并非不自觉他这个例子并不能概括文化变动的全面情况，所以这本书还有一个副题“*An Inquiry into Race Relations in Africa*”（对非洲种族关系的一个探索）。

他也说明了他在非洲种族关系中看到的是一种在不平等地位上的种族间的文化接触，他还进一步说这样引起的文化变动是“一个较高的文化对一个较简单而被动的文化产生的主动冲击性的影响的结果”。如果允许我用我们现在通行的话来说就是“西方文化凭借其政治和经济优势用入侵的手段强加于无力抗拒的非洲土人所习惯的传统文化而引起的文化变动”。这也就是19世纪开始西方工业化先进国家用武力推动西方文化扩散的过程。这个过程在人类历史长河里是昙花一现的在一定范围内一定历史时期的文化变动，是文化变动的一种特殊模式。马老师及时地对这种模式在其消亡前不久进行实地调查研究做了科学的分析，其结果自应有其很重要的历史价值。

我认为这种对殖民地文化变动模式的分析有其重要的历史价值，一是因为在非洲这个地方居住的人民，经过了这段殖民地时代，还是要生存下去，而且发展起来的。如果社会人类学者有机会继续对在新条件下生活的非洲人民进行调查研究，确实能见到他们重建文化的另一个文化变动的模式，对此两个时期文化变动的比较研究可以提供很宝贵的知识。二是因为我们虽说殖民主义时代在人类历史中已经过去了，但继之而来的一段时期里，这种文化上的殖民地模式是不是会用另一种面貌再度出现在人类历史上是值得我们警惕的。“前事不忘，后事之师”，这是从马老师的《文化动态论》里面我们可以取得的教训。我们应当牢记不忘这项有现实意义的教训，使社会人类学真正能成为马老师所希望的一门为人民谋福利的应用科学。

1998年3月3日初稿于北京

# 个人·群体·社会*

——一生学术历程的自我思考

年近谢幕，时时回首反思多年来在学术园地里走过的道路，迂回曲折，留下的脚印，偏谬卒呈，究其轨迹，颇有所悟。趁这次老友会聚，略作自述，切盼指引，犹望在此生最后的尾程中勉图有所补益。

## 一

对“社会”历来有两种基本上不同的看法。一是把社会看作众

* 本文发表于《北京大学学报（哲学社会科学版）》1994 年第 1 期，是费孝通先生在 1993 年 7 月 24 日香港中文大学社会科学院和北京大学社会学人类学研究所联合主办的“第四届现代化与中国文化研讨会”上的发言。

多个人集合生活的群体。严复翻译 sociology 作“群学”。众人为群，一个个人为了生活的需要而聚集在一起形成群体，通过分工合作来经营共同生活，满足各人的生活需要。人原是动物中的一类，衣食男女、七情六欲等生活需要，来源于自然界的演化，得之于个人的生物遗传。在这些方面人和其他动物基本上是一致的，只是生物界演化到了人这个阶段出现了超过其他动物的智力。人被生物学者称之为 homo sapiens，sapiens 就是智力的意思。凭此特点人在其满足需要上具备了超过其他动物的能力。人和人能通过共识和会意建立起分工合作的体系，形成了聚居在一起的群体。

严复把 sociology 译作“群学”，以我的体会说，是肯定活生生的生物人是构成群体的实体，一切群体所创制的行为规范，以及其他所谓文化等一切人为的东西，都是服务于人的手段。

另一种看法却认为群体固然是由一个个人聚合而成，没有一个个人也就没有群体，这是简单易明的。但是形成了群体的个人，已经不仅是一个个生物体，他们已超出了自然演化中的生物界，进入了另一个层次，这个层次就是社会界。在这个层次里一个人不仅是生物界中的一个个生物体，或称生物人，而是一个有组织的群体里的社会成员，或称社会人。社会是经过人加工的群体，不仅不像其他动物群体那样依从生物的繁育机制吸收新的成员，也不像其他动物一样，每个人可以依它生物遗传的本能在群体里进行生活。在人的社会里，孩子须按社会规定的手续出生人世，生下来就得按社会规定相互对待的程式过日子，在不同时间，不同场合，对待不同的对象，都得按其所处的角色，照着应有的行为模式行事。各个社会都为其成员的生活方式规定着一个谱法。为了方便做个不太完全恰当的比喻，像是一个演员在戏台上都得按指定了的角色照剧本规定的程序进行表演。每一个歌手都得按谱演唱。社会上为其成员规定的行为模式，普通称为规矩，书本上也称礼制或法度。它确是人为的，不是由本能决定的，是经世世代代不断积累和修改传袭下来的成规。通过上一代对下一代的教育，每个人“学而时习之”获得了他所处社会中生活的权利和生活的方式。不仅如此，如果一个社会成员不按这些规矩行事，就会受到社会的干涉、制裁，甚至剥夺掉在这个社会里继续生存下去的机会，真是生死所系。

社会在自然的演化中是继生物世界而出现的一个新的但同样是实在的世界。这个世界是以生物体为基础的，正如生物体是以无生的有机体为基础一样。生命的开始，出现了生物界，生物群体的发展，出现了社会界。人还是动物，但已不是一般的动物，人的群体已不是一般的群体，上升成为社会。从这个角度来看，社会本身是个实体，生物人不能认为是社会的实体，而只是社会的载体。没有生物人，社会实体无法存在，等于说没有有机物质，生物实体无法存在一样。有机物质是生命的载体，生物人是社会的载体。实体和载体不同，实体有自己发展的规律，它可以在载体的新陈代谢中继续存在和发展。正如一个生物人是由无数细胞组成，个别细胞的生死，不决定整个人的寿命。个人的生命正是靠其机体细胞的不断更新而得以延续。同样的，社会里的个别成员，因其尚属生物体，还是受生物规律的支配，有生有死，但并不决定社会群体兴衰存亡。因之，生物实体和社会实体是属于自然演化过程中的两个层次。人有两个属性：生物人和社会人。

这一种把社会看成比生物群体高一层次的实体和把社会只看成是人的群体的生活手段，从理论上说是两种不同的看法。

## 二

我初学社会学时，并没有从理论入手去钻研社会究竟是什么的根本问题。我早年自己提出的学习要求是了解中国人是怎样生活的，了解的目的是改善中国人的生活。为此我选择了社会学。现在回头来看，我是受上述第一种看法的引导而进入这门学科的。把社会学看作一门研究人们群体生活的行为学科，很符合严复翻译的意思，社会就是人类的群体。更符合我的主观倾向的是社会所规定的一切成规和制度都是人造出来，满足人的生活需要的手段，如果不能满足就得改造，手段自应服从人的主观要求。中国人民在我这一生中正处在社会巨大变动之世。如果社会制度不是人类的手段，那就好像谈不上人为的改革了。

我翻译的第一本社会著作是奥格朋（Ogburn）的《社会变迁》。那时我才刚刚和社会学接触。这本书给我的印象很深，因为我很同意他的科技进步引起社会变迁的理论。科技变迁了，社会的其他制度也得相应地变迁，不然就出现社会脱节和失调。科技的进步是人为的，是人用来取得生活资源的手段，其他部门向科技适应也得出于人的努力改造已有的制度。这个理论对我很有吸引力。我把这本书翻译成中文，在商务印书馆出版，也可算是我进入社会学这个学科的入门标记。今天提到这件事是想说，我是无意地从上述对社会的第一种看法进入这个学科的，我说无意地是因为我当时还没有领会到还有第二种看法，所以并非有意地选择。

接着我在燕京大学学习的最后一年，适逢美国芝加哥大学的派克教授来华讲学。我被他从实地观察来进行社会学研究的主张吸引住了，据说这种方法来自人类学，我就决心去学人类学，虽然我当时对人类学还一无所知。我从燕京大学社会系毕业后，由吴文藻先生介绍考入清华大学研究院跟史禄国教授学人类学。史禄国原是帝俄时代国家科学院里的人类学研究员。十月革命时他正在西伯利亚和我国东北考察，研究通古斯人。当时俄国发生了革命，他不愿回国而留在中国进入了当时的中央研究院，后来又和同事们合不来，转入清华大学教书和著书。人类学在中国当时还少为人知，我投入他的门下，成了他所指导的唯一的研究生。

他依据欧洲大陆的传统，认为人类学所包括的范围很广，主要有人类体质、语言、考古、社会和文化，可说是人和人文的总体研究。他为我定下了一个6年的基础学习计划，包括体质人类学、语言学和社会人类学三个部分，规定我以两年为一期，三期完成。我从1933年先修体质人类学，同时补习动物学，作为第一期。按清华大学的章程，研究生学习只规定至少两年，没有限期。我就准备按他的学习计划进行，预备修完三期。到1935年暑假我结束了第一期，学会了人体测量和体质类型分析，写出了两篇论文，经过考试委员口试及格，按清华的章程，两年后考试成绩优秀可以取得清华公费留学的资格。1935年正逢史禄国的休假期，而且他自己又另有打算，决定休假后不再继续在清华任教。所以他为我做出了新的安排，1935年暑假后到国内少数民族地区进行调查一年，然后1936年由清华公费出国进修，他不再自己指导我第二和第三期的学习计划了。

我按他的意见，1935年暑假到广西大瑶山，现在的金秀瑶族自治县，去进行实地调查。我携带了人体测量仪器以进行体质调查，并有前妻王同惠同行，共同进行社会调查。该年12月结束了大瑶山里的花蓝瑶地区的调查后，准备转入附近坳瑶地区时，在路上迷失方向，遭遇不幸事故，我自己负伤，前妻单独离我觅援，溺水身亡。我在医伤和休养期间按着和王同惠一起搜集的资料写成《花蓝瑶社会组织》。这是我第一本社会实地调查的成果。

按史禄国所设计的学习进程，这是我超前的行动，因为社会人类学这一部分是安排在第三期学习计划里的。在编写这本书之前我只阅读过史禄国关于满族和通古斯族的社会调查，印象并不深，而且我对社会学理论也并没有系统地学习过。回想起来，从史禄国老师学到的也许就是比较严格的科学态度和对各个民族在社会结构上各具特点、自成系统的认识。所谓各有特点、自成系统就是指社会生活的各部门是互相配合而发生作用的，作为一个整体就有它特独的个性。我通过瑶族的调查，对社会生活各部门之间的密切相关性看得更清楚和具体了。这种体会就贯串在我编写的这本《花蓝瑶社会组织》里。我从花蓝瑶的基本社会细胞家庭为出发点，把他们的政治、经济各方面生活作为一个系统进行了叙述。

瑶山里所取得体质测量资料我没有条件整理，一直携带在行李里，最后在昆明发生李闻事件后仓促离滇全部遗失，花蓝瑶的体质报告也就永远写不出来了。但这并不是说我这两年体质人类学的学习对我的学术工作没有留下影响。除了我对人类的生物基础有了较深的印象外，分析类型进行比较的科学方法也为我以后的社会学调查开出了一个新的路子。

我原有的学习计划既然发生了改变，1936 年暑假我就准备出国，并由吴文藻先生安排，决定到英国伦敦经济学院跟马林诺斯基学习社会人类学。比史禄国给我预定的计划，免去了语言学一节。

从瑶山回到家乡我有一段时间在国内等候办理出国入学手续，我姐姐就利用这段时间为我安排到她正在试办农村生丝精制产销合作社的基地去参观和休息，这是一个离我家不远的太湖边上的一个名叫开弦弓的村子。我利用在村里和农民的往来，进行了一次有类于在瑶山里的社会调查。我带了这份在这村子里收集到有关农民生活的调查资料一起到了伦敦。

我根据这批开弦弓村的调查资料写出的提纲，首先得到了当时我在伦敦的导师费思的肯定，随后又得到马林诺斯基的注意，当即决定他自己亲自指导我编写以中国农民生活为主题的博士论文。当时我并不明白为什么我能获得这样顺利的学习机会。后来有人看到我的论文后，向我提出了一个问题：你怎么会在没有和伦敦经济学院接触之前，就走上了功能学派的路子？那时我才明白我从史禄国那里学来的这些东西，着重人的生物基础和社会结构的整体论和系统论，原来就是马氏的功能论的组成部分。我当时只觉得马氏所讲的人类学是我熟悉的道理。我们相见以前，已有了共同的语言。

回到我第一节里提出对社会的两种看法，我在这个阶段还没有做出明确的选择。原因也许是我当时并没有意识到除了第一种看法之外，还有第二种看法。这表明我在理论上不够敏感，也就是功底不深。

我对史、马两位老师理论上的特点直到现在也不敢说已经了然。我听说史禄国后来看到了我那本《江村经济》时曾经表示过不满意的评论。我模糊地感觉到在他的理论框框里，我这本书是找不到重要地位的。但由于我没有吃透他的理论，我还不敢说哪些方面引起了他不满意的反应。

对马氏的理论我多少有一些琢磨。他已经写出来的有关文化功能的理论，按我所理解的程度来说，基本是属于我上述的第一种看法。马氏功能论的出发点是包括社会结构在内的，文化体系都属于人用来满足其基本生物需要及由生物需要派生的各种需要的手段。这一点是他一直坚持的，同时他也承认文化的整体性，就是说人为了满足其需要而创造出的文化是完整的。说是完整就是完备而整体的。它必须满足人作为生物体所有全部需要，本身形成一个整体，其各部分是相互联系和配合的一个体系。简单说是整体论和系统论。

他提出这一套理论是有其历史背景的，他是个人类学中主张实地调查的先行者。他长时间住在特罗布里恩德岛的土人中间，学会土语，直接参与土人的集体生活，他深深觉得要理解一个群体的生活必须从整体上去观察他们怎样分工合作，他们通过有系统的活动来维持生活，也就是满足他们的需要，而人的一切需求都是从人作为一个生物体而发生的。食色性也，是从人是动物的这个属性上带来的。从这个基本的生物需要出发，逐次发生高层次的需要，如维持分工合作体系的社会性的需要等。他用这个理论来批判当时在人类学界盛行的文化传播论、历史重构论等，因为这些理论都是把文化要素孤立起来，脱离了人而独立处理的。比如当时就有些学者把图腾信仰脱离它所发生的具体群体而研究其起源、流动和在人类整个历史发展中的地位等。他以当时在欧洲盛行的人类学作为靶子，针锋相对地提出功能论、整体论和系统论。这在人类学学科史上是一次革命性的行动，使人类学的研究回归到科学的行列。

## 三

马氏自己称他的人类学理论是功能学派。他的所谓功能，就是文化是人为了满足其需要而产生的，所以都是有用的手段，文化中各个要素，从器物和信仰对人的生活来说都是有功能的。功能就是满足需要的能力，简单说就是有用的。功能这一词是英文 function 的译文。这个词在英文中原有两个意义：一是指达到目的所起的作用；二是在数学里的函数，如果说甲是乙的函数，甲变乙也随着要变。马氏称自己是功能学派，实际上是一语两义都兼有的。但在叙述他的理论时却常强调第一个意义，比如他在论巫术时就强调它在支持实际农作活动的节奏和权威的作用，用来批判过去认为巫术是未开化的人思想上缺乏理性的表现，是一种前科学或假科学思想的产物。19 世纪欧洲人类学充满着当时通行的民族优越感，把殖民地土人看成是未开化的野蛮人，把土人的生活方式看作是一堆不合理的行为。功能论是针对这种思想所做的批判，但是这种理论走到极端，认为文化中一切要素都是有用的，又会给人以存在就是合理的印象。这个命题在哲学上常受到批判，在常识上也和社会的传统中颇多对人无益而有害的事实不能协调。至于把满足生物需要作为功能的基本标准更是不易为普通人所接受。因之当马氏的功能论在人类学中盛极一时之际，就有不同的看法出现，而且就出现在也自称是功能学派的阵营里。最突出的是曾到过燕京大学讲学的拉德克利夫 – 布朗。

布朗也是主张实地调查而且主张文化整体论和系统论的人类学者。但是他认为功能的意义不必挂上有用无用的鉴别上，更不应当和生物需要挂钩，他把功能意义作数学中的函数来讲，那就是把功能的含义去掉了马氏所强调的一半。当时我们这些年轻的学生，经常把他们两个看成是在唱对台戏的主角。对我这个对理论缺乏敏感的人来说，在这场争论中除了看热闹之外，并没有认真思考加以辨别，而实际上却被这个争论带进了我在本文开始时所述对社会的两种看法的迷阵里。当我接触了功能派的先锋法国涂尔干的著作之后，对第二种看法发生了兴趣。他比较明确地把社会看成本身是有其自身存在的实体，和生物界的人体脱了钩。

我在医学预科和在体质人类学课上受到基础训练，社会文化和生物挂钩原是比较顺理成章容易接受的。但是我对社会的看法却被马、布的争论动摇了，特别是联系到在瑶山和在开弦弓村的实地调查经历，使我逐渐倒向布氏的一面。我在初步进入社区的实地调查中所得到的感受值得在这里回忆一下。

当我踏入一个社区时，我接触到的是一群不相识的人。我直接看到的是各个人在不同场合的行动举止。这一片似乎纷乱杂呈的场面里，我怎样从中理出个理解的头绪呢？这时我就想到了社会行为是发生在社会所规定的各种社会角色之间，不是无序的而是有序的。如果我从这个角度去看在我面前展开的各个人的活动，就有了一个井然的秩序。不论哪一家，我们如果用父母、子女、亲戚、邻居等社会角色去观察这些似乎是杂乱的个人行为，就可以看到在不同人身上出现重复的行为模式，比如不论那一家，母亲对儿子之间相互的行为都是类似的，成为一种模式，而这套行为模式却不同于妻子对丈夫，甚至不完全相同于母亲对女儿之间的相互行为。我在实地调查中才理解一个社区中众人初看时似乎是纷杂的活动，事实上都按着一套相关的各种社会角色的行为模式而行动。再看各种社会角色又是相互配合，关关节节构成一个网络般的结构。从这个结构去看这社区众人的行为就会觉得有条有理，一点不乱。而且这个有条有理的结构并不是当时当地的众人临时规定的，而是先于这些人存在，就是说是这些人从小在生活中向一个已存在的社会结构里逐步学习来的。这就是个人社会化的过程。这个结构里规定的各种角色间的相互行为模式也是个人在社会生活中不能超出的规范，一旦越出就有人出来干涉，甚至加以制裁。也因之一个外来的调查者所能看到的经常都是些按照社会模式而行动的行为，有时也可以见到一些正在或将会受到制裁的超规行为。作为一个人类学者，在实地调查时，通常所观察到的就是这些有规定的各种社会角色的行为模式。至于角色背后个人的内在活动对一般的人类学者来说就很难接触到了。

我的社区调查不论在瑶山或在江村，现在回头来看，是不够深入的，还是满足于社会角色的行为模式，因而影响了我对社会的看法，把它看成了自成格局的实体，表达得最清楚的是我根据讲课内容编出的《生育制度》。

我本人的具体经历也影响了我学术观点的形成。所以在这里得补充几句。我是1938年离开伦敦的。那时，我国的抗日战争已进行了一年，我的家乡已经沦陷，原在沿海的各大学都已迁入内地。所以我只能取道越南回国，到达昆明，在当时的云南大学和由清华、北大、南开联合的西南联大工作。实际上，我到了云南，立即继续我的社会调查，接着以洛氏基金对燕京大学社会学系的资助在云南大学成立了一个社会学研究中心，为避免轰炸，设立在昆明附近呈贡的魁星阁，而普通就称魁阁。从这时起，我的学术环境是相当偏僻和孤立的，除了少数原来的师友外，和外地及国外的社会学界几乎隔绝。不仅我们在当时和自己这个小圈子之外的思想很少接触，而且没有收集和储藏过去社会学书籍和资料的图书馆，我们对国内外过去的社会学遗产也得不到运用。这种缺乏消息交流对学术思想的发展确是一个很大的限制。现在回想起来，就能看到这种特殊环境的确对我自己学术思想有很大的影响。影响之深不仅是当时孤陋寡闻，而且造就了自力更生、独树一帜、一切靠自己来的心理，一直发展养成我后来不善于接受新的社会学流派的习惯。

1943年我虽则有由美国国务院邀请参加当时所谓“十教授访美讲学”的机会，在美国住了一年，但是我却利用这时期，忙着编写魁阁的调查成果。在美国几个大学的同行协助下出版了 *Earth bound China*（《乡土中国》）和 *China Enters the Machine Age*（《中国进入机器时代》）两书。说实话我并没有用心去吸收当时国外人类学和社会学的新思潮。比如我在哥伦比亚大学见过拉尔夫·林顿（Ralph Linton），在芝加哥大学见到雷德菲尔德，在哈佛商学院见到乔治·埃尔顿·梅奥（George Elton Mayo），我在编写上述两书时得到了他们的关切和具体协助，但是我对他们的著作却没有深入的钻研。除了我回国后翻译过梅奥的一本著作外，对其他几位老师的著作并未认真阅读。至多是吸收了一些皮毛，为我已在胸中长成的竹子添些枝叶。

我在老朋友面前无须掩饰，从40年代后期起，直到70年代结束前一年，我在国际的社会学圈子里除了两次简短的接触之外，是个遗世独立的人物。

## 四

回到我在昆明这一时期，我们在魁阁研究工作是按照了《江村经济》所走出这条路前进的。这条路我们称之为社区研究。“社区”这个名词是我这一代学生时代所新创的。其由来是1933燕京大学社会学的毕业班为了纪念派克教授来华讲学，要出一本纪念文集，我记得其中有一篇是派克自己写的文章，需要翻译，其中有一句话“Community is not Society”，这把我们卡住了。原来这两个名词都翻成“社会”的，如果直译成“社会不是社会”就不成话了。这样逼着我们去澄清派克词汇里两者的不同含义。依我们当时的理解，社区是具体的，在一个地区上形成的群体，而社会是指这个群体中人与人相互配合的行为关系，所以挖空心思把“社”字和“区”字相结合起来成了“社区”。

社区这个概念一搞清楚，我们研究的对象也就明确了，就是生活在一个地区的一群人的社会关系，社区可大可小，一个学校、一个村子、一个城市，甚至一个民族、一个国家，以至可以是团结在一个地球上的整个人类。只要其中的人都由社会关系结合起来，都是一个社区。有了这个概念我们实地观察的对象也有了一定范围。我当时就提出可以在瑶山进行民族集团的社区研究，也可以在各地农村里进行社区研究。1933年这种社区研究就在燕京大学学生里流行了起来。我到了昆明还是继续走这条路子。

还应当提到的是魁阁研究工作标榜的特点是比较方法和理论与实际结合。在接受派克社区研究的概念和方法时，同时是由吴文藻先生为首提出了社会学中国化的努力方向。燕京大学的学生就是想通过社区研究达到社会学的中国化。社会学中国化其实就是社会学的主要任务，目的是在讲清楚中国社会是一个什么样的社会。通过社区研究能不能达到这个目的呢？当然我们要说明中国社会是个什么样的社会，科学的方法只有实地观察，那就是社区调查。但是有人就质问我们，我们的社会研究如是一个具体的社区，那也只能是中国的一部分，你们能把全国所有的农村城市都观察到吗？社区研究只能了解局部的情况，汪洋大海里的一滴水，怎能不落入以偏概全的弊病呢？我们对此提出了比较方法和理论与实际结合的对策。我在这里不能详细加以说明，好在我前年在东京的一个讨论会上发表的《人的研究在中国》中已经答复了这个问题，这里不再重复了。

这里我想说的是社区研究的理论基础是直接和 1936 年到燕京大学讲学的布朗有关的。他在美国芝加哥大学开讲的人类学课程，就称作比较社会学。社区研究接纳了布朗对社会的系统论和整体论的看法。我想只有从每个社区根据它特有的具体条件而形成的社会结构出发，不同社区才能互相比较。在互相比较中才能看出同类社区的差别，而从各社区具体条件去找出差别的原因，进一步才能看到社区发展和变动的规律，进入理论的领域。

魁阁的社区研究从 1938 年到 1946 年，一共只有 8 年，而且后来的 3 年由于教课任务的加重和政局的紧张，我自己的实地调查已经无法进行。所以魁阁的工作只能说是社区研究的实验阶段。这种工作一直到 80 年代才得到继续。

魁阁时期的社区研究基本上是瑶山和江村调查的继续。如果把这两期比照看看，这一期除了继承整体性和系统性之外，加强了比较研究同理论挂钩的尝试。先说比较研究。如果要从我本人的经历中寻找比较研究的根源，还应当推溯于我在清华研究院里补读比较解剖学和跟史禄国学习的人体类型分析。我们既然已看到内地和沿海不同农村在社会结构上存在着差异，我们更有意识地在昆明滇池周围寻找条件不同的农村进行研究，用以求证我们认为凡是受到城市影响程度不同的农村会发生不同的社会结构的设想。这种方法上的尝试，我在《乡土中国》一书的最后一章里作了系统的申说。这不能不说是魁阁的《云南三村》比瑶山和江村的研究在方法及理论上提高了一步。

比较研究的尝试在另一方面更使我偏向于本文开始时提出的对社会的第二种看法，就是把社会作为一个本身具有其发展过程的实体，这种思路难免导致“见社会不见人”的倾向，也进一步脱离马氏以生物需要为出发点的功能论，而靠近了布朗对重视社会结构的功能论了。

## 五

魁阁后期，由于兼任云大和联大两校的理论教学以及当时政治局势的紧张，我不便直接参与实地调查，所以有更多时间从事讲课和写作。也可以提到，当时直线上升的通货膨胀使个人的实际收入不断下降，而我又在 1940 年成了一个孩子的父亲。我们在呈贡的农村里赁屋而居，楼底下就是猪圈，生活十分艰苦。因之，我不能不在固定的薪金之外，另谋收入。我这个书生能找到的生活补贴，只有靠我以写作来换取稿费。我在当时竟成了一个著名的多产作家。大后方的各大报纸杂志上经常发表我的文章，我几乎每天都要写，现货现卖，所得稿费要占我收入之半。写作的内容，不拘一格，主要是我课堂上的讲稿和对时事的评论，以及出国访问的杂记。这段时间里所发表的文章后来编成小册子发行，其中比较畅销的有《初访美国》《美国人的性格》《重访英伦》《内地农村》《乡土中国》《乡土重建》《生育制度》《民主、人权、宪法》等。

这许多为了补贴生活而写下的文章里，其实更直接暴露了我的思想，而我的思想也是密切和我的学术思路相联系的。现在回头翻阅一看，其中很明显地贯串着我在上面所说的向社会实体的倾斜。我的三本访外杂写，实际上是把英美的社会分别作为各具个性的实体所谓民族性格来描述的。其中我常用具体看到的人和事作为资料，我心目中一直在和中国社会作比较。比如我把住处经常迁移的美国城市居民和中国传统的市镇和乡村的居民相比较而以“没有鬼的世界”来表明美国社会的特点。文内尽管有人有事，而实际是把它们作为文化的载体来处理的。

我在美国时特别欣赏本尼迪科特（R.Benedict）的《文化模式》和米德（M.Mead）的《美国人的性格》，我根据米德这本书，用我自己的语言和所见的事实写出了《美国人的性格》一系列文章，并编成一册。这里所说的社会性格都是超于个人而存在和塑型个人的社会模式。这不是把社会看成了超人的实体的思路吗？我又写出了《乡土中国》一系列文章，也许可以说和《美国人的性格》是姐妹篇，现在看来，这种涂尔干式的社会观已成了我这一段时间的主要学术倾向。

上面已提到这种倾向在理论上表白得最清楚的是在 1936 年完成那一系列《生育制度》的文章。我明确的否定家庭、婚姻、亲属等生育制度是人们用来满足生物基础上性的需要的社会手段。相反的，社会通过这些制度来限制人们满足生物需要的方式。这些制度是起着社会新陈代谢的作用，甚至可以说，为了解决生物界中人的生命有生有死的特点和社会实体自身具有长期绵续、积累和发展的必要所发生的矛盾，而发生社会制度的。我说如果从以满足两性结合的生物需要作为出发点，其发展顺序应当是说由于要满足两性结合的需要而结婚生孩子，接着不得不抚育孩子而构成家庭，又由子孙增殖而形成亲戚，这种一环扣一环可说是“将错就错”形成的社会结构。如果反过来看由于社会需要维持其结构的完整以完成其维持群体的生存的作用，必须解决其内部成员的新陈代谢的问题，而规定下产生、抚养新成员的办法，而形成了“生育制度”。这个制度并不是用来使个人满足其生物上性的需要，而是因婚姻和家庭等规定的制度来确定夫妻、亲子及亲属的社会角色，使人人得以按部就班地过日子。这两种对生育制度的不同理解正好说明功能派里两派的区别。

我这本《生育制度》是在 1946 年和潘光旦先生一起住在乡间时

完成的，他最先看到我的纸稿，而且看出了我这个社会学的思路，和他所主张的优生强种的生物观点格格不入。当我请他写序时，他下笔千言，写了一篇《派与汇》的长文，认为我这本书固然不失一家之言，但忽视了生物个人对社会文化的作用，所以偏而不全，未能允执其中。

他从社会学理论发展上提出了新人文思想，把生物人和社会结合了起来，回到人是本位、文化是手段的根本观点。这种观点我们当时并没有会通。而且由于我们当时的处境并没有条件和心情展开学术上的理论辩论。我把全书连着这篇长序交给商务印书馆出版后，自己就去伦敦访问。1947 年回国，我和潘先生虽则同住一院，但却无心继续在这个社会学的根本观点上进一步切磋琢磨，这场辩论并没有展开，一直被搁置在一旁，经过了近半个世纪，潘先生已归道山，我在年过 80 岁时才重新拾起这个似乎已尘灰堆积的思绪，触发了我的重新思考，这已是 90 年代的事了，留在下面再说。我这本《生育制度》实际上结束了我学术历程的前半生。

1947 年在英国访问以及回国之后到 1949 年北京解放，这段时间从我写作上说我曾称之为“丰收期”，北京的《中建》周刊，上海的《观察》周刊和《大公报》经常有我的文章，但我所写的主要是时事评论，其中固然表达我对社会的基本观点，而且通过《观察》以及三联书店出版了我在抗战时期所发表的文章的集子，一时流传很广，成了当时的一个多产作家，但是回头来看，这段时间，在学术思想上并没有什么新的发展。

## 六

如果从狭义的学术经历来说，我觉得可以把《生育制度》一书来作为我前半生学术经历的结束。自从 1930 年进入社会学园地时算起到 1949 年解放，一共是大约 20 年。接下去的 30 年是一段很不寻常的经历，包括解放、反右和“文革”的中国大变革时期。这一段时期里我的思想情况在《当代人类学》(*Curent Anthropology*)杂志发表的1988年10月我和巴博德(Pasternak)教授的谈话记录中有比较直率的叙述，这里不用重复了。但是联系上面所提出的有关社会性质的根本问题时，我觉得要有一些补充，说一说我近来才有的一点新的体会，足以说明我后半生学术思路的若干变化的由来。我越来越觉得一个人的思想总是离不开他本人的切身经历。我解放后所逢到的我称之为不寻常的经历，必然会反映在我其后的学术思想上，以至立身处世的现实生活上。我如果完全把这段时间作为学术经历中的空白，是不够认真的。

在比较这一生中前后两个时期对社会本质的看法时，发现有一段经历给我深刻的影响。我在前半生尽管主张实地调查，主张理论联系实际，但在我具体的社区调查中我始终是以一个调查者的身份去观察别人的生活。换一句话说，我是以局外人的立场去观察一个处在生活中的对象。我自身有自己的社会生活，我按着我自己社会里所处的角色进行分内的活动。我知道我的所作所为是在我自己社会所规定的行为模式之内的，我不需要犹豫，内心不存在矛盾，我所得到别人对我的反应也是符合我的意料的。这就是说我在一个共同的社会结构中活动。尽管这个社会结构也在变动中，这种变动是逐步的，而且是通过主动能适应的变动。我并不觉得自己和社会是对立物。

但是在解放之后的一段时间里，我自己所处的社会结构发生了革命性的变动，那就是说构成这个结构的各种制度起了巨大变动，在各个制度里规定各个社会角色的行为模式也发生了巨大变动。表演得最激烈的例子发生在“文革”的高潮中。作为一个教授的社会角色可以被他的学生勒令扫街、清厕和游街、批斗。这种有着社会权力支持的行为模式和“文革”前的教授角色的行为规范是完全相悖的。当然“文革”这种方式的革命是很不寻常的，但是在这不寻常的情景中，社会的本来面目充分显示出来。我觉得置身于一个目的在于显示社会本质和力量的实验室里。在这个实验室里我即是实验的材料，就是在我身上进行这项实验。同时，因为我是一个社会学者，所以也成了观察这实验过程和效果的人。在这个实验里我亲自觉到涂尔干所说“集体表象”的威力，他所说的集体表象，就是那“一加一大于二”的加和大的内容，也就是我们通常说的社会的本质这个实验证实了那个超于个人的社会实体的存在。

但就在同时我也亲自感觉到有一个对抗着这个实体的“个人”的存在。这个“个人”固然外表上按着社会指定他的行为模式行动：扫街、清厕、游街、批斗，但是还出现了一个行为上看不见的而具有思想和感情的“自我”。这个自我的思想和感情可以完全不接受甚至反抗所规定的行为模式，并做出各种十分复杂的行动上的反应，从表面顺服，直到坚决拒绝，即自杀了事。这样我看见了个人背后出现的一个看不见的“自我”。这个和“集体表象”所对立的“自我感觉”看来也是个实体，因为不仅它已不是“社会的载体”，而且可以是“社会的对立体”。这个实验使我看到了世界是可以发生不寻常的社会结构的革命性的变动。这种变动可以发生在极短的时间里，但是极为根本地改变了社会结构里各制度中社会角色的行为模式。为期 10 年的“文革”在人类历史上是一次少见的“实验”，一次震度极强烈的社会变动。我的学力还不够做更深入的体会和分析，但是我确是切身领会到超生物的社会实体的巨大能量，同时也更赤裸裸地看到个人生物本性的顽强表现。

从这次大震动中恢复过来，我的初步体会是作为一个社会里的成员必须清醒地自觉地看到社会结构的不断变化，尽管有时较慢较微，有时较快和较为激烈。处在社会结构中的个人，应当承认有其主动性。个人的行为既要符合社会身份一时的要求，还得善于适应演变的形势。学术工作也是个人的社会行为，既不能摆脱社会所容许的条件，也要适应社会演进的规律，这样才能决定自己在一定历史时期里应当怎样进行自己的学术工作。这种自觉可说是一方面既承认个人跳不出社会的掌握，而同时社会的演进也依靠着社会中个人所发生的能动性和主观作用。这是社会和个人的辩证关系，个人既是载体也是实体。

这点理论上的感受，虽则一直潜伏在我的思想里，在我“文革”后的公开讲话中也有所表达，但是还不能说已充分落实在后半生的学术工作中。“见社会不见人”还是我长期以来所做的社区研究的主要缺点。

## 七

下半生的学术生涯，可以说从 1978 年开始，直到目前一共有 15 年。刚从“不寻常”的经历中苏醒过来时，我就想既然得到了继续学术研究的机会，就该把 30 年丢下的线头接下去，继续从事社区研究，而且这时我对社区研究本身的功能有了一些更明确的看法，正如我在和巴博德教授谈话中所说的，我们做的研究实际上是发挥人特有的自觉能力，成为自然演化的一种动力。人类社会是不断发展的，表现为生产力的不断增长。我们就得有意识地把中国社会潜在的生产力开发出来，提高人民的生活水平。这个进化观点我是早就接受了的。解放之后我又接受了当时的马列主义学习，认识到生产力是社会发展的基本推动力。这种思想和我早日翻译的奥格朋的《社会变迁》中强调科技的发展也正相合。我的《江村经济》调查就是接受了我姊姊改革蚕丝生产技术的启发而进行的。所以我在 80 岁生日那天以“志在富民”4 个字来答复朋友们要求我总结我过去 80 年所作所为的中心思想。“志在富民”落实到学术工作上就是从事应用科学，所以我把调查看作应用社会学。这一个思路，我有机会于 1980 年 2 月在美国丹佛接受应用人类学会授予我马林诺斯基奖的大会上发表的《迈向人民的人类学》讲话时，得到公开发表的机会。

1981 年我又接到英国皇家人类学会授予我赫胥黎奖的通知，我的老师费思建议，要我在会上介绍江村在解放后的变化。为此我特地三访江村进行一次简短的调查。就是这次调查引起了我对当时正在发生的乡镇企业和小城镇的研究兴趣。从那时起我就抓住这个题目不放，组织了一个研究队伍，跟着农村经济发展的势头，从江村一个村，扩大到吴江县的七个镇。然后一年一步从县到市，从市到省，从一个省到全国大部分的省，从沿海到内地，从内地到边区，不断进行实地观察，直到现在已经有10年多了。我每去一地调查常常就写一篇文章，记下我的体会。10年来已积了近40篇，其中大部分已收集在今年出版的《行行重行行》一书中。这一系列文章还在继续写下去，可说是我下半生的主要学术方向。

这一系列文章在理论上说是以《江村经济》为基础的，把社区的经济发展看成是社区整体发展中的一主要方面，并和其人文地理及历史条件密切联系起来，进行分析。我看到在不同条件下社区发展所走的路子不同，于是我又应用比较观点分出不同模式，并提出“多种模式，城乡结合，随机应变，不失时机”的发展方针。更从城乡结合的基础上升到经济区域的概念，逐步看到整个中国发展过程中形成的位区格局。这种社区研究是以农民自己创造的社会结构为出发点，分析这种结构形成的过程，它所具有的特点，并看出其发展的前景。这是实事求是的看法，而其目的是使各地农民可以根据自身所处的条件，吸取别地方的经验，来推动自身的发展。所以可以说这种社区研究是应用社会学——一门为人民服务的社会科学。

回顾我这10年的研究成果，总起来看还是没有摆脱“见社会不见人”的缺点。我着眼于发展的模式，但没有充分注意具体的人在发展中是怎样思想，怎样感觉，怎样打算。我虽然看到现在的农民饱食暖衣，居处宽敞，生活舒适了，我也用了他们收入的增长来表示他们生活变化的速度，但是他们的思想和感情，忧虑和满足，追求和希望都没有说清楚。原因是我的注意力还是在社会变化而忽视了相应的人的变化。

翻阅我这段时间里所发表的关于社会学的言论时，我看到我思想确是已经改变了一些原来对个人和社会关系的看法，我不再像在《生育制度》中那样强调社会是实体、个人是载体的论调，而多少已接受了潘光旦先生的批评，认识到社会和人是辩证统一体中的两面，在活动的机制里互相起作用。这种理论见于我在1980年所讲的《社会学和企业管理》及《与精神病医生谈社会学》。

《社会学和企业管理》是我在第一机械工业部的讲话，在这篇讲话里我提到了1944年我在哈佛商学院遇见的埃尔顿·梅奥教授（Elten mayo），他曾在芝加哥的霍桑工厂里研究怎样提高劳动生产率的问题，做了一系列实验。起初他采取改变各种工作条件，如厂内的光线、休息的时间等，来测验工作效率是否有相应的提高，结果确是上升了。但梅奥认为并没有解决提高工作效率的关键问题。他接着再倒过来做实验，一一取消了这些客观条件的改变，出于大家意料之外的，工作效率却依然上升。他从中得到了一个重大的发现，原来不是客观条件的改变促使了工作效率的上升，而是他的实验本身起了作用。因为工人参与了这个实验，自己觉得在进行一项有意义的科学工作，从而发现了自己不是一个普通拿工资干活的机器，而是一个能创造科学价值的实验者了。这个转变提高了他们的积极性。梅奥在这里发现了普通“工人身份”后面潜伏着一种“人的因素”，这个因素是工作效率的源泉，梅奥的“人的发现”改变了美国的工厂管理。联系我们所关心的问题来说，他是使社会身份——即社会规定的行为模式——背后这个一直被认为“载体”的个人活了起来了。使行为模式变成人的积极行为的是潜伏在社会身份背后的个人。其实我们在舞台上评论演员时，总是看他是否进入了角色。进入了角色就发挥出演员的积极性，演好了戏，演唱的好坏还是决定于演员本人。明白这一点，个人和社会的关系也就明白了。

上面提到的第二篇讲话是我在北京医学心理学讲习班上的讲话。我最初的题目是“神兽之间”，意思是说人既是动物而又已经不是动物，人想当神仙，而又当不成神仙，是个两是两不是的统一体。社会总是要求“满街都是圣人”，把一套行为规范来套住人的行为，可是事实上没有一个人是心甘情愿当圣人的，即便是我们的至圣先师孔老夫子也是到了快死的70岁时方才做到“从心所欲，不逾矩”。但是人又不能不在社会结构里得到生活，不能不接受这个紧箍咒，小心翼翼，意马心猿地做人，所以我用了弗洛伊德所说的三层结构来说明人的心理构成：一是 id（生物性的冲动）；二是 ego（自己）；三是 Super- ego（超己）。id 就是兽性。ego 是个两面派，即一面要克己复礼地做个社会所能接受的人，一面又满身难受地想越狱当逃犯。Super-ego 就是顶在头上，不得不服从的社会规定的身份。我当时指出神兽之间发生的形形色色的矛盾正是（精神病）医生要对付的园地，神兽之间有其难于调适的一面，但是普通的人并不都是要挂号去请教精神病医生的。那就是说神兽之间可以找到一个心安理得做人的办法的。于是我得回到潘光旦先生给我《生育制度》写的序言里所提出的中和位育的新人文思想。

新人文思想依我的理解就是一面要承认社会是实体。它是个人在群体中分工合作才能生活的结果，既然要分工就不能没有各自的岗位，分工之后必须合作，岗位之间就不能不互相配合，不能没有共同遵守的行为规则。有了规则就得有个力量来维持这些规则。社会是群体中分工合作体系的总称，也是代表群体维持这个分工合作体系的力量。这个体系是持续的，超过个人寿命的，所以有超出个人的存在、发展和兴衰。社会之成为实体是不可否认的。但是社会的目的还是在于使个人能得到生活，就是满足他不断增长的物质及精神的需要。而且分工合作体系是依靠个人的行为而发生效用的，能行为的个人是个有主观能动性的动物，他知道需要什么，希望什么，也知道需要是否得到了满足，还有什么期望。满足了才积极，不满足就消极。所以他是活的载体，可以发生主观作用的实体。社会和个人是相互配合的永远不能分离的实体。这种把人和社会结成一个辩证的统一体的看法也许正是潘光旦先生所说的新人文思想。

我回顾一生的学研思想，迂回曲折，而进入了现在的认识，这种认识使我最近强调社区研究必须提高一步，不仅需看到社会结构，而还要看到人，也就是我指出的心态的研究。而且我有一种想法，在我们中国世世代代这么多的人群居住在这块土地上，经历了这样长的历史，在人和人中和位育的故训的指导下应当有丰富的经验。这些经验不仅保留在前人留下的文书中，而且应当还保存在当前人的相处的现实生活中。怎样发掘出来，用现代的语言表达出来，可能是今后我们社会学者应尽的责任。对这个变动越来越大，全世界已没有人再能画地自守的时代里，这些也许正是当今人类迫切需要的知识。如果天假以年，我自当努力参与这项学术工作，但是看来主要是有待于后来的青年了。愿我这涓滴乡土水，汇归大海洋。

1993 年 7 月 24 日

# 试谈扩展社会学的传统界限*

我们中华文化经过几千年的发展，积淀着一些宝贵的东西。特别是近年来世界动荡，当前的世界已经到了亟须改革创新的时刻。在我脑子里出现了不少过去没有提出过的问题。有时和同事、学生们闲聊和反复讨论，并用录音机录下来，经过他们的帮助形成文章，我再进行修改定稿，还可以提出一些论文以供参考。

社会学是具有“科学”和“人文”双重性格的学科。社会学的科学性，使得它可以成为一种重要的“工具”，可以“用”来解决具体的问题，比如预测一个社会的发展走向，调查一个群体的态度和行为，分析某个社会组织的运行机制，解决某个紧迫的社会问题等。然而，社会学的价值，还不仅仅在于这种“工具性”。今天的社会

* 原载《北京大学学报（哲学社会科学版）》2003年第3期。

学，包括它的科学理性的精神，本身就是一种重要的“人文思想”；社会学科研和教学，本身就是一个社会人文精神养成的一部分。社会学的知识、价值和理念，通过教育的渠道，成为全社会的精神财富，可以帮助社会成员更好地认识、理解自我和社会之间的关系，以提高修养，陶冶情操，完善人格，培养人道、理性、公允的生活态度和行为，这也就是所谓“位育”教育的过程，是建设一个优质的现代社会所必不可少的。社会学的研究方向，要考虑到这种人文方面的需要。社会学的人文性，决定了社会学应该投放一定的精力，研究一些关于“人”“群体”“社会”“文化”“历史”等的基本问题，为社会学的学科建设奠定一个更为坚实的认识基础。中国丰厚的文化传统和大量社会历史实践，包含着深厚的社会思想和人文精神理念，蕴藏着推动社会学发展的巨大潜力，是一个尚未认真发掘的文化宝藏。从过去 20 多年的研究和教学的实践来看，深入发掘中国社会自身的历史文化传统，在实践中探索社会学的基本概念和基础理论，是中国学术的一个非常有潜力的发展方向，也是中国学者对国际社会学可能做出贡献的重要途径之一。

## 一、究“天人之际”

社会学的一个基本问题，就是人的“生物性”和“社会性”的关系。这就是我们注意到的，社会学对人的“生物性”的界定，和生物学、医学意义上的人的“生理”“生命”“生物”的概念应当是有区别的。作为自然科学的生物学和医学，它们是把人的所谓“生物性”，也就是和其他生物可比较的生命的物质形态方面，单独划分出来，孤立地看，称之为“生物性”。并以此为对象，运用物理化学等基础知识，进行一种“自然科学”的研究，而同时忽略了其他“非生物”方面——社会的、精神的、文化的——的属性。比如，他们在解剖一个人的生理结构和功能的时候，只考虑其“生理”“生物”的意义，而不考虑这个人究竟是一个农民，还是军人，还是知识分子，这些“社会”角色在医学、生物学上“没有意义”。这种“分析”“分解”式的思维方式和研究方法，是一般西方自然科学通行的方式。

但在社会学中，我们所说的人的“生物性”，并不是这种单划出来的一个孤立的独特的范畴，不是一个和所谓“社会性”互相隔离的属性，相反，社会学中“人”的“生物性”，应当属于人的“自然属性”的一部分，是一种更为广义的概念，是和人的“社会性”融为一体的，二者是互相兼容、包容的。确切地说，这种社会学把“社会”本身，视为广义的“自然”（包括“生物”）的一部分，“社会”的存在和演化，都是包含在广义的“自然”的存在和演化之中的。社会和自然，不是两个“二分”（duality）的概念，更不是相互“对立”的范畴，而是同一事物的不同方面，不同层次而已。这种理念，最好的表达方式，就是中国古代“天”的概念。“天”不是像西方的“上帝”那样超越于人间万物之上的独自存在的东西，“天”和“人”是统一的，息息相关的，人的一切行动和行为，都在“天”的基本原则之中，人不能彻底摆脱、超越这个“天”的，即所谓“谋事在人，成事在天”；同时，天也随着人的行为而不断做出各种反应，故有所谓“天道酬勤”“天怨人怒”之说。社会学中“社会”和“自然”的关系，很像这种理念，我们首先把“人”置于“自然”这个大的背景中来看，“人”和“自然”是合一的，作为人类存在方式的“社会”，也是“自然”的一种表现形式，是和“自然”合一的。我们今天用“合一”这个词，就是说它们本来就是不能分开的。尽管人们通常在语言中、在概念上把它们分开处理，但这只不过是常规思维中为了认识和解释方便而采用的一种“概念化”（conceptualization）方式，而我们从学术角度，不把“自然”和“人类社会”割裂开来，而是把它们视为统一的，是一体的。人类社会的规律，也就是自然的规律，人类社会的原则，也就是自然的原则；同样，自然的原则（如古人说的“天道”），也是人类社会的原则……这种观念，作为社会学研究的基础，可以使我们从一个基本的层面上，摆正人和人之外的世界的关系。即中国传统上所谓“一而二，二而一”的意思。一可以分为二，而二还是包含在一之内。

我们把“人”放到自然历史演化的总的背景下去理解，人是自然界演化的一个过程和结果，同样地，所谓“社会”“人文”也是自然的一部分，它是人根据自身的需要造出来的一个第二环境，但“人文”只能建立在自然规律和原则的基础上，“人文”的活动，只是在很多方面利用自然，利用自然特性，顺着自然内在的规律，适应它的要求，为人所用，而不能真正改变这些规律和原则，也不可能和“自然”法则对抗，不可能超越自然的基本规律。

这种“天人合一”的思想，实际上不仅是中国的，它是世界上很多文明所具有的基本的理念，但中国人传统上对这方面有特别丰富的认识和深刻的探讨。今天中国社会学应该继承这种传统，从自然存在和演化的角度，对“人”和“社会”进行最基本的定义。

需要注意的是，在近代，中国人这种观念发生了很大的变化。19 世纪末到 20 世纪初，中国知识分子在救亡图存的努力中，曾经在短时间内大量借鉴西方近现代社会思想，这种借鉴对中国现代学术发展起到了非常重要的促进和推动作用，为现代中国学术建立了一个重要的基础。但是，也应该看到，这种匆忙的、被动的借鉴的过程，也存在着很多粗糙和不协调之处，特别是对于人和自然的关系上，我们在接受西方现代科学的同时，基本上直接接受了西方文化中“人”和“自然”的二分的对立的理念，而在很大程度上轻易放弃了中国传统的天人合一的价值观。在实践中，后来大量出现的豪迈的“战天斗地”“征服自然”“改造山河”“人有多大胆，地有多大产”的强烈的冲动，一反中国古代人与自然环境互相依存、通融、欣赏的态度，把自然视为一种对抗性的力量。在社会学领域，则不太习惯于把人、社会、自然放到一个统一的系统中来看待，而是常常自觉不自觉地把人、社会视为两个独立的、完整的领域，忽视社会和自然之间的包容关系。

对于“人”和“自然”的关系的理解，与其说是一种“观点”，不如说是一种“态度”，实际上是我们“人”作为主体，对所有客体的态度，是“我们”对“它们”的总体态度。这种态度，具有某种“伦理”的含义，决定着我们“人”如何处理自己和周围的关系，而这种关系，是从我们“人”这个中心，一圈圈推出去，其实也构成一个“差序格局”。问题的核心是，我们把我们人和人之外的世界，视为一种对立的、分庭抗礼的、“零和”的关系，还是一种协调的、互相拥有的、连续的、顺应的关系？对这一问题不同的回答，反映出人类不同文化、文明中世界观深刻的差异。

社会学对这一问题的回答，如果是基于东亚文明的历史和文化传统，那么理所当然地是一种强调协调、共处、“和为贵”的哲学基础，这种文化传统，使得我们很自然地倾向于“人”和“自然”相统一的立场。

## 二、精神世界

“人类社会”是广义的“自然”的一部分，但人是有其自身特殊性的一部分。在很多意义上，我们可以把“人”视为已知的自然演化的最高的成就。当然，这仅仅是我们作为人本身的认识，因为我们的认知是有局限性的。我们的感知方式和能力、我们自身的存在形式本身、我们在时空方面的有限性等，就是我们的局限性。我们只能在这种局限性之内讨论所有的问题，至于在我们的感知能力之外，这个宇宙（天）还有哪些存在形式和属性（比如人们想象的多维空间、能量化的生命等以及想象之外的东西），我们就无法做出有意义的判断了。但在我们的认知范围内，我们看到人是具有特殊性的，是明显不同于周围世界的。这就是我过去说过的，我们想象，假如有来自外层空间的其他生物，他们到地球上，看到地球上生机勃勃的景象，他们肯定很快就会把“人”这种生物和地球上的其他东西分开。人的特殊性，是我们社会学研究的重点领域，但社会学并不仅仅研究人的特殊的一面，还要研究人与自然一般相同的方面。在社会学者眼中，认识“人”的特殊性，不是要局限于这种“特殊”，而是要更全面地认识人的属性。

“人”特殊性何在？或者说“人之所以为人”究竟凭什么？这本身就是一个长期争论、没有共识的问题。像这类关于“人”的各种最基本的问题，涉及人类对世界和自身的最基本假设，往往成为一种精神信仰和世界观的基石，构成一种文明的基础，因此也往往成为人们争论最激烈的问题，有时被赋予强烈的意识形态色彩。在中国，不同时代，不同思想流派，对这一问题也有不同的回答。作为具有科学理性传统价值观的社会学，通常认同于一种科学理性的解释，人是有生命的，在自然中首先属于“生物”，这就不同于“非生物”的世界，而在“生物”中，人最重要的特殊性，我认为，就是人有一种“精神世界”，这是其他生物可能没有的，至少在我们的认知范围内还没有确切发现。

人的精神世界，可以笼统地说成“人的一种意识能力”，但实际上，这是一个远远没有搞清楚的问题。社会学自身无法完成这种探索，但这种探索，于社会学的发展具有重大意义。“精神世界”作为一种人类特有的东西，在纷繁复杂的社会现象中具有某种决定性作用；忽视了精神世界这个重要的因素，我们就无法真正理解人、人的生活、人的思想、人的感受，也就无法理解社会的存在和运行。我们鼓励社会学者和学习社会学的学生，把一定的精力投放到这方面的探索和研究中，这是我们社会学的人文价值的一个重要体现，也是相对薄弱的方面。社会学对于人的精神世界的研究，当然不是像哲学、神学、精神病学等学科的研究视角，而应该是一种“社会学”的视角。目前，社会学界如何面对这一问题，基于什么方法论和方法研究这些问题，还是没有基本的规范，但这方面的研究，是十分有意义的。

从社会学角度研究人的精神世界，也要避免一种简单“还原论”的倾向，那就是试图把所有精神层次的现象和问题，都简单地用“非精神”的经济、政治、文化、心理等各种机制来解释。还原论式的解释方式，看似一种圆满的“解释”，实际上往往恰恰忽视了精神世界自身的特点，忽视了“精神世界”——把人和其他生物区别开来的特殊存在物——的不可替代性。社会学对于精神世界的理解，应该是把它和社会运行机制联系起来，但不是简单地替代，不是简单地用一般社会层次的因素去解释精神层次的活动。当然，最理想的，是在社会学研究中真正开辟一个研究精神世界的领域，从方法论层次上进行深入的探索，探索如何基于社会学的学术传统和视角，开展对人的精神世界研究。

## 三、文化与“不朽”

从人的生物性和社会性的关系，自然地引出人的群体性、文化性和历史性的问题。关于人的文化性和历史性，我们经常讨论，但至今缺乏的是结合实际研究的具体的阐释。在“常人思维”中，“文化”和“历史”似乎纯粹是“社会”的东西，和“自然”“生物”没有多大关系，可是在社会学学术上，文化性和历史性，是与人的生物性密切相关的两个不同的概念。

比如，一个人刚出生的一瞬间，是只有一般的“生物性”而没有社会性的，但就从此时此刻开始，就和妈妈在一起，从个体的人，变成了“群体”的人，开始交流和互动，加入了“人类社会”的生活，也就变成了“社会”的人，具备了社会性。所以我们说从一出生，在这个“人”的生活中，就包含了社会性和生物性。

社会中的人，尽管都是已经具有社会性、生物性的双重人。个体生命开始时，在母胎里成熟的过程中和妈妈还是合二为一的，直到分娩，才告一段落，一分为二，结束母子在生物性上难分难解的状态，成为分别获得社会性的两个人。但各自的生物性仍然起着重要的作用，而且常常是决定性的作用，其中最基本、最明显的，就是生老病死，这种生物性的因素，你是永远摆脱不了的。所以我们说人有“社会性”，并不意味着就没有“生物性”了，社会性和生物性不是互相排斥的，不是非此即彼的，而是互相兼容、互相结合的，这就是“人”和“自然”（天）的同一性的一个方面。人的生物性，决定了人是要生老病死的，每个人都是有生有死的，但一个社会是可能不死的，是可能长久存在下去的（当然，并不是所有社会都必然永远存在，也有整个消亡的），这种“死”和“不死”，是我们社会学研究的一个非常关键的问题。“社会”为什么能长久存在？因为有“文化”，而文化是如何起作用的？是基于人的群体性即社会性，群体可以超越个体的局限。每个个体的人有生有死，但不是所有的人都同时生同时死；不同的人的生与死，是有时间差的，生不同时，死不同刻，而不同时间生死的人，不同代际的人，有共处的时间，在共处的这段时间里，每个人的人生经验、知识、感受、发现、发明等，可以互相交流，互相学习，互相传递，可以变成别人的东西，保存在别人那里。一个人的生命可能会逝去，但是他一生的知识积累，不一定随他（她）的生命结束而消失，它们会传递给别人，传递给继续活着的人，别人再传递给别人，可以传给很多人，这样不断传递，就成为社会很多人共同的知识即文化，保存在很多人的头脑中，形成一个不断增加的、动态的、更新的、分散的“信息库”，这个信息库又反过来不断塑造着新的社会成员的态度和行为，这就是文化的传承。同时，由于各种信息载体（石刻、竹简、书本、磁带、光盘等）的存在，人们可以把知识记录下来，储存起来，几十年，几百年，留给后来人，这样，即使一个社会真的消失了，一个文化中断了，但后来其他社会的、其他文明的活着的人还可以从那些很久以前死去的人那里学习各种知识——人和人可以跨越时间、空间的障碍，进行交流和学习，分享知识和经验。

文化传承中，有很多这种跨越时间空间继承的例子。比如我们今天经常说“西方文化来自古希腊罗马文明”，实际上，尽管古希腊罗马本来就属于欧洲，但他们的很多文化成就，并不是通过他们自己生物性的后人直接传到近代欧洲的，而是通过阿拉伯人“转手”的，因为在中世纪，欧洲本身的很多古典文化的东西中断了，而这些东西保存在阿拉伯人那里，后来“文艺复兴”，欧洲人不是从自己的前辈手里，而是从阿拉伯人那里又“取回”了很多古希腊罗马人创造的知识。又比如犹太人的希伯来语，本来已经消失很多个世纪，仅有少数考古学家能阅读其文字，但19世纪末，犹太人要重新建国的时候，这些学者通过首先教自己家里人说，再跟朋友圈子说，越来越扩大，经过几十年，居然把这种已经“死去”的语言恢复过来，到1947年以色列建国的时候，被定为“国语”。中国历史上这类例子也很多，中国春秋战国的很多东西，被秦始皇毁坏了很多，汉朝时通过仅存的一些儒生和残存的旧竹简，把儒家的东西恢复过来，成为官方意识形态。历史上中原战乱时期，中原文化的很多东西，传播到其他地区，比如江南、朝鲜、日本等，保存下来，而它们在中原反而消失了，后来中原人又从这些地方把这些古代的文化成果学回来。中国人也为其他文明保存过很多重要的历史知识。比如印度是一个不太注重编年史的文明，今天国际上研究印度历史，很多要从中国古代文献，特别是玄奘当时的游记中获得资料。目前中国周边的国家的历史，也有许多因记录在中国古代文献中而得到保存。

社会和文化可以使人“不朽”。像唐朝的诗人李白，他作为一个人，他的生物性决定了他必然会逝去，但他的诗作，连同他的诗的风格，都保存在各种文献中。李白这个人，是一个具有有限生命的“人”，而他的诗和诗的风格，则是“文化”，“人”是会消失的，但“文化”保留下来了，社会长存，文化不死，创造文化的人也就“不朽”了。一个人创造的文化不仅能保留，还能传递，还能影响别人，能激发别人的灵感，实现“再创造”，所以传统可以成为新文化生长的土壤。李白的诗作，经过几百年、上千年后，还能重新影响、塑造出别的诗人，他们可能接近李白，可能超过李白……文化把不同时间空间的人“接通”了，可以共享生活的经历和生命的体验；文化能够超越个体生命的生死和时空的障碍，能够生生不息、发扬光大。

文化的传递，必然是一种历史过程，所有文化都必须是积累的，没有积累，没有超越生死、时空的这种积累，文化就不可能存在。

从“个人和群体”的角度理解文化，“文化”就是在“社会”这种群体形式下，把历史上众多个体的、有限的生命的经验积累起来，变成一种社会共有的精神、思想、知识财富，又以各种方式保存在今天一个个活着的个体的生活、思想、态度、行为中，成为一种超越个体的东西。当一个新的生命来到这个世界上时，这套文化传统已经存在了，这个新的生命体就直接生活在其中，接受这些由很多人在很长时间里逐步创造、积累的文化，所以文化具有历史性，它是跨越时间、空间和生命的东西，也是先于个体而存在，不随个体的消失而消失的东西。所以我们看文化，必须历史地看，只有在历史中，文化才显示出其真实的意义。

文化的历史性，是广义的，不仅具体的知识和技能是在历史长河中积累传承的，更深层更抽象的很多东西，比如认识问题的方法、思维方式、人生态度等，也同样是随文化传承的。更进一步说，文化的传承，也同样包含了“社会”的传承，比如社会的运行机制，也是随文化传承的；社会结构，同样是伴随文化传承下来的，一个社会基本的结构，夫妻、父母、社区结构，都是文化的一部分，是先人传下来的，是晚辈向长辈、后人向前人学来的。学习、继承中不断有修正和创新，但只有在继承中才可能有创新，这就是为什么我们研究社会也好，改革社会也好，绝不能抛开历史，没有一个社会结构是完全凭空构建的，它总是要基于前一个社会结构，继承其中的某些要素，在此基础上建立新的东西。比如，即使像美国这样一个“人造”的国家，其社会结构也不是从美国建国时突然开始的，而是从欧洲移植过去的。美国社会的主体结构，实际上是来自欧洲的白人移民主导建立的，他们不管什么身份——是反叛者也好，流亡者也好，淘金者也好，梦想家也好——其基本的文化背景、思维方式、人生态度、知识技能等，还是在欧洲社会结构中造就的。他们在最早建立殖民地的时候，就不可避免地也只能基于欧洲的社会文化传统，他们可能属于当时欧洲的“非主流”，反对当时欧洲的主流，但它们的“非主流”，仍然是“欧洲”的非主流，是一种文明中不同的分支，所以它们的社会结构，并不是凭空创造的，实际上是欧洲文化的延伸和变体。同样，像我们今天的这个“中国”，虽然是在一场摧枯拉朽的革命之后建成，但我们今天的社会结构，并不都是 1949 年建国时一下子凭空创造出来的，它是过去几千年社会结构演化的继续，是和过去的社会有密切相关的。建国时期几亿人口的思想、文化、价值、理念都是从此前的历史中延续下来的。谁也不可能把一个社会中旧的东西突然“删除”“清洗”，变成空白，再装进去一个全新的东西。我们中国的革命，形式上是“天翻地覆”“开天辟地”，实际上，它是建立在中国社会自身演化的内在逻辑之上的，也是中国文明演进的一个连续过程的一个阶段。建国 50 多年后的今天的中国社会，还是跟过去的社会密切相关，社会的方方面面的历史文化积累过程是不间断的永恒的全方位的。

## 四、“只能意会”

在社会学最基本的“社会关系”的研究中，实际上还存在着很多空白的领域，有待我们去进行探索。特别是在“人际关系”中各种“交流”的部分，始终是社会学没有说清楚的领域。比如人和人交往过程中的“不言而喻”“意在言外”的这种境界，是人际关系中很重要的部分。人们之间的很多意念，不能用逻辑和语言说清楚，总是表现为一种“言外之意”，这些“意会”的领域，是人与人关系中一个十分微妙、十分关键的部分，典型的表现，就是知心朋友之间、熟人之间、同一个亚文化群体成员之间，很多事情不用说出来，就自然理解、领悟，感觉上甚至比说出来还清楚。同样，在亲情之间，特别是在母亲和不懂事的小孩之间，也集中体现这种“不言而喻”，很多小孩子太小，有许多感受不会用语言表达，但妈妈凭感觉就明白这种“意会”，就是人和人交往的一种重要的状态，实际上常常是决定性的状态，它自然应该成为社会学的一个基本的关注点。

在群体中，在各种社会组织中，在社会各种圈子中，人们不仅总是运用这些“意在言外”的规则进行交流、调控和协商，而且还在不断地制造着这种“不言而喻”的默契的规则。实际上，只要是有两个人以上人的地方，相处有一段时间后，就会不断地生成这种默契，同时也不断地修正、更新这种“意会”的内涵，它成为人类的一种不自觉的、但又连续不断乐此不疲的工作，几乎任何群体在任何一个场景下，都会造成一些临时的或持久性的“意会”的规则：几个住在一起的同学，很快就发展出属于他们自己圈子的共同语言，这是不用故意去设计、安排的；同事之间在一个会议上，就可能形成临时的“意会圈子”，散会了就不再存在了；两个人一次不长的谈话，实际上也是在动态的互动中一边“试错”一边制造一种默契的过程……不夸张地说，一个社会，一种文化，一种文明，实际上更多地是建立在这种“意会”的社会关系基础上，而不是那些公开宣称的、白纸黑字的、明确界定的交流方式上；但是，这方面的研究还相当薄弱。尽管社会学人类学界实际上一直涉及这方面的研究，但多年来并没有集中力量探索，也就难有突破性的成就，很多东西还是一种描述性的解释。在这种“意会”的人际交往领域，中国文化本来具有某种偏好和优势，中国社会学的发展，也许可以在这方面做出某种划时代的成就。反过来说，如果不突破这一点，社会学不管是作为一种应用性的专业，还是一种人文修养的学科，都存在着严重的缺憾。

这种对人际关系中“意会”的研究，并不是沙龙里、书斋里、象牙塔里的话题，也不仅仅是一种抽象理论层次的探索，它本身就涉及现实中很多迫切需要解决的难题。比如，在我国过去 20 多年社会经济高速发展中，地区之间的发展，出现了很大的差异。一方面，珠江三角洲、长江三角洲的一些区域，实现了社会经济的高速、良性发展，实际上很多方面已经逼近发达国家的水平，可以说初步实现了中国人几代人为之奋斗的“现代化”的梦想。可是另一方面，中国还有很多地区，社会经济发展还远远落后于上述发达地区，有些区域，社会的深层结构还完全停滞在二三十年前的水平，没有实现社会的基本层面的变革。对于这些问题，我们社会学界，不仅只是简单地从制度层面、意识形态方面、资金技术方面、地理位置方面来研究，而且仅关注其社会性的一面。比如，在很多欠发达地区，在看得见摸得着的方面，比如制度、法律、规章、官方意识形态等方面，与发达地区并没有什么差别，因为同处于中国的基本制度之下，很多表面的东西是完全一致的，一样的，但这些地区在相同的政策、体制条件下，发展的效果却很不相同。通过深度的“参与观察”的研究就会发现，这里人们日常的细微的人际关系、交往方式、交往心态以及与之有关的风俗习惯和价值观念，和发达地区有相当大的差异，而这些“差异”的部分，大多是这种“只能意会、不能言传”的部分。这部分东西，实际上常常构成社会经济发展差异的真正原因。所以，我们要真正有效地促进落后地区发展，比如西部开发、东北国企改造等，就必须解决这种“意会”领域的问题，否则，仅仅在那些公开说明的、表面的“体制”“法律”“规章”上做文章，是解决不了实质问题的。

日常生活中这些“意会”的部分，是一种文化中最常规、最平常、最平淡无奇的部分，但这正是这个地方文化中最基本、最一致、最深刻、最核心的部分，它已经如此完备、如此深入地融合在生活的每一个细节中，以至于人们根本无须再互相说明和解释。而从社会运行的角度来看，这种真正弥散在日常生活中的文化因素，看似很小很琐碎，实际上是一种活生生的、强大的文化力量，它是一个无形的无所不在的网，在人们生活每个细节发生作用的东西，制约着每个人每时每刻的生活，它对社会的作用，比那些貌似强大、轰轰烈烈的势力，要深入有效得多，它对一个社会的作用，经常是决定性的。在地方社会中，越是我们“外人”看不出、说不清、感觉不到、意识不到、很难测量和调控的文化因素，越可能是一些深藏不露的隐含的决定力量，越可能是我们实际工作的难点，也越值得我们社会学研究者关注。在研究不同的地区发展的差异时，这种常常被人们“视而不见”或“熟视无睹”的东西，往往正是我们揭开当地社会经济发展秘密的钥匙。

文化的“意会”方面的实际意义，不仅限于区域发展研究，很多现实问题，比如引进外资、企业改造、基层组织、民族关系、都市文化、社区建设等，都涉及这方面的知识。我国当前大量的社会生活实践和学术研究的积累，已经为这方面的探索准备了相当的条件，社会学者如果能够充分利用现有的条件，加强这方面的研究，有可能在理论和应用上获得一些真正突破性的进展。

这种“意会”的研究，其实就是把社会学中最基础、最一般的概念——“社会关系”——的研究向深一层推进。学术上，其实并不是说总要一味去搞那些新奇的、超前的概念，很多非常平常、非常常见的概念，恰恰需要不断深入探讨，也往往是我们新的学术思想的最好的切入点和生长点。“社会关系”作为社会学最常用的概念，已经被无数人大量论述和阐释，已经是老生常谈了，但即使是这样一个人们熟知的基础性的概念，仍然有无限拓展和深化的空间。

## 五、“讲不清楚的我”

如果要不断深化对“社会关系”的研究，可以从不同的角度切入，除了“意会”之外，还有一个角度，那就是从社会关系的“两端”——人——的角度来探讨。当然，我们不必再重复社会学已有的成果，不必一般地从旁观者的视角探讨“人”这个概念，而是要从“主体”(subjective)的、第一人称的角度理解“人”，也就是研究“我”这个概念。

从“我”的角度，一个很值得关注的问题，就是每个人的这个“我”，实际上都分为好几个“我”，生物的“我”、社会的“我”、文化的“我”、表面的“我”、隐藏的“我”、说不清楚的“我”……但这并不是弗洛伊德等心理分析意义上的不同层次的“我”，而是一种社会学意义上的多方面的“我”。从理论上说，最普通、一般的“我”的感受应该是生物的“我”，但这是人们自己几乎不可能感知到的一个“我”，因为只有刚出生的时候的我，是纯粹“生物”的，但那时候，人根本不能感知自己，不可能知道自己这个“生物的我”。一般来说，人在某些极端情境下，丧失了后天文化赋予的各种感觉，回归到接近最基本的生命本能状态的时候，应该是比较接近纯粹生物的“我”的状态，比如在极度恐惧中凭本能逃生、极端痛苦已经丧失其他感觉、极度兴奋忘乎所以等，但在社会文化中长大的人，即使在这种情形下，也很难完全摆脱“文化”背景，很难成为一种纯粹的生物的“我”。另一种接近的情况，就是丧失正常的意识，只有生命本能反应，像睡觉的时候，喝醉的时候，但实际上这时候也不是纯粹的。即使睡着的时候，梦里也有文化，那是梦中之“我”，和醒时的“我”不同而已；喝醉的“我”也不是纯生物的，喝醉的时候，也是有一种独特文化的，不过和平时不同而已。另外在这些特殊的情形下，不管怎样，问题是我们自己几乎无法正常“感受”自己。

在诸多“我”中，有些“我”是看得见摸得着的，是可以公开说清楚的，但这部分“我”很有限，每个人都有很大一部分“我”，只在心里，讲不出来，这部分“我”实际上是“公众”之外的“我”。这部分“讲不出来的我”，常常是自己也不知道的，自己日常的生活、工作、举止言谈、社会交往等，受这个“我”支配，但自己也不清楚，这就涉及上面说到的人际关系中的各种“意会”，这种“意会”的主体，有时其实就是这个“讲不出来的我”。比如，我们读古诗词，感到美妙的意境，仿佛跨越千百年的历史，和古人共享那种悠然的感受，这种感受，往往是“难以言传”的，而对于一个具有这种诗词文化修养的人来说，又是“不言而喻”的。那么这种“意境”究竟是“谁”在感受呢？似乎不是平时吃饭睡觉的那个“我”，不是求职简历上那个能够一条条写清楚讲明白的那个书面中的“我”，也不是平时同事中、朋友中、街坊邻居中那个包括具体长相、性格、技能、爱好的“张三李四”的我。在“意在言外”的交流中，不是这些具体的、可描述的“我”在活动，而是一个不那么清晰的“我”在主导。因为那些可以描述出来的我，都是通过各种社会关系来定义的，当我们无法确切定义一种“不言而喻”的微妙“关系”的时候，也很难清晰明确地定义这个“意会”的主体——“我”。有趣的是，这个不断体会着各种“意在言外”感觉的隐含的“我”，也是一种只能“意会”的东西。

有时候，我们自己可以“意会”别人，却不一定总能够“意会”我们自己，常常是自己也不知道自己究竟是怎么处理这些“不言而喻”的东西的，一些都是随着习惯自然而然做的，很难说清楚，别人说出来，自己还经常不承认。

应该说明，这个“讲不出来的我”，并不是“不想讲出的我”，这两个“我”不是一回事。有时我们自己反思（reflex）自己的时候，要面对一种“我”，这是自己看自己的“我”，是自己知道的“我”，它和“讲不出来的我”有相近之处，在社会公众看来，好像是一样的，都是在你内心里隐藏的东西，但对我们自己来说，完全不一样。反思的“我”，是自己能说清楚的，能看得见的，只是故意隐藏在心里，不公开说出来，不想让别人知道。这个“我”，比“讲不清楚的我”要简单得多，它是一种明确的知识，是可以界定、描述和解释的。当然，这种不愿意讲出来的我，有时也通过“意会”的方式表达出来，但谁在表达呢？这个表达的主体呢？又是我们谈的这个“只能意会”的“我”。

决定人的行为的就是这些各种各样的我。那种“讲不出来的我”，不是完全没有办法感知，实际上很多人是能够通过“直觉”感觉到的，这种“直觉”，现在好像还不能用实证的方法来解释，也常常引起人们的怀疑和否定，但有些类似直觉的东西，又不能完全否认，像诗里边往往就是这一类感受，就是通过一种“意会”的方式，表达了“意会”的那个“我”。古今中外的很多诗人，有时候就好像是直接把这类感受表达出来。你读诗，实际上是在读诗人，你永远感觉这些诗是言未尽意，意在言外，这就是在感受诗人的那个“讲不出来的我”。而其他很多艺术——绘画、音乐等——也常常反映人的这部分“我”。

对“讲不出来”的“我”的研究，也就是从主体的角度对人际关系互动过程中的“意会”部分的研究，是社会学面临的又一个挑战。艺术、文学、电影等，只是利用和表达这部分存在，不是从学理上研究和探索。在各种社会科学中，社会学作为一种以逻辑因果和系统分析见长的学科，是有条件也有责任对这方面进行探讨的。不管是从工具性的应用角度来说，还是从人文教育的角度来说，社会学在这方面应该实现某种突破性的进展，这将是社会学整体发展的一个重要的里程碑，使得社会学作为一门科学，在人类知识探索上跨上一个新的台阶。

在各种“我”中，还有一个很值得注意的“我”，那就是“被忽略掉的我”和“被否定掉的我”。古人常常说“忘我”“去私”，这是一种把“我”这个东西否定掉的倾向，这究竟是什么含义？这里的“我”“私”究竟指什么？是自己的生命？欲望？自我意识？物质财富？去除“我”，那么还剩下什么？如果“我”被否定，什么是这种行动的“主体”呢？……今天的人基于今天的这一套概念，会提出一系列的发问。“忽略我”“否定我”事实上也是一种非常矛盾的状态，它反映出中国人文价值中隐含一种深层的张力，但这种境界，不是虚构的道德说教的寓言故事中的题材，而是历史上史不绝书的很多真人真事的反映。从古至今，确实有无数“仁人志士”为了自己的理想达到了这种境界，也有很多“高人”自我修炼达到这个高度，当然还有很多“奇人”因为投身或痴迷于某种事物，进入这种状态。不管怎么说，在古典价值体系中，“忘我”和“去私”是一种很高的境界，只有个人修养到极高的阶段才能达到。事实上，这种价值观，不仅仅是古代的事情，其实，就在不远的过去，二三十年前，中国的主流社会还是把这种价值推到一种难以置信的极端的程度，“私”这个字成了最大的邪恶，“自我”这个词都变成了“准贬义词”，整个社会完全笼罩在一种彻底极端的“忘我”“去私”的话语中……这是刚刚发生在中国大地上不久的事情，我们都亲身经历的，这种20世纪发生的极端“去私”的强烈冲动，反映出中国文化中这种“否定了的我”的巨大力量。这种被人为否定的我，和“讲不清的我”“不讲出来的我”一样，同样是我们社会学可以深入研究的课题。

## 六、将“心”比“心”

传统意义的中国人，对于“人”“社会”“历史”的认知框架，既不是西方的“主观”“客观”二分的体系，也不完全如中根千枝先生所概括的日本文化的“纵向”特征；中国的世界观，更像是一种基于“内”“外”这个维度而构建的世界图景：一切事物，都在“由内到外”或“由表及里”的一层层递增或递减的“差序格局”中体现出来。因此，在中国的传统思想探索中，对于“我”的关注，自然地就继续向“内”的方向深入，也就引出比“我”更接近“内”的概念——“心”这个范畴。

古人可能是由于缺乏生理知识，错把“心脏”当成了人们思想的器官，所以总是把本来描写“心脏”的这个“心”字，和人的思想、意愿等联系起来，并以这个“心”字为核心，构建了庞大复杂的思想体系。但古人这种生理学知识上的错误，并不妨碍这个思想体系的重大文化价值，因为不管人类是不是真的用“心脏”来思考，这个“心”的概念，已经被抽象化，脱离了一个具体内脏器官的含义（今天你可以说它就是指“人脑”），而上升到人生哲学的层次上，它已经是一个内涵十分丰富的哲学概念，而不再是一个生理学名词。

在古典人文思想中，“心”是个人自我体验和修养的一个核心概念，如“山光悦鸟性，潭影空人心”等，它的内涵十分广泛，包括思想、意识、态度、情感、意愿、信念等，但我们特别要关注的一个重要的内涵，那就是它常常倾向和暗示一种“主体性”（subjectivity），就是说当人们谈到“心”的时候，总是自然产生一种“心心相通”的感觉，即使讨论别人的“心”的时候，其描述的口吻，也好像一种“设身处地”地类似于“主体”的角度在说话（有点像电影中的“主观镜头”），而不是所谓“客观”的旁观者的角度。像“三顾频烦天下计，两朝开济老臣心”的这个“心”中，就有这种感觉，这首诗透出的杜甫的心情，好像和几百年前的孔明获得了一种跨时代的“通感”，仿佛在直接感受孔明那种“良苦用心”。在这种陈述习惯中，“将心比心”的说法，就是顺理成章的了。“心”这个概念造成的这种微妙的感受，既有中文构词和语法的原因（没有明确的主格宾格），也反映了中国古代思想在方法论方面的一种特点，这是我们今天在一般的科学实证方法论之外，可以注意研究的一些新的领域。

“心”的概念，以其独特的思考维度，也成为阐释人际关系的一个十分重要的范畴，比如“心心相印”“心有灵犀”“知人知面不知心”等。用“心”来陈述人际关系，着眼点不在这些“关系”本身的性质和特征上，而是在于当事者的“态度”，其背后的潜台词似乎是说，不管什么样的关系，最重要的，是人的态度，是“态度”决定“关系”：是诚恳还是奸诈？是开朗还是诡秘？是坦荡还是猥琐？是认真还是敷衍？……这种以“态度”为重点的人际关系理念，不是抽象思辨推导的结果，而是千百年社会实践的总结，是自有其内在的宝贵价值的，很值得我们今天的社会学家加以关注和研究。同时，这种理念还有深刻的认识论方面的意义。“心领神会”就是古人所理解的一种真正深刻、正确地认识事物的境界，它不是我们今天实证主义传统下的那些“可测量化”“概念化”“逻辑关系”“因果关系”“假设检验”等标准，而是用“心”和“神”去“领会”，这种认识论的范畴，不仅仅是文学的修辞法的问题，它就是切切实实生活中的工作方法，也确实支持着中国文化和文明历经几千年长盛不衰，其中必定蕴含着某种优越性和必然性的。

“心”的概念的另一个特点，是它含有很强的道德伦理的含义。抽象的、认识论上的“心”的概念，基于自己生命最重要器官“心脏”，它同时也自然地代表着“做人”“为人”方面最生死攸关的、最需要珍重的东西。当你使用这个概念的时候，背后假设的“我”与世界的关系，就已经是一种“由里及外”“由己及人”的具有“伦理”意义的“差序格局”，而从“心”出发的这种“内”“外”之间一层层外推的关系，应该是“诚”“正”“仁”“爱”“恕”等，翻译成今天的语言，就是说这种“内”“外”之间的关系应该是真诚、共存、协调、和睦、温和、宽厚、利他、建设性等等，是符合“天人合一”“推己及人”“己所不欲，勿施于人”等人际关系的基本伦理的关系。“心”的主观性和它的道德性，包含着对认知主体的——“人”——本身的鞭策和制约。这种观念，不同于我们今天很多学术研究强调的那种超然置身事外、回避是非的“价值中立”“客观性”等观念，而是坦诚地承认“价值判断”的不可避免性（inevitability）；它不试图回避、掩盖一种价值偏好和道德责任，而是反过来，直接把“我”和世界的关系公开地“伦理化”（ethicization 或 moralization），理直气壮地把探索世界的过程本身解释为一种“修身”以达到“经世济民”的过程（而不是以旁观者的姿态“纯客观”“中立”的“观察”），从“心”开始，通过“修、齐、治、平”这一层层“伦”的次序，由内向外推广开去，构建每个人心中的世界图景。

今天的社会学，应该探讨古人谈了几千年的这个“心”，究竟是什么东西。它并不能简单地翻译成“思想”“智力”等现代通行的各种概念和范畴。陆象山说“宇宙即是吾心，吾心即是宇宙”，究竟是在说什么？它给我们今天的社会学什么启示？中国社会学现在还没有特别讲这个“心”，但是要在中国文化背景下研究社会，不讲这个“心”是肯定不行的。“心”作为古人认识“自我”和人际关系的一个核心基础概念，已经渗透到我们社会文化的方方面面，也是日常口语中出现频率极高的词语，它作为文化传统的一个重要部分，代代相传，构成亿万人民的思想观念基础，又反过来在不断构建和塑造着人们的态度与行为。

可以作为参考的是，“心”这个概念，不仅仅为中国文化所独有。就我们现在所知，世界上其他文明中，也有把“心脏”当作人类思想意识中心的观念，也因此以“心”为“中心”发展出一种抽象的“心”的概念体系，并把它放在“人”和“社会”的一个很核心的位置。比如在西方文化中，“心”这个概念本来也是源于对人生理器官“心脏”的指称，但其引申含义，已经超过原来生理上的“心脏”这个含义，至今在很多西方日常语言中，心（heart，herz，等）仍然是指一个人的“真诚的意愿”“真实的自我”“重要的记忆”等，它一直是描述自我和人际关系的一个十分重要的词语，这个心的本意，在大多数情况下和中国心的概念有很大的相似。

## 七、方法论与古代文明

像其他各学科一样，社会学在探索新的研究领域的时候，不可避免地涉及方法论和方法的创新问题。当前主流社会学基本上沿用实证主义的“科学”方法。当然，广义的科学，是包括所有系统知识体系的，但目前社会学方法论中的“科学”，主要是指借鉴自然科学和数学的假设检验和统计等基本研究方法。这些方法作为社会学基本的研究方法，已经基本成熟，未来也将长期作为社会学的基础研究方法；但另一方面，我们在探讨某些新的论题和领域的时候，也需要进行方法论和方法的再探索。在运用社会学来研究“我”“心”这类概念的时候，原来的实证性的假设——检验模式的研究方法，还能不能奏效？如何奏效？这就要进行一些尝试和探索，也可能需要借鉴一些新的思考方式和研究方式。而在引入新研究方式的过程中，我们应该以一种开阔的心态，面向全人类各种文明中蕴藏的智慧，像印度文明、伊斯兰文明、希伯来文明、东正教文明、美洲土著人文明、非洲文明等，都包含着人类长期积累的高度智慧，值得我们去深入研究、借鉴和吸收。尽管这些文明今天在外在形式上不一定都那么“强盛”，但文化和智慧的价值，是不能简单地以经济、军事实力为标准衡量的。人类的各种文化中，都可能隐含着很多永恒的、辉煌的、空前绝后的智慧，我们要学会欣赏它们、理解它们、吸收它们，这也是我说的“美人之美，美美与共”的本意之一。中国文化自古以来就是一种容纳百川的文化长河，我们对外界的吸收，不必拘泥于某一种文化或某一个方向的成果。比如，在研究“精神”“我”“心”等问题的时候，很多宗教文化中的对于虔诚、内省、忏悔、默想（meditation）等概念的探讨就很值得关注。像佛教中大量的关于心、性、戒、定、智慧的探索，历时2 000年，后来成为中国“理学”的一个重要来源，也发展出禅宗等中国本土流派，很多东西是相当成熟和深刻的，对我们今天社会学新领域的开拓，可能具有很好的启发作用。

在中国本土传统中，古代诸子百家、儒家道家的东西是我们认识中国社会的基础知识之一，不能忽视，特别是宋明理学的很多东西，非常值得重视。理学堪称中国文化的精华和集大成者，实际上是探索中国人精神、心理和行为的一把不可多得的钥匙。中国传统思想的演化的一个重要特点，就是它的实践性；理学的东西，并不是一般的学者的思辨的结果，不是纯粹的理论探讨，它的所有概念，所有内在的逻辑，实际上都是紧扣社会现实中中国人与人关系的要义——地位、名分、权利等，它是中国古代现实政治、社会文化运作的经验总结和指导方略，具有很强的实践性。理学的东西，说穿了就是直接谈怎样和“人”交往、如何对待“人”、如何治理“人”、如何塑造“人”的道理，这些东西，其实是直接决定着今天社会学所谓的“机制”和“结构”，就是社会运行机制和社会结构。如果我们能够在一个新的高度上重新审视这些前人的成就，会给我们今天的探索提供很多新的启示，十分有助于开拓中国社会学的探索领域。

理学的东西，对于我们深刻理解中国人的心智，具有很大的价值，很有认真整理和分析的必要，但它的表达方式和内在的思路，和今天社会学思想方法、思路、范畴很不相同，所以我们要研究这些传统的东西，就有一个“解读”和“翻译”的过程，这实际就是所谓“解释学”（Hermeneutics）的来源。这种“翻译”，就迫使你真正用心，彻底理解；你不吃透它们的含义，你是翻译不出来的；同时，翻译也是创造新概念的过程，通过研究这些传统文化的概念，我们有可能融会古今，结合今天社会学的思路，提出一些基于传统、又不拘泥于传统的具有普遍性意义的新的范畴和概念。中国社会学一直没有特别刻意地去探讨中国延续几千年的“心”“神”“性”等问题，在一定程度上，是由于现代社会学研究方法的制约。这些概念，不太容易运用现代主流的社会学的方法去研究，某种意义上正是今天的社会学方法掌握不住、测算不了、理解不了的部分。目前的实证主义思路，不太容易真正进入这些领域，进去了，也可能深入不下去，有很多根本性的障碍。比如科学方法的前提，就是可以观察和测量的东西，是要有经验性（empirical）的基础，要有一种客观性的立场，首先是要能够把研究对象客观化，这些要求，在对“心”等概念的研究中，往往很难。换句话说，今天社会学的一些方法，无法和古人进行跨越时间和历史的“交流”，我们今天的社会学，还没有找到一种跟“理学”进行交流的手段（means of communication）。

新领域的开拓，往往要求在方法论和方法方面进行探索，也不排除吸收借鉴一些其他的方法和思路。就拿理学中所隐含的方法论来说，就可能对社会学的研究方法有某些充实和帮助。理学讲的“修身”“推己及人”“格物致知”等，就含有一种完全不同于西方实证主义、科学主义的特殊的方法论的意义，它是通过人的深层心灵的感知和觉悟，直接获得某些认识，这种认知方式，我们的祖先实践了几千年，但和今天人们的思想方法无法衔接，差不多失传了。今天的人，包括我们自己在内的绝大多数学者，大多不知道这究竟是一种什么感受。但我们不能简单地说这些方法都是错的、落后的、应该抛弃的。它们不仅在历史上存在了那么长时间，而且更重要的，这一套认识方法，已经变成一套理念，变成一群人的意识形态和信仰，确实解决了一些我们今天的很多思想方法无法解决的问题。比如在古代中国，在当时的技术条件下，这套东西如何维持中国这样一个如此庞大的国家和人口（实际上差不多一直是当时世界最大、最繁杂的政治经济实体）长期的统一和稳定？当时的知识阶层和官僚系统，都是由这一套认识论和思维方式“武装头脑”的，它确实以相对很少很节约的人力物力，实现了复杂的社会治理。因为它的很多东西，是顺着人的自然感觉走的，是顺应着中国乡土社会的人情世故，从草根文化习俗中生长出来、提炼出来，又提升到“圣贤”的高度，所以才能在复杂的社会结构中上通下达、一贯到底，它有一种和中国社会现实天生的“气脉相通”的东西。

传统中的这些方法论因素，也许可以作为今天社会学的诸多“前沿”之一，进行一些探索。一方面，我们做到真正“领悟”古人“格物致知、诚心正义”的认知方法，明白它的真谛；另一方面，吸收当前国际上各种思想潮流，不拘泥于是否时髦、流行，而是注重于对中国社会学学科建设的价值，以我们自己的需要为参照系来衡量和吸收。比如，在西方社会学田野调查中就出现了基于神学中解释（hermeneutik）、马克斯·韦伯的“理解”（verstehen）、现象学（phenomenology）等学术传统而发展出来的“互为主体性”（inter-subjectivity）的方法论思潮，就是一种侧重调查者和被调查这两方面主体意识的调查方法的探索，与一般科学实证的方法论有所区别。这方面的内容，在一些西方的社会学人类学田野笔记中，早已经有所体现。这些东西，似乎与我们的“将心比心”“心心相印”的理念有某些相通之处，值得我们认真关注和研究。

## 八、结　语

“人”和“自然”、“人”和“人”、“我”和“我”、“心”和“心”等，很多都是我们社会学至今还难以直接研究的东西，但这些因素，常常是我们真正理解中国社会的关键，也蕴含着建立一个美好的、优质的现代社会的人文价值。社会学的研究，应该达到这一个层次，不达到这个层次，不是一个成熟的“学”（science）。如果我们能够真正静下心，坐下来，潜心梳理这些传统的宝贵遗产，真正在这方面获得一些突破，那将是社会学发展的一个重要的跃进。

要把这些融会历史文化于一体的目前用电脑还计算不了的概念一一攻破，是一项艰巨的工程，它本身就是在重新审视我们自己的历史，也就是文化反思和文化自觉的一种重要的实践。如果依照梁漱溟先生早年的论述，跟西方文化比起来，中国文化的很多传统，确实表现出直达和早熟的特征，就好像中国绘画很早就越过临摹现实、具象写实的阶段，进入到书法、写意等抽象化的境界，并达到一种极高的人文品位，而西洋绘画经过一个一个阶段长期充分的成熟的发展，后来也走向抽象化……不同文明各自的这种优势，应该而且可以互补。如果说中国文明有它发育不全的一面，造成了后来某些技术方面的脆弱，在与西方的对抗中，不堪一击，那么，其直觉体验的那种先见性和超前性，又使得它很早就体会和领悟到了别人没有感觉的东西。从宏观的人类文化史和全球视野来看，世界上的很多问题，经过很多波折、失误、冲突、破坏之后，恰恰又不得不回到先贤们早已经关注、探讨和教诲的那些基点上。社会学充分认识这种历史荣辱兴衰的大轮回，有助于我们从总体上把握我们很多社会现象和社会问题的脉络，在面对人类社会的巨大变局的时代，能够“心有灵犀”，充分“领悟”这个时代的“言外之意”。

# 人的研究在中国

——个人的经历*

80 岁可能是一条年龄界限，跨过了这条线，一个人会觉得心情上轻松、自由些，因为余下的岁月已不大可能改变这一生已铸下的功过了。他可以有平静的心情来检视过去在人生道上留下的步步脚印了。我感谢中根千枝教授和乔健教授给我这个机会，出了一个题目《人的研究在中国——个人的经历》，要我在他们为祝贺我 80 诞辰召开的“东亚社会研究”讨论会上做一次发言。这个题目的意思是要我回顾一下，我在人类学这门学科里做了些什么。当然我的工作能否代表中国的人类学界，那是很难说的。但我既然是中国人，我在这门学科里所做的工作无可否认是人类学在中国的表现。而且我的工作至少也反映了我同时代的学术方向。

---

* 原载《读书》1990 年第 10 期。

但是这个题目从何答起呢？这很为难了我。

当我正在考虑这个问题时，乔健教授给我寄来了一本书：艾德蒙·里奇爵士写的 *Social Anthropology*（1982）。艾德蒙是我在伦敦经济学院上学时的老同学。我们的友谊也并没有因几度隔绝而冲淡。1981 年访英时，我还跟他一起在 Cambridge 他的书斋里纵谈了一天，没有想到这是我们相叙的最后一次。当我们同窗的时候，在我们讨论班上，他是个雄辩出众的青年。他那种爽直、明快、尖锐的词锋给我留下了难忘的印象。这次在捧读这一本可能是他最后的著作时，我立刻感到他那可爱的性格至老未衰，可惜的是这样的英才未获长寿。

读完了他这本书，我顿觉写这篇发言有门了。这是因为他在这本书里评论了其中有我一份的中国几个人类学者的著作时，提出了两个问题，启发了我的反思。

他提出的两个问题是：

（一）像中国人类学者那样，以自己的社会为研究对象是否可取？

（二）在中国这样广大的国家，个别社区的微型研究能否概括中国国情？

艾德蒙对这两个问题都抱否定的态度。先以第一个问题说，他尽管承认人类学者不妨研究自己的社会，而且有些中国人类学者就是这样做了，但是他态度鲜明地说："无疑地，这种样式的实地研究，对没有经验者我是不会推荐的。"（第 124 页）他接着列举了四本从 1934 年到 1949 年以英文出版的中国人类学者的著作，并一一加以尖刻的评论。在他看来，其中除了一本，可巧是我的 *Peasant Life in China*（《中国的农民生活》，即《江村经济》），在一定程度上（up to a point），研究自己的社会看来是有好处的，其他三本都被他作为这种研究方法不足取的例证。他认为失败的原因可能是"他们的眼光看来已被私人而不是公众的经验所产生的偏见所歪曲了"。（第 124 页）

艾德蒙对人类学者研究自己社会的那种他自认是"我的消极态度"，跟我们共同的老师马林诺斯基恰恰是个鲜明的对照。后者在

给我那本 *Peasant Life in China*（1939）的序言里说：“如果自我认识是最难获得的，那么无疑地，研究自己人民的人类学是实地调查工作者最艰巨的，但也是最有价值的成就。”（XIX页）两人都用了“无疑地”那种坚决的口吻说出了相反的态度。前者认为中国人研究中国社会是不足取的，很少成功的，而后者却满腔热情推荐这种方法，认为在人类学这门学科里这是“标志着一个新的发展。”（XIX页）

艾德蒙的态度和论调是不足为奇的。熟悉他的人都会赞赏他这种不与人苟同，特别是对他的师友不轻易附和的为学作风。今天，我在这里重提这个不同见解的对比，而且参与了议论，使我的心情又回到了伦敦经济学院二楼马林诺斯基的席明纳。辩论出自意见的不一致，结果也许并不一定导致认同，但至少可以使双方都看清楚意见不同的来源，而达到相互的认可。使我懊伤的是今天艾德蒙已无法到场。我相信如果他在场的话，必然会报我以会心的微笑。他很可能同意我，至少会明白我的看法，就是我们的分歧归根到底是出于我们并不都是英国人，包括马林诺斯基在内。我们各自的文化传统带来了“偏见”或更正确些应说是“成见”。这些“成见”有其文化根源，也就是说产生于艾德蒙所说的公众经验。在这点上我和艾德蒙还是不一致的，因为他认为中国人类学者没有把他们的研究工作做好是由于私人经验所产生的偏见。他所谓公众经验，在我的理解中，就是指民族的历史传统和当前处境。

我并不明白艾德蒙为什么放弃他成为一个工程师的前程而闯入人类学这个园地。我知道自己为什么要学人类学，入学的动机可能是我们两人同在一个学术领域分道扬镳的根源。我原本是想学医的，但是后来放弃了成为一个医生的前途。因为，那是我自觉地认识到“为万民造福”比“为个人治病”更有意义。可见我的选择是出于一种价值判断。

个人的价值判断离不开他所属的文化和所属的时代。我是出生于20世纪初期的中国人，正是生逢社会的剧变，国家危急之际。从我的这种价值判断出发，我之所以弃医学人类学是可以为朋友们所理解的。我学人类学，简单地说，是想学习到一些认识中国社会的观点和方法，用我所得到的知识去推动中国社会的进步，所以是有所为而为的。如果真如艾德蒙所说中国人研究中国社会是不足取的，就是说，学了人类学也不能使我了解中国的话，我就不会投入人类学这门学科了，即使投入了，也早已改行了。

我从来没有隐讳过我选择人类学的动机。马林诺斯基已经在上述那篇序言里替我说明，我是为什么闯入人类学里来的。正因为他同情我，他写下了一句用意深长的话："人类学，至少对我来说，是对我们过分标准化的文化的一种罗曼蒂克式的逃避。"（XXI页）这不能只看成是自嘲之语。他在用沉痛心情谴责当代西方人类学者那种内心的无可奈何之情。

我不敢冒昧地把艾德蒙也包括在这一类西方人类学者之列，但令人深思的是他在这本学术自述式的书里却根本否定了人类学是一门科学。他说："社会人类学并不是一门自然科学意义上的科学，也不应当以此为目的。如果要说它是什么，其实不过是艺术的一种形式。"（第52页）这句话的涵义，各人可以有不同的理解，我却联系上了马林诺斯基上面所说的那句话，他的意思可以理解为，在西方人类学门内至少有一些学者把它作为表演才华的戏台，或是更平易一些，是一种智力的操练或游戏，或竟是生活中的消遣。我本人对这些动机并无反感。在一个生活富裕，又是竞争激烈的社会里，当个人谋生之道和社会地位已经有了保证之后，以人类学来消磨时间或表现才能，的确不失为一种悠悠自得的人生。可惜的是，我自己明白，我没有条件这样来对待这门学科，事实上也走不上这条路子；即便走上了，也不会觉得愉快的。

艾德蒙锋利的思路又发现了个使像我这种中国人类学者为难的题目，就是上面提出的第二个问题：个别社区的微型调查能使你认识中国的全貌吗？

这个问题的矛头直指我的要害，因为如果我学人类学的志愿是了解中国，最终目的是改造中国，那么我们采取在个别小社区里进行深入的微型观察和调查的方法，果真能达到这个目的吗？从个别入手果真能获得概括性的了解吗？

艾德蒙对这个问题仍然是否定的，消极的。他在第一个问题上是放过了我，我感谢他还说了些好评，但在第二个问题却想逮住我了。他用了回护我的口吻来表达他不相信我这样做能“了解中国”的。他说：“费虽称他那本书为《中国的农民生活》，他并不冒称他所描述的社会体系是整个国家的典型。”（第127页）又说：“这种研究并不或不应当自称是任何个别事物的典型。这样做的旨趣是在它的本身。”（第127页）

艾德蒙对我的回护我是应当领情的。但是他的意见我只能接受一半。我确实没有想把那个调查过的江村作为整个中国千千万万农村典型的意思；也没有表示过，研究了这个农村就能全面了解中国国情。这本书的英文书名是出版社给我加上的。它原本是我的博士论文，题目是 *Kaihsienhung：Economic Life of a Chinese Village*（《开弦弓村：一个中国农村的经济生活》），而且英文本的扉页上还印着“江村经济”四个字。当这本书翻译成中文时并没有用《中国的农民生活》而还是《江村经济》。艾德蒙是知道这经过的。

我也同意，解剖一个农村本身是有意义的，所以是有趣的。但我必须老实说，我的旨趣并不仅限于了解这个农村。我确有了解中国全部农民生活，甚至整个中国人民生活的雄心。调查江村这个小村子只是我整个旅程的开端。因此如果艾德蒙看法是正确的，就是从个别不能概括众多，那么我是走入了条死胡同了。所以我必须正视艾德蒙所指出的问题，并在实践中证明他的看法是似是而非的。从个别出发是可以接近整体的。

这个问题在我写完《江村经济》时已经意识到，而且国内不少评论也集中在这个问题上。我对此心中是有答案的。我这样想：把一个农村看作是全国农村的典型，用它来代表所有的中国农村，那是错误的。但是把一个农村看成是一切都与众不同，自成一格的独秀，sui generis，也是不对的。

也许是受了我早年所学的动物学和解剖学的影响，我对客观事物存有类型（Type）的概念。一切事物都是在一定条件下存在的，如果条件相同就会产生相同的事物。相同条件形成的相同事物就是一个类型。同一个类型里的个别事物并不是完全一样的，类型不是个别的众多重复，因为条件不可能完全一致的。我所说的类型只是指主要条件相同所形成基本相同的各个体。

以江村来说，它是一个具有一定条件的中国农村。中国各地的农村在地理和人文各方面的条件是不同的，所以江村不能作为中国农村的典型，也就是说，不能用江村看到的社会体系等情况硬套到其他中国的农村去。但同时应当承认，它是个农村而不是农牧业社区，它是中国农村，而不是别国的农村。我们这样说时，其实已经出现了类型的概念了。所以我在这里和艾德蒙辩论的焦点并不是江村能不能代表中国所有农村，而是江村能不能在某些方面代表一些中国的农村。那就是说形成江村的条件是否还形成了其他一些农村，这些农村能不能构成一个类型？

如果承认中国存在着江村这种农村类型，接着可问，还有其他哪些类型？如果我们用比较方法把中国农村的各种类型一个一个地描述出来，那就不需要把千千万万个农村一一地加以观察而接近于了解中国所有的农村了。请注意上面我多次用了“逐步”和“接近”两个词。通过类型比较法是有可能从个别逐步接近整体的。艾德蒙喜欢用数学概念来表述事物，我这里所说的“接近”也就是微积分里的基本概念。

用实践的经过来说容易讲得明白些。1938 年我从英伦回国，也正是我校读完 *Peasant Life in China* 一书的清样之后，抵达中国抗战时大后方的云南昆明。我只休息了两个星期就下乡去调查昆明附近禄丰县的一个农村，我把它称作禄村。禄村和江村所有条件不同，江村是在沿海传统经济比较发达的地区，是个具有传统家庭手工业又从上海传来的现代工商业较深影响的农村。禄村是个远离现代工商业中心的内地农村，这个农村的农民几乎是全部依赖农田上的收入来生活的。江村和禄村具有不同的条件，给了我实践类型比较研究的机会。云南的内地农村具备的条件还是有所不同。我们沿着滇池转，发现了三个不同类型，禄村之外还有易村和玉村。我们把这三种类型的比较在 1941 年用英文写成了一个简略的英文论文，称作 *Three Types of Villege in Interior China*（《中国内地农村的三个类型》），由当时的太平洋学会印发。这里我们就用了 Types 这个词在论文的题目里了。云南三村的详细的情况，1943 年我在美国写成了 *Earthbound China*（《云南三村》）一书。这本书在我看来在人类学方法上是和《江村经济》相衔接的，是类型比较法的实验。但在西方并没有受到像《江村经济》那样的重视，看来这并不是西方人类学者所感兴趣的方法，因而也没有引起艾德蒙的注意。也许这时西方的人类学者已把我看成是一匹不受学术领域中各科边界约束、四处乱闯的野马了。

这匹野马，写完了 *Earthbound China* 后，有 30 年没有在人类学界出现。我上面所说的逐步接近的诺言也难以为继了。但是当我在年过 70 之后，重新回到早日驰骋的领域时，我还是坚持了原来"逐步接近"的方针，不仅在江村追踪调查，了解它在这半个世纪里的变动，而且把研究对象从农村提高了一个层次，进入了小城镇的范围。

当然老马也只有老方法。我把类型比较法从农村用进了小城镇，先在我家乡的几个小城镇开始，逐步进入长江三角洲的四个经济比较发达的市，两年后又扩大到江苏全省。第四年我就闯出省界，分两个方向前进：一是沿海从江苏到浙江，经福建到广东的珠江三角洲，再进而接触到广西的西部。另一路是进入边区，从黑龙江到内蒙古、宁夏、甘肃和青海。其间又去过中国中部的河南、湖南、陕西。中国的沿海、中部和西部在最近八年里我大体上都访问过了。

这样的年纪和这样广阔的"田野"，原来在江村那样的微型调查我本人是做不到了。幸亏我这段时期并不像过去那样只能单枪匹马地上阵，现在已有个小小的队伍，由一些青年学者边学边工作，在各个据点进行直接观察。我们由于和当地政府工作人员密切合作，也有条件用问卷的方法，由点及面地做广泛的数量调查。更由于有了计算机的帮助，大量统计资料能够比较快地整理出来，江苏全省小城镇的抽样普查就是一个尝试。这使我们更能接近于对中国全貌的了解。

由于我自己意识到这一生中能利用来作研究工作的时间愈来愈短愈少，我不能不多看些地方。所以我的习惯是每走一个地方就把我的感受写下来，仔细的调查研究留待别人去做。我称之为开路破题的工作。我写下的这一类文章是不少的。其中一部分早期的作品已经由芝加哥大学出版社汇集了一本 *Rural Development in China*，去年（1989 年）出版，不能直接阅读中文的朋友，可以从中看到一些例子。

我想用我本人的经历，正如本文题目所要求我的，来答复艾德蒙向我们中国人类学者提出的问题。我可以告慰于关心我的朋友们的是，我幸而在晚年能得到这 10 年可宝贵的机会来继续我的初志。当然，我并不敢说对中国的国情已有多大的了解，但比 50 年前是了解得多了一点。更使我高兴的是 40 年代根据我所调查的资料和从而所得出的认识和形成的对农村发展的见解，到了 80 年代逐步地经过实践的考验，已被证明不少是符合实际的。这也使我更相信认真以人类学方法去认识中国能有助于中国的发展。人类学是可以成为一门实用的科学的。

我很羡慕艾德蒙有深湛的哲学修养和优异的学术环境。我知道，像我这种务实的人对他提出的问题所做出的答复是不容易说服他的。但是我认真地想一想，我这种在艾德蒙看来也许是过于天真庸俗的性格并不是偶然产生的，也不是我个人的特点、或是产生于私人经验的偏见。其中不可能不存在中国知识分子的传统烙印，随手我可举出两条，一是“天下兴亡，匹夫有责”，二是“学以致用”。这两条很可以总结我自己为学的根本态度。

想不到2 000多年前的孔老夫子对我这一代人还会有这样深的影响。孔老夫子还不是主张少在看不到摸不着的玄理上去费脑筋？他周游列国还不是为了寻觅有用于社会的机会？务实的精神潜移默化，渗入学术领域，结果使像我这样的人，毫不自觉这是古老的传统，而投身入现代的学科里，形成了为了解中国和推动中国进步为目的的中国式应用人类学。在一定意义上说，这种学派的形成并不是出于任何个人的创见，很可以说是历史传统和当代形势结合的产物。

我和艾德蒙意见的分歧，一个有人类学修养的人是完全能理解的。这里不存在谁是谁非的问题，而是属于不同传统和处境的问题。我们不仅能相互容忍，而且还能相互赞赏。我们不妨各美自美，还可以美人之美。这是人类学者的应有共识。

不幸的是人类学在现代世界上还是少数人的珍品，远不是普遍人的常识。可是在这个各种文化中塑造出来具有不同人生态度和价值观念的人们，由于科技的急速发展，已经生活在一个你离不开我、我离不开你的小小寰宇之上了。他们带着从思想上一直到行为上多种多样的生活方式进入共同生活，怎样能和平共处确是已成为一个必须重视的大问题了。由于文化的隔阂而引起的矛盾会威胁人们的共同生存。从这个角度去看我这次和艾德蒙的缺席对话，其意义也许不只限于我们少数不同国籍的人类学者的共同兴趣，还可以联系到今后世界人类怎样进入21世纪的问题。

我虽然已经年过80，但对今后人类的关心看来并不是杞人忧天。人类学者是否有责任在建立文化容忍的精神方面作出一些贡献？谢谢今天的各位朋友，让我们一起为人类学的不断前进做出努力。

1990年7月25日

# 编者后记

麻国庆

呈现在读者面前的《美好社会与美美与共》一书，是我编辑的恩师费孝通先生晚年的文集，体现了他改革开放以来对中国社会的认识与对美好社会的憧憬。可以毫不夸张地说，对今日中国社会学、人类学影响最大的学者当首推费孝通先生。然而，就在2005年的4月24日晚上，先生离开了我们，留下了累累的研究成果，辉煌的学术思想，等待着我们去发掘、学习、传播和升华。

先生虽逝，但先生的为人为学是我永远的楷模。先生对我的教诲，至今历历在目。还是在1991年9月，我来到北京大学师从先生攻读博士学位才一周多的时间，先生就带我和邱泽奇师兄赴湖南、湖北、四川三省交界处的武陵山区做苗族和土家族的调查。一上火车，先生就对我们说，今天先给你们上第一节课。先生用了一个多小时的时间，给我们讲他对中国社会研究的两篇文章（一篇为汉族社会的研究，另一篇为少数民族的研究）的基本思路以及此次赴武陵山区的计划和思路。最后，他把我们的思路引向苏联和东欧的解体以及美国的种族主义的问题上来，他提到这种民族和宗教的冲突，将会成为20世纪末以及21世纪相当一段时间内国际政治的焦点之一。面对这种国际背景，而中国又是多元一体的多民族的国家，先生特别强调人类学将发挥更加重大的作用。这一对全球范围内的文明之间的冲突以及关系的思考，其实是先生的第三篇文章。这第三篇文章，在对全球范围内民族、宗教等文化因素进行思考的同时，在很大程度上又把他原来一直强调的两篇文章，进一步置于全球化的范畴中予以把握。这第三篇文章，我把其归纳为全球化与地方社会。这三篇文章恰恰是先生研究的三大领域。但这三个领域并不是孤立的，而是互相联系的一个整体。本书所收集的几个领域就是以先生的三篇大文章为基础，即“城乡协调发展”“民族与社会发展”“全球化与文化自觉”，最后加了费老有代表性的学术反思和学科建设的思考。本书所收先生的文章，主要是改革开放以来先生的作品，但这些研究与先生之前的研究，有着一脉相承的联系性。

先生的城乡研究，在方法上特别强调类别与层次、部分和整体、多元与一体等。我们当时在北大读博士的方向就是城乡社会学。先生从江村到禄村再到上世纪80年代的《小城镇，大问题》《中国城乡发展的道路》等，已经把村落、城镇、区域发展等连接为一个整体，强调“离土不离乡”的小城镇模式在城乡协调发展过程中的核心位置。在此基础上，所提出的“苏南模式”“温州模式”“珠江模式”等发展模式，主要是从内在的动力角度来探索发展的特殊性，后来日本著名发展社会学家鹤见和子教授把先生的这些研究归纳“内发型发展论”。包括先生的边区开发、下活全国一盘棋等思路，事实上都在思考中国研究特别是中国的社会学人类学研究如何解决“部分”和“整体”的关系；先生的城乡发展模式，对于我们今天的“乡村振兴战略”“城乡统筹”等依然有积极的借鉴意义。

民族研究是先生的第二篇大的文章。在1949年之前，先生第一个人类学意义上的田野调查正是少数民族——瑶族。为什么他的调查生涯要从少数民族开始？据先生讲，民族调查可以说是认识社会与文化的基本功。当时他的老师史禄国先生说过，要认识自己生活的系统，先要找一个同自己生活习惯不同的社区进行实地观察。

其实先生在进入20世纪50年代初之后，直到1957年，其主要精力都在少数民族的调查和研究上。他参与并领导了从1950年起进行的中国的民族调查与民族识别工作，在这个过程中，先生灵活运用和发展了“民族”的定义和特征，在实践中科学地指导了中国的民族识别工作。改革开放后，他在民族研究积累的基础上，于1988年，在香港中文大学发表了《中华民族的多元一体格局》的特纳（Tanner）演讲，从中华民族整体出发来研究民族的形成和发展的历史及其规律，提出了“多元一体”这一重要概念。

正如先生所说：“我想利用这个机会，把一生中的一些学术成果提到国际上去讨论。这时又想到中华民族形成的问题。我自思年近80，来日无几，如果错失时机，不能把这个课题向国际学术界提出来，对人对己都将造成不可补偿的遗憾。”因此，先生事实上是从作为民族的社会视角出发，来探讨其与国家整体的关系，是对社会和国家观的新的发展。中华民族的概念本身就是国家民族的概念。而56个民族及其所属的集团是社会构成的基本单位。从另一个方面勾画出多元社会的结合和国家整合的关系，即多元和一体的关系。

在对中华民族进行整体思考的基础上，他一直关心西部民族地区的发展，强调多民族社会的共同繁荣。从1984年开始，先生的研究工作重点从沿海转移到边区又到内地。从东南转移到西北，从农村小城镇转移到民族地区。他始终强调“西部和东部的差距包含着民族的差距。西部的发展战略要考虑民族因素”。[①] 先生在其晚年向中央提出，要对人口较少的民族进行摸底调查。我记得在1999年，

---

① 费孝通：《边区民族社会经济发展思考》，收录潘乃谷、马戎主编：《边区开发论著》，北京大学出版社，1993年版。

先生在与北京大学社会学人类学研究所几位老师谈话时，特别讲到要关注一国之内人口较少的民族，提出“小民族、大课题”“小民族、大政策”的思路，并建议国家民委组织有关单位进行调查和研究。国家民委很快接受了先生的建议，组成了“中国十万人口以下少数民族调研团”，我当时作为这一项目的秘书长，具体操办了有关事务，并作为东北内蒙调查组组长承担了这一区域的小民族的调查。本书《民族生存与发展》一文中就是先生对人口较少民族的思考和看法。重读这篇文章时，我在先生家和他谈从鄂伦春调查回来的感受以及先生的插话、问题，仍历历在目。

先生晚年的第三篇大文章是关于全球化与地方化、关注何谓美好社会这一有关世纪大转变的问题。他对“美”的重释，深深建基于过去对“真”与“善”的探索。先生对富强社会的殷切追求，是他晚年面对社会大转型所描摹的美好社会蓝图的基本底色。本书第三部分收录的文章，均是在新旧世纪交替的前后，以全球化为背景展开的新时代美好社会的畅想。其中蕴含的理论格局较之早期的社区研究，乃至中华民族的文明体系研究，又有所升华。

《创建一个和而不同的全球社会》一文就是费先生 2000 年 7 月国际人类学与民族学联合会中期会议的主题发言，那次会议，先生出席，因身体原因他让我代他来读主题报告。先生提前把我叫到家里，他来口述，我来整理。先生充满哲理的声音，至今在我脑中萦绕。20 世纪尾声的几次世界级大事件以及“9·11”恐怖袭击，让包括先生在内的人类学界产生了对新形势的普遍困惑：文明与文明之间如何相处？国与国、民族与民族、宗教与宗教之间如何互动？社会大转变形势中是“保人”还是“保文化”？先生用“价值反思”和“文化自觉”的概念，不断促使知识分子用从实求知的态度、用从实求美的精神去判断文化发展的趋向，合力共建一个美好社会。其学术反思主要还是突出以人民为中心的发展观和关注中国文化传统在当今世界中的价值。

从这些文章中，我们可以看到先生晚年对文化的反思，已经从对中华民族共同体的思考，升华到天下大同的全球社会，也关注我们今天强调的“人类命运共同体”。先生认为，他所吁求的“美好社会”是人类社会的共相，是世界性总体社会中人与人相处的规范，是主观意识和客观律令的内外统一。因此，文化自觉是对自身之美和他者之美的双重自觉，目标是创建一个和而不同的全球社会。

在费老 70 多年的学术生涯中，其学术研究涉及社会生活的诸多领域。然其研究一直没有脱离社会人类学的研究方法。在费老的笔下，微视研究和巨视研究一直是一个有机的整体，不管是和先生一起随行调查还是品读先生的论文和著作，我常常感到先生的社会人类学思想在两者间应用得游刃有余，并不时地产生新的理论和方法。特别是对中国社会中普遍性与特殊性的思考，如何上升到全球视野，这是先生晚年的大智慧，在某种意义上先生晚年的思考，已经从一位“从实求知”的以田野经验为基础的人类学家、民族学家、社会学家，上升为超越所处时代、关注未来、具有普遍人类关怀的一位哲学家。而费老的研究和实践已经证明，他非常出色地形成了自己的方法论特色。他对本土研究的理论和方法，已经成为非西方学者研究本土社会的典范。

2018 年 11 月 13 日于魏公村